RÉPERTOIRE

UNIVERSEL ET RAISONNÉ

DE JURISPRUDENCE

CIVILE, CRIMINELLE,

CANONIQUE ET BÉNÉFICIALE.

OUVRAGE DE PLUSIEURS JURISCONSULTES:

Mis en ordre & publié par M. GUYOT, Écuyer, ancien Magistrat.

TOME VINGT-DEUXIÈME.

A PARIS,

Chez PANCKOUCKE, Hôtel de Thou, rue des Poitevins.

Et se trouve chez les principaux Libraires de France.

M. DCC. LXXVIII.

Avec Approbation & Privilége du Roi.

RÉPERTOIRE

UNIVERSEL ET RAISONNÉ

DE JURISPRUDENCE

CIVILE, CRIMINELLE,

CANONIQUE ET BÉNÉFICIALE.

E

EAU. C'eſt cette ſubſtance liquide dont ſont formés la mer, les rivières, les ruiſſeaux, les fontaines, &c.

Le roi par le ſeul titre de ſa ſouveraineté, a la propriété des mers de France & de leurs rivages, ainſi que des ports, rades, havres, golphes, détroits qu'elles forment : il en eſt de même des rivières navigables & de celles qui y ſont affluentes. *Voyez* à cet égard les articles MER, ÎLE ET RIVIÈRE.

Dans le règlement fait par l'intendant de Lyon & les commiſſaires du roi le 18 mars 1679, il y a un article ainſi conçu :

A ij

« Lorsque dans l'étendue des justices ou do-
» maines du roi il se trouvera des particuliers
» qui perçoivent les Eaux des rivières & ruis-
» seaux, ou même des Eaux de pluie, de fon-
» taines ou autres qui tombent en chemins pu-
» blics & les conduisent dans leurs héritages
» pour l'irrigation d'iceux, sans titre ni con-
» cession, ils seront contraints d'en passer re-
» connoissance à sa majesté sous un cens portant
» lods & autres droits seigneuriaux, suivant
» l'usage des lieux, en conséquence des lettres
» de bennevis ou bail à cens qui leur seront
» accordées par les commissaires députés par sa
» majesté; ce qui aura lieu, soit que l'héritage
» arrosé dépende immédiatement de la censive
» & directe de sa majesté ou de quelqu'autre
» seigneur ».

Un édit du mois d'octobre 1694 a ordonné
que toutes les communautés, tant régulières
que séculières, & tous les particuliers qui pos-
sédoient *des rivières, ruisseaux, sources & fontaines*, ou d'autres eaux, soit pour la décoration
de leurs maisons, soit pour améliorer leurs héritages, seroient tenus de payer les sommes
auxquelles ils seroient taxés au conseil pour
être confirmés à l'avenir dans la jouissance de
ces Eaux.

Par arrêt du 22 novembre 1695, le conseil
a réglé les taxes tant pour les moulins qui étoient
dans les justices du roi & dans celles des domaines engagés, que pour les étangs & rete-
nues d'Eau qui avoisinoient ou traversoient les
chemins publics, sur le pied du revenu d'une
année; au cas que les revenus fussent moindres
que les taxes; & a déchargé des mêmes taxes

les poſſeſſeurs des étangs qui n'avoiſinoient ni ne traverſoient les chemins ou voies publiques.

Différens édits des mois de novembre 1572, janvier 1648 & décembre 1652, avoient créé des offices de *contrôleurs-clercs d'Eau*, dont les principales fonctions conſiſtoient à tenir regiſtre des droits dûs au roi pour les marchandiſes conduites ſur les rivières, & de veiller à ce que les engagiſtes, fermiers & régiſſeurs de ces droits ne perçuſſent que ce qui leur étoit légitimement dû.

Mais par un autre édit du mois de mai 1738, les offices dont il s'agit ont été ſupprimés, & il a été ordonné que les droits qui y avoient été attribués demeureroient réunis au domaine pour être perçus conformément à la déclaration du 9 août 1660.

Par arrêt du 18 avril 1741, le conſeil a décidé une conteſtation concernant les droits de clercs d'Eau, qui s'étoit élevée entre le ſieur Durand de Mezy, engagiſte de ces droits à Meulan ; le comte & la comteſſe d'Artaignan, engagiſtes des mêmes droits à Mantes ; pluſieurs voituriers par Eau, & le ſous-fermier des domaines de Paris chargé de la perception des droits de contrôleurs-clercs d'Eau réunis par l'édit de mai 1738 : les voituriers prétendoient ne devoir qu'un ſeul droit de clerc d'Eau payable au fermier du domaine : mais l'arrêt cité a maintenu le ſieur Durand de Mezy & le comte d'Artaignan dans la poſſeſſion de percevoir les droits de clerc d'Eau à Meulan & à Mantes, ſur le pied fixé par la déclaration de 1660 ; ſavoir, à raiſon de trente-cinq ſous pour chaque bateau venant *d'aval* ; de vingt-ſix ſous trois deniers pour chaque bateau venant du pays d'*amont*, & de quinze sous pour chaque bateau chargé de bois, pierres, foin & charbon de bois. Le même arrêt a condamné le fermier du domaine à rendre ce qu'il avoit reçu, avec défense de percevoir à l'avenir les droits de clerc d'Eau à Mantes & à Meulan ; mais les voituriers ont été condamnés à lui payer ces droits au Pec, à l'île Saint-Denis & aux autres lieux où ils ont été dûment établis.

Quand quelqu'un salit ou corrompt par des immondices les Eaux d'une fontaine, il doit être condamné à la nettoyer, & en outre à une amende arbitraire.

L'article 191 de la coutume de Paris porte, « qu'en cas d'un puits d'un côté & d'une ai- » sance de l'autre, il sera fait une maçonnerie » de quatre pieds d'épaisseur entre les deux, » y compris l'épaisseur des murs de part & » d'autre ».

Cette disposition fondée sur l'utilité publique, afin que les Eaux des puits ne soient point vi- ciées, doit être étendue aux pays pour lesquels il n'y a point de loi particulière sur cet objet. D'autres coutumes ont réglé cet espace à neuf ou dix pieds ; savoir, celle d'Orléans, de Me- lun, d'Etampes, de Châlons-sur-Marne : celle de Laon exige même dix-sept pieds ; c'est pour- quoi dans les pays où il y a plus d'inconvéniens par la différence du sol & de la qualité des ma- tériaux, il est à propos d'ordonner une distance plus grande que celle qui est réglée par la cou- tume de Paris.

Pour entretenir la pureté de l'Eau de rivière, il est du bon ordre d'empêcher que les particuliers n'y jettent aucunes boues, fumiers, gravois ou autres ordures ; que les bouchers , les megiffiers , les tanneurs. & teinturiers faffent porter les abattis & les immondices de leurs profeffions dans des lieux deftinés pour cet effet, & qu'ils ne puiffent vider les Eaux de leurs trempis dans la rivière qu'au deffous des endroits où l'on puife de l'Eau à boire.

Il doit pareillement être défendu de puifer de l'Eau à boire dans les lieux où elle eft fale & croupiffante (*).

_____

(*) Le 19 juin 1778, le parlement de Paris a rendu fur cette matière l'arrêt de règlement qui fuit :

Vu par la cour l'ordonnance rendue par les officiers du bureau de l'hôtel-de-ville de Paris, fur les conclufions du fubftitut du procureur général du roi audit fiège ; le premier juillet 1767, par laquelle il a été enjoint aux porteurs d'Eau de puifer l'Eau qu'ils porteront pour la ville ès endroits de la rivière où elle fe trouvera claire & nette ; & qui foient au moins à trois toifes de diftance du bord de ladite rivière, fi ce n'eft qu'il y eût bateau plus avant ; autre ordonnance rendue par les mêmes officiers le 25 feptembre 1682, par laquelle il a été fait défenfes à tous porteurs d'Eau de puifer de l'Eau le long des bords de la rivière & dans les bras d'Eau paffant fous le pont de l'Hôtel-Dieu, depuis les grands dégrés de la place Maubert jufqu'au deffous du pont-neuf ; il leur a été enjoint d'aller puifer aux endroits où l'eau fe trouve nette & coulante, à peine de punition corporelle ; autre ordonnance rendue par les mêmes officiers le 2 juin 1699, par laquelle il a été fait itératives défenfes à tous porteurs d'Eau de puifer le long des bords de la rivière, & au-deffous des bateaux à laver lefcives ; il leur a été enjoint d'aller fur les bafcules & planches deftinées pour leur faciliter de puifer de l'Eau claire & nette, à peine de confifcation de leurs fceaux, même de punition corporelle en cas de récidive ; autre ordonnance rendue par lefdits officiers le 21 mars 1729, qui fait défenfes à tous

La juridiction des officiers de police s'étend

porteurs d'Eau de puiser ailleurs que dans les endroits où il
y a eu des bateaux à lessives, chemins & boutiques établis,
à peine de prison même pour la première fois ; la requête
présentée par Pierre Fouchard & autres conducteurs d'Eau
de la ville & fauxbourgs de Paris, par laquelles ils ont
demandé d'être maintenus & gardés dans le droit & possession de puiser de l'Eau à la rivière quand bon leur semblera,
& dans les lieux accoutumés & salubres, sans être obligés
d'avoir recours aux Pompes que lorsqu'ils le jugeront à
propos pour leur plus grande commodité ; que défenses fussent
faites à tous particuliers, aux gardes & autres de s'y opposer, sous peine d'être poursuivis extraordinairement, & que
l'arrêt à intervenir fût imprimé, lu, publié & affiché sur les
ports & autres lieux nécessaires; l'arrêt de la cour du 23
avril 1776 qui a ordonné que ladite requête seroit communiquée au prévôt des marchands & échevins de la ville de
Paris, & au substitut du procureur général du roi au bureau
de la ville pour avoir leurs avis ; l'avis des prévôt des marchands & échevins de la ville de Paris, & du substitut du
procureur général au bureau de la ville du 3 mai 1776, portant
qu'on ne peut apporter aucun obstable, à ce qu'il soit rendu
arrêt qui autorise les porteurs d'Eau à puiser dans tous les
endroits qui seront reconnus salubres, les pompes n'ayant
été établies que pour leur commodité, & sans qu'il puisse
en être induit qu'ils seront forcés de s'en servir ; mais qu'il
est nécessaire d'empêcher tous les conducteurs d'eau de
puiser dans tous les lieux qu'ils jugeront à propos, & de
les obliger de se servir des puisoirs & des planches établies
pour leur usage ; la requête présentée par ledit Fouchard &
autres conducteurs d'Eau en la ville & fauxbourgs de Paris,
à ce qu'en homologuant en tant que de besoin, l'avis des
prévôt des marchands & échevins de la ville de Paris, &
leur adjugeant les conclusions prises par leur précédente
requête, ils fussent autorisés à entrer, dans les temps de
l'année où les eaux sont basses, dans la rivière avec leurs
voitures & chevaux dans les endroits où ils le peuvent sans
inconvéniens, & à une distance suffisante telle qu'il plaira
à la cour fixer pour y puiser de l'eau, hors desquels temps

fur les rivières & les ruisseaux qui traversent les villes & les fauxbourgs. C'est en conformité de cette règle que par arrêt contradictoire du 7 décembre 1751, rendu au conseil entre le grand maître des Eaux & forêts du département de Paris, & les officiers de police de la ville de Sezanne, ces derniers ont été maintenus dans le

---

& pour les endroits qui sont inaccessibles, ils se soumettent d'établir des puisoirs suivant l'ancien usage avant les pompes. Ladite requête signée Nivers, procureur. Conclusions du procureur général du roi. Ouï le rapport de Me. Pommyer, conseiller; tout considéré :

La cour ordonne que les ordonnances rendues par les officiers du bureau de la ville concernant les porteurs d'Eau, seront exécutées selon leur forme & teneur; ce faisant, fait défenses à tous porteurs & conducteurs d'Eau, sous les peines portées par lesdites ordonnances, de puiser le long des bords de la rivière, ni d'entrer dans la rivière avec leurs charrettes, leur enjoint d'aller puiser l'Eau aux endroits où elle est claire & coulante; *leur fait défense de puiser ailleurs que dans les endroits où il y aura puisoirs & planches établis*; à cet effet, ordonne que dans le délai de quinzaine il sera pourvu par les officiers de la ville pour lesdits puisoirs & planches, si fait n'a été, lesquels rendront une ordonnance qui sera publiée & affichée, indicative des endroits où sont ou auroient été établis les puisoirs & planches pour aller puiser l'eau, sauf auxdits officiers à rendre telle autre ordonnance qu'il appartiendra, pour indiquer autres endroits, suivant les saisons & l'exigence des cas, & *sans qu'en aucun cas il puisse être apporté aucun trouble ni empêchemens auxdits porteurs & conducteurs d'Eau, pour aller puiser dans d'autres endroits que ceux qui auront été indiqués par lesdites ordonnances*; & sans qu'on puisse les forcer ni obliger de se servir des pompes & machines qui ont été posées & établies dans aucun endroit & le long des bords de la rivière; à moins que lesdits porteurs & conducteurs d'Eau ne consentent de s'en servir volontairement; ordonne que le présent arrêt sera imprimé, &c.

droit d'exercer la police fur le ruiffeau qui tra-
verfe la ville & les fauxbourgs de Sezanne ,
mais feulement depuis l'endroit où il entre en
cette ville , jufqu'au lieu où il en fort.

Un autre arrêt du confeil du premier avril
1774 (*) , a réglé ce qui devoit être obfervé

_____

(*) Voici cet arrêt :

Le roi étant informé que plufieurs particuliers, fous
prétexte de faire venir des Eaux minérales pour leur ufage,
fe font ingérés d'en faire le commerce, tant à Paris que
dans les autres villes où il a été établi des bureaux de diftribution en exécution de la déclaration du 25 avril 1772 :
que ce commerce frauduleux, qui fe fait le plus fouvent
fous des noms fuppofés, eft contraire aux privilèges que
fa majefté a jugé à propos d'accorder à la commiffion
royale de médecine ; & qu'il eft d'autant plus néceffaire de
le réprimer, que les Eaux qui viennent pour le compte des
particuliers n'étant point vifitées à leur arrivée, ceux qui
les achetent ne peuvent jamais être affurés de leur véritable
qualité, non plus que du temps où elles ont été puifées ;
d'où il peut réfulter des erreurs, des fraudes & des mé-
langes préjudiciables. A quoi voulant pourvoir : oui le
rapport ; le roi étant en fon confeil, a ordonné & ordonne
que les voituriers qui fe chargent de conduire, tant par
terre que par Eau, des Eaux minérales, feront tenus avant
leur départ de fe faire remettre par l'intendant ou garde
defdites Eaux, & en leur abfence par le juge dudit lieu,
un certificat dans lequel il fera fait mention de la quantité
& qualité des Eaux qui leur auront été délivrées, du jour
où elles auront été puifées & du lieu où ils fe propofent de
les tranfporter ; & fera ledit certificat repréfenté à tous les
bureaux de paffage pour y être vifé : fait fa majefté très-
expreffes inhibitions & défenfes aufdits voituriers de conduire des Eaux minérales fans être munis dudit certificat :
enjoint fa majefté aux infpecteurs & gardés des Eaux minérales & aux juges des lieux, de délivrer lefdits certificats
fans frais & à la première réquifition : ordonne pareillement fa majefté qu'à l'arrivée defdites Eaux, tant à Paris

relativement à la conduite & à la distribution des Eaux minérales du royaume, pour empêcher qu'il n'en soit fait un commerce frauduleux.

EAU BÉNITE. C'est l'Eau qui se bénit dans l'église le dimanche avec des cérémonies particulières.

Un prêtre peut avec la permission du curé, bénir l'Eau & y mêler du sel pour en asperger les peuples ; mais l'évêque seul a le droit de faire de l'Eau bénite avec du sel & de la cendre pour réconcilier les églises.

Quelques canonistes ont regardé l'aspersion de l'Eau bénite comme un acte hiérarchique, parce qu'elle exige & suppose une autorité publique en celui qui fait cette aspersion & qui a béni l'Eau. La bénédiction de l'Eau par conséquent, & même l'aspersion, ne doivent être exercées que dans le propre territoire du pasteur ordinaire & de son consentement. Les curés

---

qu'ès autres villes & lieux où il a été & sera par la suite établi des bureaux de distribution, elles seront conduites en droiture auxdits bureaux pour y être visitées & dégustées dans les vingt-quatre heures de l'arrivée & sans frais, par les inspecteurs desdits bureaux qui se feront représenter le certificat du départ ; sans que lesdites Eaux puissent être conduites à leur adresse après la visite & dégustation, que sur la déclaration de celui qui les aura fait venir, portant que c'est pour son usage ou celui de sa maison ; le tout à peine de confiscation & de cinquante livres d'amende pour chaque contravention. Enjoint sa majesté au lieutenant général de police à Paris, & aux sieurs intendans & commissaires députés pour l'exécution des ordres de sa majesté dans les provinces, de tenir la main, chacun en droit soi, à l'exécution du présent arrêt, & sera le présent arrêt imprimé, lû, publié & affiché par-tout où besoin sera, &c.

qui affiſtent aux proceſſions de l'évêque ou même de la cathédrale, ne doivent point faire porter le bénitier qu'ils peuvent avoir quand ils marchent ſeuls. Le droit de bénir appartient au ſupérieur ; c'eſt pourquoi lorſque l'évêque ſe trouve à l'aſperſion de l'eau bénite, on ne le bénit pas, mais on lui préſente le goupillon avec lequel il ſe bénit lui-même & bénit les autres. Il y a un arrêt du 31 mars 1735 rendu entre M. l'archevêque de Tours, le chapitre de la métropole & celui de ſaint Martin de la même ville, par lequel la cour a fait défenſes aux membres du chapitre de ſaint Martin de bénir le peuple par des aſperſions d'Eau bénite dans le cours des proceſſions où ils aſſiſtoient avec le chapitre métropolitain de Saint - Gratien. *Voyez* au ſurplus ce qu'a dit M. Henrion de Penſey dans le paragraphe X V I de l'article Droits honorifiques.

EAU-DE-VIE. C'eſt la partie ſpiritueuſe qu'on retire du vin par une première diſtillation.

Ce n'a été que vers le commencement du ſiècle dernier que l'Eau-de-vie eſt devenue une boiſſon d'uſage : auparavant elle ne ſervoit qu'à compoſer des remèdes. Deux arrêts du conſeil des 28 mai & 6 novembre 1659, établirent ſur cette liqueur les droits de quatrième & de huitième au détail : elle fut enſuite aſſujettie aux droits de gros & augmentation par un autre arrêt du 25 octobre 1665, & enfin au droit de ſubvention à l'entrée par l'ordonnance des aides du mois de juin 1680. *Voyez* les articles Détail, Quatrième, Huitième, Gros, Subvention.

Les Eaux-de-vie doubles ou rectifiées doivent le double, & l'esprit de vin le triple des droits impofés fur l'Eau-de-vie fimple. C'est ce qui réfulte de la déclaration du 9 décembre 1687.

Suivant les lettres-patentes des 4 juin 1726, & 7 juin 1727, & l'arrêt du confeil du 18 juin 1756, les liqueurs ou boiffons dans la compofition defquelles il entre des Eaux-de-vie fimples ou rectifiées, ou de l'esprit de vin, font fujettes aux droits d'aides qui font impofés fur ces Eaux-de-vie ou esprit de vin. Il n'y a d'excepté que les Eaux fortes préparées pour les métaux.

Tous les particuliers, fans excepter les nobles ni les eccléfiaftiques qui font commerce d'Eau-de vie en gros ou en détail, ou qui en fabriquent chez eux, font obligés avant de commencer ce commerce ou cette fabrication, & même chaque fois avant de mettre le feu fous la chaudière, quelque court que foit l'intervalle de temps qui s'eft écoulé depuis l'inftant où ce feu a été éteint jufqu'à celui où on veut le rallumer, de déclarer au bureau du fermier la qualité des Eaux-de-vie fimples, rectifiées ou esprit-de-vin qu'ils prétendent vendre ou fabriquer, de fouffrir la vifite & la marque des commis tant fur leurs vins dont ils doivent pareillement déclarer la quantité, que fur leurs Eaux-de-vie, & de leur ouvrir pour cet effet leurs caves, celliers, atteliers & maifons à toute réquifition, fous peine de confifcation des vins, Eaux-de-vie, & des uftenfiles fervant à les fabriquer, & de cinq cens livres d'amende que les juges ne peuvent ni remettre ni modérer.

C'eſt ce qui réſulte des déclarations des 9 décembre 1687, 26 janvier 1692, & 30 janvier 1717, ainſi que d'un grand nombre d'arrêts tant du conſeil que de la cour des aides.

Les marchands ou bouilleurs d'Eau-de-vie doivent d'ailleurs, ſous les peines portées par les règlemens, repréſenter aux commis les acquits des droits & congés des vins & autres boiſſons qu'ils font arriver chez eux.

En rempliſſant toutes ces formalités, les marchands & bouilleurs d'Eau-de-vie peuvent avoir chez eux la quantité d'Eau-de-vie qu'ils jugent néceſſaire pour leur commerce ; mais il leur eſt défendu ainſi qu'à toute autre perſonne, d'avoir des magaſins ou entrepôts dans l'étendue du plat pays de l'élection de Paris, dans les trois lieues des pays exempts d'aides, limitrophes des paroiſſes de la généralité d'Amiens, dans les châteaux, maiſons de campagne & villages de la même généralité, & dans les trois lieues des environs de Rouen, Caen, le Havre & Dieppe. C'eſt ce qu'ont ordonné l'édit de décembre 1686 & les lettres-patentes des 30 mai 1724, & 24 août 1728.

Obſervez à ce ſujet que par les arrêts du conſeil du 30 octobre 1774, & 4 mars 1775, il a été défendu à tout marchand détailleur ou autre établi dans les paroiſſes des généralités de Paris & de Soiſſons ſituées dans les trois lieues limitrophes de la généralité d'Amiens, de tenir en magaſin des Eaux-de-vie en pipes, buſſes, muids, demi-muids, quarts de muid & autres tonneaux ; il leur a ſeulement été permis de s'approviſionner en pièces de ſoixante à ſoixante-dix veltes.& au deſſous, dont ils ne peuvent avoir plus d'une à la fois, de laquelle ils doivent faire la revente à pot & à pinte ou autre moindre mesure, & feulement pour la confommation des lieux qu'ils habitent (*).

La déclaration du 9 décembre 1687 a expreffément défendu à tout marchand de faire aucun mêlange d'Eau-de-vie double ou rectifiée, ou d'efprit-de-vin avec de l'Eau, fous peine de confifcation, de mille livres d'amende pour la première fois, & du quadruple en cas de récidive.

Divers règlemens & particulièrement la déclaration du 24 janvier 1713 ont défendu, fous peine de trois mille livres d'amende & de confifcation, de fabriquer de l'Eau-de-vie avec de la melaffe, de la bierre, du grain, & en général avec toute autre matière que du vin. Cette prohibition eft fondée tant fur ce que ces Eaux-de-vie nuifoient au commerce de celles de vin, que fur ce qu'elles ont été jugées d'un ufage dangereux pour la fanté. Obfervez néanmoins qu'en Normandie & en Bretagne, à l'exception du diocéfe de Nantes, il eft permis de fabriquer des Eaux-de-vie de cidre & de poiré ; mais comme cette grâce ne regarde uniquement que ces deux provinces dont les arbres fruits forment un des principaux revenus, le commerce de ces Eaux-de-vie y a été reftreint à l'ufage des habitans fans qu'elles puiffent être exportées. Il eft feulement permis aux armateurs & négocians françois d'en faire embarquer pour les équipages de leurs vaiffeaux qui naviguent de port en port.

_____

(*) Ces arrêts ont excepté de la prohibition les marchands détailleurs des villes fermées.

Les arrêts du conseil des 24 novembre 1716, & premier février 1718, ont autorisé le fermier à faire dresser des procès-verbaux par ses commis pour constater les contraventions faites à la déclaration de 1713, & à poursuivre les contrevenans pour les faire condamner par les élus à l'amende & à la confiscation à son profit ; sauf les poursuites par-devant les juges ordinaires, lorsque les saisies font faites à la requête des officiers de police ; auquel cas le fermier n'a rien à prétendre dans les condamnations.

Ceux qui font fabriquer des Eaux-de-vie rectifiées & de l'esprit-de-vin font tenus, sous peine de confiscation & de mille livres d'amende, de faire relier en plein jusqu'à trois doigts de la bonde de chaque côté, les futailles où ils mettent des liqueurs, & de les marquer sur le fonds, savoir, celles qui contiennent de l'Eau-de-vie rectifiée, d'un E. & d'un R. ; & celles qui contiennent de l'esprit-de-vin, des lettres E. S. P. V.

Chaque fabricant doit d'ailleurs joindre à ces lettres sa marque particulière dont l'empreinte doit être déposée au greffe de l'élection ou autre juridiction des fermes dans l'étendue de laquelle il est domicilié.

Les contestations qui surviennent relativement à la différence des Eaux-de-vie simples avec les rectifiées, & de celles-ci avec l'esprit-de-vin, doivent être décidées en première instance par les élus, ou à leur défaut par les juges des traites foraines. Pour régler leurs décisions, ces officiers doivent conformément aux lettres-patentes du 3 août 1771, & à l'arrêt du conseil

du

du 22 novembre 1772, employer l'aréomètre ou pèfe liqueur inventé par le fieur Cartier, & déclarer Eau-de-vie fimple celle dans laquelle cet aréomètre ne s'enfoncera que jufqu'au vingt-deuxième degré exclufivement ; Eau-de-vie forte ou rectifiée, celle où il s'enfoncera depuis le vingt-deuxième degré jufqu'au trente-quatrième exclufivement ; & efprit-de-vin, la liqueur où le même aréomètre s'enfoncera depuis le trente-quatrième & au deffus.

. Les Eaux-de-vie, de quelque nature qu'elles foient, y compris les liqueurs faites avec de l'Eau-de-vie ou de l'efprit-de-vin, ne peuvent être enlevées ni voiturées que les acheteurs n'aient donné caution folvable ou que les vendeurs, facteurs & commiffionnaires n'aient paffé leur foumiffion au bureau du lieu de l'enlèvement, de rapporter un certificat des commis du lieu de la deftination, pour juftifier de l'arrivée & de la décharge des Eaux-de-vie dans ce lieu, & que les droits d'entrée ont été acquittés ; & à l'égard des Eaux-de-vie deftinées pour l'étranger, de repréfenter la quittance des droits de fortie payés au dernier bureau de la frontière, à peine de confifcation des Eaux-de-vie enlevées fans ces formalités, & de cinq cens livres d'amende (*). Les certificats dont il s'agit doivent être délivrés par les directeurs ou commis du fermier établis au lieu de la deftination à l'inf-

_____

(*) Les lettres-patentes de 1726 & de 1728 ont changé cette peine à l'égard des contraventions relatives aux Eaux-de-vie deftinées pour les pays de huitième, & pour ceux de quatrième : dans les premiers, la peine eft du quadruple des droits, & dans les autres du double des droits.

tant que les Eaux-de-vie arrivent & qu'elles leur font déclarées & réprésentées, à moins que les acheteurs, quand le lieu de la destination est dans un pays d'aides, n'aient préféré de faire leur déclaration au bureau des aides du chef-lieu de l'élection pour laquelle les Eaux-de-vie font destinées, & de fournir leur foumission de les faire arriver dans un temps proportionné à la distance des lieux (*). Dans ce cas, lorfque les acheteurs ne font pas connus pour folvables, ils doivent donner bonne & fuffifante caution, ou configner les droits dûs à l'arrivée au lieu de la destination, ainfi que ceux de détail. Ces règles ont été établies par les déclarations des 3 janvier 1717 & 8 mai 1718, ainfi que par des arrêts du confeil & lettres-patentes des 16 juin & 8 juillet 1722, 4 juin 1726, 7 juin 1727, 2 mars 1728, &c.

Plufieurs autres lois telles que la déclaration du 6 janvier 1699, l'arrêt de la cour des aides du 7 avril 1723, la déclaration du 24 août 1728, & les arrêts du confeil des 19 mai 1733, 13 février 1740, & 23 juillet 1743, ont même fait défenfe d'enlever des Eaux-de-vie en barrils au deffous de foixante pintes, avant d'en avoir

_____

(*) Les lettres-patentes du 4 juin 1726, & du 2 mars 1728, ont accordé aux cautions & foumiffionnaires un délai de trois mois à compter du jour de chaque foumiffion pour rapporter les certificats de décharge ou quittances des droits, quelque diftance qu'il y ait du lieu de l'enlevement à celui de la destination, a l'exception du cas où il s'agit d'Eaux-de-vie enlevées par mer pour l'étranger, à l'égard defquelles il doit être feulement rapporté un certificat d'embarquement donné par les commis du fermier, & l'acquit des droits de fortie.

fait la déclaration au bureau du fermier, laquelle doit contenir le nom, la qualité & la demeure des vendeurs & des acheteurs, la quantité d'Eau-de-vie achetée, le lieu pour lequel elle est destinée, & si c'est pour y être vendue en détail ou autrement. En conséquence les acheteurs sont tenus de prendre un congé (*) conforme à leur déclaration pour être représenté aux commis lors de leurs exercices ; le tout à peine de cent livres d'amende & de confiscation des Eaux-de-vie & des équipages servant à les conduire.

Les arrêts du conseil des 24 février 1728, 2 septembre 1738, & 28 juillet 1739 ont enjoint à toutes sortes de personnes indistinctement qui achètent ou font venir de l'Eau-de-vie dans les pays d'aides, de déclarer au moment qu'elle arrive, si elles entendent la vendre en gros ou en détail ou l'employer pour leur usage, sinon au défaut de cette déclaration elles doivent être contraintes au payement des droits de détail de la totalité de l'Eau-de-vie qu'elles ont fait arriver.

Il est dû dans la province de Picardie des droits d'entrée, de gros & de détail, que pour la facilité du commerce le roi a fixés à cinquante-quatre livres par lettres-patentes du 30 mai 1724. Suivant cette loi, ces cinquante-quatre livres doivent être payées indistinctement à l'arrivée & à l'entrée dans toutes les élections & paroisses dépendantes de la généralité d'Amiens, sur chaque barrique de vingt-sept veltes, & pour les autres vaisseaux à proportion sur

_____

(*) Ce congé doit être délivré sans frais.

B ij

toutes les Eaux-de-vie venant foit des lieux
exempts des droits de gros, foit de ceux où ils
ont cours, qui font apportées pour être con-
fommées dans l'étendue de cette généralité,
foit qu'elles foient adreffées à des marchands ou
à toute autre perfonne. Ces Eaux-de-vie doivent
être déclarées lors de l'arrivée & les droits
payés fuivant la jauge faite à l'inftant au bureau
des entrées dans les villes où il y a des bureaux
établis aux portes ; & dans les autres endroits,
au bureau du lieu de la deftination ; ou s'il n'y
en a point d'établi, au bureau le plus prochain
avant la décharge & l'encavement (*) ; le tout
à peine de confifcation des Eaux de vie & des
équipages fervant à les conduire, même des
Eaux de-vie trouvées encavées, à moins que
l'acquit des droits n'en foit repréfenté, & de
cent livres d'amende.

Obfervez que le droit de cinquante-quatre
livres ayant été une fois payé à l'entrée de la
généralité, n'eft plus exigible quand on conduit
d'un lieu à un autre de la même généralité les
Eaux-de-vie qui ont acquitté ce droit.

Obfervez auffi que pour la facilité du commerce, il doit être rendu aux marchands d'Eau-
de-vie quarante-cinq livres par barrique de
vingt-fept veltes qu'ils vendent en gros pour
être confommée hors de la généralité d'Amiens ;

_____

(*) Les marchands en gros font autorifés à prendre
crédit pendant deux mois pour le payement des droits des
Eaux de vie qu'ils font venir par mer par le port de faint
Valery, a compter du jour de l'arrivée de ces Eaux-de-
vie : au refte le fermier doit être payé de fon droit fur ces
Eaux de vie, par préférence a tout créancier même a
ceux qui les ont vendues.

mais il faut pour cet effet qu'ils remplissent les formalités prescrites par les déclarations des 30 janvier 1717 & 8 mai 1718. (*).

Les particuliers qui font entrer en Picardie des Eaux-de vie venant de Flandres ou d'Artois & des autres lieux où les aides n'ont pas cours, sont tenus d'en faire déclaration au premier bureau de leur route en entrant dans cette province, d'y représenter leurs lettres de voiture en bonne forme, d'y faire leur soumission & fournir caution conformément aux déclarations des 30 janvier 1717 & 8 mai 1718, & de rapporter la preuve tant de l'arrivée des Eaux-de-vie au lieu de la destination, que du payement des droits.

· Il est défendu à tout particulier de faire entrer dans la généralité d'Amiens aucune Eau-de-vie en boureilles, cruches, barrils & huitième

────────────────────

(*) Ces formalités consistent à faire viser aux portes des villes d'où sortent les Eaux-de-vie, ainsi que dans les bureaux qui sont sur la route, par les commis du fermier les acquits à caution que les marchands sont tenus de prendre avant l'enlevement des Eaux-de vie; & si elles sont destinées pour des pays où les aides n'ont pas cours, les marchands doivent justifier du payement des droits de sortie au dernier bureau, & rapporter l'acquit à caution après qu'il a été déchargé à l'arrivée au lieu de la destination; ou le certificat d'embarquement, si les Eaux-de-vie sont envoyées à l'étranger : quant à celles qui sont destinées pour les lieux où les aides ont cours, il suffit de représenter le certificat d'arrivée dans ces lieux. Il faut que les certificats soient réprésentés dans deux mois au plutard, à compter du jour de l'enlevement des Eaux de-vie, sinon ils doivent être déclarés nuls, en conséquence on répute les Eaux-de-vie consommées dans la généralité, & le droit de 54 livres est acquis au fermier.

B iij

de muid, à peine de cent livres d'amende & de confifcation des Eaux-de-vie, ainfi que des chevaux & équipages fervant à les conduire.

EAUX ET FORÊTS. *Voyez* les articles Bois, Pêche, Maîtrise, Table de marbre, &c.

ÉCART, ESCAS, ISSUE, BOUTEHORS. Ces termes abfolument fynonimes défignent dans les Pays-Bas un droit que plufieurs villes & certains feigneurs font en poffeffion de lever fur les biens qui paffent des mains d'un bourgeois en celles d'un forain, foit par fucceffion, foit par toute autre voie.

Les auteurs ne s'accordent pas fur l'origine de ce droit ; les uns prétendent qu'il vient des Hébreux, parmi lefquels on étoit obligé de payer certaines taxes quand on changeoit de tribu.

Les autres en attribuent l'introduction à l'empereur Augufte ; ils fe fondent fur un édit de ce prince confirmé par l'empereur Adrien, qui ordonnoit la levée du vingtième de toutes les fucceffions teftamentaires laiffées à des étrangers. Mais il paroît par le précis que Dion nous a donné de cet édit, & par l'analyfe qu'on en trouve dans le code de Juftinien au titre *de edicto divi Adriani tollendo*, que cette taxe comprenoit auffi-bien les habitans de Rome que les forains, & que le mot *étrangers* n'étoit employé dans la loi que par oppofition aux héritiers légitimes.

Quelques autres auteurs, tels que Zazius, Gayl, Græveus, Perere, regardent ce droit comme un refte & une image de celui qu'on trouve établi dans le code Juftinien au titre

quando & quibus quarta pars debetur ex bonis
decurionum, & de modo diflributionis eorum. On
voit en effet dans les différentes lois rangées
fous ce titre, que l'empereur Théodofe voulant
prévenir le dépériffement des *curies* ou fénats
particuliers des villes municipales, leur permit
de s'approprier le quart des fucceffions teftamentaires ou légitimes de chacun de leurs membres, qui feroient déférées à des étrangers,
non curialibus.

Quelle que foit au refte la loi qui a fervi de
modèle à l'établiffement du droit d'Écart, il eft
affez vraifemblable que ce droit a pris naiffance
avec les communes. Peut être crut - on qu'un
des meilleurs moyens d'affurer les confédérations
que les habitans des villes formoient refpectivement entr'eux pour fe défendre contre les
incurfions de leurs voifins & l'oppreffion de
leurs feigneurs, étoit d'empêcher que leurs
biens ne paffaffent à des étrangers, & de ref-
treindre aux feuls bourgeois le droit d'acquérir
les uns des autres & de fe fuccéder réciproquement. Mais comme une pareille loi eût mis trop
d'entraves au commerce qui doit régner entre
les fujets d'un même prince, on fe contenta
d'attribuer aux villes une certaine quotité de
la valeur ou du prix des biens que leurs bourgeois feroient paffer en des mains étrangères.

La plupart des jurifconfultes allemands &
flamands qui ont écrit fur ce droit, fe font
efforcés d'en faire voir la juftice & de lui donner
un certain degré de faveur; ils l'ont même
comparé au droit d'aubaine, en vertu duquel
nos rois recueillent les fucceffions des étrangers qui meurent en France fans y être natu-

ralifés ; mais il y a bien de la différence entre l'un & l'autre : le premier s'étend jufqu'aux regnicoles & s'exerce auffi-bien fur les aliénations entre-vifs que fur les fucceffions teftamentaires & légitimes : le fecond au contraire eft borné aux étrangers non naturalifés & n'a lieu qu'après leur mort. Si donc le droit d'aubaine n'a jamais été regardé comme favorable, à plus forte raifon doit-on regarder celui d'Ecart, fi non comme injufte, au moins comme odieux.

Pour traiter cette matière, qui d'elle-même eft affez confufe, nous verrons 1°. quelles font les villes où le droit d'Ecart eft en ufage ; 2°. en quoi il confifte ; 3°. en quels cas il a lieu ; 4°. quelles perfonnes en font exemptes ; 5°. quelle eft la manière d'en faire le récouvrement.

§. I. *A qui appartient le droit d'Ecart ?*

Le droit d'Ecart eft en vigueur dans la plupart des villes d'Allemagne & de Hollande, comme l'atteftent Mevius fur la coutume de Lubeck, partie 2, titre 2, article 4 ; & Voet fur le digefte, livre 5, titre premier ; il eft également connu dans le Brabant & particulièrement à Anvers, fuivant une confultation rapportée par le Bouck fur la coutume de Lille, page 33.

Landrecies eft la feule ville du Hainaut où ce droit foit établi ; encore n'y a-t-il pas la même étendue qu'ailleurs, comme on le verra ci-après.

Les villes d'Artois ignorent également ce privilège : mais le pays de Langle qui fait partie de cette province en jouit en vertu des articles 22 & 23 de fa coutume particulière ; ce qui vient fans doute de ce que ce canton a été démembré du comté de Flandre pour être uni au bailliage de faint-Omer.

En effet, la Flandre est peut être le pays où le droit d'Ecart est le plus généralement reçu. Dans la partie autrichienne de cette province, les villes de Gand, de Bruges, de Courtrai, de Furnes, d'Ipres, d'Oudenarde, de Poperingue, de Dixmude & le pays du Franc, ont des coutumes homologuées par les fouverains, qui leur attribuent ce droit. Il en est de même dans la Flandre françoife des villes de Bourbourg, Caffel, Bergues, Honfchote, Douai, Orchies, Seclin, la Baffée, Comines & la Gorgue.

Il y a cependant en cette province plufieurs villes qui n'ayant pas droit de bourgeoifie, ne peuvent s'attribuer celui d'Ecart qui en est la fuite : telles font, Dunkerque, Gravelines, Watten, Hazebroucq, Warneton, &c.

La ville de Bailleul a effuyé beaucoup de conteftation fur cet objet. Voici ce que porte l'article 24 du titre premier de fa coutume homologuée en 1632 : « concernant droit d'Iffue » prétendu par ceux de la ville de Bailleul, à » la charge de ceux qui n'étant pas bourgeois » viennent fuccéder dans les biens defdits habi-» tans, pour autant qu'ils font trouvés en ladite » ville, l'on fuivra ce qui fera ordonné fur le » différent fufdit, & dans l'entre-temps l'on » obfervera ce qui a été en ufage d'ancienneté ». La difficulté de la décifion venoit de ce que les échevins de Bailleul ne repréfentoient pas la conceffion primordiale de ce droit, qu'ils difoient avoir été brûlée dans un incendie arrivé

en 1517; & qu'ils produifoient feulement des lettres de confirmation que Charles V & Philippe II
leur avoient accordées fucceffivement, & un
arrêt de 1604 qu'ils avoient obtenu au grand
confeil de Malines contre un particulier : ce fut
apparemment pour examiner à loifir ces différens titres, que Philippe IV roi d'Efpagne laiffa
la queftion indécife dans l'homologation de la
coutume, & voulut que la poffeffion fervît de
règle jufqu'à ce qu'il eût fait connoître définitivement fon intention. Mais cette règle provifoire étoit elle-même très-incertaine ; car la
poffeffion de la ville de Bailleul n'étoit pas conftante & ne pouvoit fous ce point de vue lui
profiter ni lui préjudicier. C'eft ce qui engagea
le parlement de Flandre dans une inftance où
l'on conteftoit le droit d'Ecart à cette ville,
d'ordonner par arrêt du 30 octobre 1700 que
les échevins en produiroient les titres conftitutifs
dans trois mois. Ceux-ci fe pourvurent au confeil, & y obtinrent des lettres-patentes fur
arrêt qui les maintenoit pour neuf ans dans la
jouiffance paifible de ce droit. Comme le roi ne
s'étoit pas expliqué fur le paffé, le parlement
de Flandre leur ordonna par un fecond arrêt du
27 février 1701 de fatisfaire dans quinzaine
pour tout délai, à l'interlocutoire porté par
l'arrêt du 30 octobre 1700. Mais fa majefté déclara par de nouvelles lettres-patentes du 27
août fuivant, enregiftrées le 8 février 1702,
que fon intention avoit été de maintenir les
échevins de Bailleul, tant pour le paffé que pour
les neuf années à venir. Cette décifion n'étoit
que provifoire ; mais il y a apparence qu'elle
a été rendue définitive ; car la ville de Bailleul

jouit actuellement du droit d'Ecart sans la moindre réclamation de la part de ceux qui y sont assujettis.

Merville qui est située dans la châtellenie de Bailleul, jouit aussi de ce droit, en vertu de la concession que Louis XIV lui en a faite par lettres-patentes du 14 février 1705, enregistrées au parlement de Flandre le 24 avril de la même année.

La ville de Lille n'a pour la perception du même droit ni disposition dans sa coutume, ni titre particulier dans ses archives ; mais elle est fondée sur une possession immémoriale dans laquelle elle a été maintenue par un arrêt du conseil privé de Bruxelles, rapporté par le Bouck.

Parmi les villes où nous venons de voir que le droit d'Ecart est établi, il y en a quelques-unes où ce n'est point à la communauté des habitans qu'en appartient l'exercice & le profit.

L'article 27 de la coutume de Landrecies défère entièrement ce droit au seigneur.

Suivant l'article premier du titre 31 de la coutume de Furnes, il appartient pour les biens de la ville au corps réuni de la ville & de la châtellenie du même nom ; mais pour les biens de la châtellenie, la moitié en appartient au roi, un quart à la ville & châtellenie, & l'autre quart à la paroisse du lieu.

La coutume de Bergues en dispose à peu près de même. Elle déclare, rubrique 5, article 21, que le droit d'Ecart appartient entièrement à la ville & châtellenie quand il échet dans l'enceinte de la ville. Mais elle en donne la moitié au roi quand il échet dans la châtellenie.

La coutume de la prévôté de saint-Donat qui est locale de celle de Bergues, attribue la moitié de ce droit aux échevins, un quart au bailli, un huitième au roi, & l'autre huitième au burgrave.

Celle de Pitgam le partage par portions égales entre l'église & le seigneur. Il en est de même de celle d'Honschote.

§. II. *En quoi consiste le droit d'Écart ?*

Mevius, à l'endroit cité plus haut, dit que dans la plupart des villes d'Allemagne l'Ecart est du dixième des biens qui y sont assujettis : que dans d'autres il est du quart, & qu'il y en a même quelques-unes où il est du tiers.

L'article 27 de la coutume de Landrecies ne le fait consister qu'en douze deniers.

Les coutumes de Gand, d'Oudenarde, de Coutrai, de Cassel, de la Gorgue, de Douai, d'Honschote, de Bergues, de Bourbourg, de Seclin, de la Bassée, de Comine, le fixent au dixième de la valeur ou du prix des biens sur lesquels on l'exerce ; & c'est aussi sur ce pied qu'on le lève à Lille, à Bailleul & à Merville.

L'article 4 de la coutume du pays du Franc le porte au même taux ; mais l'article 43 ajoute que l'on usera de réciprocité à l'égard des habitans des pays où ce droit est plus considérable.

On trouve la même disposition dans la coutume d'Ipres ; l'article 13 de la rubrique 6 porte que « l'héritier étranger doit le dixième » denier, ou le cinquième s'il est bourgeois » d'une ville où l'on exige le cinquième des » bourgeois d'Ipres ».

La coutume d'Orchies, titre 13, article premier, fixe ce droit à huit pour cent.

L'article 22 de celle du pays de Langle le borne au douzième denier ; & les articles 9 & 12 de celle de la Gorgue, au treizième.

Le droit commun de la Flandre exempte les fiefs du droit d'Ecart. C'est ce qui résulte des coutumes de Furnes, titre 31, article 2 ; d'Ipres, rubrique 6, articles 6 & 17 ; d'Oudenarde, rubrique 2, article 7, & rubrique 4, articles 5 & 14 ; du pays du Franc, article 41 ; de Bergues, rubrique 5, article 19. L'article 64 de la caroline de Gand établit la même chose ; & c'est ce qu'on peut encore inférer des coutumes de Douai, d'Orchies, de Seclin, de la Bassée & de Comines, puisqu'elles n'assujettissent à ce droit que les biens réputés meubles, qualité qu'elles ne donnent point aux fiefs, mais seulement aux héritages tenus en cotterie.

La raison de cette jurisprudence est que les coutumes de bourgeoisie ou d'échevinage n'ont aucun empire sur les fiefs. Voyez à ce sujet les articles CONFRATERNITÉ DE COUTUMES, ECHEVINS & ECHEVINAGE.

On demande si l'Ecart doit se prendre sur les biens situés hors du territoire de la ville à laquelle il est dû. Mevius déja cité plusieurs fois, regarde la négative comme incontestable ; mais il convient avec Klock, autre jurisconsulte allemand, de la validité d'une coutume ou d'un usage qui introduiroit un principe contraire. C'est précisément ce qu'on remarque dans la Flandre flamande ; la plupart des coutumes qui adoptent le droit d'Ecart, y soumettent tous les biens de la personne qui y donne ouverture en quelque lieu de la province qu'ils foient fitués. Telles font Furnes, titre 31, article 2; Ipres, rubrique 6, article 6; Oudenarde, rubrique 4, article 5; pays du Franc, article 41, &c. La difpofition de ces coutumes fondée fur la confraternité de toutes les lois municipales de la province, doit être adaptée à celles qui gardent le filence fur cette queftion, parce qu'il eft de principe en Flandre que les décifions uniformes de quatre ou cinq coutumes forment un droit commun. Voyez à ce fujet les articles CONFRATERNITÉ & DESHÉRENCE.

Mais l'effet de cette efpèce de fociété doit-il s'étendre jufqu'à donner à une ville de Flandre autrichienne le droit de lever l'Ecart fur des biens fitués dans la partie françoife de cette province, ou *vice verfa ?* On a fait voir à l'article CONFRATERNITÉ que le changement de domination furvenu depuis la rédaction des coutumes de Flandre, n'a dû troubler, quant au fond des chofes, ni les principes, ni les effets de l'affociation qui exiftoit auparavant entre ces différentes lois. Ainfi rien n'empêche que le droit d'Ecart ne fe prenne par la ville du lieu où il eft échu, dans les biens fitués fous une autre domination. C'eft même ce qui a été jugé dans l'efpèce fuivante.

Jean-François Defprets & Jacqueline fa fœur, bourgeois de Bailleul, étant morts à Oudeneen, châtellenie de Warneton, où ils étoient domiciliés; le fieur Baelde, tréforier de la ville de Bailleul, fit affigner André Defprets leur héritier non bourgeois, pour le payement du droit d'Ecart, & prétendit, en vertu de l'affinité qui règne entre les coutumes de Flandre, percevoir ee droit fur toute la maffe de la fucceffion, fans diftinction des coutumes qui en régiffoient les différens biens, & même fur ce qui étoit fitué fous la domination autrichienne. Les échevins de Bailleul l'ont ainfi ordonné par une fentence du 16 novembre 1769, qui après avoir été infirmée au préfidial de la même ville, a été confirmée par arrêt du parlement de Douai rendu au rapport de M. de Warenghien de Flory.

L'héritier fe prévaloit en cette caufe d'un arrêt de 1692 qu'il prétendoit avoir décidé le contraire. On en jugera par la manière dont de Ghewiet le rapporte : « dans la Flandre flamande, » (dit-il, tome premier, page 164), le droit » d'Ecart eft dû pour tous les biens d'un bour-» geois qui fe trouvent dans la province fous » une même domination, ainfi qu'il a été décidé » au parlement de Flandre par un arrêt de 1692, » confirmatif d'une fentence de la cour de » Caffel rendue en 1690 ».

Pour fe former une jufte idée de ce que cet arrêt a jugé, il faudroit favoir quels étoient les objets de la conteftation qu'il a terminée : l'auteur ne dit pas s'il fe trouvoit des biens fous deux dominations différentes, ni fi la ville à laquelle l'Ecart étoit dû, étendoit fes prétentions auffi loin que le faifoit le fieur Baelde dans l'efpèce que nous venons de rapporter. Ainfi la feule chofe que l'on puiffe dire de cet arrêt, c'eft qu'il a confirmé le principe établi ci-deffus, que le droit d'Ecart n'eft pas borné en Flandre aux biens fitués dans le territoire de la coutume qui y donne ouverture.

On a vu à l'article CONFRATERNITÉ que les

coutumes de la Flandre françoise ne forment point de société entr'elles, ni avec celles de la Flandre flamande. Ainsi le droit d'Ecart échu à Lille ne peut être levé sur des biens situés à Douai, à Orchies, à la Gorgue, &c. aussi la coutume de cette dernière ville n'assujettit-elle à ce droit que les biens de son ressort. C'est ce que l'article 9 établit très-clairement.

§. III. *Quels sont les cas où il y a ouverture au droit d'Écart ?*

Ces cas ne sont pas les mêmes dans toutes les coutumes : à l'exception de celles de la Flandre flamande qui s'interprêtent les unes par les autres, on peut dire en général qu'il faut s'attacher strictement à chacune d'elles, & ne point étendre leurs dispositions au-delà de leurs propres termes, parce que l'Ecart est odieux, contraire à la liberté du commerce & destructif des liens qui doivent unir entr'elles toutes les parties d'un même empire.

Ainsi dans la coutume de Landrecies ce droit est restreint au cas où un bourgeois quitte la ville pour aller s'établir ailleurs. « Tout homme » porte l'article 27 de cette coutume, veuillant » sortir & abandonner la ville, pourra vendre tout » ce qu'il a à qui il voudra, fors à l'église : mais » appelant ses voisins, payera son dû, & en » donnant douze deniers au seigneur pour son » *Issue*, en sortira librement.....».

Par la même raison, le pays de Langle en Artois ne peut exiger d'Ecart que dans les aliénations entre-vifs. C'est ce qui résulte des articles 22 & 23 de la coutume dont on détaillera ci-après les dispositions.

La

: La plupart des coutumes de Flandres donnent ouverture à ce droit en quatre cas, qui font la perte de la bourgeoifie, la fucceffion d'un bourgeois dévolue à un forain, le mariage contracté entre deux perfonnes dont l'une eft bourgeoife & l'autre étrangère, & enfin l'aliénation entre-vifs. Nous allons analyfer les principes relatifs, à ces quatre cas, & rapporter fous chacun les dérogations que certaines coutumes font aux règles les plus générales.

Premier cas. C'eft un principe admis dans toute la Flandre que tout homme qui a encouru la privation de fon droit de bourgeoifie de quelque manière que ce foit, eft obligé de payer à la ville dont il étoit bourgeois, l'Ecart des biens qu'il poffédoit lorfqu'il a ceffé de l'être. C'eft la difpofition expreffe des coutumes de Furnes, titre 31, article 10; d'Ipres, rubrique 6, articles 6 & 8; d'Oudenarde, rubrique 4, articles 5 & 14; de Courtrai, article 46 de la première caroline; du Franc de Bruges, article 42; de Bourbourg, rubrique 17, article 3; de Bergues, rubrique 5, articles 4 & 11; d'Orchies; titre 13, article 3.

La coutume de la Gorgue, article 10, donne auffi lieu à ce droit dans le même cas, mais elle le borne à quatorze patars ou fous parifis.

· Parmi les coutumes de la Flandre flamande qu'on vient de citer, il y en a plufieurs qui foumettent à l'Ecart les bourgeois qui changent fimplement de domicile, quoique dans cette province on puiffe régulièrement conferver le droit de bourgeoifie d'une ville fans y demeurer, comme on l'a vu au mot CONFRATERNITÉ. Telles font entre autres celles de Bergues & de

Bourbourg, aux endroits cités, & celles de Gand, rubrique 5, article 2.

Il y a cependant, même dans ces dernières coutumes, un moyen d'éviter l'Ecart, lorsqu'on veut aller s'établir hors de la ville dont on est bourgeois : il ne faut pour cela qu'obtenir des échevins la permission de se retirer & élire un domicile dans la ville, afin que l'on puisse encore être ajourné en matière personnelle. C'est ce que prescrivent les articles cités des coutumes de Bergues & de Bourbourg ; l'article 36 de la seconde caroline de Courtrai, & l'article 19 de la rubrique 4 de la coutume d'Oudenarde. Ce dernier texte ajoute que ces sortes de permissions ne peuvent être accordées que pour trois ans, & que si elles ne sont pas renouvelées au bout de ce terme, il y a ouverture au droit d'Issue ou d'Ecart.

Les coutumes qui permettent à leurs bourgeois d'aller s'établir ailleurs sans perdre leur droit de bourgeoisie & sans payer d'Ecart, ne doivent pas s'entendre de ceux qui se retirent dans une domination étrangère sans la permission du souverain ; car si dans ce cas on perd tous les droits de régnicoles, à plus forte raison ne peut-on conserver ceux de bourgeois. Telle est d'ailleurs la décision expresse de la coutume de Bruges, titre 2, article 5 : « Tous les susdits » Bourgeois & bourgeoises (*ce sont les termes*) » demeurent bourgeois & bourgeoises où ils » vont demeurer, pourvu que cela soit dans les » pays de l'obéissance de nos redoutés seigneurs » & princes ».

Second cas. Il y a ouverture au droit d'Ecart toutes les fois qu'un étranger succède à un bour-

geois , & cette taxe fe lève à raifon des droits
que l'étranger a dans la fucceffion. Toutes les
coutumes de Flandre n'ont qu'une voix fur
cette matière.

Le Bouck prétend néanmoins en fon commentaire fur la coutume de Lille , que la poffeffion immémoriale dans laquelle eft cette ville de jouir du droit d'Ecart , ne devroit pas s'étendre au cas de fucceffion , parce que , dit-il , ce droit ne peut avoir lieu pour les biens dont un étranger eft faifi en vertu de la coutume , mais feulement pour ceux dont il acquiert la propriété par le fait de l'homme. « C'eft ainfi ;
» continue l'auteur , que nous voyons n'être dû
» droit feigneurial dès fucceffions *inteftates* , ains
» feulement à la vente ; don ou tranfport réel
» & effectuel ».

Il eft aifé de fentir l'erreur de ce fyftême,
qui d'ailleurs a été rejeté formellement par
l'arrêt du confeil privé de Bruxelles que nous
avons cité plus haut d'après le Bouck lui-
même. Un héritier ne doit qu'à la loi civile la
fucceffion dont il eft faifi ; or , s'il en eft de la
loi comme de l'homme , fi elle peut impofer à
à fes libéralités telles conditions qu'il lui plaît,
comment un héritier pourroit - il fe plaindre
d'une coutume qui prélève certains droits fur
l'hérédité qu'elle lui donne ; tandis qu'elle auroit pu la lui ôter toute entière ? Si donc on
admet l'Ecart dans les acquifitions qui fe font
en vertu du droit des gens & par le miniftère
de l'homme , à plus forte raifon doit-on l'admettre dans les fucceffions , & certainement il
eft moins odieux dans ce dernier cas que dans
le premier. L'exemple des droits feigneuriaux

C ij

ne prouve rien en faveur de le Bouck : pourquoi un cenfitaire ne peut-il vendre fon héritage, fans payer des lods & ventes ? Parce
qu'anciennement il ne pouvoit aliéner fans le
confentement de fon feigneur, & que pour avoir
ce confentement il lui payoit une certaine
fomme dont il convenoit avec lui. Pourquoi au
contraire le feigneur ne peut-il rien exiger dans
les mutations qui arrivent par fucceffion légitime ? Parce qu'ayant accenfé l'héritage, tant
pour le preneur que pour fes héritiers, jamais
le preneur n'a eu befoin d'acheter une permiffion particulière pour transférer le bien à fes
plus proches parens. Ainfi l'on ne peut appliquer
aux fucceffions légitimes la raifon qui a fait
admettre les droits feigneuriaux dans les aliénations opérées par les fait de l'homme ; au lieu
que celle qui a fait introduire le droit d'Ecart,
milite même avec plus de force à l'égard des
unes qu'à l'égard des autres.

Pour qu'il y ait ouverture à ce droit, il n'eft
pas néceffaire que le bourgeois à qui un forain
fuccède foit mort dans la ville de fa bourgeoifie.
L'article 13 du titre 5 de la coutume de Bergues en contient une difpofition expreffe. Auffi
a-t-on vu dans l'efpèce de l'arrêt de Defprets
rapporté ci-deffus, que l'héritier étranger d'un
bourgeois de Bailleul décédé dans la châtellenie
de Warneton, & par conféquent fous la domination autrichiene, n'en a pas moins été condamné à payer le dixiéme de tous les biens du
défunt à la ville de fa bourgeoifie.

Régulièrement ce droit n'eft dû en matière
de fucceffion, que par l'héritier étranger d'un
bourgeois. Il y a cependant plufieurs coutumes

dans lefquelles il a lieu lors même qu'un étranger
fuccède à un étranger, & cela au profit de la
ville dans laquelle le défunt étoit domicilié fans
en avoir acquis la bourgeoifie, de manière que
les héritiers bourgeois font feuls exempts de ce
droit, foit qu'il s'agiffe de fuccéder à un bourgeois ou à un forain. C'eft ce que portent expreffément les coutumes d'Oudenarde, rubrique
2, article 7 ; de Caffel, article 486 ; & de la
Gorgue, article 9 ; celle de Furnes n'eft pas
tout-à-fait fi rigoureufe : elle déclare, titre 31,
article 6, que « quand un étranger bourgeois
» d'une autre ville de Flandre décéde dans la
» ville ou châtellenie, fes héritiers auffi étran-
» gers ne doivent point d'Iffue. Mais, ajoute
» l'article 7, les héritiers des forains non bour-
» geois d'aucune ville de Flandre y font tenus ».
C'eft par rapport à ces coutumes que l'article
21 du titre 6 de celle d'Ipres affujettit à l'Ecart
les biens d'un forain qui meurt en cette dernière
ville, *au cas que le défunt fût d'un lieu où l'on
ufe de pareil droits contre les étrangers.*

Les fucceffions en ligne directe font-elles foumifes à l'Ecart ? Un fils, par exemple, peut-il
empêcher la ville, dont fon père a acquis la
bourgeoifie, de prendre ce droit fur fa fucceffion ? Les auteurs font d'accord fur la négative.
Tels font entr'autres Cravetta, en fon confeil 215 ; Forfterius, en fon traité des fucceffions *ab inteftat*, livre 2, chapitre 18 ; Mevius,
fur la coutume de Lubeck, partie 2, titre 2,
article 4. Ce dernier avoue néanmoins qu'il
s'eft introduit un ufage contraire en plufieurs
villes d'Allemagne, & c'eft auffi ce que portent formellement les coutumes de Furnes,

titre 31, article 2; & du Franc de Bruges, article 26. On peut dire la même chose de celles de la Bassée & d'Orchies, comme il résulte de l'article 5 de l'une, & de l'article 5 du chapitre 13 de l'autre. Telle est encore la jurisprudence de Lille, & elle a été confirmée par un arrêt du parlement de Flandre du 18 mai 1677, dont on parlera ci-après.

Ce que l'on vient de dire des successions légitimes, doit à plus forte raison s'appliquer aux successions testamentaires. Il y en a une décision formelle dans l'article 8 du titre 31 de la coutume de Furnes.

De là naît cette question que le Bouck se propose sans la résoudre, « si le droit d'Ecart » est dû par l'étranger, lorsqu'il succède au bien » du bourgeois fidéi - commissé & chargé de » retour ? » Ce sont les termes de cet auteur. Nous ne croyons pas que l'affirmative doive souffrir la moindre difficulté. On n'a jamais douté que l'héritier grévé de biens nobles ne fût tenu des droits de francs-fiefs lorsqu'il est roturier : pourquoi donc l'héritier grévé d'un bourgeois seroit-il exempt du droit d'Ecart lorsqu'il est forain ? La raison est absolument la même de part & d'autre.

Mais cette décision donne lieu à deux autres questions non moins importantes : la première est de savoir si dans une substitution graduelle il est dû autant de droits d'Ecart qu'il y a de degrés remplis par des forains.

La raison de douter est que les différens degrés d'une même substitution procèdent tous d'un même acte, & que d'ailleurs chacun des substitués prend les biens de la main de l'auteur de la substitution & non de celle de l'héritier grévé, suivant cette maxime, *gravanti*, *non gravato succeditur*. Aussi trouve-t-on dans Henrys un arrêt du premier septembre 1640 qui a jugé qu'il n'étoit dû qu'un droit seigneurial pour tous les degrés d'une substitution.

« La raison de décider est « qu'encore , dit » Ricard, qu'il ne s'agisse que d'un seul acte ; » il y a pourtant autant de substitutions & de » donations qu'il y a de personnes différentes » qui y sont appelées ; de sorte que , comme » pour régler les droits seigneuriaux, on ne » considère pas tant l'unité ou la multiplicité des » contrats que les mutations, à cause desquels » les droits sont dûs ; il n'y a pas de doute que » l'institué & les substitués ne les doivent éga- » lement chacun de leur chef, à mesure que la » mutation arrive en leur personne ». Ce prin- cipe établi pour le centième denier par un arrêt du conseil d'état du 30 décembre 1721 , adopté pour les droits seigneuriaux par un arrêt du parlement de Paris du 20 mai 1727 , & par l'article 56 du titre premier de l'ordonnance de 1747 , ce principe , dis-je, reçoit une appli- cation directe & entière au droit d'Ecart, & il ne peut laisser le moindre doute sur l'affirmative de la question proposée.

L'autre difficulté consiste à savoir si le droit d'Ecart qu'engendre une institution faite en faveur d'un non bourgeois avec charge de sub- stitution, doit être pris sur les fonds substitués, ou s'il est à la charge seule de l'héritier grévé. Il ne nous paroît pas que ce droit puisse être rangé dans une classe différente des droits de centième denier, d'insinuation, de franc-fiefs & autres de cette espèce, toujours dûs par le possesseur.

C iv

Il est vrai que l'Ecart peut être levé directement sur les fonds, comme on le verra ci-après : mais il n'en est pas moins constant que c'est la qualité même de la personne qui donne lieu à ce droit, & qu'ainsi elle peut moins qu'une autre se soustraire à la maxime qui veut que l'on ne puisse jouir d'un bien sans en acquiter les charges quelque dures qu'elles soient. Rien d'ailleurs n'est plus conforme à l'objet & au but général d'une substitution : il entre nécessairement dans l'idée de quiconque adopte cette manière de disposer, d'envisager ceux qu'il appelle de degré en degré pour recueillir ses biens, & de vouloir qu'ils leur soient transmis en entier ; un héritier grévé n'est qu'un dépositaire, il doit rendre tout ce qu'il a reçu & comme il l'a reçu ; ce seroit une erreur de sa part de ne songer qu'à lui seul, de ne voir que son intérêt personnel, & par conséquent de s'approprier les fruits & de rejeter toutes les charges sur les fonds.

Troisième cas. Le mariage contracté entre deux personnes dont l'une est bourgeoise, l'autre foraine, donne encore lieu au droit d'Ecart, à raison de l'apport du bourgeois. Les coutumes ne sont cependant pas uniformes sur cette matière. Les unes sans distinguer le cas d'un bourgeois qui épouse une étrangère d'avec celui d'une étrangère qui épouse un bourgeois, disent simplement que tous les biens portés en mariage par une personne bourgeoise à une autre qui ne l'est pas, sont sujets au droit d'Ecart. Telles sont Furnes, titre 31, article 9 ; Ipres, rubrique 6, article 16 ; le Franc de Bruges, article 43 ; Orchies, chapitre 13, article 5 ; Seclin, article 14.

Les autres ne donnent ouverture au droit d'Ecart, que lorsqu'une femme bourgeoise époufe un forain. Telles font Oudenarde, rubrique 4, article 13 ; Douai, chapitre 15, article 3 ; la Baffée, article 5 ; Bergues, rubrique 5, article - 12. Cette dernière coutume ajoute même que le mari peut s'exempter du droit d'Ecart en acquérant la bourgeoifie dans le mois de la célébration du mariage.

On demande fi ce droit peut être levé fur les biens donnés par un père ou autre afcendant en faveur du mariage qui y donne lieu. Les coutumes d'Ipres, de la Baffée & d'Orchies, aux endroits cités, fe déclarent pour l'affirmative.

Mais au moins peut-on y comprendre la garderobe d'une bourgeoife qui époufe un étranger ? L'article 13 de la rubrique 4 de la coutume d'Oudenarde, répond qu'oui ; mais l'article 3 du chapitre 15 de celle de Douai, veut que l'on déduife des biens fur lefquels ce droit doit être pris, « la valeur d'un lit étoffé, & les » étoffemens de fa chambre & tous fes draps, » fourures, chaperons & autres habillemens » coufus & taillés pour fon corps, & faits fans » fraude avant le traité de mariage, & la valeur » d'une ceinture, la meilleure qu'elle aura » lors ».

On a mis en queftion fi l'Ecart pouvoit être pris fur un apport ftipulé propre. Le parlement de Douai a jugé que non par arrêt du 30 janvier 1717 rendu pour la ville de Lille.

Quatrième cas. Nous avons annoncé plus haut que les aliénations entre-vifs forment la dernière claffe des caufes de l'Ecart : à confidérer ce droit dans fa véritable origine & dans le motif pour lequel il a été introduit, les aliénations qu'un bourgeois fait au profit d'un étranger font les feules qui y doivent donner lieu. Mais les coutumes fe font écartées fur cet objet comme fur bien d'autres, des principes qui auroient dû les diriger.

Quelques-unes à la vérité déclarent ce droit ouvert toutes les fois qu'un bourgeois vend, donne ou cède fon bien à un étranger. C'eft ainfi qu'il faut entendre l'article premier du chapitre 15 de la coutume de Douai, & l'article 8 du titre 31 de celle de Furnes.

Mais ces mêmes coutumes foumettent aufli à l'Ecart les biens qu'un forain vend ou tranfporte d'une manière quelconque, foit à un bourgeois, foit à un autre forain. C'eft ce que porte l'article 12 du chapitre cité de celle de Douai, & l'article 12 du titre cité de celle de Furnes. Telle eft aufli la difpofition textuelle des coutumes de la Gorgue, article 13 ; d'Honfchote, rubrique 4, article 6 ; d'Orchies, chapitre 13, article 2 ; de Bergues, rubrique 5, article 19 ; du pays de Langle, article 22 ; de Comines, article 16 ; de la Baffée, article 3 ; de Seclin, article 16.

Le décret forcé donne aufli-bien lieu à ce droit qu'une aliénation volontaire. C'eft ce que décide l'article 13 du titre 31 de la coutume de Furnes.

L'article précédent veut qu'on exige l'Ecart des forains, qui fans fe dépouiller de la propriété de leurs héritages les chargent d'une hypothèque ou d'un autre droit réel. C'eft aufli ce que décident les coutumes d'Honfchote & de Bergues, aux endroits cités. Cela eft rigoureux fans doute, mais conforme au principe établi par Juftinien en la loi 7, au code *de rebus*

alienis non alienandis, que les hypothèques,
servitudes & autres charges réelles, sont com-
prises dans les lois sous le mot générique d'a-
liénation.

Les coutumes que l'on vient de citer ne déterminent pas si l'Écart doit être pris sur la valeur du bien hypothéqué ou sur le capital de la
dette qui est l'objet de l'hypothèque. Il faut
distinguer si la valeur du bien excède le capital,
ou si au contraire le capital excède la valeur du
bien. Dans le premier cas, on lèvera le droit
sur le capital ; & dans le second sur le bien
seulement ; parce que dans l'un, l'intérêt que la
ville est présumée souffrir de l'engagement se
réduit à la concurrence du capital, & que dans
l'autre il ne va point au-delà de la valeur du
bien.

C'est une question assez intéressante, si dans
les coutumes dont on vient de retracer les dispositions, un forain qui a payé l'Ecart d'une
succession peut aliéner en tout ou en partie les
biens qui la composent sans donner ouverture à
de nouveaux droits ? La coutume de Furnes,
titre 31, article 14, embrasse la négative. « Mais
» les héritiers ou ayans cause d'un tel forain,
« ajoute-t-elle, seroient tenus en pareil cas de
» payer l'issue comme tous autres ».

La coutume d'Ypres ne soumet pas précisément à ce droit les biens vendus par un forain
à des bourgeois ou autres forains ; mais seulement, porte-t-elle, rubrique 6, article 22,
dans le cas où il seroit bourgeois d'un lieu où
l'on exigeroit ce droit des bourgeois d'Ypres ;
ce qui se rapporte, comme on le voit, aux
coutumes de Furnes, de Bergues, d'Honschote,

de Douai & autres qui affujettiffent à l'Ecart
toutes les difpofitions qu'un étranger fait au
profit d'un bourgeois.

Parmi les coutumes, il y en a qui exemptent
de ce droit les aliénations faites par des bourgeois en faveur d'étrangers. Telles font Yprès,
Seclin & la Baffée aux endroits cités.

Il y en a d'autres qui exceptent de cette
exemption le cas où un bourgeois vendroit le
feul héritage qui lui reftât. Telle eft particulièrement celle de Comines, article 16.

Quelques-unes adoptent la même règle, mais
avec des modifications différentes. Celle d'Orchies, par exemple, veut qu'on exige l'Ecart
d'un bourgeois ou habitant qui vend tous fes
biens en une feule fois, foit à un forain, foit à
un autre bourgeois : mais s'il les vend par parties, elle ne permet de lever ce droit que fur
la dernière. Cela eft ainfi réglé par l'article 4 du
chapitre 13.

Celle de la Gorgue eft encore plus fingnlière.
L'article 11 exempte le forain de l'Ecart des
héritages que lui vend un bourgeois, pourvu
que celui-ci ait encore quelques biens dans la
ville « du moins jufqu'à la valeur de cinq fous
» parifis par an de rente foncière qu'il pourra,
» faifant ladite vente, réferver ». L'article 12
déclare que le droit feroit dû fi un bourgeois
vendoit fon dernier fonds fans fe réferver cette
rente de cinq fous, ou fi après l'avoir ftipulée
il venoit dans la fuite à l'aliéner.

La coutume du pays de Langle mérite fur cet
objet une attention particulière. Voici ce que
porte l'article 23. « *Item.* Quand un confrère ou
» manant dudit pays vend quelque manoir &

» les terres ou héritages dépendans d'icelui ma-
» noir, est du le droit d'Issue que dessus; bien
» entendu si quelque confrère ou manant vend
» terres à champs qui ne sont de l'appendance
» dudit manoir, il ne doit ledit droit d'Issue, ne
» soit que, les terres à champs soient vendues
» avec le manoir & terres appendantes par un
» marché; ne fût que l'on usât de fraude pour
» frustrer ledit pays, auquel cas est dû ledit
» droit pour tout indistinctement; & quand
» quelqu'un vend son dernier bien, soit manoir
» ou terres à champ, en ce cas ledit droit est
» du ». On expliquera au mot MANOIR la distinction que ce texte fait entre les biens ainsi
appelé, & les *terres à champs*.

Dans tous les cas où le transport quelconque
d'un héritage donne lieu à l'Ecart, il est important de savoir si ce droit est dû au moment du
contrat ou seulement après les devoirs de loi.
Cette difficulté s'est présentée dans la coutume
de Furnes, laquelle renferme à ce sujet deux
dispositions qu'il ne paroît pas facile de concilier. L'article 16 du titre 31 déclare que celui
qui vendroit un bien dont il n'auroit pas pris
saisine n'en seroit pas moins soumis au droit
d'Ecart; & l'article suivant ajoute qu'on est
obligé de payer ce droit *dès que l'achat est ac-
compli par la saisine.* Le conseil privé de Bruxelles
consulté par les échevins de Furnes sur l'espèce
d'antinomie que présentent ces deux textes, a
rendu le 21 juillet 1628, d'après l'avis du conseil
provincial de Gand, un arrêt dont voici le dis-
positif. « Sa majesté. . . . . . déclare que l'on n'est
» point redevable du droit d'Issue, qu'après que

» l'adhéritance, le vest ou la saisine du bien est
» faite & complette ».

Nous ne pensons pas néanmoins que cette
décision puisse être indifféremment adaptée à
toutes les coutumes qui admettent le droit d'E-
cart. La règle la plus sûre que l'on puisse indiquer en cette matière, est de suivre par rapport
à ce droit la jurisprudence établie pour les lods
& ventes. Il y a des coutumes où ces dernières
prestations sont dûes dès le moment du contrat,
d'autres où l'adhéritance peut seule les rendre
exigibles; quelques-unes où le seigneur peut en
demander le payement lorsque le contrat est
joint à une possession prise de fait. Voyez ce
que j'ai dit là-dessus au mot COMMAND.

§. IV. *Quelles sont les personnes exemptes du droit*
d'Ecart ?

C'est un principe général que tout bourgeois
est affranchi du droit d'Ecart dans la ville de sa
bourgeoisie. On a vu dans la dernière partie du
paragraphe précédent l'exception que quelques
coutumes ont apportée à cette règle en matière
d'aliénations.

Comme il y a dans la plupart des villes de
Flandres deux sortes de bourgeois; les uns
qu'on appelle *ingranes*, parce qu'ils sont domiciliés dans l'endroit de leur bourgeoisie; les
autres qu'on nomme forains, parce qu'ils demeurent ailleurs; c'est une question si l'on doit
accorder à ceux-ci la même exemption du droit
d'Ecart qu'aux premiers.

L'affirmative n'est susceptible d'aucune difficulté dans la plupart des coutumes de cette province. Telle est entr'autres celles de la Gorgue

doñt l'article 8 placé immédiatement avant œux qui établiffent le droit d'Ecart. à la charge des étrangers, déclare que les bourgeois forains jouiffent abfolument de tous les droits de bourgeoifie.

: On. a vu dans la première parfie du paragraphe précédent, que les coutumes de Bergues, de Bourbourg ; de Gand & de Courtrai, obligent les bourgeois intranes qui fe rendent bourgeois forains, à payer l'Ecart des biens qu'ils poffèdent à cette époque, à moins qu'ils n'obtiennent des échevins la permiffion de fe retirer & qu'ils ne faffent élection de domicile dans la ville de leur bourgeoifie. D'où il faut conclure à plus forte raifon, que faute de remplir ces formalités, ils doivent l'Ecart des biens qui depuis leur retraite paffent des mains de bourgeois intranes dans les leurs. L'article 5 du titre 2 de la coutume de Bruges eft on ne fauroit plus formel fur ce point. « Tous les fufdits bour-
» geois & bourgeoifes demeurent bourgeois &
» bourgeoifes où ils vont demeurer ; pourvu
» que cela foit dans les pays de l'obéiffance de
» nos redoutés feigneurs & princes, fans néan-
» moins jouir de la franchife. . . . . . . de l'Iffue
» des biens qui leur écherront par mort. . . . . . .
» fi ce n'eft qu'ils choififfent un domicile où
» l'on puiffe les ajourner, & qu'ils fe faffent
» enregiftrer & leur domicile fur le livre & le
» regiftre qui en eft tenu au greffe de la Viers-
» chaere ; pourquoi ils doivent payer fix gros
» par an au profit de la ville ».

Dans les villes de Douai & d'Orchies, l'exemption du droit d'Ecart n'eft pas bornée aux bourgeois, les fimples habitans en jouiffent également , & l'on ne peut exiger ce droit que de ceux qui ne font ni bourgeois ni domiciliés. C'eſt ce qui réſulte des articles 1 , 2 , 3 , 4 & 5 du chapitre 13 de la coutume d'Orchies, & des articles 1 , 2 & 3 du chapitre 15 de celle de Douai : le parlement de Flandres l'a ainſi jugé pour celle-ci par arrêt rendu le 11 août 1762 , au rapport de M. de Francqueville d'Abancourt, en faveur de Guillaume Bréda, contre le procureur-ſyndic & les échevins. Cette juriſprudence eſt encore appuyée ſur une enquête par turbes faite à Douai le 8 juillet 1771 , en conſéquence d'un arrêt du grand conſeil de Malines, & dans laquelle les avocats ont dépoſé d'une voix unanime que tel avoit toujours été l'uſage de cette ville.

Comme il arrive ſouvent qu'un étranger ſe fait inſcrire bourgeois d'une ville dans laquelle il n'eſt point né, on peut demander ſi dès le moment de ſon inſcription il eſt exempt du droit d'Ecart pour les biens qu'il acquiert ou qu'il vend dans la ſuite. Les coutumes de Furnes, titre 31 , article 15 ; celle d'Oudenarde, rubrique 4, article 15 ; & la ſeconde caroline de Courtrai, article 33 , ne lui accordent cette exemption qu'après un an de domicile dans la ville dont il eſt devenu bourgeois ; de manière que s'il veut ſe retirer dans un autre endroit & jouir à cet égard des privilèges de la bourgeoiſie foraine, il faut qu'il faſſe auparavant un ſtage d'un an tel qu'il eſt preſcrit par ces différentes lois.

Il paroît qu'il en eſt de même à Douai ; car on trouve à la fin de la coutume de cette ville une formule de réception de bourgeois conçue

en

en ces termes : « Meſſieurs vous reçoivent à la
» bourgeoiſie , à condition que..... vous....
» ne ſerez exempts des droits d'Ecarts & bou-
» tehors que vous n'ayez continuellement réſidé
» en cette ville par l'eſpace d'un an depuis ce-
» jourd'hui ». Cette condition ne peut néanmoins s'appliquer qu'à ceux qui ſe font recevoir
bourgeois, ſans avoir demeuré auparavant dans
la ville : car ceux qui y ſont domiciliés au moment de leur réception au ſerment de bourgeoiſie, ne peuvent être dans le cas d'attendre
encore un an & un jour pour jouir de l'exemption du droit d'Ecart, puiſque, comme on vient
de le voir, leur qualité ſeule de domicilié la
leur attribueroit quand même elle ne ſeroit pas
jointe à celle de bourgeois.

Il faut obſerver qu'à Lille ceux qui n'étant
point nés bourgeois le deviennent par achat,
ne ſont exempts du droit d'Ecart que pour la
moitié. On ne les admet à la bourgeoiſie qu'à
cette condition, depuis un règlement fait par
les mayeur & échevins de cette ville l'an 1591.
En conſéquence on a demandé ſi l'on pouvoit
exiger le demi droit d'Ecart d'un fils bourgeois
par achat, à raiſon de la ſucceſſion de ſon père
auſſi bourgeois par achat, ou ſi la diſpoſition de
ce règlement devoit être reſtreinte au cas où un
bourgeois par achat ſuccéderoit à un bourgeois
de naiſſance. Les mayeur & échevins de Lille
ont décidé pour le premier parti, & leur ſentence rendue contre le nommé Pierre Payen a
été confirmée au parlement de Flandres par
arrêt du 16 mai 1677, les chambres aſſemblées.

M. le premier préſident de Blye qui rapporte

cet arrêt en fon recueil, n. 39, en ajoute un autre non moins remarquable. « Le même jour, » dit-il, fut auffi jugé par l'avis des chambres, » en l'autre caufe d'appel interjeté defdits mayeur » & échevins de Lille, par Allard Loth & Fran- » çoife Payen fa femme, que droit d'Efcas » n'étoit dû en vertu de la réfolution fufdite de » l'an 1591 pour la fucceffion advenue à ladite » Françoife par la mort d'Hubert Payen » ; (c'étoit la fœur de Pierre Payen·dont il eft quef- tion dans l'arrêt précédent) ; « attendu que l'effet » d'icelle réfolution étoit reftreint à la perfonne » du bourgeois par achat, qui s'oblige au paye- » ment du demi droit d'Efcas pour les fuccef- » fions qui lui adviennent de bourgeois, & non » de celles qui pourroient advenir à la femme » de femblable bourgeois». Il eft évident qu'une pareille décifion ne peut être fondée que fur l'extrême défaveur du droit d'Ecart.

Lorfqu'il arrive des conteftations fur la qua- lité de celui dont on veut exiger le droit d'E- cart, on demande fur qui doit tomber la preuve ? Eft-ce au défendeur à vérifier qu'il eft bour- geois, ou au contraire eft-ce à la ville à prou- ver qu'il eft étranger ? Ce dernier avis a été adopté au parlement de Flandres par arrêt du 18 feptembre 1679, rapporté par M. de Blye n. 52. Il eft vrai que l'efpèce dont il s'agiffoit alors offroit plufieurs préfomptions en faveur de celui que l'on vouloit foumettre au droit d'Ecart : mais la décifion n'en feroit pas moins régulière quand elle eût été rendue dans la thèfe générale. En effet, quoique la bourgeoifie foit une qualité accidentelle, & que fous ce point de vue elle femble devoir être prouvée par celui qui s'en fait un moyen de défenses, il n'en est pas moins constant que le défaut de cette qualité peut seul autoriser une ville à lever le droit d'Ecart : or, il est de principe que *actor debet probare fundamentum intentionis suæ*. Pourquoi d'ailleurs feroit-on plus rigoureux en matière d'Ecart qu'en matière d'aubaine ; & pourquoi une ville seroit-elle plus privilégiée qu'un souverain ? On a agité plusieurs fois la question de savoir si dans le cas de doute sur l'état d'un défunt, c'est au roi à faire preuve qu'il étoit aubain, & l'affirmative a été prononcée par trois arrêts des 31 mai 1683, 19 mars 1685, & 7 mai 1697. C'est aussi ce que décident formellement les chartes générales du Hainaut, chapitre 124, article 9 ; & chapitre 127, article 10.

Le Bouck & Nicolas Everard demandent si les ecclésiastiques sont exempts du droit d'Ecart. Les docteurs ultramontains décideroient peut-être que oui ; mais comme on est persuadé en France & dans les Pays-Bas, que les biens des gens d'église sont soumis aux lois civiles & municipales lorsqu'ils n'en sont pas exceptés par une disposition expresse, nous ne voyons pas plus de difficulté à les assujettir au droit d'Ecart, que les feudistes n'en trouvent à les soumettre aux droits de lods & ventes.

Par la même raison on doit dire que les officiers des cours souveraines ne sont pas plus exempts de ce droit que les particuliers : on prétend néanmoins que le contraire s'observe à Malines. Voici en effet ce qu'on lit dans le recueil d'arrêts de Cuvelier, page 250 : « Les » suppôts du grand conseil sont exempts &

» francs du droit d'Iffue de la ville de Malines,
» fuivant ce qui a été noté au regiſtre fecond
» de la cour, folio 274, en date du 3 novembre
» 1540 ». On fent qu'une telle jurifprudence ne
peut être fondée que fur des privilèges particuliers, & que l'on ne peut en faire une règle
générale.

Mais les héritiers étrangers d'un officier de
cour fouveraine font-ils obligés de payer à
la ville dans laquelle il eſt mort en exerçant
fa charge, l'Ecart des biens qu'il leur a tranfmis ? Il faut diftinguer : fi cet officier étoit au
moment de fa mort, bourgeois de cette ville,
foit par naiffance, foit par achat, point de doute
que l'Ecart ne foit exigible : le confeil privé de
Bruxelles l'a ainfi jugé par un arrêt rendu fuivant
le Bouck, entre les échevins de Lille & les
héritiers du fieur Auraet, confeiller-maître de
l'ancienne chambre des comptes de cette ville.
Corfelius, alors profeffeur de droit à Louvain,
& depuis confeiller d'état à Bruxelles, donna
dans cette affaire une confultation par laquelle il
prouva très-clairement que la dignité du défunt
ne peut exempter fes héritiers d'un droit que la
loi municipale leur impofe. *Nam*, difoit-il, *ut
fit locus exactioni dicti vectigalis duo requiruntur,
1°. ut fit civis hereditas ex quâ vectigal exigatur :
deindè ut ea hereditas fit delata non civi. Ut fit
civis hereditas ea de quâ hic agitur, id à perfoná
domini Auraet procedit ; fed quod ea hereditas à
non cive capiatur, id procedit ex perfoná non defuncti, fed heredum, &c.*

Si l'officier n'étoit pas bourgeois de la ville
dans laquelle fa charge l'obligeoit de demeurer,
fes héritiers ne doivent pas l'Ecart, encore

que la ville foit en poffeffion de lever ce droit
fur les fucceffions des non-bourgeois décédés
dans fon enceinte. La raifon en eft que fuivant
une jurifprudence conftante & autorifée par la
loi *fenator D. de fenatoribus*, les officiers des
cours fouveraines retiennent toujours leur domicile d'origine.

Il n'en feroit pas de même d'un confeiller de
bailliage ou de préfidial ; la loi citée ne parle
que des fénateurs, & on ne l'a appliquée dans
nos ufages qu'aux magiftrats fouverains. Il a
même été jugé au parlement de Flandres par
arrêt du 23 avril 1708, qu'un chevalier d'honneur du confeil provincial de Hainaut n'avoit
point confervé le domicile qu'il avoit à Tournai
avant que fon office ne l'eût fixé à Valenciennes,
quoique ce tribunal pût en quelque forte être
mis au nombre des compagnies fupérieures,
puifqu'il connoiffoit en dernier reffort de différentes matières.

Une queftion bien intéreffante eft de favoir
fi le feigneur haut-jufticier d'une ville qui jouit
du droit d'Ecart, y eft fujet pour les biens qu'il
recueille dans cette ville à titre de déshérence
ou de bâtardife? L'article 20 de la rubrique 5
de la coutume de Bergues adopte la négative,
& fa difpofition doit être appliquée aux autres
coutumes. En effet, on a vu plus haut que les
fiefs font exempts de l'Ecart dans toute la Flandres ; or, les droits de déshérence & de bâtardife font des dépendances de ces fortes de biens ;
ils doivent donc jouir des mêmes privilèges
lors même qu'ils s'exercent fur des rotures.
C'eft ce que prefcrit la règle *acceſſorium ſequitur
principale ;* & c'eft ce que font entendre plu-

fieurs articles de la rubrique 4 de la coutume d'Oudenarde, portant que les fiefs & les accefoires des fiefs ne font pas foumis à l'Ecart.

Il eft important d'obferver que le droit d'Ecart a été aboli entre différentes villes par des traités & des conventions réciproques. L'article 24 de la rubrique 6 de la coutume d'Ypres, attribue aux échevins le pouvoir de faire des *alliances* avec les autres villes, pourvu que ce foit avec le confentement de tout le corps municipal, ou *commun grand confeil*. C'eft de là que la coutume de Bourbourg, rubrique 17, article 3, exempte de l'Ecart les biens du bourgeois qui fe retire de la ville pour aller demeurer en un lieu confédéré.

On lit dans la coutume de Bergues, rubrique 5, article 25, « qu'il y a alliance entre la » ville & tous les vaffelages qui en dépendent, » de même qu'avec Furnes, Bourbourg & le » pays du Franc ».

Parmi les différens traités que plufieurs villes ont faits à ce fujet entr'elles, on remarque principalement celui de la veille des Rameaux 1331, entre le pays du Franc & Nieuport ; celui du 16 mai 1350, entre Nieuport & la châtellenie de Furnes ; celui du 3 mars 1539, entre Ypres & le pays du Franc ; celui du 18 juillet 1592, entre le pays du Franc & la châtellenie de Furnes, renouvelé par un autre du 18 juillet 1645 ; ceux des 22 juin 1601, & 2 décembre 1602, entre les villes d'Ypres & de Gand ; celui du 11 mai 1606, entre Bruges & Ypres ; celui du 16 mai 1606, entre Gand & Bruges ; celui du 22 mars 1610, entre Ypres & Dixmude ; celui du 6 juin 1611, entre Dix-

mude & Bruges ; celui du 23 mai 1612 , entre
Ypres & Furnes ; celui du 24 mai 1613 , entre
Nieuport & Ypres ; celui du 19 novembre 1630,
entre le pays du Franc & Poperingue ; celui du
31 juillet 1636 , entre Dixmude & le pays du
Franc ; celui du 12 avril 1648, entre le pays
du Franc & Anvers ; celui du 27 avril 1649 ,
entre Gand & le pays du Franc ; celui du premier décembre 1651 , entre le pays du Franc &
Bruges ; celui du 27 février 1659, entre le pays
du Franc & Saint-Omer.

La coutume de Ledrynghem , locale de celle
de Bergues, déclare les *frères de loi* ou bourgeois
de son territoire , exempts du droit d'Ecart
dans toute la Flandres ; mais on sent qu'un pareil privilège ne peut de lui-même avoir beaucoup de force ; aussi la coutume ne l'établit-
elle que d'une manière incertaine : « Les frères
» & sœurs de loi demeurant en leur entier ,
» pour pouvoir soutenir de n'être nulle part
» obligés à aucune Issue , sans préjudice du droit
» des parties au contraire ». Ce sont les termes
de l'article 2 de la rubrique 3.

§. V. *De la forme du recouvrement du droit*
d'Ecart.

Les droits d'Ecarts peuvent être affermés
par les villes auxquelles ils appartiennent , suivant l'article 42 de la coutume du pays du
Franc qui forme à cet égard le droit commun
de la Flandres. Ainsi le recouvrement s'en fait
à la diligence du fermier quand il y en a un ,
sinon à celle du procureur-syndic ou du receveur particulier établi à cet effet.

La coutume de Bergues, rubrique 5, article 18,

pour faciliter aux échevins la confervation de leurs droits, leur permet de tenir fous le fcellé tous les effets des fucceffions ouvertes au profit des étrangers, & cela jufqu'à la confection de l'inventaire.

L'article 14 de la même rubrique permet auffi à ces officiers d'intervenir dans les actes de partages pour y faire porter à leur jufte valeur l'eftimation des biens fur lefquels ils doivent prendre l'Iffue.

L'article 15 conforme en ce point aux coutumes de Furnes, titre 31, article premier; d'Honfchote, rubrique 4, article 7; & d'Ypres, rubrique 6, article 13, oblige les officiers publics connus en Flandres fous le nom de partageurs, de ne clore les actes de partages qu'après avoir pris le ferment des héritiers fur leur état de bourgeois ou d'étrangers; & au cas qu'il s'en trouve de cette dernière qualité, de le déclarer au receveur de l'Ecart, & de lui délivrer les actes qu'ils ont dreffés, à peine de répondre eux-mêmes de ce droit, d'être interdits pour un an, & d'encourir une amende plus ou moins forte, fuivant les différentes coutumes citées.

La néceffité que ces coutumes impofent implicitement aux héritiers d'affirmer s'ils font bourgeois ou non, eft encore établie par la coutume de Pitgam, locale de celle de Bergues, rubrique 2, article 2.

Quand il fe fait un partage à l'amiable entre le furvivant d'un conjoint bourgeois & les parens étrangers de celui-ci, le furvivant eft tenu d'en faire la déclaration au receveur de l'Ecart, à peine de payer lui-même ce droit. La même chofe a lieu lorfqu'il n'y a pas de furvivant &

que des héritiers partagent amiablement avec leurs co - héritiers forains. C'eſt ce que portent formellement les coutumes de Furnes, titre 31, articles 4 & 5; du pays du Franc, article 47; d'Ypres, rubrique 6, article 13, &c.

L'article 17 de la rubrique 5 de la coutume de Bergues porte, qu'un héritier bourgeois ne peut racheter la part de ſon co-héritier étranger avant que l'Iſſue ne ſoit eſtimée, à peine de cinquante livres pariſis d'amende ; mais que le ſurvivant des deux conjoints peut traiter librement avec les héritiers forains du prédécédé, ſans préjudice de ce droit.

C'eſt un point généralement reçu, que le redevable du droit d'Ecart eſt obligé de prêter ſerment ſur la quantité & la valeur des biens qui y ſont ſoumis. Ainſi le décident la coutume d'Ypres, rubrique 6, article 17 ; & celle du Franc de Bruges, article 44.

Cette dernière loi oblige même le redevable de donner un état des biens ; & à ce propos, on demande ſi l'on doit appliquer cette diſpoſition aux coutumes muettes ? Il ne peut y avoir de doute ſur l'affirmative par rapport à celles qui obligent les héritiers de laiſſer intervenir les échevins dans les partages, ni dans celles qui ordonnent aux officiers partageurs de communiquer leurs actes au receveur du droit d'Ecart. A l'égard des coutumes muettes ſur cette matière, il faut diſtinguer les immeubles d'avec les meubles : la première eſpèce de biens doit être portée avec tous les détails convenables dans un état ſincère & exact ; mais on ne peut, ſuivant Peyrère, exiger ſur la ſeconde d'autres renſeignemens que l'affirmation

du redevable. L'empereur Théodofe l'a ainfi
réglé dans la loi 2, au code, livre 10, titre 34,
relativement au droit qu'il a attribué aux curies
des villes municipales, de prendre le quart des
fucceffions de leurs membres échues à des étrangers. Cette difpofition eft fans doute trop fage
pour n'être pas adaptée au droit d'Ecart, que
l'on peut d'ailleurs regarder comme une émanation de celui dont on vient de parler. Voici
les termes de la loi. *Ubi quarta pars bonorum
mortui curiæ debet offerri, immobiles quidem res
quæ nec latere facilè poffunt, nec cuiquam (fi divulgentur) officiunt, fub afpectu etiam curialium
æftimari dividique concedimus. Mobiles autem res,
vel fe moventes, vel inftrumenta, vel fi quid aliud
in hujufmodi jure confiftat, in medium proferri
divulgarique non patiuntur, fed juratis fucceforibus, cùm apud fe diligenter æftimaverint quæ
quantique fint pretii facultates, credi oportere decernimus. Quid enim tam durum tamque inhumanum eft, quàm publicatione pompâque rerum familiarium, & paupertatis detegere vilitatem, & invidiæ exponere divitias ?*

La coutume d'Ypres, rubrique 6, article 23,
récompenfe les dénonciateurs des redevables du
droit d'Ecart, en leur donnant le dixième de ce
qui eft recouvré par la ville en conféquence de
leurs dénonciations.

Quelques coutumes ont déterminé le temps
dans lequel les débiteurs du droit d'Ecart doivent l'acquitter. L'article 6 de la rubrique 4 de
celle d'Honfchote le fixe à un mois après l'échéance. L'article premier de la rubrique 2 de
celle de S. Donat n'accorde que quinze jours. La
coutume de Furnes, titre 31, article premier,

ordonne feulement au redevable de payer avant de prendre poffeffion des biens ou de les alié-ner, à peine de vingt livres parifis d'amende.

Les échevins des villes auxquelles appar-tient le droit d'Ecart, peuvent en cette matière accorder des modérations lorfqu'ils le jugent à propos. C'eft la difpofition des coutumes d'Y-pres, rubrique 6, article 24; de la Gorgue, article 13; & c'eft ce qui fe pratique dans la plupart des autres. La défaveur attachée à ce droit eft le jufte fondement de cette exception à la règle qui défend aux adminiftrateurs de faire des remifes.

La coutume d'Oudenarde eft peut-être la feule qui ôte ce pouvoir aux échevins; encore ne s'exprime-t-elle pas là-deffus d'une manière pofitive; elle dit feulement rubrique 4, article 14, qu'ils ne font point accoutumés de modérer ce droit. L'article précédent établit une modé-ration d'un tiers qui a lieu de plein droit en faveur du redevable de l'Ecart pour caufe de mariage avec un étranger, lorfqu'il a averti les échevins avant le contrat de mariage.

On peut demander fi l'héritier d'un bien chargé d'ufufruit au profit d'un tiers, eft tenu de payer le droit d'Ecart avant la confolidation de l'ufufruit à la propriété. L'affirmative eft établie par l'article 15 de la rubrique 6 de la coutume d'Ypres; & l'on peut ajouter, par les vrais principes de la matière.

Mais au moins cet héritier fera-t-il fondé à demander qu'on déduife l'ufufruit & les autres charges de l'eftimation fur laquelle on taxe le montant du droit d'Ecart? Oui, fans doute : c'eft une conféquence néceffaire du principe,

que *bona non intelliguntur nisi deducto ære alieno.*
C'est d'ailleurs ce que décide la coutume d'Ypres
à l'endroit qu'on vient de citer, de même que
celle d'Oudenarde, rubrique 2, article 13.

En matière d'Ecart, on peut procéder par
saisie sur les biens qui sont sujets à ce droit, &
même par exécution parée sur la personne qui
en est redevable. Tel est l'usage de toute la
Flandres ; & c'est ce que portent particulièrement les coutumes de Furnes, titre 31, article 18 ; d'Ypres, rubrique 6, article 18 ; de
Cassel, article 486, d'Oudenarde, rubrique 4,
article 21 ; d'Honschote, rubrique 4, article 6 ;
de Bergues, rubrique 5, article 24 ; de Saint-
Donat, rubrique 2, article 5.

Lorsqu'il y a lieu au droit d'Ecart par l'aliénation entre-vifs d'un bien quelconque, ce droit
est-il à la charge de celui qui aliène ou de celui
qui acquiert ? Les coutumes d'Ypres, rubrique 6, de la Gorgue, article 12 ; & d'Orchies,
chapitre 13, article 2, en chargent la personne
qui aliène, à moins, disent les deux dernières,
que le contraire ne soit stipulé dans l'acte d'aliénation. A l'égard des coutumes muettes, il faut
suivre sur ce point la règle établie dans chacune
d'elles pour les lods & ventes, parce que la
raison est absolument la même que pour le droit
d'Ecart. Ainsi comme la coutume de la salle de
Lille, titre premier, article 49, met les droits
seigneuriaux « à la charge du vendeur, n'est
» que lesdites ventes soient faites franc argent ;
» auquel cas ledit droit se prend à la charge de
» l'acheteur ». On a par un règlement exprès,
étendu cette disposition au droit d'Ecart dont
cette ville est en possession. M. le premier pré-

fident de Blye rapporte à ce fujet un arrêt du parlement de Flandres qui eft affez remarquable. Il étoit queftion de favoir fi dans le cas d'une vente faite francs deniers, le fermier du droit d'Ecart pouvoit agir directement contre le vendeur, fauf à celui-ci fon recours contre l'acheteur. Les mayeur & échevins de Lille l'avoient jugé ainfi ; mais leur fentence a été infirmée, & il a été décidé que l'action n'étoit ouverte que contre l'acquéreur.

Voyez *les coutumes de Flandres traduites par le Grand, avec les notes de Vandenhane ; Burgundus,* ad confuetudines Flandriæ ; *Mevius,* ad jus Lubecenfe ; *Voëet, en fon commentaire fur le digefte ;* Græveus, lib. 2, concluf. mifcell. 36; *Gail, lib. 2, obferv. 36 ; Chriftin, fur la coutume de Bruxelles, article 137 ; le Bouck, fur celle de Lille, article 1 ;* Curtius Brugenfis, tom. 1, lib. 4, cap. 51 ; *Grænevegen fur la loi 31,* D. ad municipalem ; *Knobaert,* ad jus civile Gandenfium; *Deghewiet, en fes inftitutions au droit belgique ; les arrêts de MM. de Blye & Cuvelier ; le recueil des édits propres au parlement de Flandres, &c.* Voyez auffi les articles CONFRATERNITÉ DE COUTUMES, FLANDRES, DROITS SEIGNEURIAUX, AUBAINE, BOURGEOIS, &c. (*Article de M. MERLIN, avocat au parlement de Flandres*).

ÉCARTS. On entend par ce mot les lieux écartés qui dépendent d'un lieu principal.

L'ordonnance des aides porte que les anciens & nouveaux cinq fous feront perçus, non-feulement dans les lieux qui y font détaillés, mais encore dans les hameaux & *Ecarts* qui en dépendent. *Article de M. DAREAU, avocat au parlement, &c.*

ÉCARTELER. Mettre en quatre quartiers. Sorte de supplice qu'on fait souffrir à de grands criminels en les tirant à quatre chevaux.

Ce genre de supplice fort ancien, n'a lieu ordinairement que pour les crimes de lèze-majesté humaine au premier chef ; & dans ce cas il est accompagné de plusieurs autres peines qui en augmentent la rigueur, comme d'être tenaillé avec des tenailles ardentes, &c. Ce supplice fut prononcé en 1594 contre Jean Châtel ; en 1610, contre François Ravaillac, & en 1757 contre Robert-François Damiens.

On trouve des exemples où ce supplice a été employé pour punir des attentats à la personne des princes du sang. Il eut lieu en 1536 contre un particulier qui avoit empoisonné le dauphin, fils aîné de François premier ; en 1582 contre Salcede, qui avoit attenté à la personne du duc d'Anjou, frère du Roi ; & en 1563 contre Jean Poltrot, pour avoir assassiné le duc de Guise.

Le même supplice a été employé aussi quelquefois contre des chefs de conjuration : il le fut en 1548, contre un nommé Lavergne, l'un des principaux chefs de la conjuration de Bordeaux. Voyez LÈZE-MAJESTÉ. (*Article de M. DAREAU, Avocat au parlement*, &c.)

ÉCHANGE. C'est l'acte par lequel deux personnes se transportent réciproquement la propriété de quelque chose.

L'Echange a été le premier moyen que les hommes aient employé pour acquérir la propriété des choses : l'un donnoit à l'autre ce qui lui étoit inutile ou peu nécessaire, pour obtenir une chose dont il avoit besoin.

Quelque naturel que foit le contrat d'Echange, il avoit dans le droit romain des règles qui font oppofées à notre ufage. Ce droit confidéroit l'Echange comme un contrat informe qu'on mettoit au rang de ceux qui n'avoient point de nom : il en réfultoit cet effet, que quand il n'y avoit qu'un fimple contrat d'Echange , fans être revêtu de la forme de la ftipulation , & fans délivrance de part ni d'autre , il ne produifoit aucune action pour en demander l'exécution ; & que quand la délivrance n'étoit faite que d'une part, celui qui l'avoit faite n'étoit pas fondé à exiger juridiquement ce qu'on lui avoit promis en contr'Echange ; il pouvoit feulement reprendre ce qu'il avoit donné : mais comme toutes les conventions doivent être exécutées parmi nous , le contrat d'Echange y produit tout l'effet dont il eft fufceptible, & ceux entre lefquels il eft intervenu font obligés de l'exécuter.

Le contrat d'échange a de la reffemblance avec le contrat de vente : c'eft pourquoi les fabiniens difoient que l'Echange étoit un vrai contrat de vente : mais l'opinion des proculéiens qui foutenoient que le contrat d'Echange différoit du contrat de vente, étoit mieux fondée : en effet, dans le contrat de vente on diftingue la chofe & le prix , ainfi que le vendeur & l'acheteur; au lieu que dans le contrat d'Echange chacune des chofes eft en même-temps la chofe & le prix , & chacun des contrevenans eft le vendeur & l'acheteur.

Au refte quoique le contrat d'Echange diffère du contrat de vente , il produit néanmoins dans chacun des contractans les mêmes obligations que le contrat de vente : c'eft pourquoi on doit regarder le contrat d'Echange comme tenant de la nature du contrat de vente.

'Dans le contrat d'Echange chacun des contractans s'oblige envers l'autre à lui délivrer la chofe qu'il a promife de lui donner en Echange, ainfi qu'à le garantir des évictions, des charges réelles & des vices rédhibitoires. Celui qui ne remplit pas fon obligation eft tenu envers l'autre des dommages & intérêts réfultans de l'inexécution de la convention, de même que dans le contrat de vente le vendeur en eft tenu envers l'acheteur.

La chofe que chacun des contractans a promis de donner en Echange à l'autre eft aux rifques de celui à qui on a promis de la donner, de même que dans le contrat de vente la chofe vendue eft aux rifques de l'acheteur : c'eft pour quoi fi la chofe promife en échange vient à périr fans le fait ni la faute de celui qui l'a promife, & qu'il n'ait pas été conftitué en demeure de la délivrer, il fera libéré de fon obligation fans que l'autre contractant puiffe répéter la chofe donnée de fa part, ni même qu'il puiffe être déchargé de l'obligation de la donner, fi cela n'eft pas encore fait.

Celui qui a donné des meubles en Echange d'autre chofe ne peut attaquer le contrat, quelque léfion qu'il ait foufferte dans l'eftimation de ces meubles : cette décifion eft fondée fur ce que notre droit ne permet pas d'accorder le bénéfice de reftitution en matière d'aliénation de meubles; ce qui s'étend à l'échange de même qu'à la vente : mais celui qui a donné un immeuble en Echange contre des chofes dont la

valeur

valeur eſt au deſſous de la moitié du juſte prix
de cet immeuble, doit ainſi qu'un vendeur être
reçu à faire reſcinder le contrat, ſi mieux n'aime
l'autre partie ſuppléer ce qui manque au juſte
prix.

Un des principaux effets de l'Echange conſiſte en ce que la choſe qu'on reçoit en Echange
de celle qu'on a donnée, ſe ſubroge de plein
droit à cette dernière : ainſi loiſque l'héritage
échangé par un particulier lui tenoit nature de
propre, celui qu'il a reçu en contr'Echange doit
auſſi être conſidéré comme propre dans ſa ſucceſſion : mais il reſte fief ou roture tel qu'il
étoit, attendu que ces qualités ſont inhérentes
à l'héritage ſans pouvoir en être ſéparées par la
voie de l'Echange.

On tient pour principe que l'Echange d'un
héritage contre un héritage ne donne pas lieu
au retrait ; ce qui eſt fondé ſur ce que le re-
trayant ne pourroit pas remplir les conditions
de l'acte, puiſqu'il ne pourroit pas rendre à
celui qu'il dépoſſéderoit ce qu'il auroit donné
en payement. Mais il y a beaucoup de variété
dans les coutumes relativement aux Echanges
faits avec retour en deniers ou autres choſes
mobilières.

La coutume de Paris & pluſieurs autres n'aſſujettiſſent point au retrait l'Echange quoique
fait avec ſoute, pourvu que la ſoute n'excède
pas la moitié de la valeur de l'héritage cédé par
celui qui reçoit cette ſoute.

D'autres coutumes, telles que celles de Melun & de Clermont, n'exigent pas que la ſoute
excède la moitié de la valeur de l'héritage pour
que l'Echange donne ouverture au retrait, il

suffit pour cet effet que la soute égale cette moitié ; ou ce qui est la même chose, qu'elle égale la valeur de l'héritage avec lequel elle est donnée en contr'Echange.

Suivant la coutume de Bretagne, il y a lieu au retrait de l'héritage donné en Echange, lorsque la soute reçue en contr'Echange excède le tiers de la valeur de cet héritage.

La coutume de Bordeaux au contraire, ne permet le retrait de l'héritage échangé qu'autant que la soute reçue en contr'Echange excède les deux tiers de la valeur de cet héritage.

Dans la coutume de Normandie, la soute quelque petite qu'elle soit, donne ouverture au retrait de l'héritage donné en contr'Echange par celui qui l'a reçue.

La coutume de Montargis permet aussi le retrait en cas d'Echange lorsqu'il y a soute ou des choses mobilières données en retour, à moins que le retour n'ait été donné par forme de vin de marché.

D'autres coutumes telles que celle d'Anjou, disent que quand il y a retour en deniers ou en meubles, il y a lieu au retrait à proportion du retour.

Quelques autres coutumes telles que celle de Senlis, s'expriment en termes négatifs, & disent qu'il n'y a lieu au retrait en Echange fait *but à but sans soute* : il semble qu'on peut conclure d'une telle disposition, que quand il y a une soute elle donne ouverture au retrait : cependant Ricard prétend qu'on ne doit pas tirer cette conséquence : il dit que la coutume ne s'étant expliquée que sur un cas où le retrait

ne doit pas être admis en matière d'Echange ,
& ayant gardé le filence fur les cas où il peut
être exercé , elle en avoit laiffé la décifion aux
coutumes circonvoifines : ainfi lorfque dans la
coutume de Senlis il y a une foute ftipulée ,
c'eft par la coutume de Clermont qu'on doit
décider fi le retrait peut être exercé ; & fuivant
celle-ci , il ne peut avoir lieu qu'autant que la
foute excède ou égale au moins la valeur de la
moitié de l'héritage échangé.

Dans les coutumes qui n'ont rien dit de
l'Echange , on n'admet le retrait en cette matière que conformément au droit commun ,
c'eft-à-dire, que quand il y a foute qui excède
la moitié de la valeur de l'héritage. M. Valin
arrefte que cela eft ainfi obfervé dans la coutume
de la Rochelle qui eft du nombre de celles dont
il s'agit.

Une autre variété dans les coutumes confifte
en ce que plufieurs , telles que celle de Paris ,
n'autorifent le retrait que proportionnément à
la foute ; par exemple , fi en Echange de votre
héritage propre valant vingt mille livres , vous
avez reçu un autre héritage & quinze mille
livres de foute , vos parens lignagers ne peuvent
exercer le retrait que pour les trois quarts de
l'héritage que vous avez aliéné. L'autre quart
doit refter à la partie avec laquelle vous avez
contracté.

D'autres coutumes , telles que celle d'Orléans , décident que quand la foute reçue excède
la moitié de la valeur de l'héritage donné en
Echange, le retrait peut être exercé pour la
totalité de cet héritage.

M. le Camus , M. le premier préfident de

Lamoignon & M. Pothier , penfent que cette décifion doit être fuivie dans les coutumes qui n'ont aucune difpofition à cet égard.

Dans lès coutumes où le retrait n'eft autorifé que proportionnément à la foute, il eft conftant qu'il n'y a que les lignagers de celui auquel on a donné la foute, qui puiffent exercer le retrait; & les parens de l'autre contractant n'ont aucun droit de retrait fur l'héritage qu'il a donné en Echange avec la foute.

Mais dans les coutumes où le retrait eft autorifé pour la totalité en faveur des lignagers de celui qui a reçu la foute, il y a plus de difficulté fur la queftion de favoir fi les parens de l'autre contractant peuvent auffi exercer le retrait de l'héritage qu'il a donné en Echange avec la foute. Coquille, fur la coutume de Nivernois, & Valin fur celle de la Rochelle, ont adopté la négative, & cette opinion paroît conforme à la difpofition de l'article 355 de la coutume de Poitou, qui porte qu'en cas pareil *le contrat fera cenfé contrat de vente, & le lignager de celui qui a reçu l'argent reçu au retrait.* En accordant le retrait au lignager de *celui qui a reçu l'argent*, cette coutume paroît refufer tacitement le même droit aux parens de l'autre contractant, conformément aux maximes, *qui dicit de uno, negat de altero : inclufio unius eft exclufio alterius.* La raifon qui appuie l'opinion dont il s'agit confifte en ce qu'on ne peut pas dire relativement au contractant qui n'a point reçu d'argent, que le contrat foit à fon égard un contrat de vente, ni par conféquent une aliénation qui puiffe donner lieu au retrait.

La jurifprudence contraire fe trouve établie

par la coutume d'Orléans. L'article 384 veut qu'en cas d'Echange fait avec une foute en argént, qui excède la moitié de la valeur de l'un des héritages, ils foient l'un & l'autre fujets au retrait. Ainfi en fuppofant que Pierre ait échangé avec vous un héritage valant vingt mille livres, & que vous lui ayiez donné en contr'Echange un héritage de la valeur de fix mille livres, & quatorze mille livres pour foute, vos lignagers pourront exercer fur Pierre le retrait de cet héritage en lui rendant fix mille livres & les loyaux coûts, & les lignagers de Pierre feront fondés à retirer de vous l'héritage de vingt mille livres en vous rendant cette fomme.

Quand fous l'apparence d'un Echange les parties déguifent un contrat de vente & que la fraude eft découverte, le retrait peut être exercé. Ainfi dans le cas où des lignagers juftifieroient que l'on eft convenu que celui qui a acquis l'héritage de leur parent rachèterbit pour une certaine fomme l'héritage qu'il a donné en contr'Echange, ils feroient fondés à exercer le retrait de l'héritage forti de leur famille. Une telle convention peut fe prouver non-feulement en produifant la contre-lettre, mais encore par témoins, attendu qu'il s'agit d'une fraude dont les lignagers n'ont pas pu fe procurer la preuve par écrit. Ils peuvent d'ailleurs obliger l'acquéreur à fe purger par ferment fur le fait de cette convention, lorfqu'ils n'en ont point de preuve. C'eft ce que décident plufieurs coutumes, & particulièrement celles de Bourgogne & de Nivernois.

La fraude dont il s'agit feroit cenfée avoir eu lieu fi l'héritage donné par l'acquéreur en contr'Echange lui avoit été revendu dans l'année du contrat. C'est une disposition de plusieurs coutumes, & particulièrement de l'article 386 de celle d'Orléans.

On préfume auſſi la fraude lorſque l'un des contractans eſt reſté en poſſeſſion de l'héritage qu'il avoit donné en Echange de celui qu'il a reçu. C'eſt ce qui réfulte de l'article 459 de la coutume de Bourbonnois.

Par arrêt du conſeil du 10 avril 1683, il a été ordonné qu'à l'avenir les Echanges ſe feroient par contrats paſſés devant notaires, dont il reſteroit minute, à peine de trois mille livres d'amende contre les particuliers qui auroient échangé autrement que par contrat, & d'interdiction contre les notaires qui auroient reconnu pour cet objet des actes faits fous feing privé.

Il eſt peu de coutumes qui aſſujettiſſent les mutations d'héritages par Echange au payement des droits ſeigneuriaux. Mais par des édits de mai 1645, & de février 1674, il a été ordonné que les droits ſeigneuriaux qu'établiſſent les coutumes des lieux relativement aux mutations qui ont lieu par contrat de vente, ſeroient auſſi payés au roi à l'avenir pour les mutations qui ſe feroient par contrats d'Echange d'immeubles tenus de ſa majeſté ou des ſeigneurs, ſoit que les Echanges fuſſent d'héritages contre héritages, ou d'héritages contre des droits, rentes & redevances, de quelque nature qu'elles puſſent être, & ſoit qu'il y eût foute ou non, ſans aucune diſtinction, nonobſtant toute coutume ou uſage contraire.

Obfervez que les droits d'Echange n'appartiennent au roi qu'autant qu'ils ſont perçus en

vertu des édits dont il s'agit ; car dans les lieux
où la coutume accorde aux feigneurs de fief
pour les mutations par Echange, les mêmes
droits que pour les ventes, l'établiffement des
droits d'Echange n'a nullement nui aux droits
que ces feigneurs étoient fondés à percevoir
auparavant.

Le motif de l'établiffement des droits d'E-
change a été de remédier aux fraudes qui fe
pratiquoient contre les droits des feigneurs, en
déguifant des ventes fous le titre & la forme
d'Echanges d'héritages contre héritages, ou
contre des rentes foncières ou conftituées, attendu que dans la plupart des coutumes ces
Echanges étoient exempts de droits feigneuriaux ; & que dans d'autres, ils n'étoient affujettis qu'à des droits fort au deffous de ceux que
ces coutumes avoient établis pour les ventes à
prix d'argent.

L'intention du roi a toujours été d'unir les
droits d'Echange aux différens fiefs & feigneuries ; c'eft ce qui réfulte des différentes lois qui
ont ordonné l'aliénation de ces droits.

Par la déclaration du 20 juillet 1674, il fut
ordonné que les droits d'Echange feroient vendus aux plus offrans & derniers enchériffeurs,
à la charge que pendant le refte de l'année 1674
la préférence pour acquérir ces droits feroit
accordée aux engagiftes pour en jouir comme
de leur ancien engagement, & aux feigneurs
féodaux & cenfiers, pour en jouir incommutablement & en tout droit de propriété comme
des autres droits de leur fief.

Une autre déclaration du 13 mars 1696

donna que par des commiſſaires du roi, il ſeroit
procédé à la vente & aliénation des droits d'E-
change, dans l'étendue des fiefs & terres des
ſeigneurs particuliers, tant eccléſiaſtique que
laïcs, à titre de propriété incommutable ; &
dans les domaines engagés à titre d'engagement,
à faculté de rachat perpétuel.

Par une autre déclaration du 4 ſeptembre
1696, il fut ordonné qu'il ſeroit arrêté des rôies
du prix de la finance de l'aliénation des droits
d'Echange ; & que dans les trois mois de la
ſignification qui en ſeroit faite aux ſeigneurs, ils
pourroient les acquérir par préférence pour en
jouir en pleine propriété : il fut ajouté qu'après
l'expiration de ce délai toute perſonne indiſtinctement pourroit acquérir ces droits par adjudication pour les poſſéder à titre de fief mouvant
du roi à cauſe du domaine le plus prochain : il
fut, en même-temps attribué aux acquéreurs la
faculté de ſe dire & qualifier ſeigneurs en partie
des terres, fiefs & ſeigneuries dans l'étendue
deſquels ils auroient acquis les droits dont il
s'agit, & de jouir privativement à tout autre
particulier des droits honorifiques des égliſes
dans leſquels ils appartiennent au roi ; & dans
les autres égliſes, immédiatement après les ſeigneurs particuliers.

Une autre déclaration du 11 août 1705 permit aux ſeigneurs de retirer les droits d'Echange
dans leurs fiefs & ſeigneuries, ſur les acquéreurs
particuliers, à la charge de les rembourſer dans
trois mois, & de payer au roi un doublement
de finance. Il fut dit que paſſé ce délai, les acquéreurs particuliers ſeroient maintenus & confirmés à perpétuité, en payant néanmoins cha-

cun**Â**ine fomme pareille à celle qu'ils avoient
payée pour leur acquifition (*).

Une déclaration du 15 février 1715 permit
de nouveau aux feigneurs des terres & fiefs
dans l'étendue defquels les droits d'Echange
avoient été acquis par des particuliers, de les
retirer dans le délai d'un an, en rembourfant
les acquéreurs, finon qu'après ce délai ils feroient déchus de cette faculté, & les acquéreurs maintenus dans leur acquifition à perpétuité.

Il faut remarquer qu'en confirmant les acquéreurs que les feigneurs n'auroient pas dépof-
fédés, le roi n'a entendu parler que de ceux
qui avoient acquis valablement, & qui par conféquent avoient payé le doublement prefcrit
par la déclaration de 1705, puifque ceux qui
avoient acquis avant 1705 furent déchus faute
de payement de ce doublement, par l'arrêt du
27 juillet 1706, qui réunit les droits au domaine, & que ceux qui avoient acquis poftérieurement n'avoient pu entrer en poffeffion
avant de payer ce doublement, fuivant la difpofition formelle de la déclaration de 1705 (**).

_____

(*) Obfervez que les feigneurs qui ont en entier la di-
rette des paroiffes où ils ont acquis les droits d'échange
ont été exempts de payer le doublement, & que ce droit
a été modéré à moitié à l'égard des feigneurs qui n'ont qu'une
partie de la directe des paroiffes ou ils ont acquis les mêmes
droits. C'eft ce qui réfulte d'un arrêt du confeil du 11
janvier 1707.

(**) Le fieur Gerard d'Aucour qui avoit acquis en 1736,
des droits d'Echange dans plufieurs paroiffes de la généralité de Limoges, a été délaré déchu de ces droits par arrêt
du confeil du 22 octobre 1737, attendu que le double-

L'adjudication des droits d'Echange qui reftoient à aliéner fut ordonnée par la déclaration du 20 mars 1748, à la charge que les engagiftes & les feigneurs auroient la préférence pendant fix mois ; & qu'après ce délai, les particuliers qui auroient acquis ces droits dans les terres ou fiefs des feigneurs, les poffèderoient à titre de fief mouvant du roi à caufe de fon domaine le plus prochain (*).

————————————————————

ment ordonné par la déclaration de 1705 n'avoit point été payé.

Le confeil a décidé de même le 29 avril 1741 contre le fieur Raynaud de Vaultun, qui ayant acquis en 1702 des droits d'Echange dans l'étendue de la jurídiction d'Aymet, généralité de Bordeaux, n'avoit point payé le doublement prefcrit par la déclaration de 1705. En vain ce particulier demanda qu'on lui remboursât le prix de fon acquifition, ou qu'on l'admît à payer le doublement, il fut déclaré mal fondé & le fermier des domaines fut autorifé à percevoir les droits à fon profit.

Le confeil a rendu trois autres arrêts conformes les 9 mai & 13 juin 1741, & 20 novembre 1742, contre différens particuliers.

(*) Nous obferverons que par un édit du mois de décembre 1683, le roi a révoqué relativement à la province de Languedoc, les édits de 1645 & de 1674, & a ordonné qu'il en feroit ufé dans cette province, à l'égard des droits d'Echange, comme avant ces édits. Le prétexte a été que dans cette province, il fe percevoit auparavant quelque droit pour les Echanges. Au refte il a été payé une finance de 63 mille livres pour cette révocation.

Les droits d'Echange ont auffi été éteints & fupprimés en Champagne par des lettres patentes du 30 juin 1697, dans les directes des feigneurs particuliers, moyennant une finance de 80 mille livres. C'eft pourquoi ces droits ne peuvent plus y être perçus que dans les directes & domaines du roi.

En Bretagne, les états ont acquis moyennant une finance

. La déclaration du 20 juillet 1674, & divers arrêts du conseil des 28 mars 1676, 10 avril 1683, & 12 décembre 1724, ont défendu expressément aux engagistes & aux seigneurs qui n'avoient point acquis les droits d'Echange, de les percevoir, à peine de restitution du quadruple & de trois mille livres d'amende : il a en même-temps été défendu aux contractans de leur payer ces droits sous peine de payer deux fois.

C'est en conformité de ces règles que par arrêt du premier août 1741, le conseil a ordonné que le prieur de Bussière-Badit, qui sans aucun titre faisoit percevoir les droits d'Echange dans ses fiefs, restitueroit ceux qu'il avoit reçus depuis trente ans, & l'a condamné à l'amende.

. Par un autre arrêt du 6 janvier 1756, le conseil, sans s'arrêter à une ordonnance de l'intendant de Bordeaux, a condamné la veuve de Bernard Baget à payer au fermier des domaines le droit d'un Echange fait entr'elle & le sieur Méricq en 1739, sauf à elle à exercer son recours contre les seigneurs qui avoient perçu des lods & ventes pour cet Echange.

On a vu précédemment que les droits dûs pour les Echanges sont les mêmes que ceux que les coutumes ont établis pour les mutations par vente ; & que le roi en ordonnant la perception

___

de 300 mille livres, les droits d'Echange dans cette province & ils les ont unis aux fiefs & terres des seigneurs particuliers, qui en conséquence perçoivent ces droits quoique l'acquisition en ait été payée des deniers de la province. Il suit de cette opération cette singularité, que le tiers état qui a contribué à cette acquisition, se trouve avoir financé pour avoir une charge de plus à supporter.

des premiers, n'a pas prétendu nuire aux droits des seigneurs qui ont été maintenus dans la jouissance de ce qu'ils étoient fondés à percevoir en matière d'Echange (*). C'est pourquoi la déclaration du 20 juillet 1674 a maintenu les engagistes & les seigneurs féodaux dans la possession & jouissance des droits de relief établis par les coutumes ; & celle du premier mai 1696 a ordonné que les droits d'Echange seroient payés même dans les coutumes qui attribuent au seigneur un droit de relief ou autre droit aux mutations par Echange, pourvu qu'il fût moindre que celui qui seroit dû en cas de vente : la somme qu'il faut ajouter à ce droit pour qu'il égale celui de vente, est précisément celle que le roi ou les acquéreurs des droits d'Echange doivent percevoir.

Ainsi lorsque la coutume attribue au seigneur un droit de relief pour les Echanges des fiefs, il faut qu'il lui soit payé par les contractans : mais comme ils ne doivent pour leur Echange qu'une somme égale à celle qui seroit exigible en cas de vente, il faut qu'il leur soit fait distraction de ce droit de relief sur le quint ou sur les lods ou treizième : c'est pourquoi le fermier du domaine ou les acquéreurs des droits d'Echange ne peuvent prétendre que le surplus.

Lorsque les coutumes font, comme celle de Normandie, concourir le relief avec les lods ou le quint pour la vente des fiefs, il est constant que ces droits doivent également concourir dans le cas d'Echange des mêmes fiefs : d'où il faut

---

(*) Le roi ne s'est attribué que l'excédent de ce que procureroit l'établissement des droits d'Echange.

conclure que fi le feigneur ne peut exiger que le relief pour les Echanges, les autres droits appartiennent en entier au roi ou à l'acquéreur des droits d'Echange.

Si l'Echange eft fait avec foute, & que dans ce cas la coutume accorde des droits au feigneur, on doit les lui payer; & le furplus jufqu'à concurrence de ce qui feroit dû en cas de vente de l'un & de l'autre héritage, doit appartenir au propriétaire des droits d'Echange. C'eft en conformité de cette règle que deux arrêts du confeil des 30 juin & 18 août 1739 ont jugé qu'en Normandie le treizième de l'héritage donné en Echange fans foute, appartenoit au feigneur dont il étoit mouvant; & que le treizième du moindre héritage donné en contr'Echange avec foute appartenoit au roi.

Il n'y a pas lieu au requint en matière d'Echange. La raifon en eft que ce droit n'eft dû que dans quelques coutumes qui chargent le vendeur du quint, & feulement lorfqu'il eft ftipulé que l'acquéreur payera ce quint outre le prix convenu : c'eft alors une augmentation du prix de la vente qui donne lieu au requint dans les coutumes où il eft autorifé. Or dans l'Echange les deux contractans font vendeurs & acquéreurs; chacun eft tenu de payer les droits ou de ce qu'il cède ou de ce qu'il acquiert, & il fe trouve toujours dans les termes de la loi, foit qu'elle charge le vendeur d'acquitter les droits de la vente ou qu'elle en charge l'acquéreur : d'où l'on doit conclure que même dans les coutumes de quint & requint, le quint feul eft exigible en cas d'Echange.

Dans les coutumes où l'Echange d'un héri-

tage contre une rente conftituée eft réputé une
véritable rente, les droits appartiennent au feigneur dont l'héritage eft mouvant, fans que le
roi ni les acquéreurs des droits d'Echange puiffent rien exiger en cas pareil : mais il en eft autrement dans les coutumes où les feigneurs
n'ont aucun droit à prétendre pour l'Echange
d'un héritage contre une rente conftituée : dans
celles-ci, les droits d'Echange doivent être
payés au roi ou aux perfonnes qui les ont acquis.

Certains héritages tels que ceux qui font
tenus en *franc-aleu*, en *franc-bourgage*, &c.
étant exempts de droits feigneuriaux en cas de
vente, il faut en tirer la conféquence qu'ils ne
peuvent être affujettis aux droits d'Echange,
attendu que ces droits ne font que repréfen-
tatifs de ceux qu'on a droit d'exiger en cas de
vente (*).

_____

(*) Le roi par un édit du mois d'août 1770, ayant permis aux habitans de la province de Bourgogne & des comtés
& pays adjacens, de clorre leur héritage de quelque nature
qu'ils fuffent, & voulant faciliter aux propriétaires les moyens
de réunir les parties éparfes de leurs poffeffions, ordonna
que pendant fix années les actes d'Echange des parties de
terrein au deffous de dix arpens, qui auroient lieu entre
ces propriétaires, feroient exempts du centième denier &
des autres droits royaux & feigneuriaux, à l'exception
du droit de contrôle, qui fut fixé à dix fous.
    Deux autres édits l'un du même mois d'août 1770, &
l'autre du mois d'octobre fuivant, ont rendu ces difpofitions
communes aux comtés de Maconnois, Auxerrois & Bar fur
Seine, ainfi quaux pays de Breffe de Bugey & de Gex.
    Et par une déclaration du 2 décembre 1776, enregif-
trée au parlement le 12 décembre 1777, il a été ordonné
que les actes d'Echange qui feroient faits dans les pays

Les baux à rente foncière non rachetable n'étant assujettis ni aux droits seigneuriaux ni au retrait, il est souvent arrivé que deux particuliers voulant faire un échange, ont pris le parti de le déguiser en faisant deux baux à rente foncière non-rachetable, dans chacun desquels il y avoit un de ces particuliers qui étoit le preneur, tandis que l'autre étoit le bailleur.

Il est clair qu'une telle convention n'intervient que dans la vue de se soustraire aux droits : c'est pourquoi on l'a toujours regardée comme frauduleuse. Aussi par arrêt du 7 août 1744, le conseil en confirmant une ordonnance de l'intendant de Caen, a condamné le sieur Bernard à payer au fermier du roi les droits d'un Echange fait avec le sieur du Ruble par deux contrats du 8 décembre 1726. Le premier de ces actes étoit un bail à rente fait au sieur Bernard par le sieur du Ruble, moyennant cent cinquante-sept livres dix sous de rente foncière, avec stipulation que pour le payement le sieur Bernard pourroit lui déléguer deux rentes faisant la même somme : par le second acte, le sieur Bernard avoit cédé un héritage au sieur du Ruble à titre de bail à rente, moyennant cent trente-cinq livres de rente foncière, & lui avoit en outre délégué

_____

dont il s'agit continueroient d'être exempts des droits dont on a parlé, jusqu'au 31 décembre 1780, & que le droit de contrôle de ces actes ne seroit que de cinq sous, lorsque la valeur des terreins échangés seroit au dessous de cinquante livres, & de dix sous lorsqu'elle excéderoit cette somme.

Les gens de main-morte doivent jouir des exemptions & modérations dont il s'agit, comme les autres sujets de ces pays.

une autre rente foncière de vingt-deux livres dix sous ; au moyen de quoi il avoit été stipulé que la compensation des arrérages de ces rentes auroit lieu.

Par deux autres arrêts rendus au parlement de Rouen les 18 & 29 mars 1746, & confirmatifs d'une sentence du bailliage de Pont-l'Evêque du 26 juin 1745, il a été jugé que deux baux à rente foncière faits réciproquement entre Jean Fouet & le sieur le Loup du Moutier, en novembre 1739, n'étoient autre chose qu'un véritable Echange déguisé : en conséquence ils ont été condamnés à en payer les droits au fermier des domaines de M. le duc d'Orléans à qui appartiennent les droits d'Echange dans le vicomté d'Auge.

Par un autre arrêt du 26 août 1755, le conseil sans s'arrêter à une ordonnance de l'intendant de Poitiers, a condamné le sieur Brumault de Lislevert, & le sieur Bertrand de Cezat, à payer au fermier du domaine les droits d'un Echange fait entr'eux par deux actes des 9 & 10 septembre 1747, contenant bail à rente réciproque, moyennant cent quatre-vingt livres de rente rachetable de part & d'autre.

Suivant l'article premier de l'arrêt de règlement du 13 octobre 1739, toutes les contestations relatives aux droits dûs pour Echanges d'héritages mouvans & dépendans en fief ou en roture des domaines du roi, doivent être portées aux bureaux des finances, & par appel aux parlemens ; ou dans les provinces qui n'ont point de bureaux des finances, pardevant les juges auxquels appartient la connoissance des affaires domaniales, de la même manière que les demandes

mandes formées pour les droits seigneuriaux dûs en cas de vente ou autrement.

L'article 2 veut que les demandes & contestations concernant les droits dûs pour Echanges d'héritages mouvans ou dépendans en fief ou roture des fiefs & seigneuries appartenans à des seigneurs particuliers, soient portées devant les juges qui connoissent des droits seigneuriaux ordinaires dûs à ces seigneurs dans le cas de vente ou autrement.

Et l'article 3 veut que les contestations concernant le recouvrement à faire par les fermiers du roi, des droits dûs pour Echanges mouvans & dépendans en fief ou en roture des fiefs & seigneuries des seigneurs particuliers qui n'ont pas acquis ces droits, soient portées devant les intendans & commissaires départis qui doivent en connoître en première instance, sauf l'appel au conseil.

Comme on s'est toujours proposé d'engager les seigneurs à acquérir les droits d'Echange dans leurs fiefs & seigneuries, on a tâché de les déterminer à prévenir les acquéreurs particuliers, & pour cet effet on a accordé à ceux-ci des privilèges & droits considérables. C'est dans cet esprit que les déclarations des 4 septembre 1696 & 20 mars 1748, ont ordonné que les particuliers nobles ou roturiers qui acquerroient les droits d'Echange pourroient se dire & qualifier seigneurs en partie des fiefs & seigneuries dans l'étendue desquels ils auroient acquis ces droits ; que ces acquéreurs jouiroient de tous les droits honorifiques des églises, immédiatement après les seigneurs particuliers ; & que ceux-ci seroient tenus à la première réquisition

de repréfenter à ceux-là les papiers terriers &
autres pièces juftificatives de l'étendue de leurs
directes, même de leur en fournir des copies
ou extraits, aux frais toutefois de ceux qui les
réquerroient : mais l'arrêt d'enregiftrement de
la déclaration de 1748 porte, que ces difpofitions ne pourront être entendues que des droits
honorifiques dans l'églife feulement, tels qu'ils
appartiennent aux feigneurs de fief ; & que les
acquéreurs des droits d'Echange ne pourront
exiger des feigneurs d'autre communication que
celle des titres relatifs aux droits d'Echange qui
leur feront conteftés.

L'édit du mois d'août 1749 ayant fait défenfe
aux gens de main-morte d'acquérir des biens fonds
& en particulier des droits réels, les feigneurs
eccléfiaftiques & de main morte ont regardé les
difpofitions de cette loi comme leur interdifant
la faculté d'ufer de la permiffion d'acquérir les
droits d'Echange dans leurs fiefs & feigneuries,
laquelle paroiffoit leur avoir été accordée par
la déclaration du 20 mars 1748 : en conféquence,
ils ont repréfenté au roi que la privation de cette
faculté leur porteroit un préjudice confidérable
fi fa majefté n'avoit pas la bonté d'y pourvoir,
attendu que faute par eux d'acquérir les droits
d'Echange, ces droits feroient infailliblement
aliénés à des acquéreurs particuliers non-fei-
gneurs qui fe trouveroient par-là dans le cas de
jouir des prérogatives accordées aux acquéreurs
de ces droits ; ce qui ne manqueroit pas de
donner lieu à un grand nombre de conteftations
entre les uns & les autres : fur ces repréfentations, le roi a donné le 11 juin 1764 des lettres
patentes que le parlement a enregiftrées le 17

juillet fuivant, par lefquelles les eccléfiaftiques
& gens de main-morte, propriétaires de fiefs,
ont été autorifés à acquérir les droits d'Echange
dans leurs feigneuries directes feulement, nonob-
tant les difpofitions de l'édit de 1749 auxquelles
il a été dérogé à cet égard.

Obfervez que les acquéreurs particuliers
quoique roturiers, ne doivent point être affujettis au droit de franc-fief relativement aux
droits d'Echange qu'ils poffèdent à titre de fief
mouvant du roi. En effet, le droit de franc-fief
eft une finance que paye le roturier pour être
relevé de fon incapacité à poffément des biens
nobles ; mais celui qui acquiert du roi n'eft
point dans ce cas, parce qu'en lui vendant il
eft indifpenfable que le fouverain lui donne la
capacité de jouir & poffément. La déclaration de
1696, & celle de 1748 permettent à tous les
particuliers nobles ou roturiers d'acquérir ; dès-
lors le roturier eft fuffifamment relevé ; & dans
le prix qu'il paye pour fon acquifition, fe trouve
confondue la finance qui abforbe le droit de
franc-fief.

L'article 48 du tarif du 29 feptembre 1722
fixe le droit de contrôle de l'Echange à proportion de la valeur de ce qui eft donné en Echange
par l'une des parties, fuivant l'eftimation &
éveluation faite par le contrat fans fraude, finon
à l'amiable ou par experts, fur le pied réglé par
les articles 3 & 4.

C'eft-à-dire que le droit de contrôle eft dû
fur la valeur de l'une des chofes échangées ; que
fi elle eft défignée, elle doit être eftimée fans
fraude, foit par l'acte, foit à l'amiable ; & qu'à
défaut de défignation ou d'eftimation, il doit

F ij

être perçu le plus fort droit de contrôle suivant l'article 4 du tarif.

Les Echanges des biens immeubles doivent être infinués comme tous les actes tranflatifs ou rétroactifs de propriété, & le falaire de cette infinuation eft le centième denier de la valeur des biens réciproquement cédés. C'eft ce qui réfulte des édits d'octobre 1703, & d'octobre 1705, ainfi que des déclarations des 19 juillet 1704 & 20 mars 1708.

Comme ces actes opèrent une double mutation, il s'enfuit que le droit de centième denier eft dû de la valeur entière des deux héritages ou autres immeubles cédés réciproquement. Mais le droit de contrôle n'eft dû que fur l'un des deux qui tient lieu du prix de l'autre.

C'eft d'après ces principes que par décifion du 15 juillet 1730, le confeil a jugé que pour un Echange le droit de contrôle étoit dû fur la partie la plus forte, & le centième denier fur chaque partie échangée.

Par une autre décifion du 19 janvier 1732, le confeil a jugé en faveur des enfans du fieur le Bel, qu'il n'étoit point dû de centième denier au fujet d'un partage contenant Echange entre deux de ces enfans, des biens qui leur étoient échus par ce partage, & attendu que cet Echange fait fans foute, ne pouvoit être confidéré comme tranflatif de propriété, puifqu'il avoit été fait au même inftant que la propriété venoit d'être déterminée, & fans aucun temps intermédiaire qui pût autorifer à dire que l'un des enfans avoit été propriétaire d'un objet plutôt que de l'autre : ainfi c'étoit moins un Echange que la confommation du choix des lots.

L'amortiffement n'ayant été accordé aux gens de main-morte que pour les habiliter à conferver le bien qui en eft l'objet, & nullement pour qu'ils puiffent en faire commerce, il faut en conclure que tout échange qui procure à la main-morte un immeuble qu'elle ne poffédoit pas auparavant, donne ouverture au droit d'amortiffement, quand même cet immeuble auroit été précédemment amorti, ou qu'il n'auroit fait que remplacer un autre bien amorti, qui par le moyen de l'Echange auroit été mis dans le commerce.

Cette jurifprudence eft établie par une décifion du confeil relative à l'exécution de la déclaration du 5 juillet 1689. Cette décifion porte que « conformément aux anciennes ordonnances, » & fpécialement aux termes de celles de Char- » les VI en 1385, les biens acquis par Echange » ne font pas moins fujets aux droits d'amor- » tiffement & de nouvel acquêt, que ceux qui » font achetés ou donnés, parce qu'un amor- » tiffement accordé pour un héritage, ne peut » avoir lieu pour un autre héritage, ni celui » qu'a obtenu une communauté, être d'aucun » ufage pour une autre communauté ».

C'eft en conféquence des mêmes principes que l'article 17 du règlement du 21 janvier 1738 a ordonné que quand les gens de main-morte créanciers de rentes foncières céderoient & tranfporteroient à d'autres gens de main-morte la propriété de ces rentes, les ceffionnaires ou acquéreurs en payeroient les droits d'amortiffement.

Obfervez néanmoins que quand des gens de main-morte font évincés d'un bien amorti, foit

par la voie du retrait, soit par le remboursement
d'une rente, ils peuvent en remplacer le prix
en nouveaux fonds qui se trouvent amortis jusqu'à la même concurrence, sans qu'ils soient
tenus de payer une nouvelle finance. Mais cette
règle n'est nullement applicable à un commerce
volontaire ; ainsi lorsque la main-morte se des-
saisit volontairement d'un héritage pour avoir
un autre bien, elle perd l'effet de l'amortissement
de l'héritage qu'elle possédoit, & elle doit un
nouveau droit pour le bien qu'elle substitue à
cet héritage.

Conformément à cette jurisprudence, un arrêt
du conseil rendu le 15 février 1724, a condamné
les chanoines & le chapitre de Saint-Germain-
l'Auxerrois, & le chapelain de la chapelle de
sainte Catherine fondée dans leur église, à payer
le droit d'amortissement d'un Echange, par lequel ils s'étoient réciproquement cédé une
maison.

Pareillement, le conseil a confirmé le 28 février 1746, une ordonnance de l'intendant de
Provence, par laquelle les religieuses de la Visi-
tation de Marseille avoient été condamnées au
payement du droit d'amortissement d'un Echange fait entr'elles & les recteurs des chapellenies
de saint Antoine & sainte Agnès, au moyen
duquel ils s'étoient réciproquement cédé des
directes sur des maisons à Marseille : les religieuses s'étoient obligées par l'acte à payer tous
les frais : en conséquence elles ont été condamnées à payer le droit d'amortissement, tant
pour l'Echange que pour le contr'Echange, sans
avoir égard à l'allégation de l'ancien amortissement de ces directes, ni à celle que l'acte

pourroit ne pas subsister si les successeurs des recteurs actuels entreprenoient de le faire annuller.

Par une autre décision du 29 novembre 1747, le conseil a jugé que la fabrique de Bourgival devoit le droit d'amortissement d'une rente foncière que lui avoient cédée les héritiers de Rollin Mousle, pour libérer les biens d'une pareille rente créée par Mousle au profit de cette fabrique en 1724.

Les Echanges qui se font entre un abbé ou un prieur, & les religieux de l'abbaye ou du prieuré, ne sont pas moins sujets au droit d'amortissement que ceux que font tous les autres gens de main-morte. Les biens appartenans en commun à la mense abbatiale ou prieurale & à la mense conventuelle, peuvent à la vérité être partagés s'ils ne l'ont point été précédemment, pour mettre chacune des menses en état de jouir de ce qui lui appartient distinctement ; & il n'est dû aucun droit d'amortissement pour un tel partage s'il est pur & simple. Mais si les biens communs aux deux menses ont été partagés, les actes faits postérieurement qui changent la disposition de ce partage, soit à titre d'Echange ou autrement, donnent lieu au droit d'amortissement.

On a différentes fois allégué que tous les biens des deux menses sont communs ; qu'on ne peut faire de partage que des fruits & revenus ; que la propriété ne change point ; & que les deux menses ne font qu'une seule & même mense ; qu'ainsi les changemens qui interviennent dans les revenus de l'une & de l'autre, ne peuvent opérer d'aliénation ; mais ces allégations ont toujours été rejetées, parce que dans le fait les deux ménfes font diftinctes, & que ce qui eft une fois affecté à l'une ne peut paffer à l'autre fans qu'il y ait une tranflation qui donne ouverture aux droits, pourvu néanmoins qu'il s'agiffe de biens produifant ou pouvant produire un revenu.

C'eft en conformité de cette jurifprudence que par une décifion du mois de feptembre 1730, le confeil a débouté le clergé de France de fa demande, tendante à ce que les archevêques, évêques, abbés, prieurs, chanoines & religieux ne fuffent fujets à aucun droit d'amortiffement pour les partages qu'ils ont faits ou qu'ils pourroient faire par la fuite des biens déja amortis qui leur appartenoient en commun, ni pour les Echanges qu'ils avoient faits ou qu'ils feroient entre eux de quelques-uns des biens compris dans les partages précédemment faits.

Par une autre décifion du 6 mai 1757, le confeil a réformé une ordonnance de l'intendant d'Amiens, & condamné les religieux de l'abbaye d'Honnecourt au payement du droit d'amortiffement d'un Echange fait entr'eux & leur abbé, par lequel ils s'étoient réciproquement cédé dés biens qu'ils poffédoient en vertu d'un partage fait en 1679.

Enfin par arrêt du confeil du 28 octobre 1777, le fermier a été reçu oppofant à une difpofition des lettres-patentes du mois d'octobre 1776, par laquelle l'Echange y énoncé avoit été déclaré exempt de tous les droits auxquels il pouvoit donner ouverture, de quelque nature qu'ils fuffent ; en conféquence & fans s'arrêter à cette difpofition que le roi a révoquée, fa majefté a ordonné que les maire & jurats de Bordeaux , & les fupérieurs du féminaire de faint Raphaël de la même ville , feroient tenus de payer conformément aux règlemens , les droits de centième denier , d'amortiffement & autres réfultans de l'Echange fait entr'eux le 17 février 1777 , tant en principaux que huit fous pour livre.

Les biens du domaine peuvent être aliénés par Echange , attendu que l'Echange n'eft qu'une fubrogation que déterminent des raifons de convenance , fouvent même parce qu'il eft de l'intérêt de l'état de poffèder les biens reçus en contr'Echange ; & que d'ailleurs fi l'état aliéne des fonds par l'Echange , il en reçoit le remplacement par d'autres qui font à l'inftant unis au domaine de la couronne , comme l'étoient ceux qu'on a cédés en Echange. Il eft donc jufte que ces actes fubfiftent à perpétuité lorfqu'ils ont été faits conformément aux règles établies, fans fraude ni fiction ; mais s'il y a eu léfion énorme pour l'état , ou que l'évaluation n'ait pas été faite avec les formalités requifes , le roi peut rentrer dans fes domaines échangés en rendant les biens & droits qui avoient été cédés en contr'Echange. C'eft ce qui réfulte de l'édit du mois d'avril 1667.

C'eft à défaut de ces formalités que par arrêt du 2 avril 1776 , la chambre des comptes de Paris a fait défenfe au duc de Bouillon & aux autres échangiftes qui n'ont point obtenu & fait enregiftrer des lettres de ratification des évaluations des biens & droits échangés avec le roi, de recevoir des propriétaires des fiefs mouvans & relevans des domaines à eux cédés par sa majesté à titre d'Echange, aucun acte de foi & hommage, aveu & dénombrement (*).

(*) *Comme les principes concernant la matière dont il s'agit sont developpés dans cet arrêt nous allons le rapporter :*

Sur la requête présentée à la chambre, par le procureur général du roi ; contenant : que tout ce qui intéresse la conservation des droits du roi dans l'étendue des domaines de sa majesté, est pour lui un objet continuel de serveillance; qu'il estime qu'il est des devoirs indispensables de son ministère, de présenter à la chambre les abus qui s'introduisent au préjudice de sa majesté, & de proposer au zèle de la cour les moyens d'y pourvoir : que dans ces vues, & en s'occupant des moyens de faire rendre à sa majesté les devoirs & services qui lui sont dûs par les propriétaires des fiefs situés dans l'étendue de ses domaines, il auroit reconnu que tous les domaines faisant partie des Echanges commencés & non consommés, les propriétaires de fiefs pour le plus grand nombre, ne faisoient aucun service féodal, ou que des échangistes qui n'ont de droit qu'à l'utile des domaines jusqu'à l'enregistrement des lettres de ratification expédiées après la clôture des évaluations & le complément des formalités prescrites pour les Echanges, ont néanmoins exigé des propriétaires des fiefs des actes d'hommage, des aveux & dénombremens; & qu'aucuns desdits propriétaires, soit par ignorance des principes, soit par séduction ou crainte des poursuites ont satisfait à ces demandes hasardées, & se croient par un service illégal affranchis envers sa majesté, des actes de vassalité qu'ils n'ont point cessé de lui devoir : qu'il est de principe que la propriété des échangistes n'est que précaire ou jouissance provisionnelle, tant que l'Echange est imparfait ; que le laps de temps écoulé depuis l'époque du projet d'Echange, ni la longue possession de l'échangiste, ne peuvent altérer les droits du roi : qu'en aucun cas l'échangiste qui n'a pas rempli les formes, n'a le droit de prétendre ou d'exercer les droits du propriétaire incommutable : qu'on ne peut assimiler les Echanges faits avec le roi, avec ceux qui peuvent avoir lieu entre particuliers:

Les échangistes qui ont rempli les formalités

que les derniers acquièrent leur perfection par la signature de l'acte qui annonce la volonté des parties, tandis que les Echanges avec le roi ne font que projetés par la signature du contrat, & qu'ils deviennent dès-lors sujets à des formalités qui font tellement essentielles, que l'omission des formes exigées par les lois intervenues sur le fait des Echanges, compromet à toujours la propriété : qu'il est important d'arrêter un abus aussi destructif des droits du roi, & de mettre des bornes aux entreprises qui se font sur son domaine ; que cet abus préjudicie aux échangistes eux-mêmes, en ce qu'il paroît être le principe de la négligence qu'ils portent dans la suite des opérations qui peuvent seules réaliser leur Echange ; & leur inactivité fondée sur cette erreur, les expose par un acte de la volonté du roi, à voir échapper de leurs mains les avantages qu'ils avoient cherché à se procurer dans leur Echange ; & ils peuvent encore se trouver injustement exposés au soupçon d'être détempteurs de dédommagemens plus considérables que ceux qui leur appartiennent : qu'il croit devoir, avant de présenter à la chambre les moyens d'y parvenir, remettre sous ses yeux, comme exemple de l'abus contre lequel il réclame, l'Echange non consommé de la principauté de Sédan, qui lui a paru mériter une attention plus particulière par la nature & l'importance des domaines qu'il embrasse, & dont l'époque remonte à 1651 : que Louis XIV en suivant la résolution du roi Louis XIII son père, ayant jugé nécessaire de s'assurer de la place de Sédan, a cédé à M. le duc de Bouillon, par remplacement de cette principauté, plusieurs terres considérables ; telles que le duché de Château-Thierry, le comté d'Auvergne, la baronnie de la Tour, les seigneuries de Poissy & sainte-James, la châtellenie de Gambais, le comté d'Evreux, le duché d'Albret, la baronnie de Durance, le comté du bas Armagnac & le comté de Beaumont en Périgord, avec tous les droits dépendans desdits domaines ; & dont la jouissance respective des fruits a été stipulée du premier janvier 1651, encore que le contrat n'ait été passé que le 20 mars suivant : qu'à cette époque, la chambre, conformément aux

prescrites par les règlemens, & particulière=

principes, n'accorda pas son enregistrement au duc de Bouillon échangiste, qu'une jouissance provisoire des domaines
qui lui étoient cédés : qu'alors différens commissaires furent
nommés pour la reconnoissance & évaluation de ces domaines ; que ceux de la chambre procédèrent aux opérations
qui concernoient le duché de Château-Thierry , le comté
d'Auvergne, la baronnie de la Tour , les seigneuries de
Poissy & sainte-James , & la châtellenie de Gambais, tous
objets situés dans son ressort : que d'autres commissaires
choisis dans les cours souveraines ou ressortissoient les autres domaines énoncés dans le contrat comme devant faire
partie de l'Echange , furent chargés des opérations qui
étoient la suite du contrat de 1651 : que les évaluations
finies , le duc de Bouillon ne crut pas devoir adopter les
jugemens des commissaires , & se pourvut au conseil, où
par arrêt du 18 juillet 1676 , il a été nommé de nouveaux
commissaires pour la révision des évaluations : que par différentes circonstances dont il est superflu d'entretenir la
chambre , les commissaires n'ayant point procédé à aucune
des opérations de la révision , feu M. le duc de Bouillon ,
dernier décédé , a exposé au roi les inconvéniens de la
commission du conseil ; & sur ses représentations il est
intervenu des lettres-patentes du 5 août 1770 , registrées
en la chambre le 28 des mêmes mois & an , qui ont renvoyé la révision de toutes les évaluations par devant de
nouveaux commissaires choisis parmi les officiers de la
chambre : qu'enfin les lettres de révision ont été registrées
par la commission le 3 décembre 1770 , & depuis ce
temps les opérations de la révision n'ont pas été plus sui-
vies qu'auparavant. D'après cet exposé , le procureur général du roi estime que la chambre s'apercevra aisément ,
par cet exemple , combien les échangistes en général , &
celui-ci en particulier , peuvent causer de dommage au roi,
par inactivité dans la suite des opérations qui sont nécessaires pour la consommation de l'Echange Le plus considérable sans doute est la détérioration des mouvances du
roi ; les propriétaires qui ne sont stimulés par aucune diligence se tiennent à l'écart ; le domaine perd la trace de

ment par l'édit d'octobre 1711, pour la vali-

fa fuzeraineté, les ufurpations fe multiplient, & l'on voit
s'élever fur les domaines du roi, des prétentions de patri-
monialité qui font la fource des difcuffions les plus épineu-
fes. Les commiffaires de la chambre accoutumés, dans
tous les temps, à prévoir dans les opérations qui concernent
les Echanges, tout ce qui peut intereffer le domaine du
roi, s'étoient précautionnés contre les abus de la négligence
des échangiftes, en faifant dreffer des états des fiefs com-
pofant les mouvances des différens domaines dont la reconnoiffance & les évaluations avoient été confiées à leurs
foins ; mais cette fage prévoyance n'a pas été fuivie pour
les autres domaines compris au contrat de 1651 ; il n'a
point été fait d'état pour le domaine d'Evreux, & il eft
indifpenfable de rappeler les propriétaires de fiefs à la
néceffité de fervir le roi. L'échangifte y trouvera l'avantage, quant-à-préfent, de jouir de la totalité des droits
utiles qui ont pu être inconnus ou ufurpés ; ainfi à l'intérêt du roi fe trouve réuni celui du duc de Bouillon &
de tous les autres échangiftes dont les Echanges ne font
point encore terminés, pour exiger des vaffaux, au profit
du roi, tous les devoirs qui leur font preferits, tant par les
coutumes locales, que par les lois qui ont pour objet la
confervation du domaine du roi. Pour rétablir l'ordre dans
cette partie, le procureur général du roi n'aura befoin
que de remettre fous les yeux de la chambre les principes
qui la déterminèrent à rendre fon arrêt du 16 juillet 1728,
lorfque le feu duc de Bouillon demanda à la chambre des
lettres d'attache fur la foi & hommage qu'il avoit rendus
au roi entre les mains de M. le chancelier, pour raifon
des terres qui lui avoit été cédées en contr'Echange de la
principauté de Sédan. La chambre, en ordonnant le furfis
jufqu'après l'enregiftrement des lettres de ratification à
intervenir fur les évaluations, reconnut qu'il n'exiftoit
dans le duc de Bouillon qu'une propriété éventuelle, une
poffeffion provifoire; & craignant que le duc de Bouillon
ne tirât avantage de l'admiffion imparfaite de fon hommage, lui fit défenfe d'exiger des vaffaux ou propriétaires
de fiefs, terres & feigneuries mouvans defdits domaines,

dité des Échanges faits avec le roi, peuvent re-

les actes de foi & hommage par eux dûs, & ordonna aux propriétaires de n'en rendre à d'autres qu'à sa majesté, sauf à être les droits seigneuriaux utiles payés au duc de Bouillon. Ainsi les dispositions de cet arrêt ont maintenu les droits du roi, sans porter atteinte a ceux du duc de Bouillon, ni à l'effet de la jouissance provisoire qui lui étoit précédemment accordée. Cet arrêt avoit prévu les abus de la propriété indéterminée du duc de Bouillon; il y avoit pourvu par des dispositions dont la justice & les droits du domaine étoient la base. En ordonnant son exécution, & y ajoutant, il produira encore le bon effet de mettre fin à une négligence préjudiciable aux intérêts du roi. Pour quoi requéroit le procureur général du roi, qu'il plût à la chambre, en confirmant les dispositions portées par son arrêt du 16 juillet 1728, faire défenses au duc de Bouillon & à tous autres échangistes dont les lettres de ratification des évaluations n'auroient pas été définitivement regiſtrées, de recevoir des propriétaires des fiefs mouvans & relevans des domaines à eux cédés par le roi, aucuns actes de foi & hommage, aveux & dénombremens; en conséquence, ordonner que tous lesdits propriétaires de fiefs, seront tenus de faire au roi, dans six mois, à compter du jour de la date de l'arrêt qui interviendroit sur lesdites conclusions, leurs foi & hommage, & fournir aveux & dénombremens dans le temps prescrit par la coutume; sinon, & à faute de ce faire dans ledit délai, & icelui passé, qu'ils y seront contraints par la saisie de leurs fiefs & établissement de commissaire, en la manière accoutumée; à l'effet de quoi ledit arrêt seroit signifié au duc de Bouillon & à tous autres échangistes, lesquels n'ont aucun droit à la propriété incommutable des biens échangés, jusqu'à ce que les lettres de ratification à intervenir sur les évaluations, soient définitivement regiſtrées en la chambre; comme aussi que ledit arrêt seroit lû & publié dans tous les bailliages dépendans desdits domaines, & affiché par-tout où besoin seroit, à ce que lesdits vassaux & propriétaires de fiefs n'en prétendent cause d'ignorance, & aient à y satisfaire, sous les peines y portées; se réservant le procureur géné-

tirer les terres, parts & portions des domaines précédemment aliénés par démembrement des domaines qui leur ont été donnés à titre d'Echange, à la charge toutefois de rembourfer les engagiftes de leur finance.

---

ral du roi, de prendre par la fuite telles autres conclufions qu'il avifera bon être. Vu ladite requête: oui le rapport de Me. Nicolas-Hugues Bizeau, confeiller-maître, & tout confidéré. La chambre, en confirmant les difpofitions de fon arrèt du 16 juillet 1728, fait défenfes au duc de Bouillon & à tous autres échangiftes qui n'ont point obtenu & fait regiftrer en la chambre, lettres de ratification des évaluations des biens & droits échangés entre le roi & eux, de recevoir des propriétaires des fiefs mouvans & relevans des domaines à eux cédés par ledit feigneur roi, audit titre d'Echange, aucuns actes de foi & hommage, aveux & dénombremens : en conféquence, enjoint la chambre à tous les vaffaux & détempteurs defdits fiefs, d'en rendre leurs foi & hommage au roi, dans trois mois, & d'en fournir leurs aveux & dénombremens en la chambre, dans le temps porté par les coutumes des lieux ; faute de quoi, & ledit temps paffé, ils y feront contraints par faifies de leurs fiefs & établiffement de commiffaires aufdites faifies, en la manière accoutumée : & fera le préfent arrêt fignifié à la requête, pourfuite & diligence du procureur général du roi, tant au duc de Bouillon qu'à tous autres échangiftes qui n'ont point obtenu & fait regiftrer lefdites lettres de ratification des évaluations defdits biens échangés ; & copies collationnées du préfent arrêt, envoyées aux officiers des bureaux des finances, bailliages & fénéchauffées du reffort de la chambre ; pour y être lues, publiées, affichées & regiftrées, à ce que les vaffaux & propriétaires defdits fiefs n'en ignorent & aient à s'y conformer, fous les peines y portées ; fauf au procureur général du roi à prendre par la fuite telles conclufions qu'il avifera bon être, & fur le tout par la chambre être ftatué ce qu'il appartiendra. Fait en la chambre des comptes, le 2 avril 1776. Collationné. *Signé*, MARSOLAN.

Cette faculté a été inférée dans le contrat d'Echange fait le 20 mars 1651, entre le roi & le duc de Bouillon, qui en contr'Echange des principautés de Sedan & de Raucourt, reçut le duché d'Albret & d'autres terres, avec pouvoir de retirer les domaines & autres droits dépendans des terres cédées en contr'Echange qui fe trouveroient avoir été ufurpés, engagés, aliénés & concédés par dons qui n'auroient pas été bien & dûment vérifiés, pour en jouir à titre d'engagement.

Cette même faculté de retrait fut accordée indéfiniment à M. de Belle-Ifle, par fon contrat d'Echange du 2 octobre 1718. Le parlement de Rouen par fon arrêt d'enregiftrement, la reftreignit aux engagemens faits depuis quarante ans; mais par lettres patentes du 16 mai 1719, le roi ordonna l'exécution pure & fimple du contrat d'Echange à cet égard; en conféquence il fut ordonné par arrêt du confeil du 31 janvier 1720, que la dame veuve de la Bauve, engagifte du minage de Gifors, remettroit fes titres à M. de Belle-Ifle, & qu'elle recevroit de lui fon rembourfement.

Les terres & portions de domaines ainfi retirés par les échangiftes, ne peuvent être poffédées par eux qu'à titre de fimple engagement; & par conféquent le roi y peut rentrer lorfqu'il le juge à propos, en leur rembourfant la finance dont ils ont fait eux-mêmes le rembourfement aux engagiftes avec les loyaux coûts. C'eft la difpofition de l'arrêt du parlement de Paris du 2 feptembre 1721, rendu lors de l'enregiftrement du contrat d'Echange du 28 avril précédent, par lequel le roi a cédé à M. le duc

d'Ufez

d'Ufez le domaine d'Ufez en contr'Echange de
la baronie de Levy & dépendances.

Par le contrat d'Echange fait le 19 feptembre
1757, entre le roi & M. le prince de Conti,
au fujet des terres de Beaumont - fur - Oife,
Chaumont-en-Vexin, Chambly, Augy, Peze-
nas, Bagnols, Pontoife, Mantes & Meulan,
cédées au prince en contr'Echange des terres
d'Ivry & Guienne, il a été ftipulé conformément aux règles qu'on vient d'expofer, que les
terres qui feroient retirées avant la confommation de l'Echange, feroient évaluées pour être
poffédées incommutablement par le prince &
par fes héritiers ; & que celles qu'il viendroit
à retirer poftérieurement à la confommation de
l'Echange, continueroient à être poffédées à
titre 'd'engagement.

Le centième denier eft dû par les échangiftes
pour les biens qu'ils retirent ainfi, attendu que
ce droit a lieu pour toutes les mutations qui
arrivent de particulier à particulier, dans la
poffeffion des biens aliénés du domaine, & que
la réunion faite par l'échangifte fur l'engagifte
opère une mutation de même que fi ce dernier
avoit volontairement fubrogé le premier à fes
droits. C'eft d'après cette jurifprudence que par
décifion du 8 janvier 1725, le confeil a jugé
que M. de Belle-Ifle devoit le centième denier
des biens qu'il avoit retirés en vertu de la faculté
qui lui en avoit été accordée par fon contrat
d'Echange.

Il n'eft dû aucun droit pour les contrats
d'Echange faits avec le roi. C'eft une exemption
dont il eft convenable que jouiffent ceux qui
ont l'honneur de contracter avec fa majefté :

cette exemption eſt même ordinairement ſtipulée
par les contrats.

Voyez *les lois civiles* ; *les coutumes de Paris ,
d'Orléans , de Clermont , de Bretagne , de Bordeaux , de Normandie , de Montargis , d'Anjou ,
de Senlis , de Bourbonnois , de Poitou , &c. , &
les commentateurs* ; *les œuvres de Dumoulin &
celles de Pothier* ; *les arrétés de M. le premier préſident de Lamoignon* ; *Guyot , traité des fiefs* ;
les œuvres de Henrys ; *les centuries de le Preſtre* ;
Renuſſon , traité des propres ; *Brodeau ſur Louet* ;
les édits & déclarations cités dans l'article ; *le
diČtionnaire des domaines* ; *la collection de juriſprudence* , &c. Voyez auſſi les articles VENTE ,
RETRAIT, SUBROGATION, DOMAINE , ENGA-
GEMENT, RÉUNION ; &c.

ÉCHARSETÉ. C'eſt le défaut d'une pièce
de monnoie qui n'eſt pas du titre preſcrit par
les ordonnances.

Les direČteurs des monnoies doivent, par
exemple, travailler l'or à vingt-deux karats,
autrement à vingt-un karats trente-deux trente-
deuxièmes ; ſi les louis d'or ne ſont qu'à vingt-
un karats trois quarts ou à vingt-un karats
vingt-quatre trente-deuxièmes, il s'enfaudra de
huit trente-deuxièmes que le direČteur n'ait
travaillé à vingt - deux karats ou à vingt - un
karats trente-deux trente-deuxièmes ; partant
les louis ſeront échars de huit trente-deuxièmes , parce que vingt - quatre & huit ſont
trente-deux.

Si les louis d'or étoient à vingt-un karats
vingt-deux trente-deuxièmes , ils ſeroient échars
de dix trente-deuxièmes, s'ils étoient à vingt
karats vingt trente - deuxièmes , ils ſeroient

échars de douze trente-deuxièmes qui eft tout
le remède permis.

De même les directeurs doivent travailler
l'argent à onze deniers , autrement à dix deniers
vingt-quatre grains.

Si l'argent eft rapporté à dix deniers vingt-un
grains , il fera *échars* de trois grains ; s'il eft
rapporté à vingt-un & demi , il eft échars de
deux grains & demi ou de dix quarts. Pour
entendre ceci , il faut favoir qu'il eft d'ufage
dans les calculs de monnoie de réduire ces
grains en quarts en les multipliant par quatre :
ainfi trois grains valent douze quarts , deux grains
& demi dix quarts , deux grains huit quarts ,
un grain & demi vaut fix quarts.

De façon que fi l'argent eft rapporté à dix
deniers vingt-un grains & demi , l'Echarfeté
fera de dix quarts.

Si c'eft à vingt-un trois quarts , l'Echarfeté
fera de neuf quarts.

Si c'eft à vingt-deux grains , l'Echarfeté fera
de huit grains , &c.

On voit par-là que l'Echarfeté eft la qualité
du remède de loi , ou de la bonté intérieure
que le directeur a prife en alliant fon métal fur
chaque marc d'or & d'argent ouvré en efpèces
au-deffous du titre ordonné.

Il y a deux fortes d'Echarfetés , l'une qui
eft permife , qu'on appelle Echarfeté de loi dans
le remède ; l'autre qui eft puniffable , qu'on
nomme Echarfeté de loi hors du remède.

La première a lieu lorfque le titre des efpèces
n'eft point affoibli au-delà du remède permis
par l'ordonnance ; en ce cas le directeur eft

tenu feulement de payer cette Echarfeté au roi:
L'autre Echarfeté eft quand le titre de l'or &
de l'argent eft affoibli , même au-delà du
remède : en ce cas , outre la reftitution des
fommes à quoi monte cette Echarfeté reglée
par les jugemens de la cour des monnoies , le
directeur doit être condamné à l'amende, &
même puni quelquefois de plus grande peines
fuivant l'exigence des cas & des circonftances.
Ce terme d'*Echarfeté* étoit autrefois inconnu
dans la fabrication des monnoies , parce qu'on
y travailloit fur le fin ; il n'y a été introduit que
depuis qu'on a commencé à s'y fervir d'alliage ,
& à régler le titre des matières à certain degré.
Voyez l'article REMÈDE.

ÉCHÉANCE. C'eft le jour auquel on
doit payer ou faire quelque chofe.

L'Echéance d'une obligation, promeffe, lettre
de change , eft le terme auquel doit s'en faire
le payement.

Dans les délais d'ordonnances tels que ceux
des ajournemens ou affignations , l'Echéance eft
le jour qui fuit l'extrêmité du délai ; car on ne
compte point le jour de l'Echéance dans le
délai , *dies termini non computatur in termino ;*
de forte , par exemple , qu'un délai de huitaine
eft de huit jours francs, c'eft-à-dire que l'on ne
compte point le jour de l'exploit, & que l'E-
chéance n'eft que le dixième jour.

Au contraire dans les délais de coutume , le
jour de l'Echéance eft compris dans le délai ;
ainfi quand la coutume donne an & jour pour
le retrait lignager , il doit être intenté au plus
tard dans le jour qui fuit l'année révolue, depuis
qu'il y a ouverture au retrait. *Voyez* RETRAIT.

ÉCHELLE. On appelle ainſi une place de commerce ſur les côtes dans les mers du levant, où les négocians françois, anglois, hollandois, &c. entretiennent des conſuls, facteurs & commiſſionnaires. On croit que cette dénomination vient du mot *eſcale*, vieux terme de marine qui ſignifioit autrefois port de mer.

Les principales Echelles du levant ſont Smirne, Alexandrette, Alep, Seyde, Chypre, Conſtantinople, Alexandrie, le Caire, Naxis & Paros, Miconi, Tripoli de Syrie, Tripoli de Barbarie, Alger, Tunis, Naples de Romanie, la Morée, l'île de Négrepont, l'île de Candie, Durazzo, Zéa, Scio & les autres îles de l'Archipel.

Une ordonnance du roi du 6 juillet 1749 a fait défenſe à tout françois réſident dans les Echelles du levant & de barbarie d'y acquérir aucun immeuble. L'objet de cette loi a été d'empêcher que ces ſortes d'acquiſitions n'attachaſſent les ſujets du roi en Turquie & n'éloignaſſent leur retour dans le royaume.

Au ſurplus, aucun négociant françois ne peut s'embarquer pour le levant, à deſſein de s'y établir, qu'il n'ait été examiné & reçu par la chambre de commerce de Marſeille qui ne doit en recevoir aucun qu'il n'ait atteint l'âge de vingt-cinq ans. C'eſt ce qui réſulte des ordonnances des 21 octobre 1685 & 3 novembre 1700.

Par une autre ordonnance du 4 août 1688, il a été défendu aux françois de prêter leurs noms pour favoriſer le commerce des étrangers en Egypte, à peine de confiſcation & de trois mille livres d'amende. La même loi a ordonné

G üj

aux confuls du Caire d'informer contre les contrevenans & de les envoyer en france avec les
informations & autres preuves, pour être leur
procès extraordinairement fait par les commiffaires qui feroient nommés à cet effet.

Une autre ordonnance du 7 janvier 1689 a
défendu à tout françois négociant en Egypte d'y
faire aucun commerce & d'y décharger aucune
marchandife, foit pour fon compte ou pour
celui des autres nations fur des bâtimens qui ne
porteroient pas le pavillon de France, à peine
de confifcation & de trois mille livres d'amende.
Ces dispofitions ont été renouvelées & rendues
communes pour toutes les Echelles du levant
& de barbarie, par deux autres ordonnances
des 5 avril 1713 & 10 juillet 1719.

Deux autres ordonnances des 23 avril 1692,
& 29 avril 1693, ont auffi défendu aux françois de porter dans les Echelles du levant
aucune draperie d'Angleterre ou de Hollande,
à peine de confifcation.

Et pour éviter toute fraude à cet égard auffi-
bien que pour foutenir la réputation des dra-
peries de France, une autre ordonnance du 23
feptembre 1699 a voulu que toutes les pièces
d'étoffe de France qui ne feroient pas marquées
de la marque des échevins & de l'infpecteur
de Marfeille fuffent renvoyées par les confuls
avec procès-verbal du fait, aux mêmes échevins pour être par eux ftatué fur cet objet, conformément aux règlemens.

- Marfeille eft le centre & l'entrepôt du commerce de France dans les échelles du levant.
C'eft pourquoi par arrêt du confeil du 9 décembre 1776 il a été ordonné à la chambre du

commerce de cette ville d'emprunter onze cens
mille livres au denier vingt-cinq, pour être
employées à la libération entière & parfaite ,
tant de ce qui peut rester légitimement dû aux
négocians de Morée pour l'indemnité des pertes
qu'ils ont souffertes en 1770 , que des dettes
contractées par les caisses nationales & d'avanies de toutes les Echelles du levant & de
barbarie (*).

(*) *La liquidation & le payement de ces dettes ont été*
ordonnes par un autre arrêt du même jour qui porte ce qui
suit :

Sa majesté, en ordonnant par l'arrêt de ce jour à la chambre du commerce de Marseille d'emprunter onze cens mille
livres pour éteindre les dettes contractées par les corps de
nation dans les Echelles du Levant & de Barbarie , & ce
qui reste dû aux négocians de Morée pour l'indemnité des
pertes qu'ils ont souffertes en 1770, a voulu donner à ceux
de ses sujets qui font le commerce du Levant, une marque
de bonté & de protection : mais il est de sa justice de ne
faire jouir de cette faveur que les créanciers légitimes. A
quoi voulant pourvoir : oui le rapport , le roi étant en son
conseil a ordonné & ordonne ce qui suit :

ARTICLE PREMIER.

Il sera remis au sieur de la Tour , premier président du
parlement , & intendant en Provence , ayant l'inspection du
commerce du Levant & de Barbarie ; & au sieur baron de
Tott, brigadier des armées du roi, chargé par sa majesté
d'inspecter les établissemens françois du Levant & de Barbarie , des états détaillés de toutes les dettes des Echelles,
& de celles contractées en faveur des Négocians de Morée,
dans lesquels états seront spécifiés le nom des créanciers,
la somme qui leur est due particulièrement , les intérêts
qu'ils exigent , les lieux où les dettes ont été contractées &
ceux où elles devront être acquittées.

II. Les créanciers qui sont munis de titres pour être
payés de leurs créances en France, les représenteront au

Et par un autre arrêt du conseil rendu le même jour 9 décembre 1776 il a été défendu de faire payer, soit par imposition, soit par la caisse de la chambre du commerce de Marseille, les avanies, les emprunts demandés à la nation dans les Echelles du levant & de barbarie, &c. (*).

---

sieur de la Tour, qui en ordonnera le payément s'il les trouve légitimes & dûment liquidées; si au contraire il juge que ces créances ont été exagérées par condescendance ou par tout autre motif, il n'en ordonnera le payement qu'après les avoir fait réduire à leur juste valeur; & dans le cas où il ne les trouvera pas suffisamment constatées, il en fera suspendre le payement jusqu'à ce que le sieur Baron de Tott puisse lui adresser les éclaircissemens qu'il sera chargé de prendre sur ces objets dans sa tournée.

III. Le sieur Baron de Tott vérifiera dans chaque Echelle l'état des dettes de la nation; & après en avoir reconnu la réalité, il en ordonnera le payement, qui sera fait par les préposés de la chambre du commerce; ladite chambre y fera remettre à cet effet les fonds nécessaires.

IV. Défend sa majesté au trésorier de la chambre & à ses préposés dans les Echelles de faire aucun payement pour les objets mentionnés au présent arrêt, sans les mandemens exprès & par écrit des sieurs de la Tour & Baron de Tott. Sa majesté déroge à tous arrêts, ordonnances & réglemens antérieurs à ce contraires.

Mande & enjoint sa majesté auxdits sieurs de la Tour & Baron de Tott; aux maire, échevins, assesseur & députés du commerce de Marseille; aux consuls & vice-consuls, de tenir, chacun en droit soi, la main à l'exécution du présent arrêt. Fait au conseil d'état du roi, sa majesté y étant, tenu à Versailles le 9 décembre 1776. Signé, de Sartine.

(*) Voici cet arrêt:

Sa Majesté s'étant fait représenter les ordonnances du mois d'août 1681 & du 25 décembre 1685, & ayant reconnu que malgré leurs dispositions on avoit eu recours à des emprunts & des impositions excessives sur le commerce gé-

Il est expressément défendu par l'article 15

---

néral pour payer les avanies suscitées dans les Echelles du
Levant & de Barbarie ; que même des négocians établis en
Turquie avoient trouvé les moyens de se faire dédom-
mager, par des impositions générales, des pertes particulières qu'ils avoient souffertes, & que tous ces abus avoient
porté un préjudice notable à ceux de ses sujets qui font le
commerce du Levant & de Barbarie ; à quoi voulant pourvoir : oui le rapport ; le roi étant en son conseil a ordonné
& ordonne ce qui suit :

ARTICLE PREMIER.

Tous les événemens de quelqu'espèce qu'ils puissent être,
comme avanies, emprunts demandés à la nation, sacs, in-
cendies, révolutions, invasions, & généralement tous les
autres cas & accidens imprévus qui pourront arriver dans
les Echelles du Levant & de Barbarie, & toutes les pertes,
dommages, avances, dépenses & fournitures ne pourront
être supportés par la caisse de la chambre du commerce
de Marseille.

II. Défend expressément sa majesté aux Maire, échevins, assesseur & députés du commerce de Marseille ; & à
leurs préposés dans les Echelles, de payer aucune somme,
ni d'établir sur le commerce général du Levant & de Barbarie, ou tout autre, aucune levée & contribution pour
les objets énoncés en l'article précédent.

III. Défend pareillement sa majesté à ses consuls & à ses
vice-consuls établis dans lesdites Echelles, de souffrir qu'il
soit mis aucune imposition sur le commerce desdites
Echelles, & qu'il soit fait des empruns par les négocians
en corps de nation sous quelque prétexte que ce puisse être,
à peine d'en répondre personnellement.

IV. Ordonne sa majesté à tous françois établis dans les
Echelles du Levant & de Barbarie, & à tous capitaines,
patrons, navigateurs & passagers, d'être très-réservés dans
leur conduite, sous peine de punition exemplaire contre ceux
qui compromettroient la tranquillité de la nation & trou-
bleroient l'ordre public.

Mande & ordonne sa majesté au comte de Saint-Priest

de l'ordonnance du 9 décembre 1776, à tous les officiers du roi employés dans les Echelles du levant & de barbarie, de faire aucun commerce directement ni indirectement, fous peine de révocation.

· ÉCHEVINS. On donnoit autrefois ce titre aux affeffeurs & confeillers des comtes: aujourd'hui un Echevin eft un officier en titre ou élu par les bourgeois, pour avoir foin de la police & des affaires communes d'une ville pendant un certain temps ; il jouit auffi en différens endroits d'une juridiction & de fonctions plus ou moins étendues, felon fes titres & l'ufage des lieux.

· Loifeau, dans fon traité des offices, compare les Echevins aux édiles des romains & aux officiers appelés *defenfores civitatum* : en effet, les fonctions de ces officiers avoient du rapport avec celles des Echevins ; ce n'étoit toutefois pas la même chofe : auffi ce n'eft pas des romains, mais des Francs qui conquirent les Gaules que nous font venus le titre & les fonctions des Echevins. On les appeloit *fcabini*.

Marculphe qui écrivoit vers l'an 660 fous le règne de Clovis II, parle des Echevins qui affiftoient le comte ou fon lieutenant pour juger les caufes. Aigulphe comte du palais fous le

---

fon ambaffadeur à la Porte Ottomane ; au fieur de la Tour premier préfident du parlement, intendant de Provence ayant l'infpection du commerce du Levant & de Barbarie; aux maire, échevins, affeffeur & députés de la chambre du commerce de Marfeille; aux confuls & aux vice-confuls, & à tous autres qu'il appartiendra de tenir, chacun en droit foi, la main à l'exécution du préfent arrêt. Fait, &c.

même prince, avoit pour conseillers des gens d'épée qu'on nommoit Echevins du palais. Il est aussi fait mention de ces Echevins du palais dans une chronique du règne de Louis le débonnaire, & dans une charte de Charles le Chauve.

Les capitulaires de Charlemagne & ceux des rois ses successeurs parlent des Echevins en général, & nous apprennent qu'ils étoient élus par le magistrat même & les principaux citoyens. On devoit toujours choisir ceux qui avoient le plus de probité & de réputation ; & comme ils étoient choisis dans la ville même pour juger leurs concitoyens, on les appeloit *judices proprii*, c'est-à-dire juges municipaux. C'étoit une suite du privilège que chacun avoit de n'être jugé que par ses pairs, suivant un ancien usage de la nation ; ainsi les bourgeois de Paris ne pouvoient être jugés que par d'autres bourgeois qui étoient les Echevins, & la même chose avoit lieu dans les autres villes. Ces Echevins lors de leur réception, faisoient serment entre les mains du magistrat de ne jamais faire sciemment aucune injustice.

Lorsqu'il s'en trouvoit quelques-uns qui n'avoient pas les qualités requises, soit qu'on se fût trompé dans l'élection, ou que ces officiers se fussent corrompus depuis, les commissaires que le roi envoyoit dans les provinces, appelés *missi dominici*, avoient le pouvoir de les destituer & d'en mettre d'autres en leur place. Les noms des Echevins nouvellement élus étoient aussi-tôt envoyés au roi, apparemment pour obtenir de lui la confirmation de leur élection.

Leurs fonctions consistoient, comme on l'a

déja anoncé , à donner conseil au magistrat
dans ses jugemens , soit au civil ou au criminel,
& à le représenter lorsqu'il étoit occupé ailleurs,
tellement qu'il n'étoit pas libre , au comte ni à
son lieutenant , de faire grace de la vie à un
voleur lorsque les Echevins l'avoient condamné.

Vers la fin de la seconde race & au commencement de la troisième , les ducs & les comtes
s'étant rendus propriétaires de leur gouvernement, se déchargèrent du soin de rendre la
justice sur des officiers qui furent appelés baillis,
vicomtes, prévôts & châtelains.

Dans quelques endroits les Echevins conservèrent leur fonction de juges , c'est-à-dire de
conseillers du juge ; & cette juridiction leur est
demeurée avec plus ou moins d'étendue, selon
les titres & la possession ou l'usage des lieux ;
dans d'autres endroits au contraire le bailli ,
prévôt ou autre officier , jugeoit seul les causes
ordinaires ; & s'il prenoit quelquefois des asses-
seurs pour l'aider dans ses fonctions , ce n'étoit
qu'une commission passagère. Dans la plupart
des endroits où la justice fut ainsi administrée,
les Echevins demeurèrent réduits à la simple
fonction d'officiers municipaux, c'est - à - dire
d'administrateurs des affaires de la ville ou
communauté ; dans d'autres ils conservèrent
quelque portion de la police.

Il paroit que dans la ville de Paris la fonction
des Echevins qui existoient dès le temps de
la première & de la seconde race , continua
encore sous la troisième jusques vers l'an 1251 ;
ils étoient nommés par le peuple & présidés par
un homme du roi ; ils portoient leur jugement au
prévôt de Paris , lequel alors ne jugeoit point.

Les prévôts n'étoient que des fermiers de la prévôté ; & dans les prévôtés ainſi données à ferme, comme c'étoit alors la coutume, c'étoient les Echevins qui taxoient les amendes. Les Echevins de Paris ceſſèrent de faire la fonction de juges ordinaires lorſqu'Etienne Boileau fût prévôt de Paris, c'eſt-à-dire en 1251 ; alors ils mirent à leur tête le prévôt des marchands ou de la confrairie des marchands, dont l'inſtitution remonte au temps de Louis VII.

Les Echevins de Paris ſont au nombre de quatre : ils ſont élus par ſcrutin en l'aſſemblée du corps de ville, & des notables bourgeois que l'on convoque à cet effet en l'hôtel-de-ville, le jour de ſaint Roch.

La déclaration du 20 avril 1617, porte qu'il y en aura toujours deux qui ſeront choiſis entre les notables marchands, & les deux autres entre les gradués & autres notables bourgeois.

Les fonctions de Echevins ne durent que deux ans ; & comme on en crée deux nouveaux chaque année, il y en a toujours deux anciens & deux nouveaux.

Quelques jours après qu'ils ſont élus, le corps de ville va les préſenter au roi, qui confirme leur élection & reçoit leur ſerment.

Ils ſont les conſeillers ordinaires du prévôt des marchands ; ils ſiégent avec lui au bureau de l'hôtel-de-ville, & y rendent la juſtice ſur les matières de police des ports de la ville, & ſur les affaires du commerce qui a rapport à l'approviſionnement de Paris, tant par la rivière de ſeine que par celles qui y ſont affluentes.

Il y a ſur cette matière un édit du mois de juin 1700, portant règlement pour la juridiction

du lieutenant général de police & celle du pré
vôt des marchands & des Echevins (*).

(*) *Voici cet édit :*

Loüis , &c. Salut : les inconvéniens que causent le
conflicts de juridiction étant également contraires au bie
de la justice , à l'ordre public , & à la dignité des magis
trats qui font obligés d'y prendre part , nous avons estimé
nécessaire de nous faire rendre compte de quelque difficultés que la création de plusieurs charges , les intérêts de
officiers qui en ont été pourvus , la diversité des usages dan
les différentes juridictions , & la multitude des affaires que
la grandeur de notre bonne ville de Paris , & le commerce que l'on y fait , ont produit depuis plusieurs année
entre nos officiers du châtelet & les prévôts des marchand
& échevins de notredite ville ; & voulant leur donne
encore plus de moyen de continuer à nous rendre dans la
suite les services que nous en recevons avec beaucoup de
satisfaction , & garantir en même-temps nos sujets de
l'embarras où ils se trouvent lorsqu'ils ne savent pas précisément à qui ils doivent s'adresser pour demander justice,
& pour recevoir les ordres qui doivent être donnés suivant
les différentes occurrences. Après avoir entendu le rapport
qui nous a été fait en notre conseil , desdites difficultés,
nous avons estimé nécessaire de les terminer par notre
présent règlement , & de prévenir les suites fâcheuses
qu'elles pourroient avoir à l'avenir , en déclarant ainsi
notre volonté. A ces causes , & autres à ce nous mouvans,
& de notre certaine science , pleine puissance & autorité
royale , nous avons dit , ordonné & déclaré , & par ces
présentes , signées de notre main , disons, ordonnons , déclarons, voulons & nous plaît.

ARTICLE PREMIER.

Que le lieutenant général du prévôt de Paris pour la
police , & les prévôt des marchands & échevins , exercent
chacun en droit soi la juridiction qui leur est attribuée par
les ordonnances sur le commerce des bleds & autres grains,
& les fassent exécuter à cet égard , ensemble les règlemens
de police , ainsi qu'ils ont fait bien & duement jusqu'à

cette heure. C'eſt à ſçavoir que le lieutenant général de
police connoiſſe dans l'étendue de la prévôté & vicomté de
Paris, & même dans les huit lieues aux environs de la
ville, de tout ce qui regarde la vente, livraiſon & voiture
des grains que l'on y amene par terre, quand même ils
auroient été chargés ſur la rivière, pourvu qu'ils en ayent
été déchargés par la ſuite ſur la terre, à quelque diſtance
que ce puiſſe être de ladite ville ; comme auſſi de toutes
les contraventions qui pourroient être faites auxdits ordonnances & règlemens, quand même on prétendroit que
les grains auroient été deſtinés pour cette ville, & qu'ils
devroient y être amenés par eau, & ce juſqu'à ce qu'ils
ſoient arrivés au lieu ou l'on doit les charger ſur les rivières
qui y affluent, & que les prévôt des marchands & échevins connoiſſent de leur part de la vente & livraiſon deſdits grains, lorſqu'elles ſe feront dans le lieu ou ils doivent
être embarqués ſur leſdites rivières, & pareillement de la
voiture qui s'en fera par icelles ; & ſi dans les procès qui
ſont portés devant eux pour raiſon des ventes & livraiſons
ainſi faites, & des voitures deſdits grains, ils trouvent
qu'ils y ait eu quelque contravention aux ordonnances &
règlemens de police, ils en prendront connoiſſance, &
pourront ordonner, ſur la réquiſition qui ſera faite d'office
par notre procureur & de la ville, tout ce qu'ils eſtime-
ront néceſſaire pour l'exécution de nos ordonnances &
règlemens.

II. Que les prévôt des marchands & échevins reçoivent
en la manière accoutumée les déclarations de tous les vins
qui arrivent en notredite ville de Paris ; qu'ils prennent
connoiſſance de tout ce qui regarde la vente & le commerce de ceux qui doivent y être conduits, dedans & depuis le lieu où on les charge ſur les rivières, enſemble
de leur voiture par icelles, & incidemment aux procès
qui ſeront intentés pour ce ſujet, des contraventions qui
pourroient avoir été faites à nos ordonnances & règlemens
de police, lorſqu'ils ſeront dans les lieux où l'on les charge,
& tant qu'ils ſeront dans les batteaux, ſur les ports & ſur
l'étape de cette ville, & que le lieutenant général de police

ait toute juridiction, police & connoissance sur la vente &
commerce qui se fait desdits vins, lorsqu'on les amene par
terre en cette ville, & des contraventions qui peuvent être
faites aux ordonnances & règlemens de police, même sur
ceux qui y ont été amenées par les rivières, aussi-tôt qu'ils
seront transportés des bateaux, sur lesquels ils ont été amenés
des ports & étapes de ladite ville, dans les maisons & cave
des marchands de vin, & sans que les officiers de la ville
puissent y faire aucune visite, ni en prendre depuis aucune
connoissance sous prétexte des mesures, ou sous quelqu'autre que ce puisse être.

III. Que les prévôt des marchands & échevins connoissent de la voiture qui se fait par eau des bois merreins &
de charonage, & qu'ils règlent les ports de cette ville où
ils devront être amenés & déchargés; & que le lieutenant
général de police connoisse tout ce qui regarde l'ordre qui
doit être observé entre les charons & autres personnes qui
peuvent employer lesdits bois de merrein & de charonage
que l'on amene en notredite ville de Paris : & pour prévenir les contestations qui peuvent arriver au sujet de la
décharge desdits bois à terre, voulons que le voiturier qui
les aura amenés, ou celui à qui ils appartiendront, soit
tenu de faire signifier au bureau des maîtres charons, par
un huissier ou sergent du châtelet, l'arrivage desdits bois,
afin que les jurés en fassent la visite & lotissement dans les
trois jours qui suivront celui de la signification; & à faute
par eux de faire la visite & le lotissement dans ledit temps,
permettons au voiturier, ou à celui à qui lesdits bois appartiendront, de les faire descendre à terre sans en demander
la permission à aucun juge, & d'en disposer, après néanmoins que la visite aura été faite.

IV. Que les prévôt des marchands & Echevins connoissent de tout ce qui regarde les conduites des eaux & entretien des fontaines publiques, & que le lieutenant général
de police connoisse de l'ordre qui doit être observé entre
les porteurs d'eau pour l'y puiser & pour la distribuer à
ceux qui en ont besoin, ensemble de toutes les contraventions qu'ils pourroient faire aux réglemens de police, &

trats

trats au nom du roi pour emprunts à constitution de rente.

___

qu'il puisse pareillement leur faire défenses d'en puiser en certains temps & en certains endroits de la rivière lorsqu'il le jugera à propos.

V. Que les prevôt des marchands & Echevins prennent connoissance & aient juridiction sur les quais pour empêcher que l'on n'y mette aucunes choses qui puissent empêcher la navigation sur la rivière, & pour en faire ôter celles qui y auroient été mises & pareillement celles qui pourroient causer le dépérissement des quais, de l'entretien desquels ils sont chargés, & sans qu'ils puissent y faire construire à l'avenir aucunes échoppes ni aucuns autres bâtimens de quelque nature que ce puisse être sans en avoir obtenu notre permission. Voulons au surplus que le lieutenant général de police exerce sur lesdits quais toute la juridiction qui lui est attribuée dans le reste de notredite ville, & qu'il puisse même y faire porter les neiges lorsqu'il le jugera absolument nécessaire pour le nettoyement de la ville & pour la liberté du passage dans les rues.

VI. Ordonnons que la publication des traités de paix sera faite en présence de nos officiers au châtelet & des prevôt des marchands & Echevins, suivant les ordres que nous leur en donnerons, & en la forme en laquelle elle a été faite à l'occasion des derniers traités de paix qui ont été conclus à Riswih.

VII. Lorsque l'on fera des échafauts pour des cérémonies ou des spectacles que l'on donne au sujet des fêtes & des réjouissances publiques, les officiers, tant du châtelet que de l'hôtel de-ville, exécuteront les ordres particuliers qu'il nous plaira leur donner à ce sujet; & lorsqu'ils n'en auroient point reçu de notre part, voulons que le lieutenant général de police ait l'inspection sur les échafauts, & donne les ordres qu'il jugera nécessaires pour la solidité de ceux qui seront faits dans les rues, & même sur les quais, & pour empêcher que les passages nécessaires dans la ville n'en soient embarrassés ni empêchés, & que les prevôt des marchands & Echevins prennent les même soins & ayent la même connoissance sur ceux qui pourront être faits fur le bord & dans le lit de la riviere & dans la place de grève.

VIII. Lorfqu'il arrivera un débordement d'eau qui donnera fujet de craindre que les ponts fur lefquels il y a des maifons bâties, ne foient emportées, & que l'on ne puiffe paffer fûrement fur lefdits ponts, voulons que le lieutenant général de police & les prevôt des marchands & Echevins, donnent conjointement, concurremment & par précaution tous les ordres néceffaires pour faire déloger ceux qui demeurent fur lefdits ponts, & pour en fermer les paffages, & qu'en cas de diverfité de fentiment, ils fe retirent fur le champ vers notredite cour de parlement, pour y être pourvu, & en cas qu'elle ne foit pas affemblée, par devers celui qui y préfide, pour être reglés par fon avis.

IX. Les teinturiers, dégraiffeurs & autres ouvriers qui font obligés de fe fervir de l'eau de la riviere pour leurs ouvrages, fe pourvoiront par devers les prevôt des marchands & Echevins afin de leur accorder la permiffion d'avoir des bateaux, s'ils en ont befoin, & de marquer les lieux où ils pourront les placer fans incommodité de ladite vi'le, & fans empêcher le cours de la navigation; & lorfqu'ils n'auront pas befoin d'avoir des bateaux, ils fe pourvoiront feulement par devers le lieutenant général de police.

X. Le lieutenant général de police connoîtra, à l'exclufion des prevôt des marchands & Echevins, de ce qui regarde la vente & le débit des huîtres, foit qu'elles foient amenées en cette ville par eau ou par terre, & fans préjudice de la juridiction des commiffaires du parlement fur le fait de la marée.

XI. Le lieutenant général de police aura connoiffance de tout ce qui regarde l'ordre de la police concernant la vente, le commerce du poiffon d'eau douce que l'on amene en notredite ville, & à cet effet les marchands de poiffon qui y demeurent auront foin de le vifiter exactement auffitôt qu'il y fera arrivé, en feront rapport audit lieutenant général de police, lequel ordonnera fur lefdits rapports ou autrement, tout ce qu'il eftimera néceffaire à l'ordre & à la police publique touchant ladite marchandife; & lorfque les marchands

fieurs privilèges, dont le principal eft celui de la nobleffe tranfmiffible à leurs enfans au premier degré. Ils en jouiffoient déja, ainfi que du droit d'avoir des armoiries timbrées, comme tous les autres bourgeois de Paris, fuivant la conceffion qui leur en avoit été faite par Charles V, le 9 août 1371, & confirmée par fes fucceffeurs jufqu'à Henri III ; mais ce prince par fes lettres du premier janvier 1577, réduifit ce privilège de nobleffe au prévôt des marchands

---

forains & autres vendront du poiffon fur les boutiques & refervoirs aux femmes qui vendent en détail, ou à telles autres perfonnes que ce puiffe être, ledit lieutenant général de police connoîtra feul de tout ce qui regarde à cet égard l'ordre, la police & l'exécution de nos ordonnances & réglemens ; & les prevôt des marchands & Echevins connoîtront de tout ce qui touche la vente & livraifon dudit poiffon qui eft deftiné pour notredite ville de Paris, dans les lieux où on le met fur les rivieres navigables qui y affluent, enfemble de la voiture que l'on y fait dudit poiffon depuis lefdits lieux, & des contestations qui pourront arriver pour raifon d'icelles ; & pareillement de celles qui naîtront entre lefdits marchands & les perfonnes qui achetent ledit poiffon en détail, ou autrement fur la riviere, & même des contraventions qui pourroient avoir été faites aux ordonnances & réglemens de police, & qui viendroient à leurs connoiffances incidemment aux fufdits procès.

XII. Enjoignons au furplus auxdits lieutenant général de police & prevôt des marchands & Echevins d'éviter, autant qu'il leur fera poffible, toutes fortes de conflicts de juridictions, de régler, s'il fe peut, à l'amiable & par des conférences entr'eux, ceux qui feroient formés, & de les faire enfin régler au parlement le plus fommairement qu'il fe pourra, fans qu'ils puiffent rendre des ordonnances, ni faire de part & d'autre aucuns réglemens au fujet defdites conteftations, ni fous aucun prétexte que ce puiffe être. Si donnons en mandement, &c.

& aux Echevins qui avoient été en charge depuis vingt ans, & à ceux qui y feroient dans la fuite.

Ils furent confirmés dans ce droit par deux édits de Louis XIV du mois de juillet 1656 & de novembre 1706.

Suivant un édit du mois d'août 1715, publié deux jours après la mort de Louis XIV, ils fe trouvèrent compris dans la révocation générale des privilèges de noblesse accordés pendant la vie de ce prince ; mais la noblesse leur fut rendue par une autre déclaration du mois de juin 1716, avec effet rétroactif en faveur des familles de ceux qui avoient passé par l'échevinage pendant le temps de la suppression & suspension de ce privilège.

Ils jouiffent aussi pendant qu'ils font en charge du droit de franc falé & d'exemption de tous subsides, aides, tailles & subvention.

L'ordonnance de 1669 les confirme dans le droit de *committimus* au petit fceau ; & la déclaration du 15 mars 1707, leur permet de porter la robe noire à grandes manches & le bonnet carré, quoiqu'ils ne foient pas gradués.

Voyez les articles PRÉVÔT DES MARCHANDS, HÔTEL-DE-VILLE, MAIRE, OFFICIERS MUNICIPAUX, &c.

ÉCHEVINS D'ARTOIS, DE FLANDRE, DE HAINAUT, &c. La qualité d'Echevin n'est pas bornée dans les Pays-Bas françois aux officiers municipaux des villes qui jouiffent du droit de communes, elle s'étend même aux gens de loi des villages, c'est-à-dire aux officiers que les feigneurs établiffent dans leurs terres pour administrer la justice à leurs vassaux.

Nous allons d'abord examiner les différentes manières dont on pourvoit à ces sortes de charges ; nous donnerons ensuite une idée du pouvoir qu'elles confèrent à ceux qui en font revêtus.

§. I. *De la nomination des Échevins.*

Les provinces d'Artois, de Flandre, de Hainaut & de Cambrefis ont fur cette matière des lois & des ufages différens les uns des autres ; mais il eft un point dans lequel elles s'accordent toutes, c'eft la nomination des Echevins des villages, qu'elles défèrent unanimement aux feigneurs, au nom defquels ces officiers doivent remplir les fonctions de leurs charges.

Les feigneurs exercent ordinairement ce droit par eux mêmes, mais affez fouvent ils en laiffent le foin à leurs baillis : ceux-ci n'ont pas même befoin pour cela d'une commiffion particulière ; leur qualité feule qui emporte celle de repréfentant abfolu & univerfel du propriétaire de la juftice, les y autorife de plein droit. C'eft ce qui réfulte de l'article 4 du titre 5 de la coutume du Cambrefis : « le feigneur du lieu » *ou le bailli* peut créer mayeur & *Echevins* » nouveaux pour recevoir défaifine & bailler » faifine fur un héritage, & en paffer & folem-» nifer les devoirs de loi ». On peut inférer la même chofe de ce que les archiducs Albert & Ifabelle établiffent dans le chapitre 64 des chartes générales du Hainaut, pour les terres de leur domaine : « tous officiers ordinaires, *difent-* » *ils, articles 16,* pourront inftituer chacun en » leurs mets les fergens de leurs offices, & de » même créer les mayeurs dépendans de leurs

H iij

» dits offices. . . . . . Nosdits officiers , *continue*
» *l'article* 17, pourront aussi chacun en leurs
» mets, créer, démettre & renouveller les
» gens de loi de nos terres & seigneuries ».

Quelques baillis ont même voulu prétendre
que la nomination des Echevins leur appartenoit à l'exclusion des seigneurs. Ils se fondoient
sur ce que le droit public du royaume ôtant à
ceux-ci la faculté de juger eux-mêmes, devoit
également leur ôter celle de nommer & de
destituer des juges à leur gré ; l'une étant, suivant eux, sujette aux mêmes inconvéniens que
l'autre. Mais ces prétentions n'ont jamais été
accueillies dans les tribunaux : il y a un arrêt
du parlement de Flandre du 14 mars 1714 ,
qui a décidé en confirmant une sentence du conseil provincial de Valenciennes, que le sieur
Goulart, bailli de Frelon en Hainaut, ne pouvoit empêcher le duc de Holstein, seigneur de
cette terre, de nommer un nouveau mayeur &
de nouveaux Echevins. Il seroit absurde, en
effet, qu'un seigneur, qui seul a le droit de créer
un bailli & de le destituer quand il le juge à
propos, fût sans pouvoir relativement aux
Echevins ; qui peut le plus, peut le moins.
D'ailleurs cette question est ainsi décidée par
la coutume de Cambresis à l'endroit cité, &
plus positivement encore par l'article 11 du
chapitre 64 des chartes générales du Hainaut,
lequel est conçu en ces termes : « selon l'an-
» cienne coutume, les bailli, mayeur, Eche-
» vins, gens de loi & autres officiers, nonob-
» stant le trépas de leur seigneur & maître,
» pourront besoigner de loi, & exercer leurs
» états & offices, *jusques à ce qu'ils seront desti-*

« tués par le nouveau seigneur ». On peut encore
appliquer ici un arrêt que nous avons rapporté
au mot DEVOIRS DE LOI, tome 18, page 536.

A l'égard des Echevins des villes, il faut
distinguer celles qui appartiennent à des seigneurs particuliers d'avec les autres.

Dans les premières, ce font ordinairement
les seigneurs qui nomment & destituent les
Echevins. C'est ce que fait, par exemple, M.
le prince de Soubise dans la ville de saint-Pol
en Artois. Les archevêques de Cambrai ont
toujours exercé le même droit dans la ville
de Câteau-Cambresis, & ils y ont été confirmés
par l'article 5 des lettres-patentes du 13 septembre 1766 accordées à M. de Choiseul.

C'est par une suite du même principe que
ces prélats ont eu pendant plusieurs siècles la
nomination exclusive des Echevins de Cambrai.
En 1182, l'empereur Frédéric détruisit &
annulla la commune que les bourgeois de cette
ville avoient érigée de leur propre autorité, &
ordonna que l'évêque pourroit seul *instituere*
præpositos suos & scabinos discretos & bonæ opi-
nionis viros. En 1210, l'empereur Othon IV
confirma par un jugement solemnel la propriété
de la ville à l'évêque, priva les habitans de la
juridiction qu'ils avoient établie sous le nom de
paix, & donna pareillement à l'évêque la faculté
d'établir les prévôt & Echevins à son gré. Les
habitans ayant continué leurs entreprises, l'é-
vêque Godefroi les traduisit à la diète de l'empire ; & par un jugement du mois de novembre
1226, l'exécution de celui d'Othon IV fût
ordonnée. Il survint de nouvelles contestations
en 1312, & elles furent également terminées

à l'avantage de l'évêque par une fentence arbi-
trale, du 7 feptembre 1313. Il paroît que les
chofes reftèrent, long-temps fur ce pied, car
on voit par le projet d'un traité dreffé en 1603
entre les archiducs Albert & Ifabelle, & l'archevêque Guillaume de Berghes, que l'une des
conditions étoit que les Echevins feroient
nommés & renouvelés par le prélat, *comme*
du paffé, mais qu'un mois avant de les inftaller,
il en enverroit la lifte aux archiducs qui pourroient rejeter ceux qui ne leur feroient pas
agréables. La ville de Cambrai ayant été con-
quife par la France en 1667, on fut à cet égard
fans regle fixe pendant un fiècle. Par l'article
4 des lettres-patentes accordées à M. de Choi-
feul le 13 feptembre 1766, le roi déclara par
provifion & jufqu'à ce qu'il eût fait connoître
définitivement fes intentions, que chaque fois
qu'il jugeroit à propos de faire renouveler les
Echevins de cette ville, l'archevêque en nom-
meroit la moitié, l'autre moitié continuant
d'être à la nomination de fa majefté. Cette difpofition qui n'étoit que provifoire a été rendue
définitive par l'article 5 d'un arrêt contradictoire du confeil des dépêches du 23 juillet 1773.
Voici comme il eft conçu :

« Les Echevins feront nommés, favoir moitié
» par nous, & l'autre moitié par l'archevêque,
» fans toutefois qu'il puiffe nommer aucuns des
» officiers de la juftice du bailliage de l'arche-
» vêque ou de fon officialité, ni autres attachés
» à fa perfonne ou à la régie des biens & revenus
» de fon églife ».

L'article 6 n'eft pas moins remarquable que
le précédent. « Les Echevins ne feront nommés

» que pour six années , au moyen de quoi il
» en sera renouvelé quatre tous les deux ans ,
» & au premier juillet prochain il en sortira
» six, en telle sorte que leur nombre se trouve
» réduit à douze ; & en cas de décès ou retraite
» de l'un d'eux pendant la durée de son exer-
» cice, il sera remplacé par nous ou par l'ar-
» chevêque, ainsi qu'il est porté en l'article
» précédent ».

L'article 7 ordonne que les échevins nommés,
soit par le roi, soit par l'archevêque, prêteront
serment entre les mains du commissaire départi.

On remarque encore dans la constitution municipale de la ville d'Arras, une conséquence
du principe que les seigneurs particuliers ont
le droit de nommer & de destituer à leur gré
les Echevins des villes qui leur appartiennent.
Tant que la cité d'Arras fut séparée de la ville
du même nom , l'évêque qui est seigneur de la
première , eut toujours la nomination des Echevins qui la gouvernoient. Un édit du mois d'octobre 1749 a ordonné la réunion de la cité à la
ville, & celle des deux corps municipaux en
un ; mais pour indemniser l'évêque , le roi a
voulu qu'à chaque renouvellement des Echevins ce prélat en nommât deux , savoir un gentilhomme & un notable. L'évêque a été confirmé dans ce droit par des lettres-patentes du
27 octobre 1764, & par un édit du mois de
novembre 1773 dont on retracera ci-après les
principales dispositions.

La plupart des villes qui n'appartiennent point
à des seigneurs particuliers, mais qui relèvent
immédiatement du roi, soit à titre de seigneurie
ou seulement de souveraineté, ont par rapport

à la nomination de leurs Echevins, des ufages & des privilèges différens les uns des autres. A Lille, le renouvellement des Echevins fe fait tous les ans par quatre commiffaires que le roi nomme chaque fois. Cette pratique eft fondée fur un règlement fait par la comteffe Marguerite en 1235.

A Douai on pourvoit à ces fortes de charges par élection. Il y a fur ce point une ordonnance de Louis XV du 18 mars 1716, portant que le gouverneur de la ville & le commiffaire départi feront tous deux enfemble, ou l'un d'eux en l'abfence, maladie ou légitime empêchement de l'autre, procéder au nom de fa majefté, aux jour & lieu accoutumés, & en la forme ordinaire, au renouvellement des Echevins dont ils recevront le ferment, obfervant de ne faire choix pour électeurs que des membres du parlement, de l'univerfité, de la gouvernance & des chapitres de Douai.

Cette forme fubfifte encore aujourd'hui dans cette ville & dans plufieurs autres de la Flandre françoife. L'édit du mois de novembre 1771 n'y a porté aucune atteinte, parce qu'il n'a été enregiftré dans aucun des tribunaux des Pays-Bas.

Les règlemens intervenus fur cette matière pour la province d'Artois méritent une attention particulière.

Une charte de Philippe-Augufte de l'an 1195 accorde aux bourgeois d'Arras, la liberté de choifir & renouveler leurs Echevins tous les quatorze mois. A l'expiration de ce terme, ajoute la loi, les Echevins en place, après avoir prêté ferment, éliront quatre hommes de probité, & ceux-ci en éliront enfuite vingt-quatre autres, dont douze rempliront les places d'Echevins & les douze autres auront l'administration de la ville.

Cette forme fut changée par des chartes de 1211 & 1268, suivant lesquelles les anciens Echevins nommoient verbalement ou par écrit douze sujets éligibles. Le comte d'Artois rejetoit de ces douze sujets ceux qui ne lui convenoient pas & en substituoit d'autres : on composoit ensuite une liste double des douze candidats agréés par le comte, dont l'une étoit remise au grand bailli qui étoit en même-temps gouverneur, & l'autre aux Echevins qui devoient sortir de charge. Au jour marqué pour l'élection, le grand bailli se rendoit à l'hôtel-de-ville. Les Echevins sortans élisoient d'abord les quatre premiers sujets, ceux-ci devoient ensuite en nommer quatre autres, & l'élection des quatre derniers se faisoit par les huit premiers élus : s'il y avoit quelque sujet qui ne fût pas inscrit sur la liste du comte, le grand bailli le rejetoit & en nommoit un autre à sa place. Les Echevins cherchèrent plusieurs fois à s'affranchir de la gêne que cet officier apportoit dans leurs élections ; le comte d'Artois se pourvut contre eux en complainte, & par arrêt du parlement de Paris du 19 juin 1332, son grand bailli fût maintenu dans sa possession. Mais comme cet arrêt n'avoit prononcé que sur le possessoire, les Echevins se pourvurent au pétitoire, & le procès fût terminé par une transaction homologuée au parlement le 28 juin 1379. Elle porte, article 25, que l'élection ne se fera plus suivant la liste remise au grand bailli, mais que *madame ou ses successeurs comtes d'Artois nommeront quatre*

bonnes perfonnes & convenables bourgeois & habi-
tans de ladite ville, telles que bon leur femblera,
& les Echevins d'icelle année en nommeront quatre
autres, iceux huit en pourront élire & nommer quatre
autres. Cette difpofition fut paifiblement exécutée
pendant près de quatre cens ans : le prince à la
vérité ne nommoit pas lui-même les quatre
premiers Echevins, mais le grand bailli le faifoit en fon nom affifté du corps de la gouvernance.

La forme de l'élection étoit différente à faint-
Omer. On voit par une ordonnance de Philippe
II, roi d'Efpagne, du 13 novembre 1587, que
le prince nommoit quatre Echevins fur l'avis
& la défignation de fon grand bailli. Le choix
des autres fe faifoit de la manière fuivante : les
Echevins qui devoient fortir de place nommoient un certain nombre d'électeurs, parmi
lefquels devoit être l'évêque ou fon vicaire,
comme repréfentant l'un des curés de la ville,
& ces électeurs procédoient conjointement avec
les Echevins en place à l'élection de huit autres.

La ville d'Hefdin avoit auffi fur cette matière
des règlemens particuliers. Un placard de Philippe II, du mois de mars 1562, porte, article 4, que les mayeur & Echevins de cette
ville feront renouvelés ou continués chaque
année par le gouverneur ou grand bailli & les
autres officiers du bailliage de la même ville.
Un édit des archiducs Albert & Ifabelle du 11
juin 1619 interprète cette difpofition, en ordonnant que « tant pour la dûe adminiftration de la
» juftice que pour la confervation des droits du
» comte d'Artois, le renouvellement ou conti-
» nuation des Echevins fe fera par le gouver-

» neur & ſes ſucceſſeurs audit état ou lieute-
» nans, par l'avis & à l'intervention des offi-
» ciers du bailliage, par forme de conférence
» & délibération commune , ſur le choix &
» dénomination commune faite ou à faire par
» ledit gouverneur des perſonnes qu'il prétendra
» mettre & advancer audit magiſtrat , & pour-
» ront leſdits officiers propoſer & remontrer
» s'ils ſavent quelques cauſes de rejeɛtion contre
» les dénommés ou aucuns d'iceux , pour y
» prendre tel égard que de raiſon ; & au cas de
» rejeɛtion , en dénommer d'autres capables &
» idoines par ledit gouverneur ; à effet que la
» voix dudit gouverneur ſera déciſive , & celle
» des officiers ſimplement conſultative ».

Un uſage contraire s'étoit introduit dans la
ville de Lens. Quand le temps du renouvellement de l'échevinage étoit arrivé , le grand
bailli ou ſon lieutenant en cas d'abſence , après
avoir deſtitué les Echevins qui étoient en
charge , en nommoit quatre des plus notables
pour procéder conjointement avec les officiers
de la gouvernance , au choix des nouveaux
Echevins ; il recueilloit les voix & la ſienne
comptoit pour deux. On peut voir à ce ſujet
l'article premier de l'ancienne coutume d'Aire ,
homologuée au mois de mai 1374 par la comteſſe Marguerite.

La ville de Béthune avoit à cet égard beaucoup de rapport avec celle de Lens. L'article
premier de ſon ancienne coutume , confirmée
en 1346 par le roi Philippe de Valois , porte
que la ville eſt gouvernée par dix Echevins ,
dont cinq doivent ſortir de charge tous les ans
à la ſaint-Thomas ; que les cinq reſtans doivent

en élire cinq autres & les préfenter au grand
bailli, que celui-ci doit les rejeter ou les approuver dans la huitaine ; qu'en cas de rejec-
tion, les Echevins reftans doivent procéder à
un nouveau choix ; que le grand bailli, après
avoir approuvé les cinq fujets élus, peut exiger
que les Echevins en deftituent un, & nommer
lui-même à fa place qui bon lui femblera.

Telles étoient les différentes formes dans
lefquelles on pourvoyoit aux charges municipales des principales villes d'Artois, lorfque
cette province fut réunie à la couronne. Les
états demandèrent alors que ces formes fuffent
continuées, & ils en firent l'objet de l'article
25 du cahier qu'ils préfentèrent au roi le 23
janvier 1661 : Louis XIV répondit « qu'à l'é-
» gard des charges & offices, il y feroit pourvu
» en la même forme qu'il s'étoit pratiqué avant
» la guerre ».

La conftitution de cette province ne tarda
cependant pas à éprouver des changemens. Dès
l'année 1664 les grands baillis furent privés de
la part qu'ils avoient auparavant à la nomination des Echevins, & leurs droits refpectifs
furent tranfportés aux intendans. Un arrêt du
confeil du 8 avril 1664 ordonne « qu'à l'avenir
» dans les villes & places dudit pays d'Artois
» les magiftrats feront renouvelés par le com-
» miffaire que fa majefté députera à cet effet,
» lequel nommera & choifira ceux qu'il faura
» être les plus capables & les plus affectionnés
» au fervice de fa majefté & au bien général &
» particulier defdites villes, & y procédera
» fuivant l'ancien ufage & les privilèges accor-
» dés auxdites villes, à quoi fa majefté a or-

» donné aux habitans d'icelles de fe conformer ».

Les intendans ne pouvoient, aux termes de cet arrêt, exercer dans les nominations d'Echevins plus de droits que les grands baillis auxquels ils étoient fubrogés, & ils devoient fuivre l'*ancien ufage & les privilèges accordés auxdites villes*. Ainfi à Arras & à faint-Omer, ils ne pouvoient nommer que quatre Echevins ; à Béthune, ils n'en avoient qu'un à établir ; à Aire, ils étoient bornés à donner leur fuffrage comme les autres électeurs. Mais en 1749 ils furent autorifés par un arrêt du confeil à nommer tous les officiers municipaux, ce qu'ils firent jufqu'aux édits des mois d'août 1764 & mai 1765, qui rendirent aux habitans le droit d'élection dont ceux d'Artois étoient privés depuis tant de fiècles. On fait que cette nouvelle forme a été abolie dans tout le royaume par un édit du mois de novembre 1771. Mais celle que cette dernière loi y a fubftituée, ne pouvant convenir au gouvernement municipal de l'Artois, cette province en a été difpenfée par un arrêt du confeil du 28 feptembre 1773 & au mois de novembre de la même année, le roi a donné un édit qui, en faifant difparoître toutes les différences que les anciennes chartes avoient établies dans chaque ville, par rapport à la forme des élections, établit fur cette matière des règles fixes & uniformes.

L'article premier déclare que les corps de ville d'Arras & de faint-Omer continueront d'être compofés d'un mayeur & de dix Echevins, favoir deux nobles, quatre gradués en droit & quatre bourgeois négocians ou vivant noblement.

L'article 2 réduit les corps de ville de Béthune , Aire , Bapaume & Hesdin à un mayeur & six Echevins, savoir un noble, deux gradués & trois bourgeois vivant de leurs biens, notaires , procureurs, négocians ou marchands ayant boutique ouverte.

L'article 3 veut qu'il n'y ait à l'avenir dans les villes de Lens , Pernes & Lillers, qu'un mayeur & quatre Echevins, savoir un noble, deux gradués & un bourgeois de la qualité marquée par l'article précédent.

Suivant l'article 4, quand il manque quel-qu'une des classes d'habitans désignés dans les articles 2 & 3, les nobles doivent être rem-placés par des gradués, les gradués par des bourgeois vivant noblement , & ceux-ci par des notaires, procureurs, négocians ou mar-chands ayant boutique ouverte.

L'article 9 déclare que la nomination des Echevins appartiendra dorénavant aux députés ordinaires des états d'Artois qui seront en exer-cice, conjointement avec deux membres de chaque corps qui seront choisis à cet effet tous les trois ans dans l'assemblée.

L'article 10 ordonne que le renouvellement des Echevins se fera chaque année dans la quin-zaine qui précédera l'assemblée générale.

Aux termes de l'article 11 , les Echevins ne doivent exercer leurs fonctions que pendant deux ans ; & il doit être procédé chaque année à une nouvelle nomination de cinq Echevins dans les villes d'Arras & de saint-Omer ; de trois dans celles de Béthune, Aire, Bapaume & Hesdin ; de deux dans celles de Lens, Pernes & Lillers , sans qu'ils puissent être continués ni

nommés

nommés de nouveau, si ce n'est une année après la fin de leur exercice.

Par l'article 12, le roi conserve à l'évêque d'Arras le droit de nommer deux Echevins, conformément à l'édit du mois d'octobre 1749 & aux lettres-patentes du 27 octobre 1764, dont on a parlé ci-dessus.

L'article 13 enjoint aux Echevins nouvelle-ment créés de prêter serment entre les mains des maires en exercice.

L'article 15 a pour objet de procurer aux députés ordinaires & aux deux membres de chaque corps des états, une connoissance exacte des personnes les plus capables de remplir les places d'Echevins ; & à cet effet il ordonne que les officiers municipaux en exercice, con-jointement avec ceux qui en seront sortis l'an-née précédente, enverront tous les ans aux députés, dans les quinze premiers jours du mois d'octobre, une liste des sujets qui seront dans le cas d'être nommés & élus ; & leur enjoint de marquer les causes d'incompatibilité qui pourroient se rencontrer entr'eux.

L'article 16 ordonne que les listes dont on vient de parler seront arrêtées, closes & ca-chetées dans une assemblée particulière qui sera convoquée & tenue à cet effet, & envoyées de suite aux députés qui en accuseront la ré-ception.

Et au cas que ces listes ne soient point en-voyées dans le temps marqué ci-dessus, l'article 17 autorise les députés & les deux membres de chaque corps des états à faire les nominations sur les anciennes listes & sur les connoissances particulières qu'ils pourront avoir.

L'article 18 oblige les électeurs de dresser un procès-verbal contenant les noms des sujets qui auront été nommés Echevins, dont il doit être envoyé un double sur le champ au secrétaire d'état du département, & il en doit être fait lecture tous les ans dans l'assemblée générale des états en présence des trois ordres. Le greffier en chef des états doit envoyer à chaque ville une expédition en forme de procès-verbal, & cela quinze jours avant l'entrée en exercice des Echevins, laquelle est fixée au premier de l'an.

L'article 19 veut qu'en cas de vacance de l'une des places d'Echevins, elle soit remplie par celui du même ordre qui sera sorti d'exercice, jusqu'à la prochaine élection.

L'article 23 défend d'élire pour Echevins d'autres personnes que des sujets âgés de vingt-cinq ans & domiciliés dans les villes depuis quatre ans.

On a vu plus haut que l'article 15 du même édit suppose qu'il peut se trouver des causes d'incompatibilité entre différens candidats. En effet, il y a un arrêt du conseil privé de Bruxelles rendu contradictoirement entre les Echevins de saint-Omer & les officiers du bailliage de la même ville le 31 juillet 1556, qui ordonne « que en loi ne pourront être ensemble le fils avec » le père, le frère avec le frère, le neveu avec » l'oncle, ni le cousin-germain avec le cousin-» germain, sans que ladite prohibition se puisse » étendre à degrés plus loingtains ; & quant à » l'affinité elle s'étendra seulement d'entre le » beau-père avec son beau-fils, le beau-frère » avec son beau-frère, bel-oncle & beaux-

» neveux, tellement que tous autres y pourront
» être, ſi comme deux ayant épouſé deux ſœurs
» ou deux couſines ou ſemblables ».

Philippe IV, roi d'Eſpagne, a rendu une ordonnance ſemblable pour la ville de Mons, le
31 Janvier 1624. « Dorénavant, (ce ſont les
» termes de la loi), ne ſeront reçus ni pourront
» ſervir par enſemble au ſiège échevinale...,
» père & fils, deux frères, oncle & neveu, ni
» deux couſins-germains de conſanguinité....
» toutefois des parens ou alliés des penſionnaires
» ou greffier en degré que deſſus, pourront
» ſervir avec eux,.... pourvu qu'il n'y ait au
» magiſtrat que deux ſemblables parens de tous
» leſdits penſionnaires & greffiers enſemble ».
Voyez l'article CONSEILLER-PENSIONNAIRE.

§. II. *De l'autorité & des fonctions des Echevins.*

On peut conſidérer les Echevins des Pays-
Bas comme officiers municipaux, comme jugés
ordinaires & comme miniſtres des contrats paſſés
entre leurs juſticiables. C'eſt à ces trois points
de vue que ſe rapportent toutes les branches
de leur pouvoir & de leurs fonctions.

En qualité d'officiers municipaux, ils ont la tutelle des mineurs dont les peres & les meres ſont
morts domiciliés dans leur juridiction. Quelquefois ils exercent eux-mêmes cette tutelle, mais
le plus ſouvent ils en donnent la régie à des
parens ou amis du défunt, & alors ils prennent
la qualité de TUTEUR EN CHEF. Voyez ce
mot.

La police n'eſt pas un de leurs moindres
attributs. L'article 3 du chapitre 130 des char-

tes générales du Hainaut développe affez bien l'étendue de ce droit. Il porte que tout feigneur moyen-jufticier peut « avoir mayeur, prévôt & » vicomte, & Echevins, lefquels ont connoif- » fance de..... afforer vins, cervoifes, pains » & tous autres vivres & breuvages, recevoir » tous rapports de fergens, foreftiers, meffiers, » héritiers, cenfiers & tous autres pour bêtes » faifant dommage, coupe des bois & tous » autres cas, chacun an au mois de mars faire » vifitation des héritages non renclos contre » chemin, pires & warefchais, juftifier poids, » mefures, tonneaux & autres vaiffeux, & fur » tous lefdits cas juger les lois & amendes y » appartenans, avec confifcation des mefures & » poids s'ils étoient trouvés faux ou trop petits, » juger & prifer les dommages faits par per- » fonnes ou bêtes.... ».

On voit que cet article met la *coupe des bois* au nombre des cas de police dont les Echevins ont droit de connoître. L'établiffement que Louis XIV a fait de différentes maîtrifes dans les Pays-Bas changea pour quelque tems cette difpofition, mais un arrêt du confeil du 26 août 1727 qui forme à cet égard le dernier état de la jurifprudence belgique, a rendu aux Echevins leur ancienne juridiction fur les bois de leurs villes, feigneurs ou communautés. Voyez les articles CHASSE & MAÎTRISE.

Le droit de police emporte néceffairement celui de faire tous les ftatuts & règlemens que le bon ordre exige. Il s'eft élevé fur ce point quelques difficultés dans la châtellenie de Caffel : l'article 468 de la coutume que l'on y obferve donne aux Echevins de chaque feigneurie le droit de faire des ordonnances de police, à la conjure du bailli, & en même temps l'article 216 accorde à la cour féodale de Cassel le pouvoir de faire des règlemens généraux pour toute la châtellenie.

« Pour faire observer les lois ci-dessus, *porte cet article*, comme aussi telle autre police dont il sera besoin dans la châtellenie, selon l'occurrence des affaires, les baillis, gentilshommes, les vassaux & hommes de la cour de Cassel, pourront faire telle ordonnance de police qu'ils trouveront convenir pour l'avantage commun établissant la peine de dix livres, à la charge de ceux qui y contreviendront, au profit du prince ou du vassal qui aura la faculté de connoître du fait ou autre correction arbitraire ».

Il faut observer que la cour de Cassel est un siège seigneurial du roi, dont les membres font juges immédiats des *virschaeres* ou seigneuries du domaine, & juges de ressort de celles qui appartiennent à des particuliers. Les seigneurs hauts-justiciers de la châtellenie ont prétendu restreindre aux virschaeres le droit que l'article cité attribue à ce siège de faire des règlemens de police : mais cette prétention étoit évidemment contraire au texte même de la coutume : si les amendes prononcées par les règlemens émanés de la cour de Cassel, doivent être *au profit du prince ou du vassal qui aura la faculté de connoître du fait*, c'est une preuve non-équivoque de l'autorité qu'ont ces règlemens dans les seigneuries des particuliers ; autrement la distinction du *prince* & du *vassal* seroit inutile.

Deux arrêts du parlement de Flandre ont

confirmé cette interprétation. Le premier rendu le 16 février 1769 au rapport de M. Hennet, a condamné à l'amende les infracteurs d'un règlement de la cour de Cassel qui défendoit de représenter des farces dans les villages de la châtellenie, & faisant droit sur l'intervention du seigneur d'Ochtezeele dans les terres duquel la contravention avoit été commise, l'a débouté de son opposition & lui a enjoint de veiller à ce que le règlement fût exécuté selon sa forme & teneur. Le second arrêt a été rendu au rapport du même magistrat, & il a ordonné en infirmant une sentence du présidial de Bailleul du 2 mars 1771, l'exécution pure & simple d'un règlement semblable au précédent, nonobstant l'opposition qu'y avoient formée tous les seigneurs hauts-justiciers de la châtellenie de Cassel.

Il faut observer qu'on ne peut se pourvoir en complainte contre les règlemens de police que font les Echevins. Le conseil provincial de Gand l'a jugé ainsi par sentence du 19 juin 1568, confirmée au grand conseil de Malines en 1571.

Mais peut-on attaquer ces règlemens par la voie d'appel ? Cette question a partagé les auteurs & les tribunaux flamands. Vandenhane & Knobaert sur la coutume de Gand ; Lybert Christin, sur les lois abrogées de Bugnion ; Paul Christin, en son recueil d'arrêts ; Zypæus, en sa notice du droit belgique ; Voet, en son commentaire sur le digeste ; & plusieurs autres auteurs soutiennent la négative, sur le fondement que les Echevins étant les maîtres de rétracter leurs ordonnances de police quand ils le jugent à propos, on ne doit pas demander cette rétractation à un tribunal supérieur, parce qu'il n'est permis de recourir aux remèdes extraordinaires qu'au défaut des voies ordinaires. Cette opinion a été confirmée, s'il en faut croire Paul Christin & Zypæus, par plusieurs arrêts du grand conseil de Malines ; & la cour souveraine de Hollande en a fait, par l'article 101 de son style, une loi expresse pour tout son ressort.

Malgré toutes ces autorités, il est difficile de concevoir comment on a pu s'aveugler au point de refuser aux juges supérieurs un droit que les simples lumières de la raison, & la nécessité de la subordination concourent à leur attribuer. La faculté qu'ont les Echévins de réformer leurs propres règlemens, prouve bien que ceux auxquels ils portent préjudice doivent prendre la voie d'opposition avant celle de l'appel, mais il n'en résulte pas que l'on ne puisse recourir à cette dernière voie, lorsqu'on a employé inutilement la première. C'est précisément ce qu'établit l'article 31 du chapitre 54 des chartes générales du Hainaut ; il est conçu en ces termes : « & sera aussi permis d'appeler des sentences provisionnelles...... comme aussi de » celles rendues en fait & matière de police sur » opposition de partie & après dûe connoissance » de cause ». Cuvelier tient absolument le même langage en ses arrêts du grand conseil de Malines, page 43. Mevius, page 3, décision 154, défend aussi cette opinion avec vigueur, & elle a été confirmée par un arrêt du parlement de Flandre de l'année 1696 dont Deghewiet fait mention, & par un décret du conseil privé de Bruxelles du 16 avril 1714 inséré dans le recueil

I iv

de Dulauri. Les Echevins de Lille intimés en 1740 fur l'appel d'un règlement de police qu'ils avoient fait, voulurent renouveler l'ancien fyftême, mais par arrêt du 13 avril 1742, le parlement de Flandre *les débouta de la fin de non-recevoir par eux propofée, & les condamna aux dépens à cet égard.*

Une obfervation importante fur cette matièrer, eft que l'appel des règlemens de police émanés des échevinages, n'en fufpend pas l'exécution. Voici ce que porte à ce fujet l'article cité des chartes générales du Hainaut : « mais icelles fen- » tences feront, ce nonobftant, & fans préju- » dice dudit appel, mifes à exécution, moyen- » nant caution de rendre ce que fera dit en » définitif ».

Les Echevins font-ils tenus avant de porter un règlement de police, de prendre l'avis des parties intéreffées ? La négative eft indubitable dans la thèfe générale : en 1746, les braffeurs de Lille foutinrent au parlement de Flandre que les officiers municipaux de cette ville n'a- voient pu diminuer le prix des bierres fans les entendre ; mais par arrêt rendu au mois de juillet de la même année au rapport de M. de Mullet, ils furent déclarés non-recevables dans leur appel.

Cette règle n'eft cependant pas fans excep- tion ; un arrêt du confeil privé de Bruxelles du 19 juin 1561, rendu contradictoirement entre les Ecevins & les bouchers de Lille, or- donne « que pour l'avenir, quand il fera queftion » de ftatuer pour le bien & police du mêtier » des bouchers, les mayeur & Echevins ayent

» à communiquer avec iceux bouchers , & eux
» régler felon l'accord fait le 8 mars 1450 ».

Dans les villes & villages dépendans du chef-
lieu de Valenciennes , les Echevins ne peuvent
faire aucun règlement de police fans CHARGE
D'ENQUÊTE (voyez ce mot) , & fans le concours de la plus grande partie des habitans. C'eſt
ce qui eſt réglé par les articles 223 & 224 de
de la coutume de Valenciennes. La première
de ces formalités n'eſt plus d'uſage dans la partie
du chef-lieu qui reſſortit au bailliage du Queſnoy, mais la feconde y eſt encore indiſpenſable :
témoin un arrê. du conſeil du premier décembre 1663 qui « ordonne que les mayeurs &
» Echevins du Queſnoy connoîtront en première
» inſtance des cas de police concernant les taux
» & prix du vin , pain & autres denrées , enſem-
» ble des malverſations qui feront commiſes au
» fait de ladite police, *fuivant les règlemens qui*
» *en feront faits par chacun an ès aſſemblées pu-*
» *bliques* ».

La qualité d'officiers municipaux donne encore aux Echevins l'adminiſtration des biens des
fabriques & des hôpitaux. En 1665 il s'éleva
fur cet objet des conteſtations entre les évêques
de Tournai & de Bruges , & les différens échevinages de ces deux diocèſes : le conſeil privé
de Bruxelles y mit fin par un décret du 28
novembre de la même année , adreſſé fous le
nom du roi d'Eſpagne au conſeil provincial de
Gand ; en voici la teneur : « vous diſons que les
» biens des égliſes , hôpitaux , maladries , tablès
» des pauvres & autres femblables , ont tou-
» jours été fous notre pouvoir fouverain & juri-
» diction , & de fuite fous celle des juges laïcs

» & magistrats des lieux ». Voyez sur cette matière l'article MARGUILLIERS.

La régie des octrois & biens patrimoniaux des villes & l'administration des communes des villages, appartiennent également aux Echevins : mais comme leur autorité est à cet égard subordonnée à plusieurs règles qu'il seroit trop long de détailler ici, nous nous réservons d'en parler aux articles MAGISTRAT , MUNICIPALITÉ & USAGES.

L'autorité des Echevins considérée comme juges ordinaires, n'est pas la même par-tout. Dans la plupart des villages ils ne peuvent connoître d'aucune affaire criminelle ; & même en matière civile, leur juridiction est bornée aux actions personnelles & aux biens co-tiers ou main-fermes.

Il y a quelque chose de plus dans le Hainaut françois : non-seulement les Echevins de villages, mais même ceux des villes, autres que Valenciennes, n'ont que la connoissance des matières relatives aux main-fermes : celle des actions personnelles leur est absolument interdite, encore ne peuvent-ils prononcer sur les affaires de leur compétence sans *charge d'enquête* : tel est l'usage général de la province sur ces deux points, qui d'ailleurs sont établis, par rapport au chef-lieu de Valenciennes, sur deux textes précis ; on lit dans la coutume de Valenciennes, article 225, que « les prévôts, » jurés & Echevins de Valenciennes connoissent » & baillent charge sur toutes & quelconques » matières qui se font & traitent pardevant » mayeurs & Echevins dudit chef-lieu ». Un arrêt du Conseil du 18 juin 1703, faisant droit fur l'intervention des Echevins de Valenciennes dans une inftance entre le parlement de Flandres & le bailliage de Bouchain, « les a main-» tenus & maintient dans les droits & poffeffion » de connoître des matières réelles & de fuccef-» fion dans les villes & villages de la châtel-» lenie de Bouchain, dépendans du chef-lieu de » Valenciennes feulement , & conformément à » la coutume particulière dudit chef-lieu ». Il eft aifé d'appercevoir par la combinaifon de ces deux textes , que les Echevins du chef-lieu de Valenciennes ne peuvent connoître d'aucune action perfonnelle : c'eft ce qui réfulte néceffairement & de l'obligation que leur impofe l'article 225 de la coutume de prendre charge d'enquête en toutes les caufes foumifes à leur décifion , & du droit dans lequel l'arrêt de 1703 maintient le magiftrat de Valenciennes de connoître dans tout le chef-lieu , par la voie des charges d'enquêtes, *des matières réelles & de fucceffion.... feulement & conformément à la coutume particulière dudit chef-lieu.*

Les Echevins du Quefnoi , d'Avefnes & de Landrecy font exceptés de la règle qu'on vient d'établir. Un arrêt du confeil du premier décembre 1663 , rendu contradictoirement entre eux & les officiers des baillages & prévôtés des mêmes villes , a ordonné qu'il n'auroient plus à l'avenir que la police , la connoiffance de leurs octrois, le droit de recevoir les devoirs de loi des mainfermes, & l'adminiftration des affaires publiques, & leur a défendu de connoître « de » tous cas perfonnels, civils & criminels , mix-» tes, réels, tutelles, curatelles, criées, ven-» tes d'immeubles & autres cas attribués aux

» officiers des bailliages & prévôtés du Quefnoi,
» Avefnes & Landrecy par un édit du mois de
» novembre 1661 ». On voit que l'on a cherché
rendre la conftitution de ces trois villes femblable à celle de l'intérieur du royaume dont
les maire & Echevins ont été privés par l'article 71 de l'ordonnance de Moulins, de la juridiction ordinaire & contentieufe qu'ils exer-
çoient autrefois.

Dans la plupart des autres villes des Pays-
Bas, telle que Valenciennes, Lille, Douai,
Bergues, Bailleul, Cambrai, Arras, Saint-
Omer, Béthune, Aire, Lens, Dunkerque,
Bourbourg, Gravelines, &c. les Echevins exer-
cent toute juftice, haute, moyenne & baffe, &
font abfolument confidérés comme les juges or-
dinaires de leurs refforts refpectifs.

Il y a cependant plufieurs matières dont ils
ne peuvent connoître : telles font d'abord toutes celles qui ont rapport aux fiefs ; ces fortes
de biens ne dépendent en aucune manière de la
jurifdiction échevinale : les officiers des feigneurs
dont ils relevent font les feuls juges de première
inftance qui puiffent s'en attribuer la connoiffance. Il paroît qu'il y a long-temps que ce
principe eft en vigueur dans les Pays-Bas ; car
une charte accordée par Philippe-Augufte à la
ville d'Arras l'an 1195 porte, article 37, qu'aucun clerc ne peut demander fa part héréditaire
contre un laïc, fi ce n'eft par le jugement des
Echevins, ni fon fief, fi ce n'eft par le feigneur
dont il eft tenu, & au jugement de fes hommes.

Les cas royaux font également exceptés. Il
y a deux arrêts du parlement de Flandres qui
en interdifent la connoiffance, l'un aux Eche-

vins de Douai, l'autre à ceux de Lille : le premier eft du 16 mai 1702, le fecond du 14 août 1703. Cette dernière décifion n'empêcha pas les Echevins de Lille de procéder peu de temps après à l'entérinement de lettres de rémiffion; mais par arrêt contradictoire du confeil d'état du 27 août 1706, enregiftré au parlement de Flandres le 17 février 1707, le roi déclara que la gouvernance de Lille étoit feule compétente, pour ces fortes d'objets, & défendit aux Echevins d'en prendre communication à l'avenir.

L'incompétence des Echevins en matière de cas royaux, a encore fervi de motif à un arrêt du parlement de Flandres du 5 janvier 1692, qui a fait défenfe au magiftrat de Bergues de connoître à l'avenir des réparations d'églifes, à peine de nullité, & de 500 livres d'amende à la charge de chacun des contrevenans.

C'eft par la même raifon qu'il a été défendu de tout temps aux Echevins d'exercer aucun acte de jurifdiction criminelle contre les officiers du prince. Marguerite, comteffe d'Artois, décide dans une charte donnée à Hefdin le 3 décembre 1378, qu'à elle feule appartient la connoiffance de tous délits commis par les bailli, lieutenant-bailli & autres officiers du bailliage de Saint-Omer, à l'exclufion des Echevins.

Le concordat d'Arras, homologué au parlement de Paris le 28 juin 1379, porte également, article 3, que la comteffe d'Artois connoîtra feule, par fon bailli, des délits commis par fes fergens dans l'exercice de leurs fonctions. L'article 4 ajoute que les Echevins n'auront aucune connoiffance des cas dont les *familiers & ferviteurs* de la comteffe pourroient fe rendre coupables, en faifant leur fervice dans le cir cuit de fon hôtel.

Un jugement rendu par la même princeffe le 10 mars 1397, déclara nulle & irrégulière une fentence de banniffement prononcée contre un de fes officiers par un fiège échevinal d'Artois. Le grand confeil du duc de Bourgogne décida la même chofe en 1471, par rapport au banniffe ment auquel un fergent du bailliage de Lens avoit été condamné par les Échevins de Bé thune.

Cette jurifprudence n'eft point particulière à l'Artois. La Villette, fur la coutume de Pe ronne, rapporte des arrêts de 1628, 1634, 1642 & 1643, qui, en maintenant les maire & Echevins de Chaulny, Peronne & Montdi dier dans leur jurifdiction civile, criminelle & de police, leur ont défendu de l'étendre à la perfonne des officiers royaux.

On trouve la même règle établie en Hainaut. La comteffe Jacqueline & Philippe de Bourgo gne, en accordant par une charte du 17 no vembre 1428 une pleine jurifdiction aux Eche vins de Mons, déclarent formellement que « de » leurs confeillers & officiers.... & de leur » fergens en cas de leurs offices, & auffi de » gens & officiers de leur hôtel & des hôtel » de leurs hoirs comtes & comteffes eftans en » leurdit pays de Hainaut, des ferviteurs d'iceu » gens & officiers, lefdits Echevins ne connoî » tront, ne jugeront aucunement ».

La coutume de Valenciennes, article premier attribue aux Echevins de cette ville « la con » noiffance & judicature de toutes matières & » actions criminelle, civiles, réelles, perfon

» nelles & mixtes, excepté les cas de crime de
» lèze-majesté divine & humaine en tous ses
» membres, *& de nos officiers & ceux de nos*
» *successeurs* ». Ce sont les archiducs Albert &
Isabelle qui parlent.

On voit que les Echevins de Valenciennes
n'ont pas plus de pouvoir que ceux des autres
villes des Pays-Bas relativement aux crimes de
lèze-majesté, & aux délits des officiers du
prince : mais en même-temps ces deux exceptions prouvent que leur jurisdiction embrasse
toutes les autres espèces de cas royaux. Aussi
trouve-t-on un arrêt du parlement de Flandres
du 23 octobre 1692, qui leur a ordonné d'instruire, conjointement avec l'official de Cambrai,
le procès d'un religieux de l'abbaye de Saint-
Sauve, accusé d'avoir assassiné un de ses con-
frères ; délit qui étoit certainement privilégié,
& demandoit par conséquent un juge compétent
pour des cas royaux. C'est sans doute par une
suite du même principe que le droit de connoître de toutes les actions réelles, personnelles
& mixtes des ecclésiastiques & des nobles, leur
a été conservé par l'arrêt du conseil du 18 juin
1703 dont on a déja parlé, & par un autre
du 12 septembre 1724, qui a été enregistré au
parlement de Douai le 5 octobre de la même
année. D'après des décisions si formelles, on
ne doit tirer aucune conséquence d'un arrêt du
mois d'octobre 1619, par lequel le grand
conseil de Malines révoqua une commission de
complainte qui lui avoit été adressée, & qui
avoit pour objet les fruits d'une cure dans la
perception desquels le titulaire se prétendoit
troublé. M. de Humain, page 219, rapporte

a la vérité cet arrêt comme ayant jugé qu'ils ne peuvent connoître du possessoire des bénéfices, parce que c'est un cas royal ; mais il nous apprend qu'ils ne furent point entendus dans cette affaire ; d'où il paroît que l'on n'a point discuté leurs titres particuliers, & qu'on les a jugés sur le pied des autres juridictions échevinales : en quoi l'on s'est trompé.

Il est important de connoître les règles de la prévention entre les juges royaux & les Echevins dans les affaires ordinaires. Ces règles dépendent de la constitution particulière de chaque province, & même de chaque siege.

Dans le Hainaut françois, les Echevins des villes & des seigneurs ne peuvent être prévenus dans les matières réelles ; mais ils peuvent l'être dans les actions personnelles, sans pouvoir même à cet égard revendiquer les causes dont les juges royaux se trouvent saisis les premiers. Ces deux points sont ainsi réglés par différens articles des chartes générales, en substituant à la cour souveraine de Mons, dont ils parlent, les bailliages & prévôtés qui lui ont été subrogés dans le Hainaut françois. C'est d'ailleurs ce que décident très-clairement les deux arrêts du conseil des 18 juin 1703 & 12 septembre 1724 cités plus haut

Les Echevins de Valenciennes ne sont pas compris dans la seconde partie de la règle qu'on vient d'établir, c'est-à-dire, qu'ils ne peuvent être prévenus même en matière personnelle par les officiers de la prévôté-le-comte : ceux-ci n'ont de jurisdiction que dans les villages du Hainaut, qui composent ce qu'on appelle la prévôté de Valenciennes ; ils n'en ont aucune

dans

dans l'étendue de l'échevinage. C'est ce qui résulte des articles 3 & 4 de l'arrêt du conseil de 1724. L'un porte que « le juge royal de la prévôté-le-comte de Valenciennes connoîtra des » causes des ecclésiastiques, des nobles & des » communautés en matière personnelle dans l'étendue de ladite prévôté, comme aussi des » causes des roturiers en matière personnelle » par prévention entre lui & les juges des sei- » gneurs hauts-justiciers de la même prévôté ».

L'autre article ajoute que « les magistrats » de Valenciennes connoîtront en première ins- » tances des causes des ecclésiastiques & des » nobles, de même que de celles des rotu- » riers, tant en matière réelle que personnelle, » dans la ville & banlieue d'icelle ».

Les gouvernances de Lille & de Douai ont droit de prévention sur les Echevins de leur ressort, tant en matière réelle que personnelle, mais ceux-ci peuvent revendiquer les causes lorsque les ajournés *s'y radvouent*, c'est-à-dire, consentent au renvoi. C'est ce qui est établi par la coutume de le châtellenie de Lille, titre premier, articles 23 & 24, & par celle de la châtellenie de Douai, chapitre 25, articles 3 & 4 ; & c'est dans ce sens qu'on doit entendre un édit du mois de juillet 1777, qui, en donnant à la gouvernance de Douai la juridiction sur les terres de Saint-Amand, de Mortagne, de Lalain, de Bruille, d'Ecaillon, de Pecquencourt & de quelques autres cantons situés à portée de son territoire, ordonne que les officiers de ce siège connoîtront des affaires ordinaires par prévention avec les Echevins & autres juges des seigneurs.

Ce droit de prévention n'eft cependant pas auſſi
général pour les échevinages de Lille & de Dou:
que pour les autres villes & villages des deux
gouvernances en queftion. Charles-Quint l'
reftreint, à l'égard des Echevins de Lille,
un affez petit nombre de cas, & cela par de
lettres-patentes du 15 avril 1521, dont l'exé
cution a été ordonnée par un arrêt du confeil du
27 août 1706, enregiftré au parlement de Flan
dres le 17 février 1707.

Quant aux Echevins de Douai, leur juri
diction eft réglée par un concordat fait entr'eu:
& la gouvernance de la même ville le 31 mar
1546. Cet acte porte entr'autres chofes que le
Echevins pourront feuls connoître des action
perfonnelles dont l'objet n'excédera pas dix ca-
rolus d'or, ou vingt-deux livres parifis une foi:
payées ; que la gouvernance connoîtra par pré
vention de celles qui excéderont cette fomme,
que néanmoins en ce dernier cas les ajourné:
pourront demander leur renvoi devant les Eche
vins, & que ce renvoi ne pourra être refufé, f
ce n'eft quand la demande tendra à une reconnoiffance d'écritures, ou que le demandeur s'en
rapportera au ferment du défendeur.

On parlera au mot MAISON MORTUAIRE de
la juridiction que les lois belgiques attribuent
aux Echevins fur toutes les fucceffions ouvertes dans leurs territoires refpectifs.

Après avoir confidéré les Echevins comme
officiers municipaux & comme juges ordinaires,
il faut examiner où reffortiffent les jugemens
qu'ils rendent en cette double qualité.

Dans les matières criminelles, tous les Pays-
Bas françois ont, par rapport aux appellations,

une règle conftante & uniforme, qui eft l'article premier du titre 26 de l'ordonnance de 1670. Avant la promulgation de cette loi, la plupart des échevinages jugeoient en dernier reffort tous les crimes qui leur étoient déférés; & cet abus intolérable fubfifte encore dans une grande partie de la Flandres autrichienne.

Il n'y a pas tant d'uniformité pour les matières civiles. A Valenciennes & dans tous les autres endroits du Hainaut, l'appel des Echevins fe porte directement au parlement de Douai. C'eft la difpofition précife des arrêts déja cités des 18 juin 1703 & 12 feptembre 1724.

En Cambréfis, on appelle des différens échevinages de la province à celui de Cambrai. C'eft par une fuite de cette règle que ce dernier fiège a été maintenu dans le droit de connoître des appellations des Echevins du Cateau-Cambréfis, par l'article 6 des lettres-patentes accordées à M. l'archevêque de Cambrai le 13 feptembre 1766. Quant aux appels des Echevins de Cambrai, on ne peut, fuivant le même article, les relever qu'au parlement de Douai. Dans la châtellenie de Lille, c'eft à la gouvernance qu'il faut fe pourvoir contre les jugemens rendus dans les différens échevinages. Il y a cependant deux exceptions à remarquer : la première, que les Echevins de Lille reffortiffent immédiatement au parlement de Douai; la feconde, que l'appel des fentences rendues par les Echevins des feigneurs hauts-jufticiers & vicomtiers doit régulièrement être porté à leurs cours féodales avant de l'être à la gouvernance. L'article 22 du titre premier de la coutume de la châtellenie de Lille contient là-deffus une

disposition remarquable. « Lesdits hauts-justi-
» ciers & vicomtiers ont pardevant leurs hom-
» mes féodaux la connoissance en cas d'appe
» des sentences définitives, appointemens in-
» terlocutoires rendus & prononcés par leur
» Echevins ou juges cotiers.... & si les appelan
» relevent leurdit appel pardevant la justio
» supérieure, & que lesdits seigneurs deman
» dent leur renvoi (les appelés eux à ce rad-
» vouans *ou consentans*), tel renvoi leur est dû »

C'est à la gouvernance de Douai que ressortissen
tous les échevinages de son territoire & mêm
celui de Douai. L'édit du mois de juillet 1777
cité plus haut, veut également que ce sièg
connoisse de tous les appels des Echevin
de Saint-Amand, Mortagne, Lalain, Pecquen
court, &c.

Les échevinages de Bergues, de Bailleul,
d'Hoonsdschote, ressortissent au présidial d
Bailleul, & de-là au parlement de Douai : ceu
de Dunkerque, de Bourbourg, de Gravelines,
au conseil provincial d'Artois, & de-là au parlement de Paris.

Il nous reste à considérer les Echevins sous l
rapport d'officiers préposés pour la réceptio
des contrats & autres actes passés entre leur
justiciables.

On sait qu'anciennement les juges étoient e
France les seules personnes publiques dont l
présence & la signature pût donner aux acte
un caractère d'authenticité. Les notaires qui furent créés dans la suite commencèrent par partager ce droit avec eux, & finirent par les e
exclure. L'édit de François premier de 154
fait défenses à tous officiers de judicature d

recevoir à l'avenir aucun contrat volontaire, & cette jurisprudence a été portée si loin, qu'il est aujourd'hui défendu à un juge d'écrire aucun acte sous seing-privé dans lequel il n'est point partie principale, à peine de nullité & de deux cens livres d'amende pour chaque contravention.

Tant que les Pays-Bas furent soumis à la domination autrichienne, les Echevins y furent regardés comme les ministres légitimes de toutes les espèces de contrats & d'actes publics. Un placard du premier juin 1587, rendu par Philippe II, roi d'Espagne, défend aux notaires & aux Echevins de recevoir à l'avenir aucun contrat usuraire au profit des mineurs, ce qui suppose que les Echevins avoient, à cet égard, les mêmes droits que les notaires; & c'est ce qu'établissent invinciblement les articles 37 & 38 de l'ancienne coutume d'Arras, l'article 46 de l'ancienne coutume du pays de Laleu, l'article 2 du chapitre 3 de la coutume de Douai, l'article 2 du chapitre 109 des chartes générales du Hainaut, les articles 5 & 239 de la coutume de Valencienne; l'article 48 du titre 25 de celle de Cambresis, &c.

Louis XIV a dérogé à ces différentes lois par ses édits du mois d'avril 1675 & du mois de février 1692, portant création de notaires royaux dans le ressort du parlement de Flandres : & de tous les juges municipaux & gens de loi qui avoient auparavant le droit de recevoir des actes & contrats, les Echevins des villes closes sont les seuls à qui ce législateur en ait conservé l'exercice. Voyez ce que nous avons dit au mot CONVENT. Dumées, en sa jurifprudence du Hainaut, page 242, fait fur ce fujet une obfervation qui ne paroît pas des plus juftes. « Par la même raifon, dit-il, que les Echevins » des villes ont été maintenus dans le droit & » la poffeffion de paffer les contrats fous fcel » échevinal, il s'enfuit qu'ils ne font valables » qu'autant qu'ils font munis du fcel qui les rend » authentiques, puifque c'eft uniquement pour » cette raifon que les Echevins des villes ont » été maintenus dans leur droit ». Sur quel fondement cet auteur affure-t-il que la condition de munir les contrats du fcel échevinal a été la feule caufe impulfive de la confervation du droit qu'avoient les Echevins des villes de les rece-voir ? Le roi déclare à la vérité dans l'édit de 1675, que, « par l'établiffement du tabellio-» nage, il n'entend préjudicier.... aux magiftrats » des villes clofes qui ont été de tout temps & » font encore en poffeffion de recevoir & paffer » actes & contrats *fous le fcel de leurs villes,* » lefquels demeureront tous en leurs droits, & » en jouiront comme du paffé » : mais la feule conféquence que l'on puiffe tirer de cette dif-pofition, eft que les actes reçus par les Eche-vins ne doivent point être fcellés par le tabel-lion pour être exécutoires, & que le fcel des ju-ridictions échevinales leur attribue cet effet (*).

(*) C'eft la difpofition expreffe de l'ancienne coutume d'Arras. « Toutes obligations qui giffent en exécution re-» connues par-devant lefdits Echevins font exécutoires fur » les biens des obligés...... comme feroient obligations » paffées fous fcel impérial du comte fouverain feigneur » d'Artois ». Une enquête par turbes faite à Arras depuis le 15 jufqu'au 18 Septembre 1627, attefte que cet article fe pratiquoit *fans avoir eu fur ce aucun contredit.*

On ne peut pas dire qu'il soit plutôt de l'essence des contrats reçus par les Echevins que de ceux qui sont reçus par les notaires, d'être scellés au moment de leur passation. Il suffit pour les uns comme pour les autres de l'être quand on veut les mettre à exécution.

La défense que l'édit de 1675 fait implicitement aux Echevins de villages & des villes non closes de recevoir des contrats, souffrit dans les premiers temps des contraventions si fréquentes, que dès le 27 août 1676 le parlement de Flandres se crut obligé d'ordonner l'exécution de l'édit par un arrêt de réglement, qui depuis a été renouvelé plusieurs fois.

Le 28 novembre 1679, arrêt qui déclare nul un bail d'un droit de gambage & une vente de bois que le seigneur de la ville de Mortagne avoit fait faire par les Echevins du même endroit.

Le 15 octobre 1696, autre arrêt qui annulle pareillement un bail passé par les bailli & Echevins de Porc-à-Blandain.

Autre du 11 décembre 1697, qui déclare la vente de plusieurs arbres appartenans à des particuliers, & celle des bois du seigneur d'Eslebeque, châtellenie de Bergues, passées par les bailli, amman & Echevins, nulles & de nul effet, ainsi que les actes de caution intervenus en conséquence, fait défenses à ces officiers d'en passer de semblables à l'avenir, à peine de tous dépens, dommages & intérêts des parties.

Autre du 11 décembre 1698, qui déclare nul un contrat de vente passé par les Echevins du même endroit, défend à l'acheteur de s'en prévaloir même comme d'un acte sous seing-privé, & le condamne aux dépens, en restituant par le vendeur les deniers par lui reçus à compte du prix, avec les intérêts.

Autre du 9 janvier 1699, qui sur les pour-suites du tabellion d'Ypres, déclare nulle une vente de bois faite par les amman & Echevins de la Noort-Virschaere de la châtellenie de Cassel, leur fait défenses d'en passer de sembla-bles à l'avenir sous les peines portées par les édits de 1675 & 1691, & les condamne aux dépens & aux dommages-intérêts arbitrés à trois florins.

Autre du 4 mai 1699, qui sur les plaintes du tabellion de Bergues, ordonne aux Echevins d'Esclebecque de se conformer exactement aux édits & arrêts cités ; en conséquence, leur dé-fend de faire & passer aucuns actes qui ne soient de leur compétence, même à charge de les réi-térer pardevant notaires.

On trouve la même jurisprudence établie en Artois. Un arrêt du conseil du 15 décembre 1693 « ordonne que tous les contrats & actes » publics qui seront passés dans l'étendue du » pays d'Artois, seront reçus & signés par deux » notaires dudit pays, à l'exception des testa-» mens & ordonnances de dernière volonté ; » faisant défenses à tous baillis, hommes de fiefs, » Echevins, & à tous autres de recevoir & » signer aucuns actes de notaires, à peine de » nullité & de tous dépens, dommages & in-» térêts ».

L'exécution de cet arrêt est ordonnée par un autre du 13 août 1694, qui » fait itérative » défenses à tous baillis, Echevins, hommes de

» fiefs & greffier de recevoir & figner aucuns
» actes de notaires, à peine de nullité & de
» trois cens livres d'amende, qui fera déclarée
» encourue par chaque contravention, en vertu
» du préfent arrêt, & fans qu'il en foit befoin
» d'autres, & de tous dépens, dommages &
» intérêts ».

Ces deux arrêts ont été renouvelés par un
autre du 5 feptembre 1698, qui néanmoins
excepte les Echevins d'Arras des difpofitions
qu'il contient, & leur permet de recevoir toutes fortes d'actes & de contrats. Il a été enregiftré au confeil provincial d'Artois le 7 octobre de la même année.

Le pays de Laleu, quoiqu'annexé à l'Artois,
n'a pas été compris dans ces trois réglemens.
Les Echevins des villages qui le compofent
avoient été maintenus, par arrêt du grand
confeil de Malines du 24 décembre 1636, dans
le droit de paffer des contrats; ce droit leur a
été confirmé par un arrêt du confeil d'état du 18
mars 1698, & par deux fentences du confeil
provincial d'Artois, rendues en 1703 & 1706,
contradictoirement avec le propriétaire du greffe
du gros de la province.

On vient de voir que la faculté de paffer des
actes de dernière volonté a été confervée à tous
les Echevins d'Artois, par forme d'exception à
la défenfe générale qui leur eft faite de recevoir
des actes de notaires. On verra au mot EN-
TRAVESTISSEMENT, que les contrats ainfi appelés font également de leur compétence.

Les Echevins de Flandres, de Hainaut & de
Cambrefis jouiffent auffi de ces exceptions, &
de deux autres très-remarquables.

Ils peuvent recevoir des procuration *ad lites ;* l'arrêt du parlement de Flandres du 22 août 1676, cité plus haut, leur en donne le pouvoir, & ils l'exercent conftamment dans tout le reffort de cette cour.

On peut encore, fuivant un arrêt du même tribunal du 11 décembre 1697, faire vendre devant eux les effets des fucceffions dévolues aux mineurs dont ils font tuteurs en chefs. M. Desjaunaux, tome 2, article 195, rapporte à la vérité cet arrêt comme ayant jugé le contraire : mais c'eft une erreur manifefte : le tabellion & les notaires de Bergues s'étoient pourvus contre les amman & les Echevins du village de Wormhout, tant pour avoir procédé à la vente volontaire des effets de la fucceffion d'une femme qui avoit laiffé des enfans en bas-âge, que pour avoir reçu les actes de cautionnemens donnés par les acheteurs ; & ils avoient demandé que la vente & les cautionnemens fuffent déclarés nuls, avec défenfes à ces officiers d'en paffer de femblables à l'avenir, fous les peines portées par les édits de 1675 & 1692. Les amman & Echevins difoient pour leur défenfe, que l'intérêt des mineurs exigeoit que la vente de leurs effets ne pût fe faire autrement qu'à l'intervention des juges, aux foins defquels la coutume en avoit confié la tutelle. Sur cette conteftation eft intervenu l'arrêt cité, qui déboute les tabellion & notaires de leurs demandes, & décide par conféquent que les gens de loi de villages font compétens pour faire la vente des effets appartenans aux mineurs dont ils font les tuteurs nés & légitimes.

Voyez *les lois citées dans cet article ; le traité*

des jurisdictions de Dumées ; le recueil des édits
& réglemens propres au parlement de Flandres ;
les coutumes de Flandres, traduites par le Grand,
avec les notes de Vandenhane ; les arrêts de MM.
Cuvelier, de Humayn, Desjaunaux, Dubois,
d'Hermanville ; le recueil des chartes produites
dans un procès pendant au conseil entre les grands-
baillis & les échevinages de la province d'Artois,
&c. Voyez aussi les articles CONVENT, DE-
VOIRS DE LOI, HOMMES DE FIEFS, MAYEURS,
GRAND-BAILLI, CONJURÉ, NOTAIRES, AC-
TES, TUTEURS, POLICE, MARGUILLIERS,
MUNICIPALITÉ, MAGISTRAT, COMMUNE,
USAGES, FLANDRES, HAINAUT, VALENCIEN-
NES, FERME, RECORD DE LOI, ENTRAVÆS-
TISSEMENT, &c. (*Article de M. MERLIN,*
avocat au parlement de Flandres).

. ÉCHEVINAGE. (Coutume d'). On
appelle ainsi dans les Pays-Bas certaines coutumes dont l'empire est borné au territoire res-
pectif des Echevinages dont elles portent le
nom. Une chose remarquable dans ces coutumes, est qu'elles ne renferment aucune disposition sur les fiefs ; ce qui vient de ce que les
juges municipaux ne peuvent connoître de ces
sortes de biens, comme on l'a vu au mot ECHE-
VINS.

Les principales coutumes d'Echevinage sont,
en Flandres, celles de Lille & de Douai ; en
Artois, celles d'Arras, de la cité d'Arras, de
Béthune, de Hesdin, de Saint-Omer, d'Aire ;
en Hainaut, celles de Valenciennes, de Mons,
de Chimay, de Binche, de Landrecies.

Toutes ces coutumes sont locales & subordonnées pour les matières sur lesquelles elles sont

muettes, aux coutumes générales des châtelle-
nies, bailliages ou provinces dont elles font
partie.

Voyez les articles COUTUMES, HAINAUT,
MONS, VALENCIENNES, &c. (*Article de M.
MERLIN, avocat au parlement de Flandres*).

ÉCHIQUIER. C'eſt le titre d'une cour
ſouveraine que Rollo ou Raoul, premier duc
de Normandie, inſtitua dans cette province au
commencement du douzième ſiècle.

Ce tribunal jugeoit en dernier reſſort tant au
civil qu'au criminel, les cauſes dont il y avoit
appel des premiers juges ; mais comme il ne ſe
tenoit pas toujours, le grand ſénéchal de la
province décidoit par proviſion les affaires qui
requerroient célérité.

L'Echiquier de Normandie ſe tenoit deux fois
par an pendant trois mois ; ſavoir, au commencement du printemps & à l'entrée de l'automne.
Guillaume-le-Rouillé d'Alençon, déſigna les
prélats & les nobles qui y avoient ſéance à cauſe
de leurs terres : le rang que chacun y tenoit,
ceux qui y avoient voix délibérative, &c. On
condamnoit à l'amende ceux qui ne s'y trouvoient pas & qui n'avoient point d'exoine légitime. On voit qu'au mois d'avril 1485, Charles VIII, aſſiſté du duc d'Orléans, connétable ;
du duc de Lorraine, des comtes de Richemont,
de Vendôme & d'Albert, du prince d'Orange,
du chancelier, &c. & ſéant en ſon lit de juſtice
en l'Echiquier de Rouen, condamna à l'amende
le comte d'Eu pour ne s'y être pas trouvé,
quoique ſon bailli d'Eu qui étoit préſent l'eût
excuſé ſur ſon grand âge & ſes indiſpoſitions.

Ce tribunal fut ambulatoire à la ſuite du

prince pendant plufieurs fiècles ; ce qui entraînoit beaucoup d'inconvéniens. C'eſt pourquoi
les états généraux de Normandie avoient délibéré en 1498 de rendre l'Echiquier perpétuel ;
& l'année fuivante, les prélats, barons, feigneurs, & les gens des trois états de la province, fupplièrent Louis XII d'ériger ce tribunal
en cour fédentaire de la ville de Rouen ; ce que
ce prince fit par un édit du mois d'avril de la
même année.

Cette cour conferva la dénomination d'Echiquier jufqu'en 1515 que François Iᵉʳ. voulut
qu'elle fût à l'avenir qualifiée de cour de parlement. C'eſt aujourd'hui le parlement de Normandie.

ÉCHIQUIER, s'eſt encore dit d'autres tribunaux qui jugeoient auſſi en dernier reſſort, &
qui étoient indépendans de l'Echiquier général
de Normandie ; tel fut l'Echiquier d'Alençon qui
fut établi lorſque le comté d'Alençon fut donné
en apanage à des princes de la maifon de France.
Tels furent encore l'Echiquier de l'archevêque
de Rouen, celui de Beaumont-le-Roger, &c.

ÉCHOPPE. Sorte de petite boutique adoſſée
ordinairement contre un mur.

Par ordonnance du premier février 1776, le
bureau des finances de la généralité de Paris a
ordonné l'exécution des anciens règlemens concernant les Echoppes ; & en conféquence a fait
défenfe à tous les propriétaires ou locataires
des maifons de la ville & des fauxbourgs de
Paris, de permettre ou fouffrir qu'il fût poſé
au devant des maifons qu'ils occupent aucune
Echoppe, de quelque efpèce & fous quelque
prétexte que ce fût, à moins qu'on ne leur eût

repréfenté une permiffion par écrit d'en établir : il a auffi été fait défenfe à toute perfonne de pofer à l'avenir aucune Echoppe foit fédentaire, foit demi-fédentaire en aucun endroit de cette ville, à peine de confifcation & de dix livres d'amende : enfin la même erdonnance a défendu aux commiffaires généraux de la voierie de donner aucune permiffion d'Echoppe fédentaire ou demi-fédentaire ; mais ils ont en même-temps été autorifés à permettre d'établir des Echoppes entièrement mobiles & qui fe retirent le foir : le bureau leur a enjoint à cet égard d'énoncer dans les permiffions qu'ils accorderoient, que *les Echoppes doivent être entièrement mobiles , & que les propriétaires font tenus de les retirer tous les foirs*, à peine de nullité de ces permiffions : ces commiffaires font d'ailleurs tenus de vérifier après la pofition de ces Echoppes, fi elles font conformes aux permiffions qu'ils ont données ; & en cas de contravention, de dénoncer les contrevenans dans la huitaine, pour être affignés en la manière accoutumée & être condamnés fuivant l'exigence des cas.

ÉCHOUEMENT. Terme par lequel on défigne le choc d'un vaiffeau contre un écueil, tel qu'un banc de fable, un bas fond, &c. fur quoi il touche & eft arrêté, parce qu'il n'y a pas affez d'eau pour le foutenir à flot ; ce qui d'ordinaire le met en grand danger de fe brifer.

Lorfqu'un navire affuré vient à échouer, tout ce qu'on peut exiger des affureurs eft qu'ils le remettent en état de fervir , en réparant le dommage qu'il a reçu par l'Echouement. C'eft l'avis de Pereira Caftro dans fes décifions , & de Valin fur l'article 46 du titre des affurances de l'ordonnance de la marine du mois d'août 1681.

Si pour éviter le naufrage ou d'être pris par l'ennemi, le capitaine prend le parti de faire échouer le navire, le dommage réfultant de cet Echouement eft une avarie groffe & commune. Cette décifion eft fondée fur l'article 6 du titre des avaries de l'ordonnance citée.

Les pilotes lamaneurs qui par ignorance ont fait échouer un bâtiment, doivent être condamnés au fouet & privés pour toujours du pilotage; & s'il arrivoit qu'un tel pilote jetât malicieufement un navire fur un banc ou à la côte, il feroit puniffable du dernier fupplice. C'eft ce qui réfulte de l'article 18 du titre 3 du livre 4 de la même ordonnance, qui veut d'ailleurs que le corps du criminel exécuté foit attaché à un mât planté près du lieu de l'Echouement.

On doit juger que le pilote lamaneur a malicieufement fait échouer le navire, lorfqu'il a été averti du danger par le capitaine & par l'équipage de ce navire, & qu'au lieu d'avoir fait la manœuvre convenable ou qu'on lui a indiquée, il n'a fuivi que fes idées. Il doit en être de même lorfque le navire a été jeté fur un écueil notoirement connu, & que le pilote lamaneur n'a pas manœuvré convenablement pour l'éviter. Au refte ce font les circonftances du fait qui peuvent faire connoître fi la faute eft fimple ou malicieufe.

Obfervez toutefois qu'il y a des cas où l'Echouement eft indifpenfable pour éviter une perte totale : mais le pilote lamaneur ne doit pas s'y déterminer de fon chef : il faut qu'il confulte à cet égard le capitaine & l'équipage & qu'il fe conforme à leur *réfolution*, fans quoi il fe rend refponfable de l'événement & coupable d'une faute capitale.

Le capitaine convaincu d'avoir malicieufement fait échouer fon vaiffeau, doit être puni du dernier fupplice. C'eft la difpofition de l'article 36 du titre 1 du livre 2 de l'ordonnance de la marine.

L'article 44 du titre 9 du livre 4 prononce la même peine contre les feigneurs de fief voifins de la mer, & contre toute autre perfonne qui obligent les pilotes ou locmans de faire échouer les navires aux côtes qui joignent leurs terres, pour en profiter, fous prétexte de droit de varech ou autre quel qu'il foit.

L'article fuivant veut pareillement que l'on puniffe de mort quiconque allume des feux trompeurs la nuit, fur les grèves de la mer & dans les lieux périlleux pour y attirer & faire échouer les navires; les corps des coupables doivent conformément au même article, être attachés à un mât planté où les feux ont été allumés.

Si lors d'un Echouement les propriétaires ou commiffionnaires auxquels les marchandifes font adreffées par les connoiffemens, ou ceux qui les ont chargées fe préfentent pour y mettre ordre eux-mêmes, les officiers de l'amirauté doivent leur laiffer la liberté entière d'y pourvoir. C'eft ce qu'ordonne l'article 17 du titre qu'on vient de citer.

L'article fuivant veut néanmoins que ces juges s'informent de la caufe de l'Echouement; & que s'il eft volontaire, ils s'affurent des hommes,

mes, du vaisseau & des marchandises. *Voyez* au surplus l'article NAUFRAGE.

ÉCHUTE MAIN-MORTABLE. Quand le sujet main-mortable décède sans communiers, tous ses biens, de quelque qualité qu'ils soient, francs & de main-morte, meubles, immeubles, noms, droits & actions appartiennent au seigneur; & il en est de même des héritages main-mortables de l'homme franc qui meurt sans descendans ou sans avoir d'autres parens en communion avec lui.

On appelle *Echute* ce droit des seigneurs de succéder à leurs main-mortables dans certaines circonstances.

Dans ce cas, dit Dunod, *traité de là main-morte*, le seigneur est un successeur anomal & irrégulier : car il n'est pas héritier, puisqu'il n'y a point d'hérédité dans le cas d'Echute & que le seigneur l'emporte par droit de retour ou de pécule. Cependant la coutume de Franche-Comté lui a donné les avantages du véritable héritier ; car elle porte, *qu'il demeure saisi des biens de son homme main-mortable, quand le cas de la main-morte avient.* La possession de droit & de fait du défunt continue pour le seigneur; *possessio defuncti, quasi juncta, in eum descendit :* il exerce toutes les actions possessoires, comme auroit pu faire son sujet; & quoiqu'il n'ait pas encore reconnu & mis en exercice le droit d'Echute, il le transmet à ses héritiers en vertu de l'ensaisinement que la coutume lui accorde. Elle dit d'ailleurs qu'il *prend* les biens de son homme main-mortable ; ce qui lui donne le droit de s'en saisir de son autorité propre &

ſans être obligé de les recevoir des mains d'u
autre.

Quoique le ſeigneur ſoit ſaiſi, il n'eſt pas ce
pendant comparable à l'héritier : car dans le ca
de l'Echute, il prend les héritages étant en ſ
ſeigneurie ſans être tenu de payer les dettes de
ſon homme main-mortable. La raiſon en ei
que les héritages ſont cenſés venir de la con
ceſſion du ſeigneur & donnés à la condition di
retour : enforte que ſon droit eſt préférable à
toutes les dettes que le main-mortable a pi
contraĉter poſtérieurement, à moins que ce
n'ait été pour améliorer le fonds.

Mais ſi le ſeigneur prend les meubles étan
en la main-morte & ailleurs, & les héritage
étant en lieu franc, il eſt tenu de payer ſur ce
biens les frais funéraires de ſon homme : enſuite
il ſe paye de ce qui peut lui être dû : & enfi
il paye les autres dettes juſqu'à concurrence de
la valeur des mêmes biens, ou les abandonne
aux créanciers.

On demande ſi les meubles & héritages qu
ſont ſous une autre coutume ſont compris dan
l'Echute ? M. de Chaſſeneux a cru que non
mais ſon avis n'a point été ſuivi.

Lorſque le cas de l'Echute arrive, le ſeigneu
qui ne veut payer les dettes que juſqu'à la con
currence des meubles & des biens francs, doi
faire faire un inventaire.

A l'egard des frais funéraires, le ſeigneur les
doit, quand le main-mortable ne laiſſeroit que
des héritages de main-morte.

Taiſand a cru que le ſeigneur de la main-
morte prenant les héritagés de cette condition
ſans charges de dettes, il ne devoit pas payer le

douaire de la femme, à moins que ce ne fût fur les meubles & héritages francs ; mais fon opinion eft contraire à celle de de Villers en fon traité des main-mortes, page 270 de l'édition de 1717 ; & à l'article 20 de la coutume de Nivernois, chapitre des fervitudes. Voyez auffi l'article 326 des cahiers de Bourgogne. Ce dernier avis paroît le meilleur en réduifant le douaire de la femme fur les héritages main-mortables, au douaire coutumier, qui ne confifte qu'en fimple ufufruit.

Ce droit d'Echute exclut, comme on voit, les main-mortables du droit de fuccéder les uns aux autres, fi ce n'eft dans un feul cas, lorfqu'ils vivent en commun.

Coquille penfe que ce droit de fe fuccéder réciproquement a été accordé aux ferfs lorfqu'ils vivoient en commun, pour inviter les parfonniers des familles de village à demeurer enfemble : parce que le ménage des champs ne peut être exercé que par plufieurs perfonnes.

Voilà la raifon politique. Mais la raifon de droit eft que tant que les ferfs vivent en commun, ils poffèdent comme folidairement leurs biens : de forte que la portion de celui qui décède appartient au furvivant par une efpèce de droit d'accroiffement ; ce qu'on peut prouver par l'article 7 du titre 27 de la coutume du Loudunois, qui porte, *que fi l'aîné ou l'aînée donne à fes puînés leur tierce partie enfemble, & qu'avant que lefdits puînés aient départi entr'eux leur tierce partie, l'un defdits puînés décède fans héritier de fa chair, la portion dudit décédé accroît aux autres puînés.*

L ij

On demande si les serfs pour se succéder ainsi, doivent être communs en tous biens.

Chasseneuz, sur l'article 13, chapitre 9, de la coutume de Bourgogne, est d'avis qu'ils doivent être communs en tous biens. *Adde*, dit-il, *quòd appellatione communium in bonis continentur solum illi qui sunt in omnibus bonis communes, non autem qui sunt in certis bonis communes.*

Mais la coutume de la Marche, dans l'article 152, décide avec plus d'équité, que *si les meubles sont partis, le seigneur succède aux meubles, acquêts & conquêts, noms, dettes & actions ; & le parent qui étoit commun avec le trépassé, aux immeubles qui n'étoient ni partis ni divis au temps du décès.*

Si tel est l'effet de la communion entre mainmortables, il est donc très-intéressant de voir de quelle manière finit cette communauté. Loisel en a fait une règle. *Le feu, le sel & le pain partent, l'homme de morte-main.*

Le sens de cette règle est que les main-mortables sont divisés quand ils vivent de pain séparé ou de pain qui n'est plus commun.

Suivant l'article 153 de la coutume de la Marche, les parsonniers ne sont réputés divis & séparés que *quand ils font pain séparé par manière de déclaration de vouloir partir leurs meubles;* & dans ce cas ils ne sont divisés, comme on l'a remarqué plus haut, que *quant aux meubles, acquêts, conquêts, noms, dettes & actions.*

. Au contraire, dans le Nivernois, où *le chanteau est divisé,* les serfs ne se succèdent plus les uns aux autres, ni aux meubles, ni aux immeu-

bles. Voyez Coquile, fur le titre des Borde-
lages, article 18, à la fin ; & aux titres dés
fervitudes perfonnelles, articles 9, 10, 13,
& 14.

Cela eft très-dur : mais il eft encore plus dur
que ces malheureux ainfi divifés, ne puiffent
plus, fans le confentement de leur feigneur, fe
rendre communs à l'effet de fe fuccéder. Voyez
la coutume du Nivernois, chapitre 8, article 9.
Mais felon celle de la Marche, qui en ce point
a un peu plus d'humanité, les ferfs fe peuvent
réunir ou raffembler, quant aux meubles', &
ne le peuvent point quant aux immeubles. Article 55.

Suivant l'article 9 de la coutume de Nivernois, « entre gens de condition un parti, tout
» eft parti ; c'eft-à-dire que s'il y a plufieurs
» gens de condition en une communauté, & que
» l'un fe fépare d'icelle par partage ou divifion
» de biens, tout le furplus, quant au feigneur,
» réputé pour parti : en telle manière que fi eft
» après ce, l'un d'eux décède fans hoirs com-
» muns, le feigneur lui fuccède comme il eft dit
» ci-deffus ; nonobflant que le furplus defdits
» communs par portion expreffe, ait contracté
» communauté : fi ce n'a été fait du confente-
» ment dudit feigneur ».

« Cet article, dit Coquille, eft fort rude, s'il
» eft entendu felon fa première apparence, en tant
» que la faute de l'un nuiroit à tous les autres qui
» n'ont failli : pourquoi il me femble qu'avec rai-
» fon on peut y appliquer deux tempéramens ré-
» fultans & pris des autres articles de cette cou-
» tume : l'un que le partage ne préjudicie à l'effet
» de la fucceffion, finon à ceux qui font d'une

» même branche & en pareil degré , & non à tous
» les parſonniers ; l'autre tempérament eſt, que ſi
» celui qui ſe départ eſt un homme fâcheux , ou
» qui par mauvais ménage , ſans avoir reçu mau-
» vais traitemens de ſes parſonniers , ſe retirât &
» abſentât de la communauté ; enſorte qu'on fût
» contraint de lui donner ſa part ; en ce cas la
» faute ne dût être imputée aux parſonniers ».

Chaque ſeigneur de main-morte prend en cas
d'Echute les biens qui ſont dans ſa ſeigneurie ,
ſoit que le défunt y ait été domicilié ou non ;
parce que c'eſt un droit réel qu'il exerce , &
qu'nn autre ſeigneur ne peut rien venir prendre
en ce cas chez lui. Quant à ce qui eſt ſitué en
lieu de franchiſe, il arrive au ſeigneur d'origine
ſeul, quand même ſon ſujet auroit été domicilié
& ſeroit mort dans une autre ſeigneurie main-
mortable. C'eſt la déciſion expreſſe de l'article 11
de la coutume de Franche-Comté.

Les héritages ayant une ſituation certaine,
il ne peut point y avoir de difficultés en ce qui
les concerne ; quant aux meubles, ils appartiennent au ſeigneur du domicile , quand même
ils ſe trouveroient dans une autre ſeigneurie au
temps de la mort du main-mortable, parce qu'ils
ſuivent le domicile , & que s'ils en ſont tirés ,
ils ſont cenſés y devoir être reportés, à moins
qu'ils n'aient été mis ailleurs pour y reſter perpétuellement ; car en ce cas ils ont une autre
ſituation par la deſtination de leur maître ; &
ils appartiennent au ſeigneur du lieu où ils ſont,
s'ils ſont en main-morte ; ou au ſeigneur d'origine , s'ils ſont en franchiſe.

M. Talbert dit que le prêtre de condition
main-mortable qui eſt allé demeurer dans une

autre main-morte y fait Echute de ses meubles, quand même ils seroient dans la maison curiale, parce que cette maison est située dans le territoire du seigneur, & que l'une des seigneuries n'acquiert pas sur l'autre. Mais ce n'est pas de la seigneurie publique & de l'enclave de la justice que les coutumes ont parlé : c'est de la seigneurie privée & indirecte main-mortable à laquelle la maison curiale n'est pas assujettie : car c'est un fonds amorti, & le curé qui y réside & qui y meurt ne perd pas sa liberté ; il ne fait par conséquent point d'Echute au seigneur du lieu. Le parlement de Besançon l'a ainsi jugé le 21 mars 1725, au rapport de M. Matton de Brainans, entre les seigneurs de Thoraise & de Villers-Saint-Georges. Il a donné au seigneur de Thoraise les meubles du curé de Villers - Saint-Georges trouvés dans sa cure, parce qu'il étoit seigneur originaire de ce curé.

Ainsi les ecclésiastiques sont comme les autres, sujets à la rigueur de la main-morte ; & leurs biens font Echute comme ceux de tous les main mortables.

Cela ne paroîtra point étrange à ceux qui sauront que par les anciens conciles de France & l'ancien usage du royaume dont il reste encore des vestiges dans quelques coutumes, il n'étoit point permis à un main - mortable de prendre la tonsure cléricale sans le congé de son seigneur, sous peine d'être déposé & rendu à son maître. Ainsi la dispense de demander cette permission qui pouvoit autrefois être refusée, est un adoucissement que le temps a apporté avec plusieurs autres à la condition des gens de cet état.

L. iv.

On pourroit auffi demander fi les maris & femmes étant communs en biens, peuvent prétendre la fucceffion de l'un & de l'autre à défaut de parens, au préjudice du feigneur de la main-morte ? Mais cette prétention eft fuffifamment condamnée par les termes des coutumes, qui exigent pour cette efpèce de fucceffion, à l'exclufion du feigneur, qu'on foit non-feulement parent, mais encore fucceffible. Ainfi les maris & les femmes ne feroient point reçus à cette fucceffion, à moins qu'ils ne fuffent les plus proches parens du défunt. C'eft l'avis des auteurs qui ont parlé de cette queftion.

Suivant l'article 168 de la coutume de la Marche, lorfque la femme décède fans hoirs communiers, fes meubles & tous les effets mobiliers appartiennent *au feigneur de l'héritage ferf de fon mari, & non au feigneur dont elle eft partie; & quant à ce qui refte à payer, il demeure à celui qui l'a promis & à fes hoirs.*

Jabely rend raifon de cet article en ces termes : « Parce que le mariage de fa nature » renouvelle l'origine de la femme & la rend de » l'origine de fon mari, & la transfère en lui, » à caufe de la puiffance de l'union qui eft entre » eux ; car l'homme & la femme deviennent un » même corps, une même chair ; & que ce qui » eft de plus fort attire à foi ce qui l'eft moins ; » ou pour mieux dire, par le moyen du mariage » la femme paffe en la juridiction de ceux qui » ont fait la coutume du mari ».

M. Talbert propofe la queftion de favoir fi le feigneur d'origine ne demandant point l'Echute, celui du domicile du main-mortable n'eft pas en droit de la prétendre en entier. Il la réfout en faveur de l'affirmative ; & fa raifon eft, que le main-mortable ne doit pas être de meilleure condition qu'un homme franc qui auroit contracté la main-morte par fa réfidence d'an & jour dans le territoire du même feigneur. En effet, fa qualité de main-mortable le rend fujet à l'Echute foit envers l'un des feigneurs, foit envers l'autre ; & le privilège du feigneur d'origine fur les autres, ne peut fervir qu'en cas qu'il y ait difpute entr'eux pour l'Echute.

Après avoir examiné quels font les profits de l'Echute, il faut voir quelles en font les charges.

Le feigneur a deux titres différens pour fe faifir des biens de fon main-mortable quand le cas de l'Echute arrive. En vertu de l'un, il peut rentrer dans la poffeffion des fonds de main-morte qui viennent originairement de fes auteurs, & dont il a toujours confervé le domaine direct. Ainfi, comme dit M. le préfident Favre, *non tam alienas res invadit, quam fuas proprias, id eft, à fe fuifve majoribus certa lege & conditione profectas.*

Il ne faut donc pas être étonné fi en ce cas le feigneur reprend fes fonds francs & quittes de toutes dettes & fervitudes contractées par le main-mortable. Car cela fe fait en vertu de la condition primitive fous laquelle ces fonds étoient fortis de là main du feigneur. Ainfi quand ils font rentrés à fon profit, ce doit être au même état où ils étoient dans le temps de la première concession ; ce retour a le même effet que celui des emphytéofes & des fiefs fuivant leur ancienne inftitution.

Mais le feigneur a encore un autre titre &

qui paroît dérivé de la même convention originaire ; favoir, que dans le cas de l'Echûte il a le droit de fuccéder au main-mortable à l'exclufion de tous autres dans tous fes biens meubles & immeubles, quelque part qu'ils foient affis, excepté dans d'autres feigneuries main-mortables.

Or, ce titre étant univerfel quand il eft une fois accepté par le feigneur, il eft par-là obligé au payement de toutes les dettes de la fucceffion comme tout autre fucceffeur univerfel ; ou pour mieux dire, comme un véritable héritier.

Il a même par-deffus les héritiers ordinaires trois autres avantages. Le premier de ne point confondre les fonds main-mortables qui fe trouvent dans la fucceffion avec les autres biens. Car, à l'égard de ces fonds, il commence par les prélever fur la maffe héréditaire, fans être pour cela tenu à aucune contribution de dettes.

Le fecond avantage eft qu'à l'égard des autres biens de la fucceffion, il n'eft tenu aux dettes que jufqu'à concurrence de ce qu'ils valent, fans être obligé de prendre des lettres de bénéfice d'inventaire, à moins qu'il n'aime mieux abandonner ces mêmes biens aux créanciers du défunt.

Un troifième avantage que lui donnent les coutumes eft que s'il eft créancier du défunt, il eft pour le payement de ce qui lui eft dû, préférable à tous les autres créanciers, à l'exception des frais funéraires du défunt ; prérogative qu'on croit dérivée de ce que les romains pratiquoient à l'égard du pécule de leurs efclaves.

Il faut encore dire un mot d'une autre efpèce

d'*Echute* à laquelle l'absence du main-mortable donne ouverture.

L'article 11 du titre des main-mortes de la coutume de Franche-Comté porte : *que les personnes de main-morte qui se sont absentées de leurs meix & héritages , & qui dans dix ans retournent pour les ravoir , y sont reçues par leurs seigneurs , en payant & rendant tous frais pour réparations néceffaires faites pendant lesdits temps , esdits meix & héritages ; & seront les fruits d'iceux échus pendant ledit temps au seigneur ; que si lefdites personnes de main-morte ne les requièrent dans le terme de dix ans , les seigneurs en pourront faire leur plaisir & profit.*

Suivant cet article, un homme de main-morte peut pendant dix ans s'abfenter impunément du lieu dont il eft main-mortable. Cependant s'il eft tenu à des devoirs perfonnels, il doit les faire remplir par d'autres perfonnes , comme dans le cas d'un arrêt cité par M. Hobelot rendu au mois de feptembre 1620 pour le feigneur de Saone , par lequel fon fujet main-mortable qui s'étoit abfenté, fut condamné a lui payer les corvées & port de lettres , comme s'il avoit réfidé dans la feigneurie.

Mais comme cette abfence pourroit nuire au feigneur fi fon homme laiffoit fes héritages fans culture ou fans en faire payer les redevances , le feigneur a le droit de les mettre fous fa main , & il en acquiert le domaine lorfque le fujet qui s'eft abfenté ne les répéte pas dans dix ans.

Cette difpofition eft fondée non-feulement fur l'intérêt que le feigneur a que les héritages de fa main-morte ne tombent pas en friche & qu'il n'y ait plus perfonne qui lui en paye les charges, mais encore fur ce que le fujet qui a laiffé fes héritages fans commettre perfonne pour en prendre foin, eft cenfé après dix ans les avoir abandonnés. *Poffeffio per decennium, cenfetur de relicta ; & videtur dominus, poft illud tempus, amififfe animum revertendi.*

L'abfence dont nous parlons ici doit être entendue de celle du lieu où les héritages font fitués : *Gens de main-morte qui fe font abfentés de leurs meix & héritages ;* ainfi il n'eft pas néceffaire pour qu'elle ait fon effet, qu'on foit abfent de la province.

Ceux-là ne font pas réputés abfens pour donner lieu à cette efpèce d'Echute, qui demeurent dans un territoire voifin, d'où ils cultivent leurs héritages main-mortables, qui les ont donnés à ferme, ou qui y ont laiffé un communier ou un mandataire pour en prendre foin ; parce qu'ils ne font pas cenfés les avoir voulu abandonner ; & que les héritages étant cultivés & les charges payées, ou le feigneur pouvant fe faire payer par celui qui repréfente l'abfent ou qui poffède pour lui, il ne fouffre rien d'une telle abfence. M. Grivet cite un arrêt du 16 juillet 1607 rendu entre le feigneur de Betoncourt & un nommé Richard, demeurant à Villers-Vaudey, qui l'a ainfi décidé. M. Jobelot cite le même arrêt, & le rapporte comme il fuit :

« Richard, fujet originaire de Betoncourt, » avoit quitté le lieu pour fe marier ailleurs, » vendu fa maifon & donné à ferme le refte de » fon bien. Le feigneur fit faifir le prix du bail, » fondé fur cette difpofition de la coutume de » Franche-Comté, qui dit que le feigneur fait les

» fruits fiens des héritages de fa main-morte pen-
» dant que fon fujet eft abfent. Richard répondit
» qu'il avoit un fermier qui le repréfentoit & qui
» payoit à fa place les charges de fes biens ; &
» que tandis que le feigneur eft payé ou qu'il
» peut fe pourvoir fur les fruits pour l'être, il
» n'a pas droit de mettre fa main fur l'héritage ».
Cet arrêt fut rendu les chambres affemblées.

Le feigneur qui prend à titre d'Echute eft-il
tenu d'entretenir les baux faits par le main-
mortable ? Les auteurs diftinguent. Ils penfent
qu'il n'eft pas tenu d'entretenir les baux des
biens main-mortables ; mais ils tiennent le contraire pour les fonds fitués en lieu franc. Le
défunt ayant eu la liberté de les aliéner, de les
hypothéquer au préjudice du feigneur, pouvoit
par une conféquence néceffaire les affermer
librement comme tout autre propriétaire.

L'Echute étant un profit cafuel, fe prefcrit
par l'efpace de trente ans.

Le feigneur eft-il cenfé renoncer à l'Echute
quand il reçoit les droits feigneuriaux des héritiers du fang qui s'en font mis en poffeffion ?
On diftingue. Il perd fon droit s'il favoit qu'il
lui étoit acquis ; s'il l'ignoroit, il le conferve.

Au furplus, les ufages pour ce qui regarde la
condition des ferfs, font fi différens dans les
lieux où le droit de main-morte s'eft confervé,
qu'il n'eft pas poffible de réduire cette matière
à une jurifprudence générale. Tous les affran-
chiffemens n'ont pas été faits d'une manière uniforme, & les feigneurs y ont impofé des conditions plus eu moins rigoureufes.

On diftingue en général dans cette efpèce de
fervitude deux qualités différentes, la perfon-

nelle & la réelle ; la perſonnelle eſt celle qu
eſt attachée à la perſonne indépendamment de
biens *quæ perſonam ipſam afficit & inficit*. Ell
s'imprime au moment de la naiſſance ; elle en e
l'effet. Ceux qui y ſont ſoumis ſont appelés *gens à*
pourſuite ; c'eſt-à-dire qu'ils peuvent être pourſu
vis par le ſeigneur en quelque lieu qu'ils aillent de
meurer. Les charges les plus ordinaires de cett
eſpèce de ſervitude, ſont que ces ſerfs ne peuven
ſe marier à des perſonnes d'une autre conditio
que la leur, c'eſt-à-dire à des francs, ou même
des ſerfs d'un autre ſeigneur ; cela s'appelle for
mariage ; ils n'ont pas la faculté de diſpoſer d
leurs biens au préjudice du ſeigneur : ils ne peu
vent avoir d'autres héritiers que ceux avec qu
ils vivent en communauté ; ce qui eſt limité e
quelque coutume à leurs enfans ſeulement. D'au
tres, comme la coutume de Bourgogne, article 8
admettent à la ſucceſſion du ſerf tous ſes paren
qui vivent en communauté avec lui ; s'ils ſorten
furtivement de la province où ils ſont nés, il
ſont réputés ſerfs fugitifs, & leur ſucceſſion e
déférée au ſeigneur.

A l'égard de la ſervitude réelle, elle dépend de
héritages que les ſerfs poſſèdent ; & lorſqu'ils le
abandonnent au ſeigneur avec les meubles qu'ik
ont dans l'étendue de ſa ſeigneurie, ils devien
nent entièrement libres.

Le droit de pourſuite du ſeigneur ſur ſon ſer
étoit autrefois général dans tout le royaume.
c'eſt un point dont les preuves ſont raſſemblée
dans les capitulaires de nos rois, dans le recuei
des anciennes ordonnances, & dans le gloſſaire
de du Cange, *Verbo fugitivi.*

Il eſt encore en uſage, ſuivant M. le préſiden

Bouhier dans plusieurs coutumes dont il fait l'énumération, & dans le nombre desquelles il comprend la coutume de Troies. On y tient pour principe que les main-mortables peuvent être poursuivis par leur seigneur en quelqu'endroit qu'ils aillent demeurer.

Nous venons de parler du droit de poursuite en vertu duquel le seigneur peut réclamer la succession de son main-mortable en quelque lieu qu'il soit décédé ; cela nous conduit à une question très-importante ; celle de savoir si le main-mortable qui a demeuré pendant plus de trente années dans une ville franche sans aucune réclamation de la part du seigneur, a prescrit contre lui la libération de la servitude, ensorte que le seigneur n'ait plus rien à prétendre dans sa succession, quand même il décéderoit sans communier.

Nous n'avons que trois coutumes qui aient des dispositions sur cette question : celle de Vitry & les deux coutumes de Bourgogne. La première, article 146, admet la prescription de vingt ans ; les deux autres rejètent indéfiniment toute espèce de prescription. Dans chacune de ces coutumes il n'y a point de difficulté ; il faut suivre les dispositions territoriales, puisqu'elles s'en font expliquées. Mais la difficulté est pour les coutumes qui n'ont point de disposition sur la question.

Taisand, sur l'article deux de la coutume du duché de Bourgogne, qui décide formellement contre la prescription de la main-morte, s'efforce de chercher les motifs de cette décision ; & il en donne pour première raison, que la main-morte est un droit seigneurial.

Mais il est facile de sentir que cela ne peut

pas faire une raiſon pour décider que le dro
de main-morte eſt impreſcriptible de ſa nature
car tous les droits ſeigneuriaux ne ſont pas impreſ
criptibles ; il n'y a que le cens qui le ſoit. Ma
en cherchant la raiſon de l'impreſcriptibilité d
cens, on reconnoît qu'elle ne peut point s'ap
pliquer au droit de main-morte. Si le cens e
impreſcriptible, ce n'eſt qu'à cauſe de la maxim
nulle terre ſans ſeigneur ; mais à l'égard du dro
de main-morte, loin d'être fondé ſur un prin
cipe général, il eſt au contraire fondé ſur u
principe ſingulier & particulier ; il eſt limité
certains pays ; & dès qu'il n'y a rien qui annonc
que tel héritage eſt main-mortable, on peu
l'ignorer & être dans la bonne foi en préſuman
le contraire.

La ſeconde raiſon ſur laquelle ceux qui on
ſoutenu l'impreſcriptibilité du droit de main
morte ſe ſont fondés, c'eſt que l'Echute en e
rare, & que le ſeigneur n'a pas ſouvent occaſio
d'en faire acte de poſſeſſion.

Mais en ce cas il faudroit donc réduire cett
impreſcriptibilité du droit de main-morte pa
ſa nature, à celui-là ſeul dont le titre n'accord
au ſeigneur que le droit d'Echute. Car ſan
cela il y a toujours des droits tels que la pour
ſuite, des devoirs tels que les corvées, de
conſentemens à donner à des aliénations, de
aliénations ou des teſtamens à faire révoquer
& d'autres actes par leſquels le ſeigneur peu
conſerver ſa poſſeſſion.

Enfin Taiſand eſt forcé lui-même d'avoue
que la main-morte peut ſe preſcrire lorſque l
poſſeſſion de liberté a commencé de bonne foi
Or, on eſt toujours en bonne foi lorſque le ſei
gneur n'a pas réclamé. La

La condition d'un main-mortable n'eſt pas plus ſervile à l'égard de ſon ſeigneur, que celle d'un religieux à l'égard de ſon monaſtère. Voici néanmoins ce qui a été décidé au parlement le 18 juin 1641. L'arrêt ſe trouve dans Soëfve, tome premier, cent. 1, chapitre 44. Un religieux nommé Fayolle ayant quitté l'habit & le monaſtère, s'étoit marié & avoit poſſédé pendant plus de quarante ans un office de judicature ; mort ſans enfans, les religieux de ſon monaſtère révendiquèrent ſa ſucceſſion à titre de pécule. On leur oppoſa une fin de non-recevoir fondée ſur la maxime diĉtée par le bon ſens à l'auteur de la gloſe ſur le chapitre *ſicut extra de regularibus, quia quem vivum contempſit, non poteſt mortuum ſuum dicere, & ad bona ſua aſpirare.*

La qualité de religieux eſt bien autrement adhérente à la perſonne que celle de main-mortable. La cour cependant déclara les religieux non-recevables, & les condamna aux dépens.

Coquille, dans ſon commentaire ſur l'article 6 des ſervitudes perſonnelles du Nivernois, tient que ſi le ſerf étoit allé demeurer au loin, & qu'il y eût fait ſa demeure pendant vingt ou trente ans au plus, la ſervitude ſeroit éteinte, ſuivant la loi 2, au code *de longi temporis præſcriptione.* Car, dit Coquille, *quoique la coutume donne au ſeigneur le droit de pourſuite, il ſe peut dire que le ſeigneur a abandonné ſon homme en le négligeant tant de temps.*

Chaſſanée ſur la coutume de Bourgogne, eſt obligé de convenir que dans cette coutume la main-morte n'eſt pas preſcriptible, parce qu'il

y en a une disposition précise dans l'article 2
mais il ajoute que cet article est contraire à
droit commun, & qu'il faut l'interprêter de teil
manière qu'il ne le blesse que le moins que fail
se peut. *Hæc nostra consuetudo est contra ji
commune, & sic interpretenda ut minus læde
quam fieri potest :* d'où il conclut que cette cou
tume ne doit opérer que dans son territoire
dans le duché de Bourgogne, & ne peut s'é
tendre au-delà. *Satis ergo est quod hæc consuetud
operetur in territorio hujus consuetudinis, hoc e
in patria hujus ducatus Burgundiæ, nec extr
territorium extendatur.*

Suivant la coutume de Lorris, chapitre 7
article premier : *Si gens de servile condition y
sont résidens eux & leurs enfans, vingt ans san
réclamation de la part de leurs seigneurs, ils ac
quierrent ample liberté de leurs personnes & bien.
acquits & possédés en ladite coutume, sans plu
pouvoir être inquiétés en personnes ni en biens*
Sur quoi la Thaumassière dit, d'après Du
moulin, *etiam si justum initium non fuerit, &
servi sint fugitivi.*

Cette question a été jugée au parlement de
Paris le 4 mars 1765. Voici l'espèce de cel
arrêt.

La veuve Gachet née à Massangi, village
main-mortable dans la coutume de Troyes,
étoit décédée à Paris après cinquante ans de
résidence dans cette ville. Elle laissoit une succession opulente ; le seigneur se présenta pour la
recueillir, & les héritiers de la défunte la réclamèrent. L'affaire portée en la grand'chambre y
fût plaidée avec beaucoup de solemnité. Le
corps de ville intervint en faveur des héritiers;

la cour jugea conformément aux principes que l'on vient de préfenter, que la veuve Gaché avoit prefcrit la libération de la main-morte, & le feigneur fut débouté de fa prétention.

Voyez *les obfervations de M. le préfident Bouhier fur la coutume de Bourgogne, & les différens commentateurs de cette coutume; Coquille, fur celle du Nivernois; le Grand, fur celle de Troyes; le traité de la main-morte de Dunod*, &c. Voyez auffi les articles MAIN-MORTE, SUCCESSION, PRESCRIPTION, (*Article de M. H***, avocat au parlement*).

ECLECHE. Voyez ESCLECHE.

ÉCLUSE. C'eft un ouvrage fait fur une riviere ou fur un canal pour retenir & lâcher l'eau.

Suivant l'article 3 du titre premier de l'ordonnance des eaux forêts du mois d'août 1669, la connoiffance des actions relatives aux conftructions & démolitions des Eclufes établies fur les rivières appartient aux officiers des eaux & forêts.

Et par les articles 42 & 43 du titre 27 de la même ordonnance, il eft défendu à tout particulier de faire des Eclufes nuifibles au cours de l'eau, dans les fleuves & rivières navigables où flottables à peine d'amende arbitraire. Il eft d'ailleurs enjoint aux juges & aux procureurs du roi de faire ôter celles qui pourroient être conftruites, à peine de 500 livres d'amende, & de répondre perfonnellement des dommages & intérêts qu'elles auroient occafionnés.

ÉCOLÂTRE. C'eft un eccléfiaftique pourvu d'une prébende dans une églife cathédrale ou collégiale, à laquelle eft attaché le droit d'inftitution & de juridiction fur ceux qui font chargés d'inftruire la jeuneffe. Dans quelques églifes il eft appelé *maître d'école*, dans d'autres *efcolat*, *fcolaftic* ou *chancelier*.

On voit dans le concile de Merida célébré en 666, & dans plufieurs autres fort anciens, qu'il y avoit alors des eccléfiaftiques qui faifoient, fous différentes dénominations, les fonctions d'Ecolâtre dans plufieurs églifes.

Le concile de Bourges tenu en 1584, voulut que les fcholaftiques ou Ecolâtres fuffent choifis parmi les docteurs ou licenciés en théologie ou en droit canon. Le concile de Trente a ordonné la même chofe, & a prefcrit de ne donner les places qu'à des fujets capables de les remplir par eux-mêmes, à peine de nullité des provifions. On fuit en France cette difpofition dans le choix des Ecolâtres, quoiqu'on n'y ait d'ailleurs pas reçu la difcipline établie par ce concile.

Le concile de Malines, tenu en 1607, oblige les Ecolâtres de vifiter tous les fix mois les écoles de leur dépendance, pour empêcher qu'on n'y life rien qui puiffe corrompre les bonnes mœurs, ou qui ne foit approuvé par l'ordinaire. Ils doivent accorder gratuitement les lettres de permiffion qu'ils donnent pour tenir l'école.

Dans les villes où l'on a établi des univerfités, on y a ordinairement confervé à l'Ecolâtre une place honorable, avec un pouvoir plus ou moins étendu, felon la différence des lieux. Par exemple, le fcholaftique de l'églife d'Orléans, & le maître d'école de l'églife d'Angers, font tous deux chanceliers nés de l'univerfité.

La direction des petites écoles appartient ordinairement à l'Écolâtre, excepté dans quelques églises où elle est attachée à la dignité de chantre, comme dans l'église de Paris (*).

(*) Le parlement de Flandres a rendu sur cet objet un arrêt de règlement dont il est à propos de rendre compte. Il s'étoit élevé entre les échevins de Douai, & l'Écolâtre de la collégiale de saint Pierre en la même ville, des contestations relatives à la discipline des écoles, & elles avoient été terminées par un arrêt du 8 août 1757. Les échevins peu satisfaits de la décision qui étoit intervenue l'attaquèrent par la voie de la révision usitée en cette cour, & un nouvel arrêt du 20 novembre 1760 rendu dans l'assemblée de toutes les chambres, au rapport de M. Jacquerye, a prononcé de cette manière.

» La cour en tant que touche.... le règlement contenu » audit arrêt (de 1757,) déclare qu'il y a erreur ; faisant » droit par jugement nouveau, a ordonné & ordonne » par forme de règlement les poins & articles suivans.

ARTICLE PREMIER.

» Les maîtres & maîtresses d'école demeurans dans » l'étendue du patronat de saint-Pierre ne pourront être » préposés ni institués par les échevins, qu'au préalable ils » n'aient été admis & approuvés par l'Écolâtre. Lesquelles » admissions, approbations & institutions seront accordées » sans frais.

» II. Fait défenses auxdits maîtres & maîtresses d'ouvrir école, avant qu'ils aient fait leur profession de foi » entre les mains dudit Écolâtre.

» III. Lesdits maîtres & maîtresses d'école ne pourront » être destitués que par lesdits échevins.

» IV. Ledit Écolâtre pourra visiter lesdites écoles toutes » & quantes fois bon lui semblera ; & s'il reconnoît quelques abus dans la discipline, mœurs & enseignemens » d'icelles, il en informera les supérieurs ecclésiastiques &, » laïcs, pour y être pourvu par lesdits supérieurs chacun » en droit soi, ainsi qu'il appartiendra.

» V. Les maîtres & les maîtresses qui se seront absentés

Par arrêt du 5 juillet 1718, le parlement maintenu l'Ecolâtre de l'églife de Reims dar le droit & poffeffion d'inftituer & de deftitur les maîtres & les maîtreffes d'école du diocef il a en même temps fait défenfe à ceux-ci d'er feigner fans avoir pris des lettres d'inftitutic de l'Ecolâtre, & de continuer lorfque les inf tutions auroient été révoquées.

L'intendance des écoles n'eft pourtant poi un droit qui appartienne exclufivement at églifes cathédrales dans toute l'étendue du di cèfe : quelques églifes collégiales jouiffent même droit dans le lieu où elles font établi Le chantre de l'églife de faint Quiriace de Pr vins fut maintenu dans un femblable droit, p arrêt du 15 février 1653, rapporté dans l mémoires du clergé.

L'Ecolâtre ne peut pas non plus empêcher l curés d'établir dans leurs paroiffes des écol de charité, & d'en nommer les maîtres ind pendamment de lui. C'eft ce qui a été jugé p

---

» de la ville pendant fix mois confécutifs, ne pourron » nouveau ouvrit école, fans avoir été approuvés par le » Ecolâtre, & prépofés par lefdits échevins.

» VI. Fait défenfes aux maîtres de tenir école de fil » au-deffus de l'age de fept ans, & aux maîtreffes » tenir des garçons au deffus dudit âge, à peine pour » première fois de fix florins d'amende applicable à l' » pital général dudit Douai, & d'interdiction en cas » récidive. «

Ces difpofitions font calquées fur différens règleme rendus à ce fujet pour les pays-bas, tels que le placard Charles-quint du 29 avril 1550, l'article 4 de l'édi Philippe II roi d'Efpagne du premier juin 1587, les ar cles 1 & 19 de l'édit des Archiducs Albert & Ifabelle 31 août 1608. (*note de M. MERLIN, avocat au pa ment de Flandres.*)

trois arrêts du parlement de Paris, rendus les 29 mai 1647, 25 mai 1667 & 23 janvier 1680, en faveur du curé de Saint-Louis de Paris, de celui de Charonne près Paris, & de celui de Saint-Remi d'Amiens. Ces arrêts font rapportés au journal des audiences.

Il ne faut pas confondre la dignité ou office d'Ecolâtre avec les prébendes préceptoriales inftituées par l'article 9 de l'ordonnance d'Orléans, & confirmées par celle de Blois; car outre que les Ecolâtres font plus anciens, la prébende préceptoriale peut être poffédée par un laïc.

On lit dans les mémoires du clergé que par arrêt du 28 mai 1694, le grand confeil a jugé que l'écolâtrerie de Verdun étant un bénéfice fervitorial, étoit à la nomination du chapitre & non à celle du roi.

Il y a un pareil arrêt au journal du palais relativement à l'écolâtrerie de l'églife de Toul.

Voyez le traité des bénéfices par Gohard, & celui des matières bénéficiales par Fuet ; les mémoires du clergé ; les lois eccléfiaftiques de France ; le dictionnaire de droit canonique ; le journal du palais, &c. Voyez auffi les articles ECOLE, PRÉBENDE, &c.

ÉCOLE. C'eft le lieu public où l'on enfeigne les belles lettres & les fciences.

Dans les premiers fiècles de l'églife, il y avoit des Ecoles où l'on expliquoit l'écriture fainte : la plus fameufe étoit alors celle d'Alexandrie où Origène enfeignoit avec l'écriture fainte les mathématiques & la philofophie. En Afrique c'étoit l'archidiacre que l'on chargeoit du foin d'inftruire les élèves : il y avoit des Ecoles dans les paroiffes, dans les monaftères &

dans les maisons des évêques ; on y apprenoit le pseautier, la note, le chant, le comput & l'ortographe. Lorsque l'on eut fondé les universités & les collèges, on donna le nom de petites Ecoles à celles où l'on n'enseignoit que les premiers principes des lettres.

Le soin des Ecoles qui fait une partie importante de l'éducation de la jeunesse, a dans tous les temps excité l'attention du gouvernement. L'ordonnance d'Orléans & celle de Blois ont des dispositions pour faire fréquenter les Ecoles & pour en maintenir la discipline.

Par la déclaration du 24 mai 1724, le roi a ordonné qu'il seroit établi des maîtres & des maîtresses d'Ecole dans toutes les paroisses où il n'y en avoit point, pour instruire les enfans de l'un & de l'autre sexe, des principaux mystères & devoirs de la religion catholique, apostolique & romaine, &c. conformément à l'article 25 de l'édit de 1695 ; que dans les lieux où il n'y auroit pas de fonds, il seroit imposé sur tous les habitans la somme qui manqueroit pour l'établissement des maîtres & maîtresse jusqu'à celle de cent cinquante livres par an pour les maîtres, & de cent livres pour les maîtresses ; & que les lettres sur ce nécessaire seroient expédiées sans frais, &c. ; que les pères, les mères & autres personnes chargées de l'éducation des enfans, & nommément de ceux qui seroient nés dans la religion prétendue réformée, seroient tenus de les envoyer aux Ecoles & catéchismes jusqu'à l'âge de quatorze ans ; & ceux qui seroient au-dessus de cet âge jusqu'à celui de vingt ans, aux instructions qui se font les dimanches & fêtes, à moins que ce ne fût des personnes de telle condition qu'elles pussent & qu'elles dussent les faire instruire chez elles ou les envoyer au collége, ou bien les mettre dans des monastères ou des communautés. L'article 7 de cette déclaration enjoint aux procureurs du roi & à ceux des seigneurs haut-justiciers, de faire remettre tous les mois par les curés, vicaires, maîtres & maîtresses d'Ecoles ou autres qu'ils peuvent charger de ce soin, un état exact de tous les enfans qui n'iront point aux Ecoles ou aux catéchismes & instructions, de leurs noms, âge, sexe, & des noms de leurs pères & de leurs mères, pour faire ensuite les poursuites nécessaires contre les pères, mères, tuteurs, curateurs ou autres chargés de leur éducation, & qu'ils aient soin de rendre compte au moins tous les six mois aux procureurs généraux, chacun dans leur ressort, des diligences qu'ils auront faites à cet égard pour recevoir d'eux les ordres & les instructions nécessaires.

Quoique la discipline des Ecoles soit séculière & regarde la police des villes, cependant les ordonnances & les arrêts ont donné aux évêques, aux curés & autres personnes ecclésiastiques, la connoissance de ces matières. C'est ce qu'a prescrit le concile de Narbonne tenu en 1551, & cette disposition se trouve autorisée par divers arrêts du conseil rapportés au second tome des mémoires du clergé en faveur des évêques de la Rochelle, de Viviers, de Valence, de Cahors, de Bourges, &c. Ces arrêts ont fait défense aux officiers municipaux des villes de connoître de ce qui concernoit les petites Ecoles, & d'y établir aucun maître sans appro-

bation par écrit de l'évêque, dans les lieu
mêmes où les gages sont payés par les hab
tans (*). Dans les petits endroits, on se co
tente de l'approbation des curés, conformémen
à l'article 14 de l'édit de décembre 1606, &
l'article 25 de l'édit d'avril 1695.

Suivant cette dernière loi, les évêques o
leurs archidiacres peuvent interroger les ma
tres & les maîtresses d'Ecole dans le cours d
leurs visites, & ordonner que l'on en met
d'autres en leur place lorsqu'ils ne sont pa
contens de leur doctrine & de leurs mœurs, é
même dans d'autres temps que dans le cou
des visites. La jurisprudence des arrêts est co
forme à ces dispositions.

Observez néanmoins que le droit que le
évêques & les autres ecclésiastiques ont sur le
Ecoles, est sans préjudice des droits qui appa

(*) Quoiqu'en général l'approbation dont il s'agit appa
tienne aux évêques, il faut excepter de cette règle pl
sieurs églises cathédrales, dont quelques dignités ont conser
le droit & la possession d'approuver les maîtres d'Ecole q
sont restés dans leur dépendance, comme à Paris, le chantr
de l'église Notre-Dame, à Orléans, le scholastique; à Amie
& à Rheims, l'écolâtre, &c. il y a des diocèses, où l'éco
lâtre donne cette approbation pour les petites Ecoles de l
ville & l'archidiacre pour celles de la campagne.

Ces dignitaires ont même conservé un droit de supério
rité & de direction sur ces écoles, qui consiste à pouvoi
faire les règlemens intérieurs & spirituels nécessaires pou
les Ecoles, & a pouvoir destituer, quand ils le jugent à pro
pos, les maîtres & maîtresses dont ils ne sont point con
tens, soit pour la doctrine, soit pour les mœurs, & ordonn
qu'on en choisisse d'autres. Cela a été ainsi jugé en faveu
de l'écolâtre de l'église d'Amiens par arrêt du 23 janvi
1680, rapporté au journal des audiences.

tiennent aux univerſités dans les villes où elles
ſont établies, ainſi qu'il eſt porté en l'article 14
de l'édit du mois de décembre 1606, comme à
Paris, où les maîtres dè penſions ſont pour la
plupart maîtres-ès-arts.

L'exécution des ordonnances & jugemens
rendus par les chantres, ſcholaſtiques & autres
ſur le fait des Ecoles dont ils ont la direction,
appartient aux juges royaux, de même que
l'exécution en général de toutes les ſentences
rendues par les juges d'égliſe; & lorſqu'il y a
appel de ces ordonnances & jugemens, cet
appel ſe porte au parlement ainſi qu'il s'obſerve
à Paris; mais alors l'appel n'eſt pas ſuſpenſif,
& ces jugemens s'exécutent par proviſion. C'eſt
ce qui a été jugé en faveur du ſcholaſtique d'Orléans par l'arrêt du 26 mars 1640.

Les évêques & les autres eccléſiaſtiques ayant
juridiction, ont rendu divers règlemens pour
empêcher que les Ecoles de garçons ne fuſſent
tenues par des femmes, & que celles de filles
ne fuſſent tenues par des hommes. On trouve
au journal des audiences une ſentence des requêtes du palais du 7 janvier 1677, qui contient
des diſpoſitions ſemblables.

Les ſœurs de la Croix & les Urſulines ſont
établies par lettres patentes du roi ſous l'autorité des évêques, pour enſeigner gratuitement
la jeuneſſe.

L'article 7 du règlement pour les réguliers
défend aux religieux de tenir des Ecoles pour
les ſéculiers dans leurs couvens; on en excepte
ceux à qui leur règle permet de le faire.

Les écoliers qui étudient depuis ſix mois dans
un collége de l'univerſité de Paris, jouiſſent du

privilège de fcholarité en vertu duquel ils ont leurs caufes commifes au châtelet, pourvu que les parties avec lefquelles ils font en litige ne foient pas domiciliées à plus de foixante lieues de Paris. *Voyez* SCHOLARITÉ.

On tient pour maxime que les écoliers font difpenfés de rapporter dans les fucceffions de leurs pères & de leurs mères les frais que leurs études ont coûté : cependant s'ils ont pris le bonnet de doéteur en médecine, la dépenfe oc-cafionnée à cet effet eft fujette à un rapport, parce qu'elle eft confidérable & fert à procurer un établiffement utile.

Les règlemens défendent aux écoliers de por-ter des cannes & des épées.

Un écolier quoique mineur, peut s'obliger pour fa penfion, fon entretien & les autres dé-penfes ordinaires aux étudians.

Comme les écoliers font dans une efpèce de dépendance de leurs régens, précepteurs & autres prépofés pour les inftruire & les gou-verner, les donations qu'ils font à leur profit, foit entre-vifs ou par teftamens, font nulles.

ÉCOLES DE THÉOLOGIE. Il y a dans l'univerfité de Paris, outre les Ecoles des réguliers qui font du corps de la faculté de théologie, deux Ecoles célèbres, celle de Sor-bonne & celle de Navarre. Les profeffeurs y enfeignent à différentes heures des traités qu'ils diétent & qu'ils expliquent à leurs auditeurs, & fur lefquels ils les interrogent ou les font ar-gumenter. Ces traités roulent fur l'écriture, la morale, la controverfe, & il y a des chaires affeétées pour ces différens objets.

ECOLES DE DROIT. Il n'y avoit point

d'Ecoles de cette efpèce fous les premiers empereurs ; & ceux qui s'adonnoient à l'étude de
la jurifprudence s'inftruifoient par la lecture des
lois & des ouvrages des jurifconfultes , & en
converfant avec eux.

La plus ancienne Ecole de droit paroît avoir
été celle de Bérite , ville de Phénicie : on ne
fait pas précifément en quel temps elle fut fondée : Juftinien en parle comme d'un établiffement déja ancien fait par fes prédéceffeurs ; &
Ménage remarque que Grégoire Thaumaturge
qui vivoit fous Alexandre Sévère, eft le premier
qui en ait parlé.

Dans la fuite on établit encore deux autres
Ecoles de droit : l'une à Conftantinople en 425 ,
& l'autre à Rome.

Pour animer le zèle des profeffeurs & leur
attirer plus de confidération , Juftinien les fit
participer aux premières charges de l'empire ;
ils furent d'ailleurs affranchis des charges publiques , & on leur accorda les mêmes privilèges qu'aux profeffeurs des autres fciences.

Mahomet II s'étant emparé de Conftantinople
en 1453 , l'étude du droit romain fut abolie en
Orient.

Les Ecoles de droit fubfiftèrent en Occident ,
mais on n'y enfeignoit pas le droit de Juftinien,
qui fut perdu quelque temps après la mort de
ce prince, & qui ne fe retrouva que vers l'an
1137 , à Amalfi , ville de la Pouille, dans le
pillage que firent de cette ville les troupes com-
mandées par Roger roi de Sicile. Quelque temps
après , l'étude de ce droit paffa en France, &
on l'enfeigna publiquement à Montpellier & à
Touloufe avant que les univerfités y euffent été

érigées. On voulut auffi l'enfeigner à Paris, mais le pape Honorius III défendit de le faire par une décrétale qui porte, que quoique l'églife ne refufe pas le fervice des lois féculières qui fuivent les traces de l'équité & de la juftice, cependant comme en France & en quelques provinces les laïcs ne fe fervent point des lois des empereurs romains, & qu'il fe rencontre rarement des caufes eccléfiaftiques qui ne puiffent être décidées par les canons; afin que l'on s'attache plus à l'étude de la fainte écriture, le pape défend à toutes fortes de perfonnes d'enfeigner ou d'apprendre le droit civil à Paris ou aux lieux circonvoifins, fous peine d'être interdit de la fonction d'avocat, & d'être excommunié par l'évêque diocéfain.

Depuis cette défenfe, on n'a plus enfeigné à Paris que le droit canon jufqu'en 1709, que l'étude du droit civil y a été rétablie par une déclaration du roi.

Le nombre des profeffeurs des Ecoles de droit eft plus ou moins confidérable felon les univerfités. Il y en a fix à Paris.

Ceux qui veulent prendre des degrés en droit font obligés de s'infcrire fur les regiftres de la faculté; & pour y être admis, il faut être âgé au moins de feize ans accomplis.

Le cours de droit, qui n'étoit autrefois que de deux années, fut fixé à trois ans par une déclaration du mois d'avril 1679; il avoit été depuis réduit à deux années: mais par une dernière déclaration du 18 janvier 1700, il a été remis à trois années.

Les étudians en droit doivent être affidus aux leçons, & y affifter en habit décent. Il leur eft défendu par les ſtatuts de porter l'épée ni aucun habillement militaire.

Les regnicoles qui veulent être admis au degré de licence ſont obligés de rapporter des preuves de catholicité.

On ſoutient aux Ecoles différens actes pour parvenir à avoir des degrés ; ſavoir, des examens & des thèſes.

ÉCOLES DE MÉDECINE. L'Ecole de médecine de Paris eſt compoſée de huit profeſſeurs que la faculté choiſit tous les ans parmi ſes membres, & qui enſeignent dans leurs cours publics la phyſiologie, la pathologie, la chimie & la pharmacie, la botanique, la chirurgie latine, l'anatomie, la chirurgie françoiſe en faveur des jeunes chirurgiens, & l'art des accouchemens pour l'inſtruction des ſages-femmes. *Voyez* DOCTEUR EN MÉDECINE.

Voyez *les lois eccléſiaſtiaſtiquus de France ; le recueil de juriſprudence canonique ; les ordonnances d'Orléans & de Blois ; les déclarations des 13 décembre 1698 & 24 mai 1724 ; les édits de décembre 1606, & d'avril 1695 ; le dictionnaire de droit canonique ; le journal des audiences*, &c. Voyez auſſi les articles ÉCOLATRE, ÉVÊQUE, COLLÉGE, UNIVERSITÉ, &c.

ÉCOLES D'ARTILLERIE. Ce ſont celles que le roi a établies en différentes villes telles que Strasbourg, Beſançon, &c. pour l'inſtruction des officiers & des ſoldats du corps royal de l'artillerie.

Il y a l'Ecole de théorie & l'Ecole de pratique.

L'Ecole de théorie ſe tient trois jours la ſemaine, & conſiſte dans l'étude de l'arithmé-

tique, de l'algèbre, de la géométrie, des fec
tions coniques, de la trigonométrie, de la mé
canique, de l'hydraulique, des fortifications
des mines, de l'attaque & de la défenfe de
places, &c.

L'Ecole de pratique fe tient les trois autre
jours où l'on n'enfeigne point de théorie ; ell
confifte principalement à exercer les canonniers
les bombardiers, les mineurs, les fapeurs ;
tirer du canon, jeter des bombes ; à apprendre
les manœuvres de l'artillerie, qui font propre
ment des pratiques de mécanique ; à conftruir
des ponts fur des rivières avec la même promp
titude qu'on les fait à l'armée, à conduire de
galeries de mines & de contre-mines, des tran
chées & des fappes.

L'article 5 du titre 6 de l'ordonnance du
novembre 1776, veut que les jours de théori
foient déterminés par les jours de marché, afi
que le concours des habitans ne foit point gêné
par l'action de tirer le canon. *Voyez cette ordon-*
nance.

ÉCOLE ROYALE DE DESSIN. *Voye*
Dessin.

ÉCOLE ROYALE MILITAIRE. C'efl
un établiffement fondé par Louis XV en faveur
des enfans de la nobleffe françoife, dont les
pères ont confacré leurs jours ou facrifié leurs
biens au fervice de l'état.

Comme cet établiffement vient d'éprouver
des changemens confidérables dans fon adminiftration, nous ne rapporterons qu'hiftorique-
ment les lois qui ne fubfiftent plus aujourd'hui,
& nous nous attacherons fur-tout à fixer l'état
de l'adminiftration actuelle.

Nous

Nous diviferons cet article en deux parties. Dans la première, nous rappellerons l'origine de l'Ecole royale militaire, les lois qui en fixoient la deftination & les ordonnances qui en régloient l'adminiftration ; & dans la feconde, nous rapporterons les dernières lois qui concernent l'adminiftration actuelle de l'Ecole royale militaire.

PREMIÈRE PARTIE.

Origine de l'École royale militaire, & fa deftination.

On ne doit pas regarder comme nouvelle l'idée générale d'une inftitution militaire où la jeuneffe pût apprendre les élémens de la guerre. On fait avec quel foin les Grecs & les Romains cultivoient l'efprit & le corps de ceux qu'ils deftinoient à être les défenfeurs de la patrie. On reconnoiffoit depuis long-temps en France la néceffité de donner des foins à cette partie fi effentielle de l'éducation publique.

Le cardinal Mazarin tenta le premier l'exécution de ce projet. Lorfqu'il fonda le collége qui porte fon nom, il eut intention d'y établir *une Ecole militaire*, fi l'on peut appeler ainfi quelques exercices de corps qu'il voulut y introduire, & qui quoique communs à toutes fortes d'états, fembloient fe rapporter plus directement à la guerre. Ses idées ne furent pas accueillies favorablement par l'univerfité de Paris, qui fans doute n'auroit pas tenu long-temps contre une telle autorité, lorfque la mort du cardinal vint terminer la difpute.

M. de Louvois eut l'intention d'établir une

Ecole propre à former de jeunes militaires
mais on ignore les raifons qui l'empêchèrer
d'exécuter ce deffein : tout ce qu'on fait, c'e
qu'il fe propofoit de placer cette Ecole à l'hôt
royal des invalides, établiffement fi digne d'im
mortalifer la mémoire de fon auteur. En effet
jufqu'au fiècle de Louis XIV, les foldats forcé
par leurs bleffures ou par leur âge de fe retire
du fervice, ne fubfiftoient qu'avec peine de
foibles fecours qu'ils tiroient du gouvernemen
Ce prince eut le premier la gloire de leur affure
un afyle honorable dans lequel ils trouven
une fubfiftance commode, fans perdre les glo
rieufes marques de leur état & un repos mérit
par leurs travaux précédens, ou quelquefoi
interrompu par les feules fonctions militaire
proportionnées à leur force. L'auteur d'un parei
établiffement étoit bien digne de fentir l'utilit
d'une inftitution où la jeune nobleffe eût reçu
une éducation digne d'elle & qui auroit hât
les progrès de l'art militaire ; mais il étoit réfervé au fiècle de Louis XV de voir l'exécutio
d'un projet tant de fois conçu & fi fouven
échoué.

Après des conquêtes auffi glorieufes que rapides, Louis XV venoit de rendre la paix à
l'Europe : occupé du bonheur de fes fujets, fe
regards fe portoient fucceffivement fur tous les
objets qui pouvoient y contribuer. Il cherchoit
fur-tout à répandre fes bienfaits fur ceux qui
s'étoient diftingués pendant la guerre & fous
fes yeux. Tels furent les motifs de l'édit du
mois de novembre 1750, qui accordoit la nobleffe aux militaires que la naiffance n'en avoit
pas favorifés.

Mais cette faveur étoit bornée & ne s'étendoit que sur un certain nombre d'officiers : ceux qui avoient prodigué leur sang & sacrifié leur bien, avoient laissé des successeurs héritiers de leur courage & de leur pauvreté. Ce fut pour soulager cette portion précieuse de la noblesse que Louis XV résolut de fonder une Ecole militaire où cinq cens jeunes gentilshommes seroient élevés, & dans le choix desquels on préféreroit ceux qui nés sans biens & ayant perdu leurs pères à la guerre, seroient devenus pour ainsi dire les enfans de l'état. Ce prince déterminé par ces motifs, donna l'édit du mois de janvier 1751, qui ordonnoit qu'incessamment il seroit bâti auprès de Paris un hôtel assez spacieux pour loger cinq cens jeunes gentilshommes, les officiers auxquels on en confieroit le commandement, les maîtres en tout genre préposés aux instructions & aux exercices, & tous ceux qui auroient une part nécessaire à l'administration spirituelle & temporelle de cet hôtel, qui seroit appelé *hôtel de l'Ecole royale militaire.*

Le secrétaire d'état ayant le département de la guerre fut chargé sous les ordres du roi de la surintendance de cet hôtel pour en diriger l'établissement & y faire observer les réglemens concernant la discipline, l'administration économique & l'éducation des élèves. Un intendant établi sous lui fut chargé de lui rendre compte de tous les détails, d'arrêter les registres & les états des dépenses journalières & autres, & de délivrer les ordonnances de payement sur la caisse de l'hôtel.

Par l'article 6 de cet édit, il fut ordonné que

le service militaire seroit fait dans cet hôtel, où le principal but devoit être de former les élèves aux opérations pratiques de l'art militaire & de les accoutumer à la subordination. Pour cet effet, le roi se réserva de commettre des officiers qui composeroient un état major pour commander les compagnies d'élèves.

L'administration de l'Ecole royale militaire, tant à l'égard du spirituel que du temporel, fut réglée sur le même pied que celle des invalides par les ordres & sous l'autorité du secrétaire d'état ayant le département de la guerre. Ce ministre fut également chargé de proposer au roi les sujets propres pour enseigner les langues & les sciences & ceux qui seroient destinés pour les exercices du corps.

Comme les premiers fonds destinés à l'établissement devoient être employés à la construction & à l'ameublement de l'hôtel qu'on projetoit de bâtir, on établit provisoirement l'Ecole royale militaire à Vincennes en 1753. Elle y resta jusqu'en 1756 que les quatre-vingts élèves qui la composoient alors, furent transférés à l'hôtel qui subsiste actuellement.

L'édit de création de l'Ecole royale militaire du mois de janvier 1751 a été confirmé par une déclaration de Louis XV du mois d'août 1760, enregistrée au parlement le 5 septembre suivant ; & conformément à ces deux lois, on dressa une instruction ce que les parens devoient observer en proposant leurs enfans pour l'Ecole royale militaire, & sur les titres nécessaires pour être reçus au nombre des élèves. Comme rien ne peut mieux faire connoître l'esprit de cet établissement, nous croyons devoir donner ici un précis de cette instruction.

En établissant l'Ecole royale militaire, Louis XV avoit en vue toute la noblesse de son royaume. Cependant il accorda aux enfans de celle qui suit la profession des armes, des préférences d'autant plus justes, qu'elles furent réglées sur le plus ou le moins de mérite des services militaires. Les degrés de ces préférences furent partagés en huit classes d'après l'édit d'institution. Savoir :

PREMIÈRE CLASSE.

Orphelins dont les pères ont été tués au service, ou qui sont morts de leurs blessures après s'être retirés.

DEUXIÈME CLASSE.

Orphelins dont les pères sont morts au service d'une mort naturelle, ou qui s'en sont retirés après trente ans de commission, de quelque espèce que ce soit.

TROISIÈME CLASSE.

Enfans qui sont à la charge de leurs mères, leurs pères ayant été tués au service ou étant morts de leurs blessures, soit au service, soit après s'en être retirés à cause de leurs blessures.

QUATRIÈME CLASSE.

Enfans qui sont à la charge de leurs mères, leurs pères étant morts au service d'une mort naturelle ou retirés du service après trente ans de commission, de quelque espèce que ce soit.

CINQUIÈME CLASSE.

Enfans dont les pères font actuellement au fervice, ou qui ne s'en font retirés que par rapport à des bleffures ou à des infirmités qui les aient mis dans l'impoffibilité d'y refter, ou après trente ans de fervice non interrompus.

SIXIÈME CLASSE.

Enfans dont les pères ont quitté le fervice par rapport à leur âge, leurs infirmités, ou pour quelqu'autre caufe légitime.

SEPTIÈME CLASSE.

Enfans dont les pères n'ont pas fervi, mais dont les ancêtres ont fervi.

HUITIÈME CLASSE.

Les enfans de tout le refte de la nobleffe, qui par fon indigence fe trouve dans le cas d'avoir befoin des fecours du roi.

Tel eft l'ordre que Louis XV prefcrivit d'obferver dans l'admiffion des élèves propofés pour l'Ecole royale militaire ; enforte que la première claffe fût toujours préférée à la feconde ; la feconde à la troifième, &c.

Les orphelins de père & de mère pouvoient être reçus depuis l'âge de huit ans jufqu'à treize ; ceux qui avoient père ou mère, depuis huit à neuf ans, jufqu'à dix ou onze feulement.

Les conditions exigées de la part des élèves, étoient :

La première, qu'ils fissent preuve de quatre degrés de noblesse au moins, du côté du père seulement.

La deuxième, qu'ils fussent dans l'indigence.

La troisième, qu'ils ne fussent ni estropiés ni contrefaits.

La quatrième, qu'ils sussent lire & écrire, afin qu'on pût tout de suite les appliquer à l'étude des langues.

Il fut ordonné par la déclaration du 24 août 1760 dont nous avons parlé, que les parens pour proposer les enfans, s'adresseroient aux intendans des généralités de leurs domiciles ou aux subdélégués des intendans chacun pour ce qui regarderoit la subdélégation.

SECONDE PARTIE.

Des dernières lois concernant l'administration de l'Ecole royale militaire, & son état actuel.

Par une déclaration du roi du premier février 1776, enregistrée le 5 du même mois au parlement, le roi après avoir confirmé l'établissement de l'Ecole royale militaire & des dotations, concessions & aliénations faites à son profit, ordonna que le nombre des élèves seroit porté de cinq cens à six cens; qu'ils seroient placés dans différens colléges de province en plein exercice, au nombre de soixante tout au plus dans chaque collége, où ils seroient élevés jusqu'à l'âge de quinze ans; qu'alors ceux qui se détermineroient à la profession des armes seroient placés parmi les cadets gentilshommes

N iv

établis dans les différens corps de troupes, au nombre de douze cens; & que ceux qui seroient appelés à la magistrature ou à l'état ecclésiastique, seroient renvoyés & entretenus dans d'autres colléges jusqu'à ce qu'ils fussent reçus; savoir, les premiers, docteurs en théologie; & les seconds, licenciés en droit.

Le 28 mars 1776, le roi fit publier une ordonnance concernant le nouveau plan des Ecoles royales militaires; & sa majesté déclara qu'elle vouloit que ce plan fût envoyé aux supérieurs & principaux des nouveaux colléges & répandu dans tout le royaume, afin que la noblesse en eût connoissance (*).

____

(*) *Comme ce règlement est très-important, nous allons le rapporter.*

Sa majesté ayant jugé à propos par sa déclaration du premier février dernier, de donner une nouvelle forme aux établissemens fondés par le feu roi son aieul, pour l'éducation d'une partie de la jeune noblesse pauvre de son royaume; & voulant remplir le projet qu'elle a annoncé par sadite déclaration, d'améliorer & de simplifier cette éducation, & d'en faire partager les avantages à toutes la noblesse, ainsi qu'à ses autres sujets, elle s'est déterminée à répartir les élèves jeunes gentilshommes en diverses provinces de son royaume, dans différens colléges ou pensionnats, tenus par des ordres religieux & par des congrégations ecclésiastiques; elle a lieu de se promettre que les supérieurs & instituteurs desdits colléges & pensionnats, concourront par leurs efforts, au succès de ses vues, & que leur zèle justifiera la marque d'estime qu'elle leur donne, en leur confiant l'éducation d'une portion de ses sujets, qui lui est aussi chère : & sa majesté voulant fixer & déterminer tout ce qui a rapport à son nouveau plan, elle a ordonné & ordonne ce qui suit :

Par une autre ordonnance du 4 janvier 1777,

TITRE PREMIER.

Difposition & formation des nouvelles Ecoles militaires.

ARTICLE PREMIER.

Les éléves jeunes gentilshommes feront répartis à l'avenir dans les dix maifons fuivantes que fa majefté a honorées de fon choix :

SAVOIR;

COLLÉGES de	DIOCÉSES.	TENUS par les
Soreze.	Lavaur.	Bénédictins.
Briennes.	Troyes.	Minimes.
Tiron.	Chartres.	Bénédictins.
Rebais.	Meaux.	*Idem.*
Beaumont.	Lifieux.	*Idem.*
Pont-le-Voy.	Blois.	*Idem.*
Vendôme.	Blois.	Oratoriens.
Effiat.	Clermont.	*Idem.*
Pont-à Moufton.	Toul.	Chanoines réguliers du Sauveur.
Tournon.	Valence.	Oratoriens.

Ces deux derniers colléges ne feront établis qu'au mois d'octobre prochain; & dans le cas où fa majefté jugeroit à propos de porter jufqu'à douze le nombre defdits colléges, elle fe fera rendre compte des mémoires qui lui ont été préfentés en faveur des collèges d'Auxerre & de Dôle.

II. Lefdits collèges devant remplir l'objet des établiffemens de l'ancienne école militaire, tant à Paris qu'à la flèche; & l'inftitution de ladite école fubfiftant en effet partiellement dans chacun defdits collèges, l'intention de fa majefté eft que ces colléges portent à l'avenir le nom d'*Ecole royale militaire*, & que ce titre foit infcrit fur la porte principale defdits collèges.

III. Veut fa majefté que le fecrétaire d'état ayant le département de la guerre, exerce la furintendance defdites Ecoles, avec le même pouvoir qu'il avoit ci-devant fur l'Ecole militaire de Paris & le collège royale de la Flèche.

il a été fait un règlement pour la tenue du bu

IV. Sa majesté ayant eu en vue, en choisissant de collèges situés dans diverses provinces de son royaume, de tenir les élèves plus à portée de leurs familles, & de diminuer à ces familles les frais nécessaires pour les y conduire, elle veut qu'on ait égard, tant dans la répartition des élèves actuels de l'Ecole militaire, que dans celle des élèves qui y seront admis à l'avenir, à la proximité desdits collèges, du lieu de naissance ou de domicile des enfans admis.

V. Lorsque les établissemens desdits collèges seront entièrement formés, les élèves que sa majesté juge à propos d'entretenir à l'avenir, y seront répartis de manière qu'il n'y ait jamais dans chacun d'eux, moins de cinquante & plus de soixante élèves; à l'exception toute fois de celui de ces collèges, où, suivant ce qui sera dit ci-après, elle compte établir le concours annuel des élèves destinés à être placés dans les cadets-gentilshommes, la forme de ce concours exigeant que l'établissement de ce collége soit plus considérable.

VI. Sa majesté a arrêté avec les supérieurs & principaux desdits collèges, lesquels ont stipulé pour leurs ordres & congrégations, qu'elle leur feroit payer pour chacun des élèves qu'elle y placeroit, une pension annuelle de sept cens livres, moyennant lesquelles sept cens livres ils se chargeroient de loger les élèves, chacun dans une chambre séparée, de les nourrir, de les habiller d'un habit uniforme, tel qu'il sera ci-après réglé; de leur enseigner & faire enseigner l'écriture, les langues françoise latine & Allemande, l'histoire, la géographie, les mathématiques, le dessin, la danse, la musique, l'escrime & fait d'armes; & de les entretenir sains & malades, sans qu'il puisse être fait pour leur entretien & instruction aucune demande au-delà desdites sept cens livres, sous quelque prétexte que ce soit.

VII. La première fourniture des effets avec lesquels les enfans devront arriver, ne devant point être aux frais desdits collèges, il sera réglé ci-après, en quoi elle consistera & par qui elle sera faite. Il en sera de même des frais d'arrivée aux collèges, qui ne seront point à la charg

---

desdits collèges, & des ports de lettres adressées aux élèves; ces trois objets de dépense exceptés, tout le reste de l'entretien, comme livres, papier, plumes, encre, poudre, instrumens de mathématiques, instrumens de musique, fleurets, prix, récompenses : & même les menus plaisirs, lesquels seront fixés à vingt sous par mois pour les élèves, jusqu'à l'âge de douze ans, & à quarante sous pour les élèves de l'âge de douze ans & au dessus, seront à la charge des collèges; & ils ne pourront à ces titres, rien demander à sa majesté ni aux familles, sous quelque prétexte que ce soit.

VIII. Sa majesté a bien voulu accorder auxdits collèges pour les aider à subvenir aux premiers frais de l'établissement, soit relativement à la construction des bâtimens qu'ils seront obligés de faire, soit relativement aux autres dépenses, un don de trois mois de pension sur le pied de cinquante élèves à chacun d'eux; quoique dans le moment actuel, ce nombre ne doive pas y être placé, le payement de ce quartier leur sera fait des fonds de la fondation, en vertu des ordres du secrétaire d'état au département de la guerre.

IX. La pension des élèves effectifs qui seront envoyés dans lesdits collèges, lors de l'évacuation de l'établissement de Paris & de la Flèche, courra à compter du premier avril, & leur sera payé d'avance sur les mêmes ordres & sur les mêmes fonds, dans la ville la plus voisine desdits colléges; & les quartiers suivans continueront de leur être payés également d'avance & de la même manière. A cet effet, les supérieurs & principaux de chaque collège, enverront le 15 du dernier mois de chaque quartier au secrétaire d'état ayant le département de la guerre, l'état de situation du nombre d'élèves de leurs collèges, afin qu'il puisse en conséquence arrêter les états de payement, pour le nombre présent & effectifs des élèves.

X. Veut bien sa majesté, que si, pendant la durée d'un quartier, un des élèves dont la pension auroit été payée, venoit à mourir, l'excédant de pension qu'auroit touché ledit collège ne lui soit point retenu dans le décompte du

suivant cette loi , ce bureau a pour chef

quartier suivant ; mais au moyen de cet arrangement, le
collèges seront chargés des frais d'entretement.

XI. Sa majesté voulant traiter favorablement lesd.
collèges & les aider dans la formation de leur établiss-
mens, elle leur fera indépendamment du don réglé .pa
un des articles ci-dessus, distribuer par égale portion , le
meubles & ustensiles qui se trouveront dans les deux éta
blissemens des Ecoles militaires de Paris & de la Flèche
voulant cependant sa majesté qu'au préalable , il soit réterr
sur les meubles de la Flèche pour le nouveau collège qu'ell
se propose d'y établir, les meubles nécessaires pour deu
cents élèves ; & n'entendant au surplus sa majesté comprendre dans ce don de, meubles qu'elle veut bien fain
aux nouveaux collèges militaires, que ce qui peut être
l'usage des élèves, comme lits , tables, chaises , livres , ling
de corps & de table, ustensiles de cuisine & autres qu
étoient à l'usage des élèves dans les deux établissemens, le
tout d'après les inventaires qui en auront été. dressés avan
leur évacuation.

Il sera donné au collége dans, lequel seront établis le
concours annuels , une double part de ces meubles , ce
égard à l'établissement plus considérable auquel ce collèg
sera assujetti.

. XII. Les bâtimens que les supérieurs & principaux de
collèges feront disposer ou bâtir à neuf pour le logemen
des élèves, seront distribués de manière à remplir strictement la condition stipulée dans les conventions qui on
été faites relativement au logement desdits élèves , c'est-
à-dire que chacun de ces élèves aura une chambre ou cel-
lule séparée qui fermera à clé ; & lesdits élèves occuperon
à eux seuls le bâtiment ou la partie de bâtiment qui leu
aura été affectée , de manière à pouvoir être plus facilement surveillés. Ils seront d'ailleurs confondus, pour tout
ce qui concerne l'éducation, avec les autres pensionnaire dont
il sera parlé ci-après.

XIII. L'intention de sa majesté , dans la dispersion des
élèves de l'ancienne Ecole militaire en divers collèges ou
pensionnats, étant de leur procurer , en les mêlant avec

président le secrétaire d'état ayant le départe-

---

des enfans des autres classes de citoyens, le plus précieux avantage de l'éducation publique, celui de ployer les caractères, d'étouffer l'orgueil que la jeune noblesse est trop aisément disposée à confondre avec l'élévation, & d'apprendre à considérer sous un point de vue juste, tous les ordres de la société : elle a soumis les supérieurs & principaux de ces colléges, dans les conventions qu'elle a fait passer avec eux, à y recevoir un nombre d'autres pensionnaires au moins égal à celui des élèves qu'elle y placera.

XIV. En même temps que sa majesté a eu en vue dans les conventions ci-dessus énoncées, l'avantage des élèves dont elle s'est chargée ; elle a eu pour objet de faire participer à l'éducation améliorée qui se donnera dans les nouveaux collèges ; les enfans de tous ses sujets que leurs familles voudront y placer ; & elle a exigé en conséquence des supérieurs & principaux desdits Colléges, que les autres pensionnaires seroient soumis à la même discipline, aux mêmes réglemens, aux mêmes méthodes d'instruction que les élèves militaires ; qu'ils seroient assujettis à porter le même uniforme, & qu'il n'y auroit enfin entr'eux aucune différence : n'entendant cependant pas sa majesté qu'à raison de cette conformité, dans leur entretien & dans leur éducation, les supérieurs & principaux desdits colléges puissent hausser le prix de leurs pensionnats actuels, & à plus forte raison excéder le prix fixé pour ses élèves : voulant au contraire sa majesté qu'au moyen de l'augmentation de revenu que vont recevoir lesdits colléges, ils continuent de recevoir aux prix accoutumés des pensionnaires de tous états, & qu'ils s'attachent à remplir par là la condition portée dans l'article précédent, sans l'observation de laquelle le plan de sa majesté se trouveroit imparfaitement suivi.

XV. Afin que sa majesté puisse juger du succès des mesures prises ci-dessus, & du zèle avec lequel les colléges auront concouru à les remplir, les supérieurs & principaux desdits colléges seront tenus d'envoyer tous les trois mois au secrétaire d'état de la guerre, en même-temps que l'état de situation des élèves militaires, un état du nombre des

ment de la guerre : il est d'ailleurs composé

autres pensionnaires ; & il sera établi ci-après dans le présent réglement, des moyens d'exciter l'émulation parmi ceux de ces pensionnaires qui pourront prétendre par leur naissance, à entrer dans les cadets gentilshommes des troupes de sa majesté.

TITRE II.

Admission & envoi des élèves dans les nouvelles Écoles militaires.

ARTICLE PREMIER.

Le nombre des élèves que sa majesté entretiendra à l'avenir dans les nouvelles Écoles militaires, sera de six cens au lieu de celui de cinq cens qui étoit réglé par l'édit de fondation.

II. La durée de l'éducation des élèves, ne pourra jamais être du moins de six ans pour ceux qui entreront dans les colléges aux âges de huit & neuf ans ; ces élèves ne seront envoyés aux concours annuels pour subir les examens ci après ordonnés, que lorsque les six années de leur éducation seront complettes.

Les élèves qui entreront à l'âge de dix ou onze ans, & même ceux qui se trouvant dans la classe des orphelins, pourront, suivant l'article 15 de l'édit de création de l'École militaire, y être admis jusqu'à l'âge de treize, & seront point assujettis à completter les six ans fixés ci-dessus pour la durée de l'éducation si des progrès marqués, soit par rapport à leur âge, ou aux connoissances antérieures qu'ils pourroient avoir acquises, les mettent dans le cas d'en être dispensés, ce dont les supérieurs & principaux des colléges rendront compte au secrétaire d'état ayant le département de la guerre.

III. Conformément au même article 15 de l'édit de création de l'École militaire, aucun enfant ne pourra être admis en qualité d'élève qu'il ne sache lire & écrire, afin de pouvoir être appliqué tout de suite à l'étude des langues ; les enfans subiront à cet égard un examen le jour de leur arrivée aux colléges ; & ceux d'entre eux qui seront reconuns n'être pas affez inftruits fur les deux points ci-deffus ordonnés, feront laiffés à leurs familles pour n'être admis qu'au remplacement de l'année fuivante.

IV. Conformément à l'article 17 du même édit, il ne fera propofé ni reçu aucun élève qui foit eftropié ou contrefait.

V. Sa Majefté confirme tous les réglemens qui ont été faits par le feu roi fon aieul, relativement à l'admiffion des élèves, aux preuves de nobleffe exigées, à la forme & à l'ancienneté de ces preuves, aux différentes claffes établies pour déterminer l'ordre de préférence à accorder aux enfans propofés, & enfin toures les difpofitions énoncées dans l'édit de création du mois de janvier 1751, dans la déclaration du feu roi du 24 août 1760, & dans les mémoires inftructifs qui ont été dreffés en conféquence, fur ce que doivent obferver les parens pour propofer leurs enfans à l'Ecole militaire.

Veut fa majefté que les familles continuent d'adreffer leurs preuves & papiers généalogiques dans la forme accoutumée au fieur d'Hozier de Serigni, que fa majefté confirme dans les fonctions de commiffaire pour les preuves de nobleffe des élèves des Ecoles militaires.

VI. Sa majefté renouvelle particulièrement les difpofitions de l'article 7 de la fufdite déclaration, par lequel il étoit ordonné qu'il ne feroit reçu dans l'Ecole militaire aucun enfant dont les parens pourroient fe paffer de ce fecours pour leurs familles; & afin qu'aucune contravention à cet égard ne nuife aux vœux refpectables du fondateur, qui a eu pour objet le foulagement de la nobleffe pauvre, elle ordonne que les certificats qui, conformément aux articles 7 & 8 de la déclaration ci-deffus mentionnée, doivent être conftatés par les fieurs intendans des Généralités & par deux des gentilshommes les plus voifins du domocile des parens des enfans propofés foient de plus atteftés par les gouverneurs des provinces où ledit domicile fera fitué, fi lefdits gouverneurs y réfident, ou à leur défaut par les commandans defdites provinces, ainfi que par l'évêque diocéfain : invite fa majefté les uns & les autres à répondre à

l'Ecole militaire, du supérieur général des a**

cette marque de fa confiance, en regardant comme
devoir d'empêcher les furprifes qui pourroient lui êtr
faites.

VII. Le remplacement des élèves qui, ayant terminé le
éducation, fortiront des collèges pour être envoyés au
concours, & de-là placés dans les troupes de fa majefté
ne fe fera qu'une fois par an, du premier au 15 feptembre
époque à laquelle les anciens élèves partiront pour fe rendr
au concours.

VIII. Le fecrétaire d'état ayant le département de
guerre, préviendra dans le mois de Juillet, les familles dor
les enfans auront été agréés par fa majefté, afin que lefdit
familles aient le temps de fe difpofer à les envoyer au
collèges dans lefquelles ils devront être reçus; & il enven
en même-temps aux fupérieurs & principaux des collèges
l'état des élèves qui devront leur être donnés en remplé
cement.

IX. Les familles fe chargeront de faire conduire à leu
frais, leurs enfans aux collèges qui leur auront été indiqué
& la lettre qui leur aura été écrite par le fecrétaire d'éte
ayant le département de la guerre, fera le titre de ces enfar
pour y être admis. Elles prendront leurs mefures de manièr
que leurs enfans y foient rendus le 15 de feptembre au ph
tard.

X. Les familles feront obligées de pourvoir à la premièr
fourniture néceffaire pour l'équipement & l'établiffement d
leurs enfans dans les collèges; mais cette fourniture ne fer
proprement qu'une avance qu'elles feront à leurs enfans, k
collèges devant à leur tour, ainfi qu'il fera dit ci-après
équiper à leurs frais complètement, les élèves lorfqu'ils for
tiront pour être envoyés au concours, & de-là placés dau
les troupes de fa majefté.

XI. Cette première fourniture à faire par les familles
confiftera en un furtout de drap bleu; un habit de drap bleu
paremens rouges & boutons blancs; deux veftes bleues
deux culottes noires; douze chemifes; douze mouchoirs
fix cravattes ou mouchoirs de cou; fix pâires de bas; fi
bonnets de nuit; deux peignoirs; deux chapeaux; deu

mônier

môniers militaires & du directeur général des

---

paires de fouliers; deux peignes; un ruban de queue; un
fac à poudre.

XII. Au moyen de cette première fourniture, les familles
n'auront plus à leur charge aucuns frais pour leurs enfans,
à l'exception de leurs ports de lettres; lefdits enfans devant
être entretenus de tous points par les colléges pendant la
durée de leur éducation, & équipés par lefdits colléges à
leur fortie, de la même quantité d'effets qui auront été reçus
en entrant, & enfuite conduits aux dépens du Roi, dans
les régimens où ils feront placés cadets-gentilshommes.

TITRE III.

De l'éducation des élèves.

ARTICLE PREMIER.

Sa majefté voulant que l'éducation foit uniforme dans les
diverfes Écoles militaires, elle enjoint aux infliruteurs de fe
conformer exactement au plan d'éducation qu'elle a fait
adreffet aux principaux des colléges, deftinés à recevoir les
élèves jeunes gentilshommes.

II. Pour affurer l'uniformité des méthodes d'inftruction,
& mettre par cette uniformité, les élèves des différens colléges, dans le cas de concourir enfemble, lors des examens
auxquels ils feront affujettis avant d'entrer dans les cadets-
gentilshommes, fa majefté à fait choix de différentes perfonnes pour compofer, à l'ufage defdits colléges, des livres
élémentaires de langues, d'hiftoire, de géographie, de ma-
thématique, de morale & de logique, dans la forme qui lui
a paru la plus propre à fimplifier l'enfeignement, & à faciliter les examens; & fon intention eft que lorfqu'elle aura
approuvé lefdits ouvrages, ils fervent à diriger l'inftruction
des élèves, fans que les fupérieurs & principaux des colléges, puiffent y faire, ni fouffrir qu'il y foit fait aucuns
changemens, fi ce n'eft de l'ordre de fa majefté.

Ordonne fa majefté aux fupérieurs & principaux defdits
colléges, d'adreffer tous les ans au fecrétaire d'état ayant le
département de la guerre, & à ce titre la furintendance
defdites Ecoles, les obfervations que leur expériencè &

`affairés , qui font tous réfidens à l'hôtel , & qu`

leurs lumières les auront mis dans le cas de faire fur lefdits ouvrages élémentaires; & elle affigne par le préfent règlement, un fonds annuel de fix mille livres, à prendre fur les revenus de l'Ecole militaire, pour être employé à récompenfer les perfonnes qu'elle chargera de perfectionner les ouvrages relatifs à l'inftruction des élèves, & aux frais d'impreffion defdits ouvragés; fon intention étant d'en faire la première fourniture aux colléges, lefquels feront enfuite chargés de pourvoir au remplacement de leur confommation.

III. L'intention de fa majefté eft que lorfque ces objets auront été remplis, l'excédent ou la totalité de ce fond annuel de fix mille livres, foit employé à former fucceffivement dans chaque collége, une bibliothèque à l'ufage des élèves, ainfi qu'un cabinet de phyfique & de méchanique, fuffifant pour les principales expériences & démonftrations, defquelles on pourra faire un objet de récréation & de récompenfes pour les élèves qui annonceront le plus d'intelligence, & auront le plus avancé dans les autres parties de leur éducation, dont on devra s'occuper par préférence; ces bibliothèques & cabinets étant achetés des fonds de la fondation de l'Ecole militaire, n'appartiendront point aux colléges.

IV. Pour que l'achat & le remplacement des différens ouvrages élémentaires qui feront compofés par ordre de fa majefté, foient moins à charge aux colléges, & qu'aucune vue d'économie fur cet objet, ne nuife à la facilité de l'inftruction des élèves, qui devront avoir chacun un exemplaire defdits ouvrages, il fera pris des mefures pour qu'ils foient imprimés au plus bas prix poffible, & il en fera arrêté un tarif qui fera envoyé à chaque collége.

V. Sa majefté s'en remet aux différens ordres religieux ou congrégations eccléfiaftiques, dont dépendent les colléges, du choix des fupérieurs & principaux defdits colléges, ainfi que de celui des profeffeurs & des maîtres; fe réfervant, fa majefté, de les obliger à les changer, fi d'après les comptes qui lui en feront rendus, il paroît que l'éducation

ont voix délibérative. Le bureau doit s'affembler

---

des élèves foit en fouffrance, par la faute defdits fupérieurs, principaux ou maîtres.

VI. Il fera donné chaque année, au nom de fa majefté, quatre médailles d'or, de la valeur de cent cinquante livres chacune, lefquelles feront remifes par l'infpecteur général des Écoles militaires, à quatre des profeffeurs ou maîtres du collége, dont les élèves auront eu le plus de fuccès au concours; lefdites médailles porteront d'un côté le bufte du roi, & de l'autre l'infcription fuivante, *Prix de bon inftituteur :* & fa majefté fentant combien la perfection de l'éducation, dans les nouveaux colléges, dépendra du bon choix des profeffeurs & des maîtres, & voulant attirer, dans ces emplois importans, des inftituteurs éclairés & qui mettent leur gloire au fuccès des élèves, elle fe réferve d'accorder des encouragemens & des récompenfes utiles & honorables aux fupérieurs, principaux, maîtres & régens, dont les élèves fe feront diftingués au concours annuel; & feront lefdites récompenfes & encouragemens, accordés par fa majefté, fur le compte qui lui en fera rendu par les infpecteurs & examinateurs dudit concours.

TITRE IV.

Etabliffement d'un concours annuel, & répartition des élèves dans les régimens, en qualité de cadets-gentilshommes.

ARTICLE PREMIER.

Il fera établi un concours annuel pour l'examen des élèves deftinés à être placés dans les cadets-gentilshommes, & ce concours fe fera dans le collége de Brienne en Champagne, qui fe trouve le plus au centre du royaume.

Le premier concours n'aura lieu qu'en 1778, lorfque le nombre des élèves fe trouvera complet.

III. Les principaux des colléges adrefferont chaque année, au mois de Juillet, au fecrétaire d'état ayant le département de la guerre; & à commencer au mois de Juillet 1777, un état nominatif des élèves, qui ayant achevé le

dans la falle du confeil deux fois par femain

tems fixé pour leur éducation, feront en état d'être envoj
au concours.

IV. Le concours fe fera tous les ans dans les premi
jours de feptembre, en préfence de l'Infpecteur général
du fous-infpecteur des nouvelles Ecoles militaires, aidés
deux examinateurs, gens de lettres, qui feront choifis p
le fecrétaire d'état ayant le département de la guerre,
& qui recevront chacun douze cens livres de gratificatior
devant d'ailleurs être nourris & logés aux dépens de la for
dation de l'Ecole militaire, pendant le temps du concour

V. Il fera adreffé à l'infpecteur-général & au fous-in
pecteur, ainfi qu'aux examinateurs, une inftruction fur
méthode des examens ; & les fupérieurs des colléges fero
prévenus de ladite méthode.

VI. Sa majefté fera connoître fes intentions fur la
moyens à employer pour faire conduire au collége c
Brienne, les élèves des autres colléges, qui devront êtr
préfentés au concours, & fur le traitement qui fera accoro
audit collége de Brienne, en raifon de la dépenfe extraor
dinaire que les concours annuels occafionneront à c
collége.

VII. L'infpecteur général n'admettra, pour être placé
dans les cadets-gentilshommes, que ceux des élèves pré
fentés au concours, dont il jugera, avec les examinateurs
l'éducation fuffifamment perfectionnée ; & ceux qui n'au
ront pas mérité d'être admis pour cadets-gentilshommes
refteront dans le collège de Brienne, pour y fubir ur
nouvel examen l'année fuivante.

VIII. Si lors de ce fecond examen, quelques-uns des
mêmes élèves, pour caufe d'inaptitude, d'inapplication ou
de mauvaife conduite, n'étoient pas jugés capables d'être
placés en qualité de cadets-gentilshommes dans les troupes
de fa majefté, l'infpecteur général en rendra compte au
fecrétaire d'état ayant le département de la guerre, qui,
fur fon atteftation vifée des examinateurs & du principal du
collège de Brienne, prendra les ordres de fa majefté,
pour que les familles auxquelles ces élèves appartiendront

& plus s'il est nécessaire. Les délibérations doi-

---

aient à les envoyer chercher à leurs frais, pour les retirer du collège de Brienne.

IX. Pour exciter l'émulation entre les élèves, & les engager à répondre aux vues paternelles & bienfaisantes de sa majesté, elle veut bien accorder aux quatre élèves qui auront remporté les quatre premiers prix, dans le concours, au jugement de l'inspecteur général, du sous-inspecteur, & des examinateurs, les pensions suivantes : savoir, aux deux premiers, une de cent cinquante livres ; & aux deux autres, une de cent livres, dont ils jouiront jusqu'à ce qu'ils aient été faits capitaines au service de sa majesté ; & ce, sans préjudice aux pensions qui leur seront données comme élèves, ainsi qu'il sera dit ci-après. Sa majesté leur accorde en même-temps la croix de chevalier-novice de l'ordre de saint-Lazare, telle que l'avoient ci-devant les élèves de l'ancienne École militaire, & ladite croix leur sera remise par l'inspecteur ou le sous-inspecteur général. Voulant au surplus sa majesté, que lesdits chevaliers-novices se conforment à l'ordonnance de 1761, concernant les gentilshommes élèves de l'École militaire admis dans ledit ordre ; veut pareillement sa majesté, que si lesdits élèves venoient à quitter son service, par quelque cause que ce soit, avant d'être capitaines, lesdites pensions de cent cinquante livres ou de cent livres cessent de leur être payées.

X. Les élèves qui n'ayant point été admis dans les cadets gentilshommes, l'année de leur arrivée au concours, seront obligés de subir un examen l'année suivante, ne pourront point prétendre aux pensions & croix de saint-Lazare, accordées par l'article précédent.

XI. L'inspecteur général mettra aux examens des élèves, & à la distribution des prix, toute la publicité & tout l'appareil qu'il jugera propres à faire impression sur l'esprit des élèves, & à exciter l'émulation des principaux & des maîtres. Il distribuera en même temps à ces derniers les médailles qui leur auront été adjugées, d'après le succès de leurs élèves.

XII. Les élèves, qui après les examens ci-dessus ordon-

vent être inscrites par le secrétaire sur le registre

nés ; devront être placés dans les cadets-gentilshommes
des troupes de sa majesté, seront répartis dans l'infanterie
la cavalerie & les dragons, suivant les dispositions qu'ils
paroîtront annoncer par leur taille & leur constitution
à l'un ou à l'autre de ces espèces de service ; & cette ré
partition se fera par l'inspecteur, ou à son défaut, par le
sous-inspecteur général, d'après les instructions qu'il aura
reçues à cet égard du secrétaire d'état ayant le départemen
de la guerre, conséquemment au nombre de places &
cadets-gentilshommes vacantes dans chaque régiment.

XIII. Ceux d'entr'eux qui dans le cours de leurs études
auront fait le plus de progrès dans les mathématiques &
dans le dessin, seront envoyés à l'école de Mézières ou
à celle de la Fère, où ils se perfectionneront dans les
études relatives au génie ou à l'artillerie, & d'où ils seron
placés ingénieurs ou sous-lieutenans d'artillerie, après le
examens ordinaires.

XIV. Sa majesté veut bien continuer d'accorder à chacu
des élèves de ses nouvelles écoles militaires, qui sera placé
dans les cadets-gentilshommes de ses troupes, une pen
sion de deux cents livres, exempte de toute retenue
laquelle leur sera payée à compter du jour qu'ils entreront
dans lesdits cadets, & dont ils continueront de jouir pen
dant qu'ils seront sous-lieutenans, & jusqu'à ce qu'ils soien
lieutenans ; mais elle n'accordera plus à l'avenir de croix
de saint-Lazare qu'à ceux des élèves qui auront remport
des prix aux concours, conformément à l'article 9.

XV. Les susdites pensions de deux cents livres, seron
payées sur les fonds de l'Ecole militaire, & les ordonnances
en seront adressées par le secrétaire d'état ayant le départe
ment de la guerre, aux états-majors des régimens où seron
placés les élèves ; & à cet effet, les états-majors seron
tenus d'adresser chaque année, audit secrétaire d'état, des
certificats de vie desdits élèves.

XVI. Sa majesté voulant faire participer aux avantages
du système d'éducation qu'elle établit par le présent régle
ment, les familles de sa noblesse que leur fortune met dans
le cas de se passer de son secours pour élever leurs enfans,

deftiné à cet ufage, & elles doivent être para-

& les engager à concourir avec elle, à l'amélioration des nouveaux collèges ; elle permet à celles de ces familles qui placeront leurs enfans dans lefdits collèges, de les amener ou envoyer au même âge que fes élèves, aux concours annuels, & elle veut que ces jeunes gens y foient admis aux examens ; & fur le compte qui lui fera rendu de l'examen & des progrès defdits élèves étrangers, elle en placera tous les ans, un certain nombre dans les cadets-gentilshommes de fes troupes.

XVII. Les parens defdits élèves étrangers, qui defireront envoyer leurs enfans aux concours annuels, feront tenus d'en demander la permiffion au fecrétaire d'état ayant le département de la guerre, en lui adreffant les mêmes preuves qui font exigées pour être admis dans le nombre des cadets-gentilshommes, & d'après la vérification defdites preuves, cette permiffion leur fera accordée.

XVIII. En admettant lefdits élèves étrangers aux concours, fa majefté n'entend fe charger d'aucuns frais de voyage pour lefdits élèves, ni de ceux de logement & de nourriture, pendant qu'ils affifteront aux concours ; mais fa majefté fe promet du zèle que les fupérieurs & principaux du collège de Brienne apporteront à entrer dans fes vues, qu'ils recevront de gré à gré lefdits élèves externes, au même prix que celui qui fera réglé pour fes propres élèves ; pendant le temps du concours.

N'entend auffi fa majefté, que lefdits élèves étrangers, participent aux penfions & croix de faint-Lazare, affignées pour prix à fes élèves.

XIX. A la fin du concours, l'infpecteur général remettra aux élèves qui devront entrer dans les cadets-gentilshommes leurs lettres pour y être admis ; & à cet effet, lefdites lettres lui auront été adreffées à l'avance par le fecrétaire d'état ayant le département de la guerre, pour être par lui remplies du nom des élèves.

XX. Les élèves admis dans les cadets-gentilshommes partiront immédiatement après le concours, pour fe rendre aux régimens dans lefquels ils devront entrer, & les frais de leur voyage feront payés par fa majefté, d'après les

phées par un des administrateurs, & ces déli-

arrangemens qu'elle fera prendre à cet égard. Ils emporteront avec eux, les effets qui auront dû leur être fournis
par les collèges, & qui devront consister dans la même
espèce & dans la même quantité que ceux dont leurs
familles les avoient équipés en y entrant; lesdits effets
devront être en bon état, & l'inspecteur général en fera
la visite, pour s'assurer que les collèges auront rempli leurs
engagemens sur cet objet.

XXI. Les élèves-cadets-gentilshommes, seront de
plus fournis en arrivant aux régimens, par les soins des
états majors desdits régimens & aux dépens des fonds de
l'Ecole militaire, d'un habit uniforme complet, tel qu'il
est réglé dans l'ordonnance concernant les cadets-gentilshommes.

XXII. L'inspecteur, ou à son défaut le sous-inspecteur
général rendra, après le concours, au secrétaire d'état
ayant le département de la guerre, un compte détaillé de
tout ce qui se sera passé audit concours, & lui adressera
l'état des élèves qui, présentés au concours, n'auront point
été admis dans les cadets-gentilshommes, & devront subir
un second examen l'année suivante. La pension de ceux
de ces élèves qui ne seront point du collège de Brienne,
& qui resteront dans ce collège jusqu'au second examen,
sera payée audit collège, à raison de sept cens livres par
an, pour chacun d'eux.

T I T R E V.

*Des élèves qui se destineront à l'état ecclésiastique ou à
la magistrature.*

A R T I C L E P R E M I E R.

Sa majesté voulant donner à sa noblesse des preuves
plus étendues de sa bienveillance, elle a résolu indépendamment des six cens élèves qu'elle placera dans les nouveaux collèges, de rétablir dans celui de la Flèche,
l'ancienne fondation faite par Henri IV, en faveur de
cent pauvres gentilshommes, laquelle n'a jamais été
remplie, & elle rendra incessamment une déclaration à ce
sujet.

bérations doivent être envoyées chaque femaine

II. Ces cent places feront particulièrement deftinées pour les enfans nobles, dont les pères auront rendu des fervices à l'état, dans les charges de la magiftrature ou autres, & qui fe deftineront à fuivre la même carrière, ou à embraffer l'état eccléfiaftique : l'éducation qu'on donnera dans ledit collège de la Flèche, fera relative à l'une & à l'autre de ces deftinations, & fur un autre plan que celle qui eft fixée pour les collèges militaires.

III. Les élèves des collèges militaires, dont la vocation ou les difpofitions fe tourneront, à l'âge de douze ou treize ans au plus tard, vers l'état eccléfiaftique ou la magiftrature, feront envoyés au collège de la Flèche, jufqu'au nombre de cinq feulement par année, fur la demande qui en fera faite par leurs familles au fecrétaire d'état ayant le département de la guerre, & fur le compte qui lui fera rendu des difpofitions defdits élèves, par l'infpecteur général, les fupérieurs & principaux defdits collèges militaires.

IV. Sa majefté s'expliquera, dans la déclaration qu'elle rendra concernant ledit collège de la Flèche, fur la manière dont lefdits élèves y feront entretenus, fur le temps qu'ils y refteront & fur les fecours ultérieurs qu'elle leur donnera, pour leur faire étudier le droit ou la théologie.

TITRE VI.

Difcipline & police intérieure des collèges. Correfpondance defdits collèges avec le fecrétaire d'état ayant le département de la guerre. Vifites defdits collèges par l'infpecteur & le fous-infpecteur général.

ARTICLE PREMIER.

Sa majefté abandonne aux lumières & au zèle des ordres religieux & congrégations eccléfiaftiques, auxquels elle confie l'éducation des élèves jeunes gentilshommes, tous les détails intérieurs de la difcipline des élèves, la divifion de l'emploi des journées, & le choix des méthodes d'enfeignement; elle fe réferve de juger, d'après les comptes qui feront rendus par l'infpecteur général & le fous-inf-

au fur-intendant pour avoir fon approbation

pecteur , lors de leurs vifites des collèges, par le réfult
des concours, & fur-tout par la manière dont les élèe
de chaque collège fe conduiront , quand ils feront plas
dans fes troupes, de la préférence qu'elle doit donner'as
méthodes de tel ou tel collège , en les adoptant alors pe
un règlement auquel elle obligera tous les collèges def
conformer.

II. Les éleves ne pourront jamais , fous quelque pré
texte que ce foit , & à telle proximité que puiffent fe trou
ver les collèges , de la demeure de leurs familles , fort
defdits collèges pour aller chez leurs parens.

III. Les fupérieurs & principaux des collèges, rendro
tous les trois mois , au fecrétaire d'état ayant le départ
ment de la guerre, & à l'infpecteur général, un comp
détaillé de la fituation de leur collège , & des progre
des élèves; bien entendu que s'il fe préfentoit dans l'inte
valle , des évènemens qui méritaffent fon attention, i
n'attendroient pas ce terme pour l'en informer.

IV. Ils écriront auffi , à la fin de chaque quartier , au
familles des élèves, pour les inftruire des progrès de leur
enfans, & leur communiquer la note qu'ils adrefferont fa
leur compte au fecrétaire d'état ayant le département e
la guerre. Sa majefté fe promet que les encouragemes
& les bons avis que leurs familles leurs donneront, con
courront à réveiller ou à augmenter leur application
à feconder les foins des inftituteurs auxquels ils font confié

V. L'infpecteur & le fous infpecteur général, feror
tous les ans la vifite des collêges, pour s'affurer de l'exe
cution du préfent règlement, fur tous les objets, & a
rendre compte à fa majefté.

VI. Veut & ordonne fa majefté que le préfent règlemer
foit envoyé inceffamment aux ordres religieux ou congré
garions, chargés des nouveaux collèges, & nommémer,
aux fupérieurs & principaux qui feront à la tête de ca
collèges : entend auffi fa majefté qu'il foit répandu &
publié dans fon royaume , afin que la nobleffe en a
connoiffance.

Fait à Verfailles le 28 mars 1776. Signé, LOUIS
Et plus bas , SAINT-GERMAIN.

sans laquelle elles ne peuvent avoir qu'une exécution provisoire.

Le secrétaire archiviste a voix consultative seulement dans les assemblés ainsi que le trésorier, qui n'y doit cependant assister qu'après y avoir été appelé.

Le trésorier est autorisé à continuer de percevoir les sommes pui proviennent des différens revenus de l'Ecole militaire, & d'en donner quittance aux régisseurs, fermiers & autres débiteurs. Le trésorier est également autorisé à faire emploi des fonds suivant les états arrêtés par le bureau d'administration & approuvés par le sur-intendant. Lorsque quelqu'emploi de fonds se trouve fait par les ordres particuliers du secrétaire d'état au département de la guerre, le trésorier est tenu de représenter ces ordres à la plus prochaine assemblée pour être inscrits sur le registre. Enfin le trésorier à la première assemblée de chaque mois, est obligé 1°. de remettre l'état de sa caisse vérifié par le directeur général des affaires ; 2°. les bordereaux de la recette & de la dépense du mois précédent, & de représenter les pièces justificatives de la dépense, visées par le directeur général. Les bordereaux & les notes doivent être conservés par le secrétaire pour être employés dans l'examen du compte général qui doit être rendu chaque année par le trésorier en l'assemblée du bureau présidée par le sur-intendant.

Le bureau d'administration est chargé de régler sous les ordres du secrétaire d'état ayant le département de la guerre, tous les détails relatifs à la manutention économique & journalière des divers objets qui concernent la gestion des biens & revenus de l'Ecole royale militaire. Ce bureau eſt également chargé de faire exécuter les fondations ſpirituelles & eccléſiaſtiques, de faire remplir les charges anciennes & ordinaires, & de faire payer les penſions accordées aux anciens officiers & employés, & celles qui ont été attribuées aux anciens élèves par l'édit de janvier 1751, &c. Il doit enfin arrêter régulièrement les états des charges & des dépenſes annuelles ou extraordinaires, pour être approuvés par le ſur-intendant, & en conſéquence être payées par le tréſorier.

Par une autre ordonnance du roi du 17 juillet 1777, il a été ajouté à la diſtribution des élèves de l'Ecole royale militaire dans les colléges de province & des cadets gentilshommes dans les régimens, l'établiſſement d'un corps de cadets gentilshommes dans l'hôtel de l'Ecole ſitué plaine de Grenelle, & le roi a voulu qu'on y appelât l'élite des élèves répandus dans les colléges de province. Le roi a accordé en outre à des ſujets choiſis parmi la jeune nobleſſe élevé aux frais des familles, l'entrée dans ce corps de cadets, moyennant une penſion réglée pour toute dépenſe, ſans aucune différence entr'eux & les éléves de l'Ecole militaire.

Ce corps de cadets & les officiers que ſa majeſté a nommés pour y ſervir, ont pour commandans en chef l'inſpecteur général & le ſous-inſpecteur des Ecoles militaires.

Les différens degrés de mérite dont les élèves & cadets gentilshommes donnent des preuves dans leur conduite, dans leur ſervice, dans leurs études & leurs exercices, doivent déter miner principalement leur nomination aux emplois militaires dont ils font fufceptibles.

Il eſt dit par l'article 4, que ſur le compte qui ſera rendu dans le mois de juillet de chaque année de tous les éleves des Écoles militaires au fur - intendant par l'inſpecteur général ou ſous-inſpecteur d'après leurs tournées, les ſujets qui paroîtront les plus dignes d'entrer dans le corps des cadets, feront nommés par ſa majeſté dans le mois d'août ſuivant, à l'âge de treize ans accomplis au moins, & de quinze ans accomplis au plus, pour le premier octobre ſuivant.

Par l'article 5 de la même ordonnance, le roi veut qu'une portion de la nobleſſe elevée juſqu'à l'âge de treize à quinze ans aux frais des familles, puiſſe participer aux avantages du corps des cadets gentilshommes ; & ſa majeſté s'eſt réſervée d'accorder pareillement l'entrée dans ce corps à ceux de la nobleſſe étrangère qu'elle croira dignes de ſon choix.

Les jeunes gentilshommes élevés aux frais des familles doivent être nommés par le roi au mois de juin de chaque année pour le premier octobre ſuivant, & ne peuvent être admis ſans avoir fourni préalablement à l'inſpecteur général, & en ſon abſence au ſous-inſpecteur;

1°. Un certificat du généalogiſte de l'Ecole royale militaire.

2°. Un certificat de ſanté donné par le médecin de l'hôtel.

3°. Ils ſont tenus en outre de rapporter des témoignages ſuffiſans de leur capacité dans l'examen réglé à cet effet.

Après l'admiſſion des jeunes gentilshommes

élevés aux frais des familles, leurs parens doi‑
vent remettre au tréforier de l'Ecole royal
militaire pour chacun d'eux juſqu'à ce qu'ils e
foient fortis, une penſion de deux mille livres
à raiſon de cinq cens livres par quartier, &
chaque quartier doit être payé d'avance. I
doivent payer en outre une fois feulement
quatre cens livres à leur entrée pour les pre‑
miers frais de leur équipement.

Il ne doit d'ailleurs y avoir entre les jeune
gentilshommes élevés aux frais des familles &
ceux qui font élevés aux frais de l'Ecole royal
militaire aucune diftinction, ni pour l'inftruc‑
tion, ni pour le logement, la nourriture ou te
autre objet que ce puiffe être.

Les aumôniers militaires fous l'autorité d
leur fupérieur, font tenus d'obferver en ce q
concerne le fpirituel, les règlemens de l'arche
vêque de Paris.

Le chef du cours d'inftruction, les directeur
des études, l'économe & les profeffeurs atta
chés à cet établiffement, doivent être logés &
nourris avec les élèves. Les autres maîtres n'ha
bitent point dans l'hôtel.

Les comptes en recettes & dépenfe de ce
établiffement doivent être préfentés tous le
mois en forme de bordereau par les énonome
& les contrôleurs au bureau d'adminiftration,
pour être vifés avec les pièces juftificatives.

Telles font les principales difpofitions conte‑
nues dans l'ordonnance du 17 juillet 1777. Par
celle du 18 octobre de la même année, fa ma‑
jefté a créé & établi une compagnie de cadets
gentilshommes dans l'hôtel de l'Ecole royal
militaire.

Les gentilshommes qui se présentent pour être admis dans cette compagnie doivent produire à l'inspecteur général, & en son absence au sous-inspecteur :

1°. Leur extrait baptistaire pour constater qu'ils ont quatorze ans au moins , & seize ans au plus :

2°. Un certificat du généalogiste de l'Ecole royal militaire qui atteste qu'ils ont fourni les preuves de noblesse prescrites pour l'admission dans l'Ecole militaire :

3°. Un certificat de bonne conformation & de santé donné par le médecin de l'hôtel.

Lorsque ces gentilshommes sont admis , ils doivent remettre au trésorier de l'Ecole une pension annuelle de deux mille livres , à raison de cinq cens livres par quartier , payée d'avance, & en outre quatre cens livres lors de leur entrée , pour les frais de l'habillement & équipement.

Le roi permet que les gentilshommes étrangers soient admis dans cette compagnie en se conformant aux conditions ci-dessus rapportées.

Les gentilshommes & les élèves qui entrent dans la compagnie des cadets ont le même rang que les cadets gentilshommes qui sont employés dans les troupes de sa majesté ; & lorsqu'ils entrent au service , ils y sont reçus comme officiers. Les langues vivantes , l'histoire , la géographie , les mathématiques , les fortifications , le dessin , la danse , l'escrime & l'équitation sont les objets prescrits comme devant entrer dans l'éducation des cadets. Pour donner à cet établissement tout le lustre & toute la consistance

dont il eſt ſuſceptible, le roi par cette mêm
ordonnance a confirmé toutes les donations
dotations, &c. les droits & privilèges don
l'Ecole royale militaire a joui juſqu'à ce jour.

Voyez *les différentes lois, ordonnances, arrêt*
. & règlemens émanés du conſeil, tant ſous le règn
de Louis XV que ſous celui de Louis XVI; l
dictionnaire des ſciences, &c. Voyez auſſi les articles CARTES, LOTERIE, &c. (*Cet article eſ*
de M. DESESSARTS, avocat au parlement, d
l'académie royale des ſciences, belles-lettres & arts,
de Rouen, &c.).

ÉCONOMAT. On donne ce nom à l
commiſſion que le ſequeſtre des biens & des
revenus des bénéfices conſiſtoriaux & des autres bénéfices dont les fruits ſont ſaiſis, exerce
au nom du roi.

On appelle économe celui qui eſt chargé de
cette commiſſion.

- Les Economats intéreſſent eſſentiellement le
roi, le clergé, les héritiers & les créanciers
des bénéficiers; enfin tous ceux qui ont des
relations avec cette branche d'adminiſtration.

Nous diſtribuerons en différentes claſſes les
divers objets qui ont des rapports avec la régie
des Economats.

Nous remonterons d'abord à l'origine des
économes eccléſiaſtiques; nous paſſerons à celle
des économes en France; nous fixerons enſuite
l'état actuel des fonctions de l'économe général
du clergé; les obligations des pourvus aux bénéfices conſiſtoriaux pour faire ceſſer l'Economat; à qui appartient la nomination aux bénéfices qui dépendent des bénéfices conſiſtoriaux
pendant la durée de l'Economat; les prérogatives

&

& exemptions accordées à l'économe & à ses prépofés ; la compétence des juges qui ont le droit de connoître des conteftations concernant les Economats ; la comptabilité de l'économe ; la manière dont les réparations des bénéfices mis en Economat doivent être faites ; enfin les privilèges dont quelques églifes jouiffent relativement aux Economats. Tous ces objets feront traités fucceffivement dans l'ordre que nous venons d'indiquer.

Origine des économes eccléfiaftiques.

L'ufage de nommer des économes pour avoir foin de l'adminiftration des biens de l'églife eft très ancien. Il exiftoit avant le concile de Calcédoine. Par le *can. quoniam* de ce concile, il fut enjoint à tous les évêques de choifir un économe qui fût capable d'adminiftrer fous leurs ordres les biens eccléfiaftiques de leurs diocèfes.

Le père Thomaffin dans fon traité de la difcipline de l'églife, « dit qu'on avoit regardé l'éta- » bliffement des économes fi néceffaire dans » l'églife, que le feptième concile decuménique » fit de leur choix un droit de dévolution aux » archevêques & patriarches ».

Il ne faut pas confondre le vidame avec l'économe. Leurs fonctions étoient différentes. Le premier étoit le régiffeur particulier de l'évêque, & le fecond étoit l'adminiftrateur général des biens du diocèfe.

Depuis la divifion des revenus eccléfiaftiques, les fonctions des économes ont été bornées à l'adminiftration des biens de l'évêché pendant la vacance du fiège épifcopal.

Origine des éconnmes en France.

L'Economat en France tire fon origine du droit de régale qui appartient au roi. En vertu de ce droit, fa majefté jouit des revenus des bénéfices confiftoriaux pendant la vacance, & elle en confie la perception à un économe laïc. Nos rois donnoient autrefois des lettres d'Economat aux eccléfiaftiques qu'ils nommoient aux bénéfices confiftoriaux. Pour détruire les abus que cet ufage entraînoit, Henri III par édit du mois de mai 1578, vérifié en la chambre des comptes le 17 octobre fuivant, érigea en titre d'office des économes dans chaque diocèfe. Par cette loi, il fut ordonné, 1°. qu'auffitôt après le décès du titulaire d'un bénéfice confiftorial, l'économe du diocèfe feroit faifir fous la main du roi les fruits & revenus du bénéfice vacant; 2°. qu'il feroit tenu de faire faire inventaire par le principal juge royal du lieu, en préfence du procureur du roi; 3°. que l'économe continueroit les baux qui ne feroient pas expirés; 4°. qu'il feroit proclamer le revenu temporel du bénéfice pour être adjugé en juftice à des fermiers généraux ou particuliers, au plus offrant & dernier enchériffeur, pour une année feulement.

Par cet édit, il fut encore ordonné que le nouveau titulaire du bénéfice vacant feroit tenu d'entretenir les baux folemnels faits par l'économe pendant l'année prefcrite, de faire faire les réparations, & de payer & acquitter toutes les charges ordinaires fans pouvoir toucher ni aux balliveaux ni aux bois de haute futaie.

Les offices d'économes créés par l'édit de

Henri III de 1578, furent fupprimés par l'article 12 de l'édit de Melun du mois de février 1580. Depuis cette époque jufqu'en 1691, nos rois donnèrent des lettres d'Economat par commiffion.

Fonctions des économes.

Louis XIV voulant affurer d'une manière irrévocable la forme de l'adminiftration des Economats, les droits des économes, & ceux des héritiers & des créanciers des bénéficiers décédés, publia l'édit du mois de décembre 1691. Comme cette loi contient les principales règles de la régie des Economats, nous rapporterons ici les difpofitions qui concernent les fonctions des économes.

« Par cet édit, le roi établit en titre d'office » des charges d'économes-fequeftres pour avoir » la direction & adminiftration du temporel des » archevêchés, évêchés, abbayes & prieurés » conventuels qui font à fa nomination, foit qu'ils » deviennent vacans par mort ou par démiffion » pure & fimple ; & pareillement des bénéfices » qui font à la préfentation ou collation des or- » dinaires, patrons & collateurs laïcs, lorfque » les fruits en auront été fequeftrés par fentence » ou par arrêt ».

Il réfulte de cette difpofition deux vérités importantes : la première, que les bénéfices confiftoriaux qui viennent à vaquer foit par mort ou par démiffion, font fujets à l'Economat ; & la feconde, que les fruits des autres bénéfices y font également foumis lorfque le fequeftre en a été ordonné.

« Par l'article 3, les économes ou leurs pré-

» pofés font obligés d'avoir deux regiftres. Da
» l'un ils doivent écrire leur recette & le
» dépenfe ; & dans l'autre ils doivent faire mer
» tion par extrait de tous les actes qu'ils o
» fait ou qui leur ont été fignifiés concerna
» leurs charges. Ils doivent en outre garder d
» expéditions de ces actes pour les repréfente
» quand ils en font requis par la juftice ».

» Les regiftres doivent être cotés & paraph
» par le juge royal. Le juge eft obligé d'e
» dreffer procès verbal à la première page d
» chacun des regiftres , & il lui eft défend
» d'exiger plus de quatre livres pour cette op
» ration.

» Les économes peuvent avoir des commis
» mais ils répondent civilement de tout ce qu
» leurs commis font dans l'exercice des fonction
» attachées à l'économe.

» L'article 6 ordonne aux économes auffitô
» qu'ils auront été inftruits du décès de quelqu
» prélat , de faire appofer le fcellé à leur re
» quête dans les hôtels des évêchés, arche
» vêchés, abbayes & autres bénéfices qui fon
» à la nomination du roi ; & fi le fcellé a ét
» appofé à la requête des héritiers, de l'exé
» cuteur teftamentaire ou des créanciers d
» prélat , les économes doivent y former op-
» pofition pour la confervation des droits du
» bénéfice & pour la fûreté des réparations.

» Lorfque le fcellé a été appofé à la requête
» des économes, l'inventaire doit être fait à
» leur requête en préfence des héritiers & des
» oppofans, ou eux dûment appelés. Si c'eft
» l'héritier du prélat qui a fait appofer le fcellé,
» les économes doivent affifter à l'inventaire ;

» mais ils ne peuvent exiger aucune vacation.

. » Auſſitôt que les économes ont appris le
» décès des prélats, il leur eſt enjoint par l'ar-
» ticle 8 de faire faire des ſaiſies entre les mains
» des receveurs & fermiers des revenus des
» bénéfices qui ſe trouvent dûs, & aux rece-
» veurs & fermiers de payer ce qu'ils doivent
» entre les mains des économes, à la charge
» par ces derniers d'en tenir compte & de le
» délivrer à qui il appartiendra.

» Les économes ſont obligés par l'article 9
» d'entretenir les baux faits par le dernier poſ-
» ſeſſeur du bénéfice pour l'année courante. Ils
» peuvent les continuer s'ils le jugent à propos,
» ou en faire de nouveaux devant notaire pour
» deux ou trois années ; mais dans ce cas, ils
» doivent prendre l'avis du procureur du roi
» des lieux, & faire faire trois publications
» pendant trois dimanches conſécutifs aux prô-
» nes des paroiſſes dans leſquelles les fermes
» ſont ſituées.

» Les économes ont le droit de recevoir
» tous les revenus des archevêchés & autres
» bénéfices ſoumis à l'Economat, juſqu'à ce que
» le ſucceſſeur nommé par le roi ait pris poſ-
» ſeſſion en vertu des bulles ou des proviſions
» du roi ».

» Les économes ont également le droit de
» recevoir tous les revenus des bénéfices dont
» les fruits ont été ſequeſtrés par ſentence ou
» par arrêt.

» Lorſque le ſequeſtre a été ordonné de dix-
» mes eccléſiaſtiques ou prétendues inféodées,
» les fruits doivent en être perçus par les éco-
» nomes.

» Quand il y a faifie & inftance de préférence » entre créanciers fur les revenus de bénéfices » ou les arrérages de penfions créées en cour » de Rome, ces revenus & ces arrérages doi- » vent être perçus par les économes, & il doit » leur être payé fix deniers pour livre par pré- » férence à tous créanciers, même aux frais de » juftice.

» Toute faifie faite entre les mains des éco- » nomes doit être enregiftrée fur leurs regiftres » & par eux paraphée, à peine de nullité. Pour » cet enregiftrement, les économes ne peuvent » exiger plus de dix fous.

Par différens édits des années 1703 & 1708, il a été fait des changemens dans l'état des char- ges d'économes ; mais les difpofitions de ces édits ne font d'aucune utilité depuis la fuppreffion qui a été faite de tous ces offices par édit du mois de novembre 1714.

Par arrêt du confeil du 27 du même mois, le roi nomma pour remplir les fonctions des économes-fequeftres fupprimés, les fieurs Bar- rangues & Boucher, & les autorifa à établir dans les différens diocèfes du royaume des pré- pofés pour avoir foin de l'adminiftration des bénéfices mis en Economat.

Par un autre arrêt du confeil du même mois, les fieurs Barrangues & Boucher furent fubrogés dans tous les droits, privilèges & prérogatives accordés aux économes fupprimés.

En 1716 par arrêt du confeil du 14 août, le fieur Doyot de Choloy fut fubrogé aux fieurs Barrangues pour régir les Economats conjoin- tement avec le fieur Boucher.

En 1722, par arrêt du confeil du 12 mai, le

sieur Marchal fut subrogé au lieu & place du sieur Doyot de Choloy, pour faire les fonctions d'économe général avec le sieur Boucher.

En 1724, par arrêt du 22 février, le sieur Marchal fut commis pour exercer seul les fonctions d'économe général.

En 1746, par arrêt du 25 septembre, les sieurs Meny & Marchal ont été subrogés aux sieurs Marchal père & fils.

En 1761, le sieur Marchal de Saincy a été commis par arrêt du 7 juin pour exercer seul les fonctions d'économe général. Aujourd'hui c'est encore lui qui remplit la commission d'économe général.

Par arrêt du conseil d'état du 16 décembre 1741, il a été fait un nouveau règlement concernant la régie des économes & de leurs préposés.

Par l'article premier de cet arrêt, il a été ordonné que les économes-sequestres & leurs préposés ne pourroient prendre à l'avenir aucune vacation pour leur présence à l'apposition & levée des scellés, à l'inventaire & à la vente des meubles & effets des bénéficiers, parce qu'ils sont obligés d'y assister. Il est indifférent qu'ils aient requis ou non l'apposition du scellé & la vente ; la défense d'exiger des vacations est générale. Les économes ou leurs préposés peuvent seulement se faire payer six livres pour leur droit de signature des procès verbaux qui ne peuvent être délivrés que lorsqu'ils ont été signés par eux.

Par l'article 4 il est défendu aux économes & à leurs préposés de faire des baux pour plus de deux ou trois années, à moins qu'ils n'en aient obtenu la permiſſion de ſa majeſté. Tous les baux qui excèdent ce temps & qui ne ſont pas approuvés par le roi, ſont nuls.

Par l'article 5 , il eſt défendu aux économes & à leurs prépoſés de prendre aucun bail à ferme des revenus des bénéfices qui ſont à la nomination du roi, & de s'y intéreſſer directement ou indirectement, à peine de deſtitution ou de telle autre peine qu'il appartiendra.

Les économes ont le droit de pourſuivre les fermiers & receveurs des bénéficiers décédés pour les contraindre à payer entre leurs mains ce qu'ils doivent.

Par arrêt du 16 août 1729 , les économes ont été autoriſés à contraindre les bénéficiers qui n'ont pas payé les droits d'Economat, & à ſaiſir leur temporel.

Comme il s'élevoit ſouvent des difficultés entre les héritiers des bénéficiers & les économes ſur la fixation des droits attribués à ces derniers, ſa majeſté par arrêt de ſon conſeil du 24 ſeptembre 1746, a ordonné que les économes pourroient exiger les deux ſous pour livre des revenus des bénéfices & les dix-huit deniers pour livre du prix des meubles qui leur avoient été attribués par le paſſé ; mais qu'à l'avenir il ne ſeroit plus payé aux économes pour leur droits qu'un ſou pour livre de la vaiſſelle d'argent , & trois deniers pour livre de l'argent comptant trouvé ſous les ſcellés.

Il eſt intervenu divers arrêts qui ont jugé que le prix des meubles, les deniers comptans, les revenus des bénéfices, les ſommes mobilières la vaiſſelle d'argent , & généralement tous les

revenus des biens qui appartiennent aux eccléfiaſtiques pourvus de bénéfices confiſtoriaux,
devoient être touchés par les économes-ſequeſtres à la charge des oppoſitions qui tiendroient
en leurs mains.

Le plus ancien des arrêts qui a autoriſé les
économes à faire cette perception eſt du 29
mars 1695. Par cet arrêt, il a été ordonné aux
fermiers des bénéficiers de payer entre les mains
des économes, à peine d'être contraints comme
pour deniers royaux dans les termes de leurs
baux ; & il a été décidé que les payemens faits
par les fermiers à d'autres perſonnes que les
économes ou leurs prépoſés feroient nuls , &
ne pourroient ſervir de décharge aux fermiers,
ſauf leur recours contre ceux à qui ils auroient
payé.

Par un aurre arrêt du conſeil d'état du 28
février 1696 , il a été ordonné que les deniers
provenans de la vente des meubles des bénéficiers, & les fruits & revenus de leurs bénéfices
échus au jour de leur décès , feroient remis aux
économes pour être employés par ces derniers au
payement des charges auxquelles les ſucceſſions
feroient obligées.

Par une déclaration du roi de 1706 , il a été
également ordonné que les fruits & revenus des
bénéfices vacans , & les biens des bénéficiers
décédés feroient remis entre les mains des économes-ſequeſtres.

Non-ſeulement les économes-ſequeſtres ont
le droit de toucher les deniers provenans de la
vente des meubles qui ſont trouvés dans les
maiſons dépendantes des bénéfices , mais encore
dans toutes les autres maiſons, ſoit de ville ou

de campagne, qui appartiennent aux bénéficiers décédés ou dans lesquelles ils faisoient leur demeure. C'est ce qui a été formellement jugé par arrêt du conseil d'état du 25 juin 1715.

En 1721 l'évêque de Verdun étant décédé, on contesta aux économes le droit de toucher le prix des meubles vendus après le décès de ce prélat & l'argent comptant qui avoit été trouvé dans son palais épiscopal. Par arrêt du 21 mars de cette année, les économes furent maintenus dans ce privilège.

Il a été confirmé par plusieurs arrêts postérieurs ; entr'autres par celui du 20 juin 1722, lequel a cassé un arrêt du parlement de Bretagne qui avoit refusé aux économes l'exercice de ce droit.

Par arrêt du 19 juillet 1731, il a été jugé que le sieur Marchal économe général, toucheroit tous les fruits & revenus de la succession de M. Poncet de la Rivière, évêque d'Angers.

Par arrêt du 15 avril 1732, sans avoir égard à l'ordonnance du bailli de la Barre du chapitre de Paris, il a été ordonné que les deniers trouvés sous le scellé du sieur abbé de Miromenil, & les fruits de sa succession seroient remis entre les mains de l'économe général.

Par arrêt du 8 août 1738, il a été ordonné que le prix des meubles & effets de la succession de M. Colbert, évêque de Montpellier, & les deniers trouvés sous les scellés apposés après le décès de ce prélat, seroient remis à l'économe général.

Par arrêt du 27 mars 1739, la même chose a été jugée en faveur de l'économe pour la succession de l'évêque de Quimper.

Par arrêt du 8 mai 1742, rendu dans l'espece suivante : M. le cardinal de Polignac avoit fait un testament, par lequel il faisoit différens legs. Le lieutenant civil avoit ordonné le dépôt du prix des meubles & effets trouvés sous les scellés entre les mains de M^e. Roger notaire au châtelet, pour sûreté de la délivrance des legs & de l'exécution des donations faites par M. le cardinal de Polignac; le sieur Marchal économe général, se pourvut au conseil & y obtint un arrêt qui ordonna que les deniers dont M. le cardinal de, Polignac avoit fait donation seroient remis entre ses mains.

Par arrêt du 14 mars 1746, le greffier de Treguiers a été condamné à restituer à l'économe le produit du greffe de l'évêché dont il s'étoit emparé pendant la vacance.

Par arrêt du 21 septembre 1748, il a été ordonné conformément aux édits & arrêts concernant les Economats, que l'argent comptant, la vaisselle d'argent & les deniers provenans de la vente des meubles & effets des bénéficiers décédés seroient remis entre les mains des économes comme seuls dépositaires.

Par arrêt du 19 décembre 1750, le conseil a cassé une ordonnance du lieutenant général de Péronne, & a condamné les héritiers de l'abbé Destournel à remettre entre les mains de l'économe en nature les effets dont ils s'étoient emparés.

Par arrêt du 22 janvier 1751, le conseil a cassé & annullé deux sentences, l'une de la chambre ecclésiastique du diocèse d'Angers, & l'autre de la maîtrife des eaux & forêts de Chinon, & un jugement de la table de marbre du palais à Paris, & a ordonné que les fruits & revenus de l'abbaye de Bourgueil, échus & à écheoir, feroient touchés par les économes-fequeftres.

Enfin par arrêt du 16 avril 1759, le confeil a caffé & annullé une ordonnance du lieutenant civil, par laquelle ce magiftrat avoit ordonné quela vaiffelle d'argent du cardinal de Tavannes léguée par ce prélat, feroit dépofée entre les mains du comte & du marquis de Saux, comme dépofitaires de juftice, & a ordonné que cette vaiffelle d'argent feroit remife entre les mains des économes-fequeftres.

Le roi en accordant aux économes les droits les plus étendus pour réunir généralement dans leurs mains tout ce qui appartient aux fucceffions des bénéficiers foumis à l'Economat, a voulu que tous les tréforiers de deniers publics payaffent aux économes les rentes dues aux bénéfices, & que ces derniers les touchaffent fur leurs fimples quittances.

Un arrêt du confeil d'état du 2 avril 1737, revêtu de lettres patentes enregiftrées en la chambre des comptes le 10 mai fuivant, contient à cet égard des difpofitions qu'il eft effentiel de rapporter. « Sa majefté, (y eft-il dit), » étant en fon confeil, a ordonné & ordonne » que les édits de 1691, 1707, 1708, 1714, » & les arrêts rendus en conféquence, feront » exécutés felon leur forme & teneur ; ce faifant, que tous tréforiers, receveurs & payeurs, » même les payeurs des rentes de l'hôtel de » ville de Paris, payeront ès mains & fur les » quittances dudit économe-fequeftre, toutes

» les rentes dûes aux bénéfices vacans à la no-
» mination & collation de fa majefté, tant pour
» ce qui en appartient aux fucceffions des béné-
» ficiers décédés, que pour le temps de la régale
» appartenant à fa majefté ; enfemble les rentes
» conftituées au profit des bénéficiers décédés,
» nonobftant toutes faifies & oppofitions qui
» tiendront ès mains dudit économe, pour fû-
» reté des réparations des bénéfices vacans ; à
» ce faire lefdits payeurs contraints, quoi fai-
» fant déchargés. N'entend cependant fa majefté
» préjudicier par le préfent arrêt à la qualité
» de fequeftres & dépofitaires des arrérages des
» rentes attribuées auxdits payeurs des rentes
» de l'hôtel de ville, dans laquelle fa majefté
» veut qu'ils demeurent confirmés ; & fera le
» préfent arrêt exécuté, nonobftant toutes op-
» pofitions & autres empêchemens quelconques,
» dont aucuns fi interviennent, fa majefté s'en
» eft réfervé & à fon confeil la connoiffance :
» icelle interdifant à toutes fes cours & autres
» juges ».

Conformément à cet arrêt, il a été ordonné
par un autre arrêt du 21 mai 1743, que le fieur
Paris de Montmartel, garde du tréfor royal,
payeroit entre les mains des économes fequeftres le montant de deux ordonnances expédiées
en faveur des héritiers du feu fieur abbé d'Ar-
monville, titulaire de l'abbaye de Belle-Etoile,
nonobftant toutes faifies qui tiendroient entre
leurs mains.

Par autre arrêt du 11 juillet 1749, il a été
ordonné que tous tréforiers receveurs, payeurs
& fermiers des bénéfices fimples, même le fieur
de Saint-Julien, receveur général du clergé,

feroient tenus de payer & vider leurs mains
de ce qu'ils pourroient devoir jufqu'au décès
feulement des bénéficiers, entre les mains des
économes-généraux, comme feuls fequeſtres
du produit des fucceffions des bénéficiers décédés.

Par un autre arrêt du 10 avril 1750, il a été
ordonné que les gardes du tréfor royal, les
réceveurs, payeurs & tréforiers de fa majeſté
feroient tenus à l'avenir de payer ce qu'ils pourroient devoir aux fucceffions des prélats & bénéficiers décédés, pour penſions, gages de
confeil, gratifications, récompenfes, gages,
appointemens & autres fommes entre les mains
des économes généraux.

Enfin par arrêt du 2 janvier 1765, il a été
ordonné que le receveur des domaines & octrois
de la ville de Paris & tous autres, feroient
tenus de payer au fieur Marchal de Saincy
économe général, les capitaux de quatre contrats appartenans à la fucceffion de M. de Vau-
réal. Le receveur du domaine de la ville de
Paris refufoit de faire ce rembourfement à l'économe fous prétexte qu'il ne rapportoit aucun
confentement des héritiers du prélat décédé;
mais par une difpoſition de cet arrêt, il a été
décidé que l'économe n'avoit pas befoin pour
exiger & toucher un rembourfement de cette
nature, du confentement des héritiers.

Comme l'économe réunit dans fes mains
l'exercice de tous les droits des bénéficiers foumis à l'Economat, il a été décidé par arrêt du
23 décembre 1738, que les chauffages accordés
aux prélats & bénéficiers dans les forêts dépendantes de leurs bénéfices, continueroient

d'être marqués & délivrés à l'économe après leur décès.

Le cardinal de Biffy étant mort, il s'éleva une conteſtation entre le marquis de Biffy ſon héritier & l'économe au ſujet des titres dont le premier prétendoit avoir le droit d'être ſeul dépoſitaire. Le marquis de Biffy ſe fit même autoriſer à les avoir en dépôt par une ordonnance du lieutenant civil du châtelet de Paris; mais l'économe ſe pourvut au conſeil & y obtint le 14 novembre 1737 un arrêt qui caſſa & annulla l'ordonnance du lieutenant civil, & qui ordonna que tous les titres des bénéfices dont M. le cardinal de Biffy étoit décédé pourvu, & les titres actifs de ſa ſucceſſion, ſeroient remis à l'économe pour en faire le recouvrement.

Quant à la vente & priſée des livres qui ſe trouvent dans les ſucceſſions des bénéficiers, les ſyndics & gardes de la librairie ont obtenu un arrêt du conſeil le 27 juillet 1716, qui les a maintenus dans le droit excluſif de faire la deſcription & priſée de ces livres; & qui a fait défenſes en conſéquence de procéder à la vente des livres des bénéficiers décédés avant que la priſée en eût été faite par deux libraires ou imprimeurs.

Obligations des pourvus aux bénéfices conſiſtoriaux pour faire ceſſer la jouiſſance de l'économe.

. Si les pourvus par le roi aux bénéfices conſiſtoriaux n'obtiennent pas des bulles dans le délai de neuf mois, après les lettres de nomination qui leur ont été expédiées, ou s'ils ne juſtifient pas qu'ils ont fait des diligences valables & ſuffisantes pour obtenir leurs bulles, la jouissance de l'économe n'est point interrompue. Ce privilège a été accordé à l'économe par une déclaration du roi du 15 décembre 1711. Cette loi prononce même contre les pourvus qui auront négligé d'obtenir des bulles dans le délai ci-dessus, la peine de déchéance de leur droit de nomination.

Le privilège des économes-sequestres a été confirmé d'une manière encore plus formelle par une déclaration du roi du 13 mars 1715. Comme les dispositions de cette loi sont essentielles, nous allons les transcrire. « Nous déclarons, (y est-il dit), ordonnons & nous plaît, » que conformément à l'article 5 de l'ordonnance de Blois, aux édits & déclarations » donnés en conséquence & à la déclaration du » 15 décembre 1711, qui feront exécutés selon » leur forme & teneur, ceux que nous avons » nommés ou que nous nommerons aux bénéfices qui sont à notre nomination & pour lesquels il est nécessaire d'obtenir des bulles ou » provisions de cour de Rome, feront tenus » dans les neuf mois du jour de la date de nos » brevets ou de nos lettres de nomination, » d'obtenir en cour de Rome des bulles ou provisions desdits bénéfices; & en cas de refus » de leur en accorder, ne pourront lesdits brevetaires se pourvoir ailleurs qu'en notre grand » conseil, pour après avoir justifié dudit refus » & des diligences valables qui l'auront précédé, demander permission de se mettre en » possession desdits bénéfices & de jouir des » fruits après ledit temps de neuf mois; défendons à toutes cours & jurisdictions d'en connoître

» noître & de donner de pareilles permiſſions ,
» à peine de nullité des procédures & de ce
» qui pourroit être fait en conſéquence. Leſ-
» dites permiſſions ne ſeront accordées par no-
» tredit grand conſeil que pour ſix mois , & ne
» pourront être renouvelées que juſqu'à trois
» fois ſeulement ; & ſur la preuve qui ſera
» faite chaque fois de nouvelles diligences faites
» pour obtenir des bulles ou des nouveaux em-
» pêchemens valables , le tout ſous les peines
» prononcées contre leſdits brevetaires par la
» déclaration du 15 décembre 1711 , à laquelle
» nous n'entendons déroger en rien ; & après
» trois arrêts de notre grand conſeil portant
» pareilles permiſſions pour raiſon du même
» bénéfice , ſeront tenus leſdits brevetaires de
» s'adreſſer directement à notre propre per-
» ſonne pour y être pourvu par nouveau renvoi
» au grand conſeil ou autrement ainſi que nous
» le jugerons à propos. Ceux deſdits brevetaires
» ſeulement auxquels de pareilles permiſſions
» auront été accordées par des arrêts de notre
» grand conſeil ou de notre conſeil, & qui dans la
» ſuite auront obtenu des bulles ou proviſions
» de cour de Rome , ſeront tenus dans ſix mois
» après l'obtention d'icelles , de les repréſenter
» à notre procureur général audit grand conſeil
» dont ſera fait mention dans un regiſtre du par-
» quet , de laquelle repréſentation leur ſera à
» l'inſtant délivré un certificat ſigné de notredit
» procureur général ou de l'un de ſes ſubſtituts ;
» le tout ſans frais ; & ſera ledit certificat
» ſignifié ſur les lieux aux commis prépoſés pour
» faire la fonction des économes - ſequeſtres ;
» faute par leſdits brevetaires de ſatisfaire à tout

» ce que deſſus, les commis & prépoſés par notre
» arrêt du mois de décembre dernier à l'exercice deſ-
» dites fonctions d'économes-ſequeſtres en vertu des
» préſentes & ſans qu'il ſoit beſoin d'autre juge-
» ment, ſe mettront en poſſeſſion, feront ſaiſir &
» arrêter les revenus entre les mains des fermiers-
» locataires ou débiteurs, les contraindront au
» payement à l'échéance des termes des baux, loyers
» & redevances, & percevront généralement tous
» les fruits & revenus deſdits bénéfices, dont ils
» feront tenus de rendre compte, quant à pré-
» ſent, devant les ſieurs intendans & commiſ-
» ſaires par nous départis dans les provinces,
» conformément à l'article 8 de notre édit du
» mois de novembre dernier, portant ſuppreſ-
» ſion des offices d'économes-ſequeſtres ; nous
» réſervant après la fin de la régie ordonnée par
» notredit édit, de pourvoir à la recette deſ-
» dits fruits ainſi que nous aviſerons ; & feront
» leſdits fruits qui écherront après le temps par
» nous marqué pour obtenir des bulles ou pour
» juſtifier d'empêchement légitime ou diligence
» valable, appliqués par égales portions aux
» réparations des égliſes ou monaſtères, & aux
» hôpitaux les plus prochains des lieux où feront
» ſitués leſdits bénéfices, ainſi que nous l'avons
» ordonné par la déclaration du 15 décembre
» 1711, à la requête du procureur du roi de la
» juridiction royale dans le reſſort de laquelle
» ſont ſitués les chef-lieux deſdits bénéfi-
» ces, &c. ».

Par une autre déclaration du 14 octobre
1726, le roi a renouvelé les diſpoſitions des
lois antérieures & a ordonné de nouveau aux
brevetaires d'obtenir des bulles ou proviſions

en cour de Rome dans le délai de neuf mois, & d'en juftifier au procureur général du grand confeil. Faute par les brevetaires de fatisfaire à cette obligation, fa majefté a déclaré les bénéfices vacans de fait & de droit, & a ordonné que les fruits des bénéfices qui écherroient après le terme des neuf mois prefcrits pour obtenir des bulles, feroient régis & mis en Economat comme les bénéfices vacans par mort ou démiffion des titulaires.

Enfin par arrêt du 30 mars 1734, le roi a ordonné au fieur Marchal, économe général, de faifir & mettre en Economat tous les fruits & revenus des bénéfices dont les brevetaires ne fe font point fait pourvoir de bulles de cour de Rome dans le délai de neuf mois; & fa majefté a révoqué tous brevets & arrêts accordés avant le premier octobre 1733, pour faire ceffer la vacance des bénéfices.

A qui appartient pendant la durée de l'Economat, la nomination aux bénéfices qui dépendent des bénéfices confiftoriaux.

Le droit de pourvoir aux bénéfices pendant la vacance des abbayes ou des prieurés réguliers dont ils dépendent, avoit fait naître une foule de conteftations qui avoient été jugées d'une manière différente par les divers tribunaux du royaume. Les religieux prétendoient d'un côté que l'abbé ne formant avec eux qu'un feul & même corps dont il eft le chef, c'étoit au nom de ce corps qu'il jouiffoit du droit de collation comme des autres droits honorifiques. De là ils concluoient que le pouvoir de l'abbé expirant avec lui, le droit qu'il exerçoit pen-

Q ij

dant fa vie fe réuniffoit naturellement au corp
dont il étoit cenfé l'avoir reçu , & que cett
maxime devoit avoir également lieu , foit dan
le cas de la règle ou dans celui de la commende.

D'un autre côté les évêques foutenoient qu
les plus anciennes lois de l'églife & le caractèr
même de l'épifcopat leur attribuant la libre di
pofition de tous les bénéfices de leurs diocèfes,
le droit des abbés devoit être regardé comm
une, efpèce d'exemption & une fervitude contraire au droit commun ; ils ajoutoient qu
l'abbé feul avoit acquis par fa poffeffion le pri
vilege perfonnel de nommer aux bénéfices
mais que dès - lors qu'il n'étoit plus en éta
d'exercer lui- même ce privilège, le pouvoi
primitif de l'évêque devoit revivre de plei
droit & par la feule caffation de l'obftacle qu
en avoit fufpendu l'exercice.

Des principes auffi oppofés avoient produi
des décifions contraires , les unes favorable
aux religieux & les autres aux évêques.

On avoit voulu trouver un milieu entre ce
deux extrêmités, en faifant dépendre le droi
du fait, c'eft-à-dire de l'ufage & de la poffeffion
mais ce tempérament avoit encore produit un
nouvelle incertitude dans les jugemens pou
favo r fi c'etoit aux évêques ou aux religieu
de prouver la poffeffion , & s'il fuffifoit qu'ell
fût juftifiée en général pour des bénéfices dé
péndans de l'abbé , ou fi elle devoit l'être fin
gulièrement pour le bénéfice qui faifoit le fuje
de la conteftation. Une jurifprudence fujette
tant de variations exigeoit une loi uniforme &
commune à tous les tribunaux. Cette loi n

pouvoit être plus conforme à la pureté des canons, qu'en conservant aux évêques leur droit,
qui étant naturellement attaché à leur autorité,
a précédé tous les privilèges accordés aux religieux & aux monastères. Ces privilèges ne sont
d'ailleurs que des exceptions de la règle générale. On ne pouvoit par conséquent les renfermer dans des bornes trop étroites. Le retour
au droit commun étant toujours favorable en
lui-même l'est encore davantage lorsque celui
qui pourroit seul y opposer une exception en a
perdu le droit par sa mort ou par sa démission.
Ce motif devoit déterminer le législateur en
faveur des évêques : cependant la discipline
monastique exigeoit des considérations particulières quant aux offices claustraux & aux
places monacales. Toutes ces raisons réunies
portèrent Louis XV à publier la déclaration
du 30 mars mars 1735 qui a fixé les idées &
les principes sur cette matière depuis si long-
temps la source d'une foule de procès pendant
la durée de l'Economat.

Par l'article premier de cette déclaration, le
législateur a voulu que les bénéfices dépendans
des abbayes ou prieurés réguliers, & dont la
collation est exercée par l'abbé seul, fussent
conférés par les archevêques ou évêques dans
le diocèse desquels les bénéfices feroient situés
lorsqu'ils viendroient à vaquer pendant la vacance des abbayes ou prieurés réguliers dont ils
dépendoient. Par le même article, il a été décidé que la nomination feroit dévolue aux ordinaires, soit que les abbayes ou prieurés réguliers fussent possédés en règle ou en commende,

foit qu'ils fuffent exempts ou qu'ils ne le fuffent pas.

L'article fecond conferve aux religieux le droit de nommer à leur tour lorfqu'ils jouiffent de la collation alternative avec leur abbé ; & les archevêques & évêques ont feulement le droit de nommer aux bénéfices lorfqu'ils viennent à vaquer dans le tour de l'abbé ou du prieur.

Par l'article 3 , fi le droit de collation eft exercé en commun entre l'abbé & les religieux, la communauté eft autorifée à jouir du droit de nomination pendant la vacance.

Le roi par l'article 4 s'eft réfervé à titre de droit de régale la nomination aux bénéfices qui viennent à vaquer pendant la vacance des archevêchés & évêchés , & qui font à la nomination des archevêques & évêques.

L'article 5 conferve aux communautés la nomination des offices clauftraux & des places monacales.

Les différentes difpofitions de cette loi fixent le droit de collation des bénéfices pendant le temps de la vacance des bénéfices confiftoriaux qui font mis en Economat, & c'eft fans doute une des lois les plus importantes, puifqu'elle a terminé toutes les conteftations qui s'élevoient fi fouvent auparavant pendant la jouiffance des économes.

Une portion des fruits & revenus temporel des bénéfices confiftoriaux étant deftinée pour fournir aux befoins des nouveaux convertis fous le nom *du tiers des nouveaux convertis* , le roi par un arrêt du confeil d'état du 31 mars 1734 a ordonné que la totalité des fruits & revenu temporels des archevêchés, évêchés, abbayes, prieurés & autres bénéfices confistoriaux, feroient perçus par l'économe général, & fa majefté les a deftinés pour être employés au payement des penfions & gratifications accordées aux nouveaux convertis.

Par le même arrêt le roi a ordonné que l'économe feroit la régie des fruits temporels des bénéfices confistoriaux depuis le jour & la date des brevets de nomination qui en auroient été expédiés jufqu'au jour de l'enregiftrement du ferment de fidélité en la chambre des comptes pour les archevêchés & évêchés, & de la prife de poffeffion en vertu de bulles de cour de Rome pour les abbayes, prieurés & autres bénéfices confistoriaux, ou d'arrêts du confeil qui auroient fait ceffer la vacance de ces bénéfices.

Prérogatives & exemptions accordées à l'économe & à fes prépofés.

Les prépofés du receveur général des Economats jouiffent de plufieurs privilèges qui leur ont été accordés par différens édits & arrêts. Ces privilèges confiftent dans l'exemption de tout logement de gens de guerre, de la collecte des tailles & du fel, du guet, de la garde, de tutelle, de curatelle & des autres charges publiques; ils ont même le droit de ne pouvoir être augmentés ni à la taille ni à la capitation; & ils font exempts, eux & leurs enfans, de la milice.

Ces prérogatives qui leur ont été accordées à caufe de l'importance des dépôts dont ils font chargés, ont été récemment confirmées par un arrêt du confeil d'état du 22 novembre 1771.

Q iv

Par cet arrêt, fa majefté a ordonné que tous les commis de l'économe général jouiroient des droits & exemptions qui leur avoient été accordés, & a fait défenfes aux maire & échevins des villes de les y troubler. L'arrêt eft intervenu en faveur du fieur Maheux contre les maire & échevins de la ville de Bayeux.

Compétence des juges qui ont le droit de connoître des conteftations concernant les Economats.

Les conteftations qui s'élèvent entre l'économe ou fes prépofés, & les héritiers & créanciers des bénéficiers décédés, doivent être portées devant les juges royaux. Voilà le principe général. Mais il y a quelques exceptions à cette règle ; nous les rapporterons dans un inftant.

Un autre principe, eft que toutes les conteftations qui s'élèvent entre l'économe ou fes prépofés & les fermiers des bénéfices mis en Economat, doivent être portées devant les intendans des généralités du royaume.

Le premier principe concernant la compétence des juges royaux a été confirmé par plufieurs arrêts, entr'autres par arrêt du confeil du 7 mars 1724, qui a ordonné que les juges royaux demeureroient en poffeffion de la juridiction contentieufe des Economats ; & par un autre arrêt du 21 décembre 1738, qui a ordonné que l'arrêt du 7 mars 1724 feroit executé dans la province du Dauphiné comme dans les autres provinces du royaume.

Le bailli du chapitre de Sens ayant prétendu avoir le droit d'appofer les fcellés fur les meubles des bénéficiers décédés dans le reffort de fa juridiction, il eft intervenu un arrêt le 3 novembre 1748 , qui lui a fait défenses d'appofer aucun fcellé , & qui a ordonné que les juges royaux qui feroient requis par les fieurs Mêny & Marchal en leur qualité d'économes-fequeftres , feroient & demeureroient en poffeffion de la juridiction contentieufe des Economats.

Le 27 février 1751 , il eft intervenu un arrêt qui a ordonné que les économes continueroient comme par le paffé , de s'adreffer aux juges royaux indiqués par les édits & arrêts concernant les Economats, & qui a caffé & annullé les procès-verbaux d'appofition & de levée de fcellé , l'inventaire & toutes les procédures faites par le juge de la temporalité de Lodève & par les officiers de la fénéchauffée de Beziers. Par cet arrêt, le juge de Lodève & ceux-de Beziers ont été condamnés à reftituer les fommes par eux indûment exigées , & il a été ordonré qu'ils y feroient contraints par les voies de droit.

Par arrêt du 9 octobre 1751 , il a été ordonné que l'économe ou fes prépofés feroient autorifés à faire appofer par le juge royal du lieu, les fcellés fur les effets des eccléfiaftiques pourvus de bénéfices confiftoriaux ; & fi la juftice du lieu appartenoit, à un feigneur particulier, par le plus prochain juge royal. Il a été en outre fait défenfes par cet arrêt à tous juges d'appofer les fcellés s'ils n'en font requis par les héritiers , les créanciers , ou par l'économe & fes prépofés.

Les officiers du bailliage de l'archevêché de Paris ayant appofé les fcellés fur les effets de feu M. de Vintimille , abbé de Hambye , l'économe fe pourvut au confeil contre cette entreprife, & obtint un arrêt le 25 avril 1744, qui ordonna que ces fcellés feroient levés par les officiers du châtelet de Paris, & que ces derniers procéderoient feuls à l'inventaire & ordonneroient la vente conformément aux édits des mois de décembre 1691, juillet 1708, & juillet 1725.

Les juges feigneuriaux du prieuré de Bazainville avoient appofé les fcellés fur les effers du fieur Viennot titulaire de ce bénéfice ; les juges de Montfort Lamaury croifèrent ces fcellés. Comme il s'agiffoit de favoir par qui la levée des fcellés devoit être faite, l'économe fe pourvut au confeil, où il obtint le 12 décembre 1761 un arrêt qui ordonna que le croifement des fcellés feroit levé par les juges royaux de Montfort Lamaury en préfence des juges feigneuriaux du prieuré qui avoient appofé leurs fcellés, & que l'inventaire feroit fait par un notaire royal & la vente par un huiffier.

Le fénéchal de Montpellier ayant ordonné après la mort de M. de Villeneuve, évêque de cette ville, que l'inventaire feroit fait en préfence du fieur Campan, avocat du roi, l'économe s'adreffa au confeil & y obtint un arrêt le 11 avril 1766, qui fit défenfes au fieur Campan avocat du roi, & à tous autres, d'affifter à l'inventaire & à la liquidation des fucceffions des bénéficiers décédés lorfqu'il fe préfenteroit des héritiers ; & il fut enjoint au fieur Campan de reftituer les vacations qu'il avoit perçues, à peine de fufpenfion de fes fonctions & même d'interdiction.

Dans quelques villes du royaume les tréforiers de France jouiffent du privilège d'appofer les fcellés fur les effets des bénéficiers décédés ; mais ce n'eft qu'une exception à la règle générale qui eft en faveur des juges royaux ordinaires.

Les tréforiers de France de Châlons & de Poitiers ont réclamé ce privilège ; mais par arrêt du confeil d'état du 16 mai 1725, il leur a été défendu de s'immifcer dans l'adminiftration du temporel des bénéfices confiftoriaux, & les liautenans généraux de Châlons & de Poitiers ont été maintenus dans le droit d'appofer les fcellés fur les titres, papiers & autres effets dépendans des bénéfices confiftoriaux qui viendroient à vaquer.

En Provence ce font les tréforiers de France qui jouiffent du droit d'appofer & de lever les fcellés, & de faire l'inventaire & la vente des meubles des bénéficiers décédés. Ils ont été maintenus dans ce privilège par arrêt du confeil d'état du roi du 3 mars 1741, & il a été défendu à tous autres juges de les troubler dans ces fonctions.

Cet arrêt eft encore remarquable en ce qu'il fixe les vacations des juges qui font requis par l'économe ou par les héritiers des bénéficiers, pour appofer les fcellés, &c. « Il ordonne que »les juges ne pourront comprendre dans la »taxe de leurs vacations qu'une journée pour »aller & une autre pour le retour, à quelque »diftance que foient fitués les domiciles des »prélats & bénéficiers décédés, à raifon de »douze livres par jour pour le commiffaire, »dix livres au procureur du roi, huit livres au »greffier, & cinq livres à l'huiffier, & pareille »fomme pour chaque jour qu'ils emploieront »fur les lieux ».

· Dans le cas de danger, & pour prévenir le divertiſſement des effets de la ſucceſſion, les prépoſés de l'économe ont été autoriſés par le même arrêt de requérir le plus prochain juge royal de faire ſeulement l'appoſition des ſcellés. Si le juge royal requis eſt obligé de ſe tranſporter hors du lieu de ſon domicile, il ne peut taxer ſes vacations qu'à raiſon de neuf livres par jour, des deux tiers au ſubſtitut, de pareille ſomme au greffier, & de trois livres à l'huiſſier.

Les officiers du comté de Lyon ont prétendu avoir le droit d'appoſer le ſcellé ſur les effets des bénéficiers décédés excluſivement aux officiers de la ſénéchauſſée de la même ville ; ces derniers ſe ſont pourvus au conſeil contre cette entrepriſe & y ont obtenu un arrêt le 7 ſeptembre 1740, qui a ordonné qu'ils connoîtroient ſeuls des appoſitions, levées de ſcellés & inventaires des effets des bénéficiers décédés pourvus de bénéfices conſiſtoriaux.

Par arrêt du 7 ſeptembre 1740, les procédures des officiers de la ſénéchauſſée de Limoges au ſujet des meubles & effets de la ſucceſſion de M. de l'Iſle du Gaſt, évêque de Limoges, ont été caſſées & annullées, ſur le fondement que n'ayant été requis par aucune perſonne intéreſſée, ils avoient agi ſans droit ni qualité ; & par le même arrêt, il leur a été fait défenſe de troubler l'économe dans ſes fonctions & d'aſſiſter aux appoſitions des ſcellés & aux inventaires des bénéficiers décédés, à moins qu'il n'aient été requis par les perſonnes intéreſſées.

. Par autre arrêt du 7 mai 1743, les procédures faites par les officiers de la juſtice du chapitre de Metz au ſujet de la ſucceſſion de l'abb

de Favencourt ont été déclarées nulles ; & il a
été ordonné que les procès verbaux d'appofition , de levée de fcellé , & d'inventaire des
meubles & effets de cette fucceffion , feroient
faits par le lieutenant général du bailliage de
Metz.

Par autre arrêt du 12 octobre 1750 , il a été
ordonné qu'à la pourfuite & diligence des économes tous les effets trouvés dans la maifon de
l'abbé de Caftellane feroient remis & reftitués
dans le même état où ils étoient au jour de fon
décès, & les procédures faites par les officiers
de la fénéchauffée de Sifteron , ont été déclarées
nulles.

Par autre arrêt du 10 août 1754 , il a été fait
défenfe aux officiers du bailliage de Bourges de
mettre à l'avenir les fcellés fur les titres & papiers des bénéfices vacans , de procéder à la
vifite des réparations & de faifir de leur autorité les revenus ; & par le même arrêt , les
fcellés & faifies que ces officiers avoient appofés
& faites pendant la vacance de l'abbaye de Lo-
roy ont été déclarés nuls.

En 1762 les chanoines du chapitre de Rouen
ayant voulu troubler l'économe dans l'exercice
de fes droits , toutes les procédures qu'ils avoient
faites ont été déclarées nulles par arrêt du 31
juillet de la même année.

*Officiers de juftice établis par les bénéficiers dé-
cédés doivent-ils exercer leurs fonctions pendant
la vacance des bénéfices ?*

C'eft un principe certain , que les officiers
établis par les bénéficiers peuvent continuer
leurs fonctions pendant la vacance. Ce principe

a été confirmé par quatre arrêts du conseil d'état.

Plusieurs juges royaux de Normandie s'étant emparés des justices qui dépendent de l'archevêché de Rouen, par arrêts des 6 février & 20 novembre 1734, il a été ordonné que les officiers établis par le prélat décédé, ainsi que ceux auxquels le directeur général des Economats avoit donné des commissions, continueroient leurs fonctions.

Par autre arrêt du 8 novembre 1748, il a été ordonné que les officiers de justice établis par feu M. de Sourches, évêque de Dol, continueroient leurs fonctions pendant la vacance de l'évêché, comme ils faisoient pendant la vie de l'évêque, excepté cependant qu'ils rendroient la justice au nom du roi.

Après le décès de M. le cardinal de Tavannes, archevêque de Rouen, les juges royaux du Pont-de-l'Arche s'emparèrent de la justice du comté de Louviers qui dépend de l'archevêché de Rouen. Les officiers de cette justice réclamèrent contre l'entreprise des juges du Pont-de-l'Arche. La contestation ayant été portée au parlement de Rouen, il y intervint un arrêt qui autorisa les juges du Pont-de-l'Arche à exercer la justice de Louviers pendant la vacance. L'économe s'adressa au conseil, & y obtint le 5 mai 1759 un arrêt qui cassa & annulla l'arrêt du parlement de Rouen, ordonna que les officiers de justice établis par M. le cardinal de Tavannes, continueroient leurs fonctions pendant la vacance, & fit défenses aux juges royaux du Pont-de-l'Arche & à tous autres, de les troubler dans leurs fonctions.

En 1764, lors de la translation de M. de Choiseul de l'archevêché d'Alby à celui de Cambray, le juge de la viguerie royale d'Alby fit défenses au juge de la temporalité de l'archevêché d'Alby de faire aucune fonction pendant la vacance. L'économe dénonça au conseil l'ordonnance qui contenoit cette défense ; & par arrêt du 6 octobre 1764, les officiers de la temporalité furent autorisés à continuer leurs fonctions, & il fut défendu à tous juges de les y troubler.

Ainsi d'après ces arrêts on doit regarder comme une règle certaine que les officiers de justice établis par les bénéficiers décédés ont le droit de continuer leurs fonctions pendant la vacance des bénéfices dont dépendent les justices qu'ils exercent.

Comptabilité de l'économe.

La comptabilité de l'économe est un des objets les plus importans de l'administration des Economats. Il a mérité dans tous les temps une attention particulière du gouvernement.

Par l'article 18 de l'édit de 1691, les économes étoient assujettis à rendre compte chaque année de tous les bénéfices vacans dont ils avoient perçu les revenus, & à en payer le reliquat aux commissaires délégués par sa majesté. Le même article les obligeoit quant aux revenus des bénéfices dont le sequestre avoit été ordonné, à en rendre compte dans le mois après la sentence de la recréance, à la partie qui l'avoit obtenue.

L'article 19 du même édit autorisoit les économes à employer dans le chapitre de dépense

de leurs comptes deux fous pour livre de tour
leur recette. Cette fomme leur étoit accordée
pour tous droits de recouvrement & reddition
de compte.

Par arrêt du 12 janvier 1734, le roi a établi
une commiffion du confeil pour recevoir le
comptes & juger toutes les conteftations qu
concernent les Economats. Cette commiffion
eft compofée aujourd'hui de quatre confeiller
d'état, de neuf maîtres des requêtes, d'un pro
cureur général & d'un greffier.

La forme des comptes des économes & le
délais dans lefquels ils doivent les rendre on
été fixés par un arrêt du confeil d'état du 29
octobre 1754, dont toutes les difpofitions fon
importantes, puifqu'elles déterminent les obli
gations des économes & les droits que les hé
ritiers & créanciers des bénéficiers décédé
peuvent exercer contr'eux. Voici ce que port
cet arrêt.

« Le roi s'étant fait repréfenter en fon confei
» les arrêts rendus en icelui les 19 janvier 174
» & 24 feptembre 1746, par lefquels dans l
» vue d'obliger les prépofés à la régie des Eco
» nomats, à apporter plus d'exactitude dans l
» portion de leur adminiftration qui intéreff
» les héritiers ou ayant caufe des titulaires de
» bénéfices confiftoriaux & les fucceffeurs aux
» dits bénéfices, & à leur rendre compte plu
» promptement des deniers qui leur appartien
» tiennent, il auroit été ordonné que les droit
» dûs auxdits prépofés pour raifon de ladite régie
» ne pourroient leur être alloués ou payés qu
» lefdits comptes n'euffent été examinés & vifé
» par le procureur général de fa majefté en l
» commiffion

» commiſſion établie pour l'arrêté de compte de
» l'Economat. Et ſa majeſté étant informée que
» cette précaution n'avoit pas rempli ſon objet,
» ſoit parce que leſdits héritiers ou ayans cauſe
» retenus par la crainte des charges & répara-
» tions, des frais, des longueurs & autres diffi-
» cultés que ces comptes & recouvremens pro-
» duiſent ordinairement, négligeoient un objet
» ſouvent peu conſidérable, ou même renon-
» çoient à la ſucceſſion, ſoit parce qu'une partie
» de ces motifs opéroit quelquefois la même
» inaction de la part des ſucceſſeurs auxdits bé-
» néfices au ſujet du recouvrement de la portion
» de fruits dont le don leur auroit été fait : de
» ſorte que cette partie de la régie deſdits pré-
» poſés n'étoit point en règle, & que les deniers
» qui en provenoient reſtoient ſouvent entre
» leurs mains au préjudice de ceux à qui ils
» étoient deſtinés ſans qu'il en fût rendu aucun
» compte, ni que le montant en pût être connu.
» Mais le bon ordre de cette adminiſtration &
» l'intérêt des parties ne permettant pas de laiſſer
» ſubſiſter plus long-temps de pareils inconvé-
» niens, ſa majeſté auroit réſolu de les faire
» ceſſer en établiſſant des règles plus efficaces
» qui obligeaſſent les parties intéreſſées à pour-
» ſuivre le recouvrement de ces deniers dans un
» temps convenable ; faute de quoi d'un côté
» les règles preſcrites dans les cas des ſucceſſions
» abandonnées ſeroient exécutées, & les offi-
» ciers de ſon domaine ſeroient en droit de les
» réclamer à titre de déſhérence ; & de l'autre,
» l'inexécution des dons des fruits ſeroit regar-
» dée comme une renonciation de la part du
» donataire, & les fruits donnés retourneroient

» à fa majefté pour être employés aux même
» ufages que ceux dont ils avoient été féparés
» de forte que par ce moyen lefdits prépofé
» étant dans tous les cas obligés de compte
» exactement de cette portion de leur régie
» elle fe trouvera toujours en règle, & le
» parties intéreffées feront à portée d'en fain
» plus facilement le recouvrement, ou n'auror
» qu'à imputer à leur négligence la privation d
» bénéfice qu'ils auroient pu relever. A quo
» voulant pourvoir : ouï le rapport du fieu
» Moreau de Sechelles, confeiller d'état & ord
» naire au confeil royal, contrôleur général de
» finances ; & tout confidéré, fa majefté étan
» en fon confeil, a ordonné & ordonne ce qu
» fuit :

ARTICLE PREMIER.

» Les héritiers ou ayant caufe des titulaire
» des bénéfices confiftoriaux feront tenus de f
» pourvoir pardevant les juges royaux qui e
» doivent connoître contre l'économe-fequeftr
» ou fes prépofés dans trois ans pour tous dé
» lais, à compter du jour du décès du bénéfici
» à l'égard de ceux qui décèderont par la fuite
» & du jour du préfent arrêt, à l'égard de ceu
» qui feront décédés avant fa date ; à l'effet d
» faire rendre compte audit économe-fequeftr
» des deniers & effets provenans de la fucce
» fion defdits titulaires & d'en retenir le mon
» tant ; finon & à faute de ce faire dans ledi
» délai, & icelui paffé, lefdits deniers & effer
» feront adjugés à fa majefté pour droit de
» défhérence, à la pourfuite & diligence des
» fermiers de fes domaines ou de fes procureur

» aux bureaux du domaine les plus proches du
» lieu où le bénéfice vacant fera fitué, à moins
» qu'il ne foit juftifié par ledit économe-fequeftre
» qu'il a été fait des diligences où formé des
» demandes contre lui ou contre fes prépofés,
» dans ledit délai, pour raifon de ladite fuccef-
» fion ; enjoint fa majefté auxdits fermiers, pro-
» cureurs & officiers de fes domaines, de tenir
» la main à l'exécution de la préfente difpofi-
» tion, & à l'econome-fequeftre de leur donner
» à leur première réquifition connoiffance de
» l'état defdites fucceffions, & de tout ce qui
» fera néceffaire pour faire lefdites pourfuites &
» lefdits recouvremens : le tout fans préjudice
» auxdits héritiers ou ayant caufe de fe pourvoir
» devant lefdits officiers de fon domaine en la
» maniere accoutumée pour réclamer lefdites
» fucceffions abandonnées dans les délais & fui-
» vant les règles prefcrites cet égard.

- II. Veut pareillement fa majefté que les fuc-
» ceffeurs auxdits bénéfices à qui elle auroit
» avant la date du préfent arrêt fait don d'une
» portion des fruits échus depuis la nomination
» ou à qui elle jugera à propos de faire ledit
» don, foient tenus d'en faire compter ledit
» économe-fequeftre & d'en retirer le produit;
» & de fe peurvoir à cet effet contre lui & fes
» prépofés dans l'efpace de trois ans pour tout
» délai, à compter du jour du préfent arrêt à
» l'égard des dons faits auparavant, & du jour
» de la prife de poffeffion du bénéfice à l'égard
» des dons qui feront faits à l'avenir ; finon &
» à faute de ce faire dans ledit délai, & icelui
» paffé, ledit don fera regardé comme non
» avenu, & il fera compté de fon produit par

R ij

» ledit économe-fequeftre au profit de fa majeftí
» ainfi que des autres revenus dudit bénéfice,
» & le reliquat en fera porté par article féparé
» dans le compte général de l'année dans la-
» quelle ledit compte particulier aura été ar-
» rêté, pour être employés aux mêmes ufages
» que les autres deniers pour l'Economat.

III. Ledit compte fera rendu pardevant les
» fieurs commiffaires du confeil députés par fa
» majefté pour l'arrêté & le jugement des Eco-
» nomats, à la requête, pourfuite & diligence
» du procureur général de fa majefté en ladite
» commiffion, fans qu'il foit befoin d'appeler
» lefdits donataires ; & le jugement qui inter-
» viendra pour ordonner que ledit compte fera
» préfenté à fa majefté & affirmé par ledit éco-
» nome-fequeftre, fera rendu fans autre forma-
» lité, à moins que ledit économe-fequeftre ne
» juftifie que dans ledit délai de trois ans il a
» été fait de la part dudit donataire des dili-
» gences ou formé des demandes à ce fujet con-
» tre lui ou fes prépofés.

IV. Ledit économe-fequeftre fera tenu de
» remettre audit procureur général dans un mois
» pour tout délai, l'état des comptes rendus
» par lui ou fes prédéceffeurs depuis le mois
» de novembre 1714 jufqu'à ce jour, & de ceux
» qui reftent à rendre aux fucceffeurs auxdits
» bénéfices pour la portion de fruits qui leur
» aura été accordée, ou des actes, tranfactions
» ou accords tenant lieu defdits comptes, &
» de lui communiquer à fa première réquifition
» les pièces juftificatives dudit état pour ce fait,
» ou faute de ce faire dans ledit délai, être
» par lui formé telle réquifition qu'il appar-
» tiendra.

» V. Ledit économe-fequeftre fera pareille-
» ment tenu de remettre audit procureur gé-
» néral dans les trois premiers mois de chaque
» année, à commencer au premier janvier 1755,
» un état des fucceffions aux bénéfices auxquels
» fa majefté aura fait ledit don des fruits pen-
» dant l'année précédente, avec mention de
» ceux auxquels il en auroit rendu compte ou
» qui auroient fait à ce fujet quelques pourfuites
» contre lui ou fes prépofés ; pour fur le vu
» dudit état & des pièces juftificatives d'icelui
» qu'il fera tenu de communiquer audit procu-
» reur général à fa première réquifition, être
» par lui formé telle demande qu'il appar-
» tiendra.

» VI. Les demandes qui feront formées par
» ledit procureur général en exécution du pré-
» fent arrêt, feront portées devant lefdits fieurs
» commiffaires du confeil, pour y être par eux
» ftatué en dernier reffort au nombre de cinq au
» moins : fa majefté leur attribuant à cet effet
» toute cour, juridiction & connoiffance qu'elle
» a interdites à toutes fes autres cours & autres
» juges : le tout fans préjudice des conteftations
» particulières entre lefdits prépofés à la régie
» des économats & les héritiers ou ayant caufe
» des bénéficiers décédés, les fucceffeurs à leurs
» bénéfices au fujet des comptes qui leur font
» dûs, & de la reftitution des deniers & effets
» qui leur doivent être remis ; lefquelles con-
» teftations continueront d'être portées devant
» les juges royaux qui doivent en connoître ;
» fauf l'appel aux cours auxquelles elles reffor-
» tiffent.

» VII. Enjoint au furplus fa majefté audit

» économe-fequeftre de remettre au plus tard
» dans trois mois au fieur de Sechelles, con-
» feiller d'état, contrôleur général des finances,
» un état année par année, figné de lui, & cer-
» tifié véritable de tous les bénéfices confifto-
» riaux qui ont vaqué depuis le premier no-
» vembre 1714 jufqu'à ce jour, des noms des
» titulaires qui en étoient ou font pourvus, du
» jour de leur décès, de celui de la nomination
» de leurs fucceffeurs, de la date du don à eur
» fait des fruits du bénéfice, de la date du compte
» rendu auxdits héritiers ou ayant caufe defdits
» titulaires pour les effets & revenus apparte-
» nans à leurs fucceffions & auxdits fucceffeurs
» aux bénéfices pour raifon dudit don des fruit
» ou des actes, tranfactions & accords tenan
» lieu defdits comptes, de ceux defdits béné-
» fices dont les comptes, n'auroient pas été
» rendus foit aux héritiers ou ayant caufe du
» bénéficier ou à fon fucceffeur, & des caufe
» de ce retardement; pour ledit état vu & rap-
» porté, y être par fa majefté pourvu ainfi qu'ell
» avifera.

» VIII. Ordonne fa majefté que le préfen
» arrêt fera exécuté nonobftant tous arrêts &
» règlemens contraires & tous empêchemen
» quelconques, dont fi aucuns interviennent, f
» majefté s'eft réfervée & à fon confeil la con
» noiffance, & fera le préfent arrêt imprimé
» lu, publié & affiché partout où befoin fera
» Fait au confeil d'état du roi, fa majefté
» étant. Tenu à Fontainebleau, le vingt-cin
» quième jour d'octobre mil fept cent cinquant
» quatre. *Signé* PHELYPEAUX.

De quelle manière les réparations des bénéfices mis
en Economat doivent être faites ?

Par l'article 10 de l'édit de 1691, il a été
ordonné que les églises, maisons, fermes &
bâtimens des bénéfices vacans seroient visités
en vertu d'ordonnance du juge royal des lieux,
& que cette visite seroit faite à la requête de
l'économe en présence des héritiers des bénéficiers ou eux dûment appelés, par deux experts-
jurés nommés par le procureur du roi.

Le même article fixe la manière dont les
experts doivent faire leur visite & rédiger leur
procès verbal. Il leur est enjoint de faire mention dans leur rapport du temps auquel ils esti-
ment que *les réfections & ruines* seront arrivées,
des causes qui y ont donné lieu, de la nécessité
ou inutilité des bâtimens & édifices à réparer;
enfin de faire *la prisée & estimation* des réfections
& réparations, pour leur rapport vu être ordonné ce qu'il appartiendra.

Les héritiers des bénéficiers sont obligés par
l'article 11 du même édit, de faire faire les
réparations dans les six mois après la visite, &
de remettre les lieux en bon état dans ce délai.
Faute par eux de remplir cette obligation, l'é-
conome est autorisé à faire adjuger les réparations *au rabais*.

Quant aux réparations qui surviennent pendant la durée de l'Economat, la visite (suivant
le même article) doit en être faite par un seul
expert-juré nommé d'office par le procureur du
roi du lieu. L'économe après la visite faite, est
autorisé à passer un marché, de l'avis du procureur du roi, devant notaires, avec des ou-

vriers & entrepreneurs pour faire les réparations.

Conformément aux articles de l'édit de 1691, dont nous venons de rendre compte, les procès verbaux de visite des réparations doivent être faits par les experts seuls, & les juges n'ont aucun droit d'y assister. Cependant les officiers du présidial de Poitiers ayant prétendu qu'ils avoient ce droit, assisterent à la visite faite après le décès de M. le cardinal Dubois archevêque de Cambrai. Les héritiers de ce prélat se pourvurent au parlement de Paris & y obtinrent un arrêt le 16 juillet 1727, qui fit défense aux officiers du présidial de Poitiers d'assister aux visites de réparations de bénéfice, & les condamna à restituer les sommes qu'ils avoient perçues.

Les mêmes défenses ont été faites à tous les juges royaux par un arrêt du conseil obtenu par l'économe le 20 septembre 1734.

Par l'article 2 d'un arrêt du conseil d'état du 24 décembre 1741, il est défendu aux économes & à leurs préposés de faire procéder à la visite des réparations des églises, maisons, bâtimens & biens dépendans des bénéfices vacans, & d'en faire dresser aucun procès verbal sans y avoir été autorisés par des ordres précis de sa majesté.

Lorsqu'ils ont obtenu cette permission, ils doivent comprendre dans les procès verbaux de visite toutes les réparations dont les successions peuvent être tenues, conformément à l'article 10 de l'édit de 1691.

L'article 3 du même arrêt porte, qu'à l'égard des réparations urgentes & indispensables au deſſus de mille livres, dont le roi, ſans y être tenu, veut bien ſe charger à cauſe de l'inſolvabilité des ſucceſſions, elles ſeront faites à la diligence des économes, ſur les ordres qui leur ſeront donnés par ſa majeſté. Dans ce cas, le même article ajoute qu'il ſera nommé un ſeul expert pour dreſſer procès verbal d'eſtimation de ces réparations, & que ce procès verbal ſera remis à l'économe pour paſſer un marché devant notaires, après une ſeule publication & enchère, à celui qui s'en chargera au moindre prix.

Enfin le 9 mars 1777, il a été rendu un arrêt du conſeil d'état en interprétation de celui de 1741. Nous allons en tranſcrire les diſpoſitions.

« Le roi étant informé qu'il s'eſt élevé plu-
» ſieurs difficultés dans l'exécution de l'arrêt du
» conſeil du mois de décembre 1741, portant
» règlement ſur les réparations qui pourroient
» être faites par l'économe-ſequeſtre du clergé
» aux bâtimens dépendans des bénéfices qui
» ſont en économat & la manière d'y procéder,
» ſa majeſté auroit jugé néceſſaire d'expliquer
» plus particulièrement ſes intentions ſur les
» formes qui ſeront ſuivies à l'avenir, dans le
» cas où leſdites réparations ſeroient trop peu
» importantes, pour aſſujettir ledit économe
» aux formalités preſcrites pour des dépenſes
» plus conſidérables ; à quoi voulant pourvoir,
» vu ledit arrêt & tout conſidéré : ouï le rap-
» port ; le roi étant en ſon conſeil, a ordonné
» que lorſqu'il ſe trouvera des réparations ur-
» gentes & au deſſous de cent livres à faire aux
» bâtimens dépendans des bénéfices vacans &

» dont le retard ne pourroit occafionner qu'une
» augmentation de dépenfe, elles pourront être
» faites par ledit économe-fequeftre, à la charge
» par lui d'en informer préalablement le fieur
» directeur général des Economats, & de lui
» envoyer dans les trois mois de la confection
» des ouvrages, les marchés qui pourront être
» paffés avec des ouvriers, & leurs quittances,
» pour être vifés & approuvés; & dans le cas
» où il fe trouveroit des réparations également
» urgentes au deffus de ladite fomme de cent
» livres, & qui toutefois n'excéderoient pas
» celle de cinq cens livres, fur un fimple état
» & devis eftimatif préalable, à la charge d'en
» faire dreffer un procès verbal de réception,
» & de l'envoyer en pareil délai de trois mois
» au fieur directeur général des Economats,
» pour être auffi par lui vifé & approuvé.; or-
» donne en outre fa majefté, que dans le cas
» où des réparations urgentes excéderoient la-
» dite fomme de cinq cens livres, & qu'il ne
» fût pas poffible audit économe-fequeftre d'en
» faire faire l'adjudication au rabais, conformé-
» ment à l'édit du mois de décembre 1691,
» qu'il en fera par lui rendu compte fur le champ
» au fieur directeur général, pour après avoir
» par lui pris les ordres de fa majefté, y être
» pourvu ainfi qu'il appartiendra; & feront
» toutes lefdites dépenfes allouées à l'économe,
» en rapportant les devis & marchés, les quit-
» tances des ouvriers & les procès verbaux de
» la réception defdits ouvrages en bonne forme,
» avec l'autorifation du directeur général de
» l'Economat; & celle de fa majefté, dans le
» cas feulement où les ouvrages excéderoient
» la fomme de cinq cens livres ». Fait, &c.

L'économe peut-il pourſuivre les procès intentés par les bénéficiers décédés ?

Par une déclaration du roi du 20 mars 1725, il a été ordonné qu'il feroit furfis à tous les procès & conteſtations qui auroient été élevés tant par les bénéficiers que contre eux, pendant la vacance des bénéfices ; il a été également défendu aux économes, à leurs prépoſés & à toute autre partie de fuivre ces procès & conteſtations.

Deux arrêts du conſeil ont apporté des exceptions à cette règle générale. Par le premier, du 10 mars 1767, il a été ordonné que la furféance portée par la déclaration du 20 février 1725 feroit levée & n'auroit pas lieu pour les abbayes de Saint-Germain-des-Prés, du Bec, Châlis & Gorzes, & l'économe a été autoriſé à pourſuivre les procès nés & à naître concernant les biens & les droits qui peuvent appartenir à ces abbayes. La même faculté a été accordée à tous ceux qui peuvent avoir des intérêts à difcuter avec ces bénéfices. Le motif de l'exception portée dans cet arrêt, eſt fondé fur ce que la furféance ordonnée par la déclaration du roi de 1725, ne concerne que les bénéfices mis en Economat pour peu de temps, & non ceux qui doivent y reſter long-temps & dont les revenus ont une deſtination longue & déterminée.

Par des lettres patentes du mois de février 1776, il a encore été dérogé à la déclaration du roi de 1725 pour l'abbaye de Hautvillers. L'économe & les parties intéreſſées ont été autoriſés à pourſuivre les procès commencés, &

à intenter ceux qu'ils croiroient avoir le dro
d'élever.

Ces exceptions n'empêchent pas la furféanc
générale ordonnée par la déclaration du roi d
1725 d'avoir fon exécution. Elles font particu
lières aux bénéfices pour lefquels elles ont é
obtenues. Ainfi c'eft un principe général qu'au
cun procès ne peut être pourfuivi pendant l
durée de l'Economat, à moins qu'on n'ait obten
la permiffion du roi de le pourfuivre. Cette in
terdiction eft commune à l'économe & aux au
tres parties.

*Droits des receveurs des confignations fur l
deniers des bénéficiers décédés & fur les revenu
des bénéfices mis en Economat.*

C'eft une règle certaine en matière de conf
gnation, que toutes les fois qu'il y a des créan
ciers oppofans au fcellé & à la vente des effe
d'une fucceffion, & une fentence d'ordre entr
ces créanciers, le prix de la vente doit êtr
configné.

Cependant par l'édit de 1691 les économes
fequeftres étoient autorifés à recevoir généra
lement tous les deniers provenans des fucce
fions des bénéficiers décédés. Cette difpofitio
avoit donné lieu à plufieurs conteftations entr
les économes & les receveurs des confignation
Pour fixer leurs droits refpectifs, il a été fa
un règlement par une déclaration du roi du 2
juillet 1706, qui a été enregiftrée le 11 aof
fuivant.

Par cette loi, le roi en interprêtant les lo
antérieures a ordonné que les fruits & revenu
provenans des archevêchés, abbayes & autre

bénéfices à fa nomination, échus au jour du décès des derniers titulaires feroient remis entre les mains des économes, pour les employer par préférence aux réparations & aux charges des bénéfices.

Par la même déclaration, les économes font autorifés à remettre aux héritiers des bénéficiers le furplus des deniers qu'ils auront entre leurs mains, à moins qu'il n'ait été formé quelques oppofitions à la diftribution des deniers par des créanciers du bénéficier décédé. Dans le cas où il fe trouveroit deux oppofitions, le roi a ordonné que conformément à la déclaration du 12 juin 1694 les deniers feroient remis entre les mains des receveurs des confignations pour être diftribués par autorité de juftice ; à la charge néanmoins que fur les deniers provenans des meubles, les économes ne pourroient retenir pour tous droits que fix deniers pour livre. Ce droit leur doit être payé par préférence, conformément à l'article 15 de l'édit du mois de décembre 1691.

Exemption de l'Économat en faveur des bénéfices de la province de Franche-Comté.

Par une déclaration du roi du 12 janvier 1694, les bénéfices de Franche-Comté ont été exemptés de l'Economat.

Lorfque l'archevêché de Befançon, les abbayes & autres bénéfices confiftoriaux fitués dans cette province viennent à vaquer, l'adminiftration en appartient aux officiers de judicature qui doivent appofer le fcellé & veiller à la confervation des droits des bénéfices. La manière dont ils doivent procéder à la confervation des titres & à la régie des biens, et réglée par une déclaration du roi du 2 octobre 1731 qui a été enregistrée par le parlement de Besançon le 26 octobre & le 19 novembre de la même année.

Voyez *le traité de la discipline de l'église par le père Thomassin ; les mémoires du clergé ; le dictionnaire des sciences ; le dictionnaire des arrêts* &c. Voyez aussi les articles BÉNÉFICES, CLERGÉ, ÉVÊQUE, ARCHEVÊQUE, ABBÉ, PRIEUR RÉGALE, &c. (*Cet article est de M. DESES SARTS , avocat au parlement, de l'académie royale des sciences , belles-lettres & arts de Rouen , &c.*

ADDITION *à l'article* ÉCONOMAT.

Les provinces de Flandres, du Hainault & du Cambresis ont été regardées pendant long-temps comme exemptes de l'Economat, relativement aux abbayes qui y sont situées. Ce droit, qui est moins pour l'église belgique un privilége qu'un reste de l'ancienne discipline, a été vivement attaqué dans ce siécle : mais il est aisé de démontrer que tout doit concourir à en assurer le maintien.

La constitution primitive & actuelle de toutes les abbayes des Pays-bas est d'être conférées en règle, comme il résulte des titres rapportés à l'article COMMENDE. Tous les biens de chacune de ces abbayes sont possédés confusément & en masse par la communauté, sans distinction de la manse abbatiale d'avec la manse conventuelle, & l'abbé n'a ni propriété ni possession qui lui soit particulière, même à l'égard des revenus. C'est ce qu'établissent deux raisons dont l'une est tirée de la nature de sa dignité , l'autre de la qualité de sa personne.

La dignité d'abbé dans un régulier eſt moins
un bénéfice qu'un office qui ne donne à celui
qui en eſt pourvu qu'un droit de prééminence,
de ſupériorité & d'adminiſtration. La preuve &
en même-temps l'effet de cette vérité ; c'eſt
qu'il n'eſt pas de l'eſſence d'un abbé régulier
d'être perpétuel & inamovible ; c'eſt qu'il eſt
ſoumis preſque partout à rendre compte à ſa
communauté de l'uſage qu'il fait du pouvoir
dont elle l'a rendu dépoſitaire, c'eſt qu'il eſt
obligé de partager le ſoin du temporel avec des
officiers ſubalternes, ſouvent même à le leur
abandonner tout entier. On peut voir à ce ſujet
les arrêts du parlement de Flandres des 11 juillet & 20 ſeptembre 1672, & 8 juin 1674 rapportés au mot COMPTE, tom. 13, pag. 559.

Si un abbé régulier n'eſt ni propriétaire ni
uſufruitier par ſa dignité, il l'eſt moins encore
par la qualité de ſa perſonne. La qualité d'abbé
n'efface point en lui celle de religieux, & bien
loin de le diſpenſer de l'être, elle l'aſſujettit à
l'être plus exactement qu'aucun autre ; ainſi on
doit toujours le regarder comme inhabile à
toute propriété, même mobilière, & incapable
d'acquérir & de poſſéder par ſoi & pour ſoi.

Ces maximes, reconnues par toute l'égliſe,
ſont confirmées particulièrement par le concile
de Cambrai, tenu en 1565. *Monet ſancta ſy-*
nodus abbates.... ut ſui meminerint officii, ſeque
non eſſe dominos bonorum monaſterii, imò ne fruc-
tuum quidem; ſed tantùm diſpenſatores & admi-
niſtratores. C'eſt ce que portent encore ces termes du ſynode tenu à Saint-Omer l'an 1586.
Monet abbates ne ſe voto paupertatis abſolutos
credant, ſed bonorum duntaxat diſpenſatores eſſe.

Si pendant la vie de l'abbé régulier les reve
nus du monaftère ne lui appartiennent pas, mai
à la communauté, il eft clair qu'à fa mort l
communauté en demeure propriétaire comm
elle l'étoit auparavant, & delà il réfulte que l
jouiffance des revenus qui échoient pendant l
vacance ne peut être légitimement prétendue
ni par le roi ni par l'abbé commendataire.

Elle ne peut l'être par le roi, parce que l
régale ne s'étend pas fur les abbayes en général
moins encore fur celles des Pays-bas. La décla
ration du 30 août 1735 renferme une preuv
inconteftable du premier point en ce qu'ell
exige le concours de la vacance de l'évêch
avec celle de l'abbaye, pour que le roi puiff
conférer à titre de régale les bénéfices dépen
dans de celle-ci ; concours qui certainemen
feroit inutile & dénué de toute efpèce de motif
fi les abbayes étoient fujettes à la régale ain
que les évêques. Que réfulteroit-il d'ailleurs d
la fuppofition contraire ? que le roi feroit pen
dant la vacance d'une abbaye au lieu & place d
l'abbé ; comme il eft pendant la vacance de
évêchés au lieu & place de l'évêque, car l
régale ne peut donner au roi d'autres droits qu
ceux du titulaire ; il n'auroit par conféquent fu
les biens de l'abbaye vacante que les droits d
l'abbé qu'il repréfenteroit, c'eft-à-dire, qu'il f
borneroit à régir & non à poffeder. La régale
ne lui feroit donc pas plus favorable que le droit
commun.

L'ufage actuel des pays-bas répand une nouvelle lumière fur ce point. Dès qu'une abbaye
eft vacante dans ces provinces, le juge royal
s'y tranfporte, appofe les fcellés fur les meubles

bles & les effets précieux de la maison, & après
avoir entendu les religieux en particulier sur
la capacité de chacun d'eux, il en nomme quelques-uns pour administrer pendant la vacance.
Ces formalités introduites par l'ordre exprès des
souverains déterminent bien clairement l'étendue de leurs droits sur les abbayes vacantes,
& quand l'origine en seroit fondée sur la régale,
la condition des abbayes n'en seroit pas pire,
puisque dans ce cas même elles conserveroient
également la jouissance de tous les fruits : mais
ce n'est pas à la régale qu'on doit l'introduction
de cet usage. Il est certain qu'anciennement,
& il n'y a pas plus de deux siècles, c'étoient
les évêques qui établissoient dans les pays-bas,
les religieux administrateurs des abbayes vacantes ; mais le roi ayant acquis la nomination aux
abbayes par le concordat de 1564, il a paru juste
& conséquent que puisqu'il avoit en vertu de cet
acte le pouvoir de nommer le chef & l'adminis-
trateur perpétuel, il pût à plus forte raison pourvoir à l'administration momentanée pendant la
vacance. Ce qui prouve que tel a été le motif
de l'usage dont il s'agit, c'est premièrement que
les exemples les plus anciens de cet usage ne re-
montent pas au-delà de 1564 ; en second lieu,
que le juge royal observe pour le choix des administrateurs durant la vacance, une forme
semblable à celle qu'indique le concordat de
64 pour la nomination d'un abbé.

Il est donc vrai que les abbayes des pays-bas
ne tombent pas en régale & que le roi n'est pas le
maître de leurs revenus pendant la vacance :
delà il résulte que les abbés commendataires ne-
peuvent se les approprier même en vertu des

dons qu'ils en auroient obtenus , parce que la justice de sa majesté ne permet pas de penser qu'elle ait voulu donner ce qui ne lui appartenoit pas.

Ils ne seroient pas mieux fondés à réclamer ces revenus *jure proprio* , & comme attachés à leur titre ; car le seul moyen dont ils pourroient se prévaloir à cet égard , seroit la règle *fructus reservantur futuro successori* ; mais cette règle ne peut avoir d'effet & d'objet que sur les abbayes dont les titulaires sont vraiment usufruitiers, de sorte qu'à leur mort les fruits demeurent sans possesseur : or les abbayes des pays-bas sont d'une nature toute différente : nous avons fait voir plus haut que la communauté fait tous les fruits siens pendant la vacance comme pendant la vie de l'abbé , & delà il suit que le commendataire n'en trouve aucun réservé au jour de sa nomination.

On opposeroit inutilement à cette conséquence l'exemple des abbayes données en commende en France ; il y a une différence totale entre ces abbayes & celles des pays-bas : en France la commende est perpétuelle sur les abbayes qui y sont soumises ; la mense du commendataire est irrévocablement séparée de la conventuelle, sans espoir de retour, comme sans apparence de communauté. La commende en un mot est l'état fixe & habituel de ces abbayes , d'où il est arrivé qu'on lui applique les règles des bénéfices, parce qu'elle en a réellement tous les effets. Mais on ne peut point raisonner ainsi par rapport aux abbayes des pays-bas : l'exemption de la commende est la plus ancienne, la plus précieuse & en même temps la plus légitime de leurs libertés ; lorsque quelqu'une d'entre-elles

souffre la commende , ce n'eſt pas que ſon état
ſoit d'y être aſſujettie , puiſqu'au contraire ſon
état eſt de ne l'être pas ; la commende a ſur
elle non l'effet permanent d'une ſervitude impo-
ſée par un droit certain , mais l'effet momentanée
d'une puiſſance ſupérieure qui ne doit compte qu'à
elle-même de ſes motifs : c'eſt un acte de la volonté ſuprême du ſouverain qui n'ayant ſa ſource
ni dans la nature des choſes , ni dans les droits de
la couronne , ne peut avoir ni extenſion , ni effet
rétroactif. En un mot , la commende ne ſubſiſte
que parce que le roi le veut ; elle ne peut donc
ſubſiſter & opérer que du moment qu'il le
veut ; c'eſt donc de ce moment ſeulement que
naiſſent les droits des commendataires , & ſi l'on
pouvoit encore en douter après ce qu'on vient
de dire , il ſuffiroit pour enlever là-deſſus juſqu'à
la plus légère incertitude , d'avoir recours aux
actes conſtitutifs de la commende , c'eſt-à-dire
aux brevets du roi & aux bulles du pape : on
y voit que la nomination d'un abbé commendataire ne ſe fait dans les pays-bas que pour avoir
lieu cette fois ſeulement , ſans tirer à conſéquence
pour l'avenir , & ſans préjudice à la qualité
régulière de l'abbaye ; clauſes qui démontrent
par l'établiſſement même de la commende , qu'é-
tant contraire à la règle , elle ne peut exiſter ni
par conſéquent donner droit de jouir avant le
titre ſingulier qui la conſtitue.

De cette double démonſtration que ni le roi
ni l'abbé commendataire n'ont aucun droit aux
revenus des abbayes vacantes dans les pays-bas ,
il réſulte néceſſairement que ces abbayes ne
ſont pas ſujettes à l'Economat , puiſque l'Economat n'a pour objet que la régie des bénéfices

vacans dont les fruits font ou au roi à titre de régale, ou au futur titulaire à titre de réserve

Les économes n'ont cependant rien néglige pour s'approprier l'administration des abbayes vacantes de ces provinces. C'est dans cette vue qu'ils ont obtenu fur requête en 1737, en 1739 & en 1747, trois arrêts du conseil dont les dif positions méritent une attention particulière celui de 1737, ordonne que l'abbaye de Cercamp & tous les autres bénéfices d'Artois à la nomination du roi, continueront d'être fujet au droit de régale & à l'Economat.

Cet arrêt ne peut porter coup, car d'un côté il a été rendu fur requête, & de l'autre il n'ordonne pas l'établiffement d'un droit nouveau, mais la continuation d'un droit qu'il fuppofe établi; fi donc ce droit ne l'eft point, comme on l'a fait voir plus haut, l'arrêt n'a plus d'objet.

Celui de 1739 rendu dans les mêmes circonf tances que le précédent, foumet encore l'abbaye de Cercamp à l'Economat; ainfi mêmes moyens & mêmes défenfes que contre le premier.

Celui de 1747 ordonne que le produit de la vente des effets appartenans au cardinal de Polignac dans l'abbaye d'Anchin dont il étoit abbé commendataire, fera remis aux économes pour être par eux employé aux réparations de fes bénéfices. Cette difpofition ne bleffe pas les principes que nous avons établis: le cardinal de Polignac n'étoit tenu à aucune réparation envers l'abbaye d'Anchin qui s'en étoit chargée envers lui par un arrangement particulier; il étoit domicilié à Paris, il avoit plufieurs bénéfices en France, ainfi l'abbaye d'Anchin n'a

voit aucun prétexte pour empêcher la remise de
ces effets, dont la situation accidentelle à Anchin
n'empêchoit pas qu'ils ne fuffent cenfés à Paris,
& ne duffent être employés aux réparations des
bénéfices dont la régie étoit confiée aux econo-
mes; mais cet arrêt ajoute une injonction au
confeil d'Artois de fe conformer aux édits de
1691, 1708 & 1714 qui ont établi l'Economat:
injonction d'autant moins légitime que 1°. ces
édits n'ont été ni enregiftrés ni publiés en Artois;
2°. que cette province a été difpenfée expreffément par un arrêt du confeil de l'exécution
de celui de 1691, & par conféquent des deux
autres qui n'en font que l'interprétation; 3°. que
ces édits étant même publiés, enregiftrés, &
exécutés en Artois ne pourroient nuire aux
abbayes, puifqu'ils ne donnent à l'Economat
que la régie des fruits vacans appartenans au
roi ou réfervés aux futurs fucceffeurs, & qu'en
Artois les fruits des abbayes vacantes ne font
ni au roi ni aux futurs fucceffeurs, mais à la
communauté.

Une obfervation qu'il ne faut pas omettre ici,
eft que les trois arrêts de 1737, 1739 & 1747
font actuellement la matière d'un procès pendant
depuis plufieurs années au confeil privé. Les
états d'Artois y ont formé oppofition de concert avec l'abbaye d'Anchin qui demande le
rapport d'un brevet accordé à M. le cardinal
d'Yorck lors de fa nomination à cette abbaye,
pour le don des fruits échus pendant la vacance
qui a précédé fes provifions.

Voyez *le concordat de 1564; l'article 6 des
lettres-patentes du 13 décembre 1728 portant règlement entre le confeil d'Artois & les bailliages de*

la même province ; Van-Espen jus ecclesiasticum universum , &c. Voyez aussi les articles ELECTION D'ABBÉ , COMMENDE , PRIEURÉ , &c (*Cette addition est de M. MERLIN , avocat au parlement de Flandres.*)

ÉCORCE. Peau ou enveloppe d'un arbre ou d'une plante ligneuse.

L'article 22 du titre 27 de l'ordonnance des eaux & forêts , défend expressément à toute personne de charmer les arbres & d'en enlever l'écorce , sous peine de punition corporelle.

L'article 28 du même titre , défend aussi à tout Marchand de peler les bois de ses ventes pendant qu'ils sont encore sur pied , à peine de cinq cens livres d'amende & de confiscation.

Les particuliers eux-mêmes à qui les bois appartiennent , n'ont pas plus de privilège à cet égard que n'en auroient de simples adjudicataires. C'est ce qui a été formellement décidé par un arrêt du conseil du 13 octobre 1705.

Le besoin d'écorce pour entretenir des tanneries , n'est pas un prétexte suffisant pour contrevenir à la loi ; il faut en pareil cas, obtenir une permission du Conseil. Les habitans de Château-Renault en obtinrent une le 28 février 1672, sans laquelle ils auroient été obligés de renoncer à la préparation des cuirs , & de quitter le pays faute d'y trouver de quoi gagner leur vie.

Les tanneurs du duché d'Harcourt représentèrent aussi en 1702 de qu'elle nécessité il étoit pour eux qu'il leur fût permis de peler les bois sur pied ; & comme il fut reconnu que cela intéressoit essentiellement le commerce des cuirs, sa majesté leur permit le 30 mai de la même année , de réserver, lors des coupes ordinaires de taillis, les bois de chêne qui s'y trouvoient, pour les couper dans le mois de juin, après en avoir levé l'écorce pendant la féve, & cela nonobſtant les défenſes portées par l'ordonnance du mois d'août 1669, à laquelle il fut dérogé *pour ce regard ſeulement & ſans tirer à conſé-quence*. (*Article de M. DAREAU, &c.*).

ÉCORCHÉ-VIF. Criminel que l'on a dépouillé vif de ſa peau.

Ce genre de ſupplice extraordinaire fut pro-noncé par arrêt du parlement contre Philippe & Gautier de Launoi, freres & gentilshommes de Normandie, accuſés d'adultère avec les fem-mes des trois fils de Philippe-le-Bel.

La qualité des perſonnes fit qu'on eut recours à ce châtiment ſévère, qui n'étoit point la puni-tion uſitée du crime d'adultère.

Voyez *l'abrégé de l'hiſtoire de France par Me-ꝛerai, année 1314*. (*Article de M. DAREAU, &c.*).

ÉCOUAGE. On appelle ainſi dans la châ-tellenie de Lille la levée du cadavre d'une per-ſonne dont la mort n'a pas été naturelle. L'ar-ticle 2 du titre premier de la coutume de cette partie de la Flandre, attribue aux ſeigneurs hauts-juſticiers le droit de faire viſiter & lever par leurs officiers *les corps morts, noyés, déſeſpérés ou occis ſur le champ*. Le même article interdit cet acte à tous autres, & par conſéquent aux ſeigneurs vi-comtiers mêmes, *à péril de commettre abus, & pour icelui fourfaire l'amende de ſoixante livres au profit des hauts-juſticiers*. Il faut obſerver cepen-dant que les officiers du bailliage, & ceux de la gouvernance de Lille, peuvent, nonobſtant cette diſpoſition, faire la levée des cadavres dans toute la châtellenie, parce qu'ils en font juges supérieurs.

Cette obfervation peut auffi s'appliquer à la gouvernance de Douai, dont la coutume, article premier, contient abfolument la même difpofition que le texte cité de celle de la châtellenie de Lille.

Voyez *les obfervations fur le premier titre de la coutume de la châtellenie de Lille, imprimées en 1774;* & les articles CADAVRE, BLESSÉ, &c. (*Cet article eft de M.* MERLIN, *avocat au parlement de Flandre*).

ÉCRITURES. On diftingue dans l'ordre judiciaire deux fortes d'Ecritures : les Ecritures publiques & les Ecritures privées. Les Ecritures de la première efpèce font celles qui émanent d'officiers publics, c'eft-à-dire, de ceux qui font prépofés pour recevoir différens actes, à l'autenticité defquels on doit une foi entière lorfqu'ils font foufcrits de la fignature de ces officiers *Voyez* à ce fujet les articles ACTE & AUTENTIQUE.

Les Ecritures privées font celles que font entr'eux les particuliers dans les cas où ils peuvent fe paffer du miniftère d'officiers publics, comme pour des promeffes, des reconnoiffances, des obligations, &c. Voyez auffi à ce fujet les articles cités.

Il y a cette différence entre les Ecritures publiques & les Ecritures privées, que les premières, lorfqu'elles font revêtues de toutes les formalités que la loi prefcrit, font une foi entière en juftice ; au lieu que les autres n'étant munies d'aucun caractère d'autenticité, exigent une reconnoiffance ou une vérification pour

fuppléer à ce qui leur manque de ce côté-là.
Voyez COMPARAISON D'ÉCRITURES, RECON-
NOISSANCE, VÉRIFICATION.

Quand ces Ecritures, ou publiques ou privées
font fabriquées pour attefter le faux au préjudice de quelqu'un, on peut les attaquer par la
voie de l'infcription de faux. *Voyez* INSCRIP-
TION DE FAUX.

Lorfqu'on n'eft point en état de les attaquer
par l'infcription de faux, elles font une foi entière fur la vérité des difpofitions qu'elles renferment, & l'on n'eft point recevable à alléguer
des faits capables d'en étendre ou d'en diminuer
l'effet. *Voyez* à ce fujet le titre 20 de l'ordonnance de 1667 & l'article PREUVE.

ÉCRITURES DE PALAIS. Ce font celles
particulièrement qui fe font pour l'inftruction
des affaires litigieufes par des avocats ou par
des procureurs. Ces Ecritures, dans les caufes
d'audience, font les défenfes & les repliques qui
paffent en taxe; à l'égard des autres Ecritures,
comme dupliques & tripliques qui avoient lieu
anciennement, elles font abrogées par l'article
3 du titre 14 de l'ordonnance de 1667, c'eft-à-
dire, qu'elles font en pure perte du côté des
frais pour la partie qui les fait fignifier.

Dans les affaires appointées, les Ecritures
dont il s'agit font les *avertiffemens de droit*, les
griefs, les *caufes & moyens d'appel*, les *contredits*, les *réponfes à griefs*, & les *falvations*. En
matière de reddition de compte de tutelle, on
donne le nom de *débats* & de *foutenemens* aux
différentes Ecritures qu'on emploie à cet effet.

On met auffi au nombre des Ecritures dans
les affaires d'audience ou dans les affaires ap-

pointées, les requêtes qui se donnent durant le cours de la contestation, soit pour des incidens ou des productions nouvelles.

Les Ecritures de palais, quelles qu'elles soient, me doivent fixer l'attention des juges qu'autant qu'elles sont signifiées à la partie avec laquelle on est en contestation : à défaut de cette signification, on doit les regarder comme produites pour surprendre la religion des magistrats à l'insçu de la partie adverse.

Lorsqu'il y a plusieurs parties dans une même affaire où elles ont chacune un intérêt différent, la signification n'est valable qu'autant qu'elle est faite au Procureur de la partie contre laquelle on conteste le droit dont il est question. La signification faite aux procureurs des autres parties ne doit point entrer en taxe. Il y a à ce sujet une délibération de la communauté des procureurs du parlement de Paris du 28 novembre 1693, qu'on trouve au recueil des réglemens concernant cette communauté : délibération sage & que l'équité a fait adopter dans tous les tribunaux.

L'article 10 du titre 31 de l'ordonnance de 1667, porte que « toutes Ecritures seront » rejetées des taxes de dépens si elles n'ont » été faites & signées par *un avocat* plaidant, du nombre de ceux qui seront inscrits » dans le tableau qui sera dressé tous les ans, » & qui seront appelés au serment qui se fait » aux ouvertures, & seront tenus de mettre le » reçu au bas des Ecritures ».

Cet article qui paroissoit puisé dans la saine raison en ce que des Ecritures qui ont pour objet une question de droit, appartiennent na-

turellement aux avocats, donna matière à bien
des altercations entre ceux-ci & les procureurs.
Les premiers se persuadèrent qu'on ne pouvoit
allouer que les Écritures émanées de leur ministère; les procureurs de leur côté qui faisoient
aussi des Écritures, trouvèrent cette prétention
mal fondée : pour les mettre d'accord, il fut
rendu au parlement de Paris le 17 Juillet 1693,
un arrêt qui régla les fonctions des uns & des
autres au sujet des Ecritures, & cet arrêt, qui
prend sa source dans les anciennes ordonnances,
a toujours été suivi jusqu'à présent (*).

(*) *Voici quelles sont les dispositions de cet arrêt* :
» La cour a ordonné & ordonne que suivant ce qui a été
»convenu entre les avocats & les procureurs de ladite cour,
»les avocats feront les *griefs, causes d'appel, moyens de*
»*requête civile, réponses, contredits, salvations, aver-*
»*tissemens* dans les matières où il sera nécessaire d'en don-
»ner, & les autres écritures qui sont de leur ministère; les
»procureurs, les *inventaires, causes d'opposition, pro-*
»*ductions nouvelles, comptes, brefs-états, declarations*
»*de dommages & intérêts*, & autres écritures de leur fonc-
»tion; & les avocats & procureurs par concurrence entr'eux,
»les *debats, soutenemens, moyens de faux, de nullité,*
»*reproches & conclusions civiles.* Fait défenses aux procu-
»reurs de plus faire aucunes écritures du ministère des
»avocats, même par requête ».
» Ordonne que les écritures du ministère des avocats
»n'entreront point en taxe, si elles ne sont faites & signées
»par un avocat de ceux qui seront inscrits dans le tableau
»qui sera présenté à la cour par le bâtonnier des avocats;
»qu'il n'y aura que ceux qui font actuellement la profession
»d'avocat qui pourront faire des écritures, qu'ils n'aient au
»moins deux années de fonction ». (*Il en faut aujourd'hui*
quatre au parlement de Paris).
»Fait défenses aux avocats de signer des écritures qu'ils
»n'auront point faites, ni de traiter de leur honoraire avec

Ce n'est pas feulement au parlement que ce

» les procureurs, à peine contre les avocats qui en feront
» convaincus d'être rayés du tableau, & contre les procu-
» reurs d'interdiction ».

» Enjoint aux avocats de conferver les minutes des
» Écritures qu'ils auront compofées, & d'apporter dans leur
» compofition toute la brièveté & netteté qui leur fera pof-
» fible ».

» Ordonne que le procès fera fait à ceux qui auront fup-
» pofé ou contrefait la fignature des avocats, & qu'ils feront
» punis fuivant la rigueur des ordonnances Fait très-ex-
» preffes inhibitions & défenfes aux procureurs de compter
» à leurs parties aucunes Écritures du miniftère des avocats
» fi elles n'ont été faites par eux ; & aux procureurs tiers qui
» feront en exercice de les taxer, à peine d'en répondre en
» leur nom ».

» Et à l'égard du droit de revifion, ordonne que les pro-
» cureurs ne le pourront prendre que fur les Écritures qui
» auront été faites & fignées par les avocats, conformé-
» ment au préfent règlement, & qu'ils feront tenus de
» marquer dans les copies qu'ils en feront fignifier, les noms
» des avocats qui les auront faites ; qu'ils ne prendront le
» droit de confeil que fur les renvois, fins déclinatoires,
» titres & pieces à communiquer, défenfes, répliques,
» moyens d'oppofition, requêtes en jugeant ou communi-
» quées à parties, fur les requêtes incidentes portées aux
» audiences fur le décès de la partie & fur la reprife, &
» conformément au règlement du 28 août 1665, le droit
» de confeil fera feulement de quinze fous pour chaque con-
» feil. Leur fait défenfes de paffer en taxe, ni de fouffrir
» qu'il foit compté aux parties des *dires* inutiles dans les
» requêtes, & principalement dans celles de *Viennent*, ni
» que fur un dire il foit pris un droit de confeil ».

» Enjoint au bâtonnier des avocats, & aux procureurs
» de communauté, d'informer foigneufement la cour des
» contraventions qui feront faites au préfent règlement,
» pour être par elle fait droit fur leurs plaintes après qu'elles
» auront été communiquées au procureur général du roi ».

» Ordonne que le préfent arrêt fera lû & publié en la
» communauté des avocats & procureurs de ladite cour ».

réglement a son exécution, il l'a encore dans les autres cours souveraines, & même dans les présidiaux, dans les bailliages & les sénéchauffées, attendu que dans ces tribunaux il y a ordinairement des avocats qui forment collège entr'eux & qui ont un tableau.

Les procureurs de la sénéchauffée présidiale de Guéret dans la haute Marche, entreprirent en 1748 d'anticiper sur les fonctions des avocats au point de s'immiscer à faire les Ecritures dévolues à ceux-ci : les avocats, pour arrêter les progrès & les suites d'une entreprise pareille, en portèrent leurs plaintes au parlement, & y obtinrent, le 11 Mai 1748, un arrêt par lequel il fut fait, « par provision, défenses aux procu-
» reurs de Guéret de faire, même par requête,
» des Ecritures de la profession d'avocat, telles
» que celles qui se font en exécution d'appoin-
» tement en droit, comme *avertissemens*, *contre-*
» *dits*, *&c.* & dans le cas d'appellation, les
» *causes d'appel*, *réponses & salvations*, & ce
» sous les peines portées par les réglemens.
» Comme aussi défenses de faire entrer en taxe
» ces Ecritures si elles ne sont faites par un
» avocat & signées de lui, conformément aux
» réglemens sur ce faits par la Cour ».

Lors de la signification de cet arrêt obtenu sur requête, les procureurs crurent pouvoir en éluder l'effet à la faveur d'une opposition ; mais ils furent poursuivis sur cette opposition, & il intervint un arrêt contradictoire le 31 mars 1751, sur les conclusions de M. d'Ormesson, avocat général, par lequel, « sans avoir égard
» à la requête des procureurs ni à leur opposi-
» tion à l'arrêt du 11 Mai 1748, il fut ordonné

» que ee même arrêt feroit exécuté fuivant f
» forme & teneur, à peine d'amende & d'in
» terdiction en cas de contravention de la par
» des procureurs; & qu'en outre le préfer
» arrêt enfemble celui du 11 mai 1748, feroient
» enregistrés au greffe de la fénéchauffée de
» Guéret ». Les procureurs furent de plus con
damnés aux dépens (*).

En 1767, les avocats du même fiège ayant
à fe plaindre de ce que parmi les officiers de la
juridiction à laquelle ils étoient attachés, il s'en
trouvoit quelques-uns du nombre des honorair
ou des vétérans qui s'immifçoient de faire de
Écritures de la nature de celles qui étoient dé
volues aux avocats, ceux-ci eurent à ce fujet
un procès avec eux au parlement, où il inter
vint un arrêt le 2 feptembre de la même anné
dont voici les difpofitions :

» La cour ordoune que les articles 19 de l'or
» donnance de Moulins & 115 de l'ordonnanc
» de Blois, feront exécutés fuivant leur form
» & teneur; ce faifant, que les officiers de la
» fénéchauffée de Guéret, foit *titulaires*, foit
» *honoraires* ou ayant *entrée*, *féance* & *voix déli*
» *bérative* audit fiège, ne pourront s'entremettr
» de confulter, plaider, écrire, ni faire aucun
» fonction d'avocat audit fiege pour les partie
» nonobftant tous ufages & difpenfes à ce cor
» traires. Pourront néanmoins, conformémer
» aux ordonnances, arrêts & réglemens de la
» dite Cour, exercer les fonctions d'avocat
» pour les parties en autres juridictions qu'e

(*) Cet arrêt fut enregistré avec celui du 11 mai 174
au greffe de la fénéchauffée de Guéret le 8 mai 1751.

» celles où ils font officiers (*) , fans néanmoins
» pouvoir être juges des parties pour lefquels
» ils auroient, en qualité d'avocats, prêté leur
» miniftère (**) , ordonne que le préfent arrêt
» fera infcrit fur les regiftres de la fénéchauffée
» de Guéret, &c. »

Ou voit par les arrêts que nous venons de
rapporter, que les Ecritures fur appointement
qui ont pour objet d'inftruire la religion des
juges & de difcuter des queftions de droit, doivent demeurer dévolues aux avocats par préférence aux procureurs, & que les juges qui font
faits pour opiner fur les conteftations ne doivent
point, quoiqu'ils aient la qualité d'avocat, ab-
diquer leurs fonctions pour faire ces mêmes
Ecritures dans des affaires de leur juridiction.

A l'égard du reçu qu'exige l'ordonnance de

(*) Après l'arrêt rendu les officiers s'imaginèrent qu'ils
pouvoient faire les fonctions dont il s'agiffoit pour les affaires pendantes dans les tribunaux qui relevoient devant eux
par appel, fous prétexte qu'ils n'y étoient par officiers ;
mais M. Joly de Fleury pour lors avocat général, obferva
que la prohibition étoit indiftinctement pour toutes les
affaires qui pouvoient être portées devant eux en première
inftance ou par appel, parce qu'il y avoit même raifon
pour les unes que pour les autres.

(**) Cette difpofition a reçu l'explication que voici,
c'eft-à-dire que les officiers peuvent faire les fonctions
d'avocat dans les juridictions extraordinaires, comme les
eaux & forêts, l'élection, le grenier à fel, l'officialité, &c.
mais avec cette reftriction, que dans les affaires ordinaires
ils ne peuvent être juges des parties auxquelles ils ont prêté
leur miniftère dans ces juridictions extraordinaires, de crainte
qu'une efpèce d'affection pour celui qui a été leur client
dans ces mêmes juridictions, ne détermine leur fuffrage
en fa faveur.

1667 au bas des Ecritures, cette difpofition n'a jamais été exécutée. *Voyez* ce qui a été dit à ce fujet à l'article AVOCAT.

Quant à la taxe des Ecritures, foit des procureurs, foit des avocats, chaque cour & chaque fiège principal doit avoir un tarif particulier conformément à l'article 13 du titre 31 de l'ordonnance de 1667. *Voyez* au furplus le titre entier de cette même ordonnance & les articles DÉPENS ET TAXE.

Obfervations fur les Ecritures du palais.

· Ces fortes d'Ecritures doivent être méthodiques, claires & précifes. La méthode confifte d'abord à bien annoncer le fujet que l'on a à traiter : enfuite l'on paffe à une expofition du fait que l'on doit développer ; après quoi l'on établit fa prétention & on l'appuie de tous les moyens propres à la foutenir. S'il y a des objections à craindre, on les prévient en les réfutant d'avance, ou l'on combat celles qui ont été propofées ; & l'on finit par un réfumé vif & ferré des principaux moyens que l'on a employés. La clarté confifte à dire les chofes d'une manière aifée, intelligible & agréable, & la précifion à ne dire précifément que ce qu'il faut pour faire connoître & pour défendre fes intérêts. Tout ce que l'on dit au-delà devient infipide & rebutant.

Une chofe effentielle à obferver, c'eft de fe renfermer étroitement dans fon fujet, de ne dire rien qui ne foit relatif à la matière que l'on traite, & fur-tout d'éviter l'injure, qui outre qu'elle n'eft que la reffource ordinaire des écrivains fans talens, ne fert qu'à indifpofer les

juges

juges & à donner lieu à des dommages-intérêts,
& quelquefois même à des punitions exemplaires
lorfqu'on la porte à l'excès. On peut voir à ce
fujet ce que nous avons déja dit aux articles
AVOCAT & BARREAU.

Lorfqu'il paffe fous les yeux des juges des
Ecritures qu'ils ont lieu de regarder ou comme
trop longues, ou comme inutiles & fruftratoires,
leur devoir eft ou de les réduire ou de les
rayer de la taxe. Ils doivent cette juftice non-
feulement à celui qui perd fon procès, mais
encore à celui qui le gagne ; car il ne fuffit
point que celui qui eft condamné ne foit obligé
de fupporter des Ecritures faites contre lui que
jufqu'à concurrence de tel nombre de rôles ; il
faut encore que s'il a été fait pour ce condamné
des Ecritures au-delà de celles qui étoient néceffaires, fon procureur ne puiffe pas non plus
en profiter à fon préjudice, à moins qu'il ne
paroiffe qu'elles ont été faites de fon aveu particulier (*).

Il eft inutile fans doute d'obferver que les

(*) *Formule d'ajouté à un jugement au fujet des Ecri-*
tures à retranchér.

»Ordonnons au furplus que (*telles Ecritures*) fignifiées
»(*tel jour*) de la part de.... au procureur dudit... demeu-
»reront réduites au nombre de (*tant*) de rolles (ou qu'elles
»demeureront rayées comme fruftratoires pour n'entrer en
»taxe, &c.)

Si cette omiffion fe trouvoit au jugement, le commiffaire
taxateur de dépens, n'en auroit pas moins le droit de
modérer ou de rayer fuivant que l'équité l'exigeroit ; mais
pour éviter toute conteftation fur cet article, le mieux eft
de l'ordonner par le jugement dans les affaires appointées.

Ecritures de palais doivent être écrites d'une manière correcte, exacte & lisible, tant sur la copie que sur la grosse. Les copies qui sont tronquées ou même simplement difficiles à lire, doivent être regardées comme non signifiées, & le procureur doit être condamné à fournir une nouvelle copie en règle à ses dépens.

Les grosses & les copies des Ecritures dont nous parlons ne peuvent être signifiées qu'elles ne soient en papier timbré dans les lieux où la formule est en usage. C'est ce qu'on verra à l'article FORMULE.

Voyez *l'ordonnance de 1667*, & *le règlement du 17 juillet 1693*. (*Article de M. DAREAU, avocat*, &c.).

ÉCRIVAIN. Celui qui fait profession d'enseigner l'art d'écrire.

Lorsqu'il s'agit de comparer des écritures ou de vérifier des signatures, c'est à des Ecrivains publics qu'on doit recourir pour avoir leur sentiment sur le vrai ou le faux de la pièce attaquée. Lorsqu'il n'y a point dans l'endroit d'Ecrivain de profession, ou du moins d'Ecrivain d'une certaine réputation, on doit s'adresser à des notaires ou à des greffiers, & par préférence à ceux qui ont la plus belle main, & qui par-là sont censés avoir des notions plus étendues sur l'art de l'écriture.

L'avis des Ecrivains ou des experts employés pour la vérification des écritures ne fait jamais une loi à laquelle les juges soient astreints de se conformer, parce que ces experts peuvent bien à la vérité établir qu'il y a de la similitude ou de la différence entre des écritures comparées, mais ils n'ont aucune règle pour prononcer avec certitude que deux écritures font d'une feule main ou de deux mains différentes. Voyez les faits rapportés à ce fujet à l'article COMPARAISON D'ÉCRITURES. Ils peuvent toutefois fournir des obfervations intéreffantes : voilà pourquoi l'on a recours à leur miniftère.

Leur manière d'opérer eft différente en matière civile de celle qu'ils doivent obferver en matière criminelle. En matière civile, ils font leur rapport comme des experts ; en matière criminelle, au contraire, ils font entendus par forme de dépofition fur ce qu'ils penfent des écritures qu'on leur a mifes fous les yeux.

Voyez à ce fujet le titre 12 de l'ordonnance de 1667, l'édit du mois de décembre 1684, & l'ordonnance de 1737 concernant le faux principal, le faux incident & la reconnoiffance des écritures & fignatures en matière criminelle. Voyez auffi les articles FAUX, RECONNOISSANCE, VÉRIFICATION. (*Article de M. DAREAU, avocat au parlement, &c.*).

ÉCROU. C'eft l'article du regiftre des emprifonnemens, contenant le jour & la caufe pour laquelle on a conftitué quelqu'un prifonnier.

L'article 13 du titre 13 de l'ordonnance de 1670, porte que les Ecrous & recommandations feront mention des arrêts, jugemens & autres actes en vertu defquels ils auront été faits ; du nom, furnom & qualité du prifonnier, de ceux de la partie qui aura fait faire l'emprifonnement, & du domicile qu'elle aura élu au lieu où la prifon eft fituée, à peine de nullité.

Le même article défend de faire plufieurs Ecrous, quand bien même il y auroit plufieurs caufes de l'emprifonnement.

L'article 15 du même titre enjoint au geolier ou greffier de la geole, de porter dans les vingt-quatre heures pour le plus tard, au procureur du roi ou à celui du seigneur, copie des Ecrous & recommandations qui seront faits pour crime.

Il est défendu à peine des galères, aux greffiers & geoliers, de délivrer des Ecrous à des personnes qui ne soient point actuellement en prison, & de faire aucun Ecrou ou décharge sur feuilles volantes ni ailleurs que sur un registre coté & paraphé par le juge. Telles sont les dispositions de l'article 9 du même titre.

L'article 6 du titre 2 autorise les archers à écrouer les prisonniers arrêtés en vertu des décrets décernés par les prévôts des maréchaux. Et par l'article 7 il est ordonné à ces archers de laisser aux prisonniers ainsi arrêtés, copie du procès-verbal de capture & de l'Ecrou, à peine d'interdiction, de dépens, dommages & intérêts, & de trois cens livres d'amende.

L'article 9 du titre 10 veut qu'après qu'un accusé a été pris en flagrant délit ou à la clameur publique, les juges ordonnent qu'il soit arrêté & écroué, & que l'Ecrou lui soit signifié parlant à sa personne (*).

Ces formalités ont été introduites 1°. pour que l'accusé étant constitué prisonnier en vertu d'une autorité légitime, il soit dans l'obligation

---

(*) Observez à ce sujet que l'on dépose quelquefois dans les prisons pour une nuit ou pour quelqu'autre bref délai, ceux qui sont arrêtés à la clameur publique, jusqu'à ce qu'ils aient été interroges : dans ce cas, on ne les écroue pas, & s'il n'y a pas lieu à les décréter de prise de corps, ils doivent être élargis dans les vingt-quatre heures.

de répondre aux interrogatoires qui lui feront
faits. 2°. Afin que le juge qui a la police des
prifons, ait connoiffance de l'ordre en vertu
duquel l'accufé a été arrêté & qu'il ne foit pas
dans le cas de le renvoyer des prifons. En effet,
c'eft moins la capture qui fait le prifonnier que
l'Ecrou infcrit fur le regiftre du geolier.

L'article 20 du même titre enjoint aux procureurs du roi dans les juftices ordinaires d'envoyer aux procureurs généraux, chacun dans
leur reffort, aux mois de janvier & de juillet
de chaque année, un état figné par eux & par
les lieutenans criminels, contenant les Ecrous
& recommandations faits dans les fix mois précédens & qui n'ont point été fuivis de jugemens définitifs. Cet état doit faire mention de
la date des décrets, Ecrous & recommandations; des noms, qualités & demeures des ac-
culés; & fommairement du titre de l'accufation
& de l'état de la procédure. Pour cet effet, les
greffiers & geoliers doivent délivrer gratuitement les actes & Ecrous requis, & les meffagers doivent les porter fans frais, à peine d'interdiction contre les greffiers & geoliers, & de
cent livres d'amende envers le roi, & de pareille amende contre les meffagers. La même
chofe doit être obfervée par les procureurs des
juftices feigneuriales à l'égard des procureurs du
roi des fièges où elles reffortiffent.

Ces règles ont été établies afin de connoître
fi les juges & officiers des lieux font leur devoir
dans la pourfuite des procès criminels.

L'article 24 de l'arrêt de règlement du 18
juin 1717, porte que les officiers & huiffiers

donneront eux-mêmes en main propre à ceux qu'ils conftitueront prifonniers ou qu'ils recommanderont, des copies lifibles & en bonne forme de leurs Ecrous & recommandations ; à l'effet de quoi ces prifonniers feront, amenés entre les deux guichets en préfence des geoliers ou greffiers des geoles, qui feront tenus d'en mettre leur certificat fur leur regiftre à la fin de chaque Ecrou & recommandation, à peine d'interdiction contre les huiffiers pour la première fois, & de privation de leurs charges pour la feconde, & contre les greffiers & les geoliers, de vingt-cinq livres d'amende pour chaque contravention, & de tous dépens, dommages & intérêts, même de plus grande peine fi le cas y échoit.

Lorfque le juge déclare un emprifonnement nul, tortionnaire & déraifonnable, il ordonne que l'Ecrou fera rayé & biffé.

ÉCU. C'eft une pièce de monnoie qui a cour. actuellement en France : il y a l'Ecu de trois livres qui vaut foixante fous, & l'Ecu de fix francs qui vaut le double.

Louis XIV ordonna en 1641 la fabrication d'une nouvelle monnoie d'argent, fous le nom de louis d'argent ; c'eft ce qu'on nomme ordinairement Ecu blanc : on trouve, dans le traité hiftorique des monnoies de France, par le blanc, les divers changemens du poids, de la valeur & de la fabrique de ces Ecus d'argent. En 1615 notre Ecu blanc étoit du poids d'une once, & valoit cent fous. Aujourd'hui il eft du même poids, & il vaut fix livres. Il en eft de même des demi Ecus ou petits Ecus de trois livres.

Quant aux Ecus d'or, ils ont eu fuivant les

temps diverfe valeur. Il y a eu l'Ecu d'or ou le denier d'or à l'Ecu : c'étoit une monnoie qui eût cours fous Philippe de Valois & le roi Jean ; elle étoit femée de fleurs de lys fans nombre ; on a cru que Philippe de Valois en étoit l'auteur. Le blanc a fait voir que cette monnoie avoit commencé avant ce prince. On nomma dans la fuite ces Ecus d'or, Ecus vieux, pour les diftinguer des Ecus d'or à la couronne & des Ecus d'or au foleil.

Sous Charles VI on fit des Ecus d'or couronnés ou à la couronne ; on les appeloit ainfi, parce qu'il y avoit une couronne empreinte fur l'Ecu. Ce prince en fit faire beaucoup : ils étoient d'or fin & de foixante au marc. Dans la fuite, ils changèrent fouvent de poids ; & fous la dernière année du règne du même prince, en 1421, ces Ecus d'or, d'or fin, étoient de foixante-fix au marc.

Sous Charles VII ils changèrent encore de poids & de titre ; on en fit qui n'étoient qu'à feize karats. En 1436 on les fit d'or fin & de foixante-dix au marc, valant vingt-cinq fous pièce. En 1455 ils étoient de foixante & onze au marc, & valoient vingt-fept fous pièce. Enfin Louis XI les fit faire de foixante & douze au marc.

Ce fut encore Charles VI qui fit faire des Ecus heaumes, ainfi nommés à caufe du heaume ou cafque qui étoit empreint fur l'Ecu. Cette monnoie plus pefante que les Ecus d'or couronnés étoit de quarante-huit au marc ; mais on en fit peu.

Pour les Ecus d'or au foleil, ce fut Louis XI qui les fit fabriquer en 1475 ; on les nomma

Ecus d'or au foleil, parce qu'au-deffus de la couronne il y avoit un petit foleil à huit rais. Ils étoient du même titre que ceux que l'on appeloit fimplement à la couronne ; mais un peu plus pefans & de foixante & dix au marc.

Charles VIII fit faire des Ecus d'or à la couronne & au foleil, du même titre & du même poids que fon pere ; mais après fon règne on ne vît plus que des Ecus d'or au foleil. François premier en affoiblit un peu le poids & le titre ; au refte ils furent prefques toujours de foixante & onze, & un fixième au marc.

Sous Louis XII on frappa des Ecus d'or au porc-épic. Il y avoit deux de ces animaux qui fervoient de fupport à l'Ecu, d'où lui vint le nom d'Ecu au porc-épi : & il ne différoit qu'en cela des Ecus d'or au foleil. François premier en fit fabriquer où il y avoit deux falamandres à côté de l'Ecu : c'eft ce qui les fit appeler *Ecus d'or à la falamandre.* Cette monnoie varia fuivant les diverfes conjectures. Le même monarque fit auffi frapper des Ecus d'or à la croifette, ainfi nommés parce qu'ils étoient empreints d'une petite croix carrée.

Enfin le prince de Condé, pendant la guerre des huguenots, fit frapper un Ecu d'or, fur lequel il fit mettre cette infcription : *Ludovicus XIII, dei gratiâ Fracorum rex, primus chriftianus.* Cette monnoie eft très-rare. On a difcontinué en France de faire des Ecus d'or depuis 1655, & ils furent décriés en 1691. Leur valeur étoit alors de cent quatorze fous.

Il y a auffi dans la plupart des états de l'europe des Ecus d'or ou d'argent, dont chacun a une valeur qui lui eft particulière.

ÉCUYER (*). C'eſt un titre d'honneur que

(*) Autrefois, on donnoit ce titre à un gentilhomme qui avant de parvenir à la dignité de chevalier, ſuivoit & accompagnoit un chevalier, pour lui rendre certains ſervices, ſoit à la guerre, ſoit dans les tournois.

Du temps de l'ancienne chevalerie, dès qu'un jeune gentilhomme étoit ſorti de page, ce qui arrivoit à l'âge de quatorze ans, il étoit préſenté à l'autel par ſon pere & ſa mere, & le prêtre célébrant lui attachoit au côté une épée ſur laquelle il avoit fait pluſieurs bénédictions; après cette cérémonie, le jeune gentilhomme étoit compté au nombre des Ecuyers.

M. de la Curne de Sainte Palaye rapporte dans ſes mémoires ſur l'ancienne chevalerie, qu'on diviſoit les Ecuyers en pluſieurs claſſes, ſuivant les différens emplois auxquels ils étoient deſtinés. Les plus diſtingués étoient l'Ecuyer du corps, l'Ecuyer de la chambre, l'Ecuyer tranchant, & l'Ecuyer de l'écurie, qui étoit chargé de dreſſer les chevaux à tous les uſages de la guerre; il avoit ſous lui d'autres Ecuyers plus jeunes, auxquels il faiſoit l'apprentiſſage de cet exercice.

L'Ecuyer tranchant, toujours debout dans les feſtins & dans les repas, étoit occupé à couper les viandes avec la propreté, l'adreſſe & l'élégance convenables, & à les faire diſtribuer aux convives: cette fonction fait partie de celles des maîtres d'hôtel d'aujourd'hui, à qui la garde des offices & des buffets eſt confiée.

L'Ecuyer de la chambre ou chambellan avoit inſpection ſur la vaiſſelle d'or & d'argent, deſtinée au ſervice de la table.

L'Ecuyer du corps étoit attaché particulièrement à la perſonne du maître; il l'accompagnoit preſque partout, portoit ſa bannière à l'armée, crioit le cri d'armes du même ſeigneur, & faiſoit les honneurs de ſa maiſon, dans les cérémonies d'éclat.

On appeloit *Ecuyers d'honneur*, ceux à qui les chevaliers donnoient en garde, pendant le combat, les priſonniers de guerre qu'ils faiſoient. Ces Ecuyers d'honneur défendoient leur maître; c'eſt ce que fit Saint Severin à la bataille

portent les fimples gentilhommes pour marque
de leur nobleffe ; à la différence de la hau
nobleffe qui porte le titre de chevalier, pou
marquer l'ancienneté de fon extraction, &
qu'elle defcend de gens qui avoient été fai
chevaliers.

Le titre d'Ecuyer eft très-ancien chez la
romains ; les Ecuyers formoient des compa
gnies de gens de guerre armés d'un écu & d'u
javelot : ils étoient fort eftimés, & cependan
inférieurs pour le rang à d'autres gens de guerre
qu'on appeloit gentils ; ceux-ci compofoien
des compagnies de foldats prétoriens, ou defti
nés à la garde du prétoire ou palais de l'em
pereur.

Les empereurs faifoient confifter la meilleu
partie de leurs forces dans les gentils & le
Ecuyers ; & voulant les récompenfer avec di
tinction, ils leur donnèrent la meilleure par
dans la diftribution qui fe faifoit aux foldats
des terres à titre de bénéfice.

de Pavie, en combattant vaillamment devant François pre
mier Cet ufage qui depuis s'eft reftreint aux Ecuyers de ro
rois, ne fubfiftoit plus, même à leur égard, du temps de
Brantome.

D'autres Ecuyers veilloient à la panneterie & à l'écha
fonnerie : ils avoient foin de préparer les tables, de donne
à laver devant & après le repas, de difpofer tout ce qui éto
néceffaire pour les divertiffemens qui fuivoient les feftins
de fervir enfuite les épices ou dragées, les confitures, le
liqueurs, qui fous Philippe-Augufte & fes fucceffeurs
étoient les clairets, le piment, le vin cuit, l'hypocras & le
autres boiffons qu'on appeloit le vin du coucher. Ces fortes
d'Ecuyers enfin conduifoient les étrangers dans les chambre
qui leur étoient deftinées, & qu'ils avoient eux-mêmes pré
parées.

Les princes qui vinrent de Germanie établir dans les Gaules la monarchie françoise, imitèrent les romains pour la diftribution des terres conquifes à leurs principaux capitaines ; & les gaulois ayant vu fous l'empire des romains les gentils & les Ecuyers tenir le premier rang entre les militaires & poffeder les meilleurs bénéfices, appelèrent de même nom ceux qui fuccédèrent aux mêmes emplois & bénéfices fous les rois françois.

Ces gentils ou gentilshommes & Ecuyers n'étant chargés d'aucune redevance pécuniaire, pour raifon des bénéfices ou terres qu'ils tenoient, mais feulement de fervir le roi pour la défenfe du royaume ; on appela nobles tous les gentilshommes & Ecuyers dont la profeffion étoit de porter les armes, pour les diftinguer du refte du peuple qui étoit ferf.

Ainfi la plus ancienne nobleffe de France eft venue du fervice militaire & de la poffeffion des fiefs qui obligeoit à ce fervice, mais de différentes manières, felon la qualité du fief.

Celui qu'on appeloit *fief banneret* obligeoit le poffeffeur à fervir à cheval & à tenir bannière. Ce poffeffeur étoit appelé *chevalier*, & en latin *miles*.

Le *fief de haubert* obligeoit le chevalier à fervir avec une armure de fer.

Et les fiefs appelés *feuda fcutiferorum* donnèrent le nom aux Ecuyers qui étoient armés d'un écu & d'un javelot.

Ces Ecuyers qui furent auffi qualifiés de nobles ou Gentilshommes, combattoient d'abord à pied ; enfuite & lorfqu'on leur fubftitua les fergens que fournirent les communes, on mit les Ecuyers à cheval & on leur permit de porter des écus comme ceux des chevaliers ; mais ceux-ci étoient les seuls qui puffent porter des éperons dorés ; les Ecuyers les portoient blancs, c'est-à-dire d'argent, & les vilains ou rôturiers n'en portoient point, parce qu'ils servoient à pied.

Ainfi les Ecuyers ou poffeffeurs de fimples fiefs avoient au-deffus d'eux les fimples chevaliers qu'on appeloit auffi *bacheliers-bannerets*.

Le titre de noble ou Ecuyer s'acquéroit par la naiffance ou par la poffeffion d'un fief, lorfqu'il étoit parvenu à la tierce-foi : mais pour pouvoir prendre le titre de chevalier, il falloit avoir été reconnu tel ; & pour devenir banneret, il falloit avoir fervi pendant quelque-temps, d'abord en qualité d'Ecuyer & enfuite de chevalier ou bachelier.

Suivant une convention faite entre le roi Philippe de Valois & les nobles en 1338, l'Ecuyer étoit au-deffus des fergens & arbalêtriers ; il étoit auffi diftingué du fimple noble ou gentilhomme qui fervoit à pied.

Comme anciennement les nobles ou gentilshommes faifoient prefque tous profeffion de porter les armes, & que la plupart d'entr'eux faifoient le fervice d'Ecuyer ou en avoient le rang, ils prenoient communément tous le titre d'Ecuyer ; deforte qu'infenfiblement ce terme a été regardé comme fynonime de noble ou de gentilhomme, & qu'il eft enfin devenu le titre propre que les nobles ajoutent après leurs noms & furnoms pour diftinguer leur qualité de nobles.

Il eft défendu par la déclaration du mois de janvier 1624, à tout particulier, de prendre la qualité d'Ecuyer & de porter armoiries timbrées, à peine de deux mille livres d'amende, s'il n'eſt de maiſon & extraction noble ; & il eſt enjoint aux procureurs généraux & à leurs ſubſtituts, de faire toutes les pourſuites néceſſaires contre les uſurpateurs des titres & qualités de noble.

La déclaration du 30 mai 1702 ordonna une recherche de ceux qui auroient uſurpé indûement les titres de chevalier & d'Ecuyer ; on a ordonné de temps en temps de ſemblables recherches.

Il n'eſt pas permis non plus aux Ecuyers ou nobles de prendre des titres plus relevés qui ne leur appartiennent pas : ainſi par arrêt du 13 août 1663, rapporté au journal des audiences, la cour faiſant droit ſur les concluſions du procureur général, défendit à tous gentilshommes de prendre la qualité de *meſſire & de chevalier*, ſinon en vertu de bons & légitimes titres ; & à ceux qui ne ſont point gentilshommes, de prendre la qualité d'Ecuyer, ni de timbrer leurs armes ; le tout à peine de quinze cens livres d'amende.

Il y a quelques emplois dans le ſervice militaires qui donnent le titre d'Ecuyer, ſans attribuer à celui qui le porte une nobleſſe héréditaire & tranſmiſſible.

ÉCUYER, ſe dit auſſi de celui qui a la charge, l'intendance de l'écurie d'un prince.

En France, le grand Ecuyer eſt un officier de la couronne ; il étoit autrefois ſubordonné au connétable & aux maréchaux de France, & étoit qualifié de maître de l'écurie du roi. Quand on eut donné au connétable & aux maréchaux

de France le commandement des armées, les maîtres de l'écurie eurent seuls toute la surintendance de l'écurie du roi. Il y avoit alors quatre
Ecuyers, dont deux devoient être à la cour; un
pour le corps & l'autre pour le *tynel*, c'est-à-
dire pour le commun : celui-ci étoit appelé maître de l'écurie. Philippe de *Gerême* ou de *Giris-
me*, dit *Cordelier*, fut le premier qualifié de
grand maître de l'écurie du roi, par lettres
données à Maubuisson le 19 septembre 1399,
& Jean de Gargues-Salle prit le premier, sous
Louis XI, le titre de grand Ecuyer ; d'autres
nomment Alain Goyon, seigneur de Villiers,
comme le premier qui ait été qualifié de grand
Ecuyer de France vers l'an 1470. Les successeurs
d'Alain de Goyon ont depuis porté ce même
titre : au reste il paroît certain que la charge de
grand Ecuyer de France ne fut érigée en office
de la couronne qu'en 1601, en faveur de M. de
Bellegarde ; en même-temps que la charge de
grand-maître de l'artillerie fut créée en faveur
du duc de Sully.

. Le grand Ecuyer de France prête serment entre les mains du roi, & les autres officiers la
prêtent entre les siennes. Il ordonne de tout ce
qui regarde la grande écurie & dispose des fonds
qui en concernent la dépense : il a droit de
commander aux hérauts d'armes, de porter
aux entrées & aux autres cérémonies l'épée
royale dans le fourreau semé de fleurs de lys,
& de la mettre avec le baudrier à chaque côté
de l'écu de ses armes ; les dais qu'on présente aux
rois à leur entrée solemnelle dans les villes,
font à lui. Il a séance aux lits de justice, à côté
du grand chambellan qui est toujours assis au

pieds du roi dans ces fortes de cérémonies. Perfonne ne peut porter la livrée du roi fans fon
agrément.

Nul Ecuyer ne peut tenir, à Paris ni dans aucune ville du royaume, académie de gentilshommes pour monter à cheval fans la permiffion
expreffe du grand Ecuyer de France.

Par arrêt rendu au confeil d'état le 28 janvier
1764, le roi a réuni à la charge de grand
Ecuyer la direction générale & la furintendance
des haras dans les généralités de Rouen, de
Caen, d'Alençon, de Limoges & d'Auvergne ;
en conféquence fa majefté a ordonné que les
fonds qu'elle jugeroit à propos de deftiner à l'entretien de ces haras, feroient remis entre les
mains du tréforier de fes écuries pour être par
lui employés fous les ordres du grand Ecuyer
& à la charge d'en rendre compte à la chambre
des comptes de Paris, ainfi que des autres deniers de la recette ordinaire, par un chapitre
diftinct & féparé.

Outre le grand Ecuyer, il y a à la grande
écurie un premier Ecuyer (*), trois Ecuyers

_____

(*) Cette charge de premier Ecuyer eft différente de celle
qui fubfiftoit anciennement & qui a été fupprimée en 1761 ;
celle d'aujourd'hui a été créé par un édit du mois de feptembre 1772 qui eft ainfi conçu :

Louis, &c. Salut. Par nos lettres-patentes du mois de
janvier 1761, nous avons fupprimé l'état & office d Ecuyer,
commandant notre grande écurie, alors vacante par le
décès du comte de Sainte-Maure, & nous avons pourvu au
remboursement du brevet d'affurance que nous lui avions
accordé fur ladite charge ; mais notre très-cher & bien amé
coufin le prince de Lambefc, grand Ecuyer de France,
nous ayant repréfenté que les motifs qui nous avoient déterminés à prononcer ladite fuppreffion ne fubfiftoient plus,

ordinaires & trois Ecuyers cavalcadours qui

---

qu'il y avoit eu de tout ancienneté en notre grande écurie, outre les Ecuyers ordinaires & cavalcadours, un Ecuyer, qui tantôt avoit le titre de premier, & tantôt celui d'Ecuyer commandant la grande écurie, nous avons résolu pour cette considération & autres raisons particulieres, de créer en notre grande écurie une charge de premier écuyer, & d'en régler par le présent édit, les droits & fonctions & prérogatives, de manière qu'il ne puisse plus s'élever à l'avenir aucune contestation ; & que celui qui sera pourvu de ladite charge & ses successeurs, ne puissent prétendre faire valoir les motifs ci-devant allégués par le comte de Sainte-Maure, pour appuyer ses prétentions, attendu que ce n'est pas la même charge qui a été supprimée par nos lettres-patentes du mois de janvier 1761, mais une nouvelle que nous avons jugé à propos de créer. A ces causes & autres à ce nous mouvant, de notre grace spéciale, pleine puissance & autorité royale, nous avons par notre présent édit, perpétuel & irrévocable, fixé, statué & établi, fixons, statuons, établissons & ordonnons ce qui suit.

ARTICLE PREMIER.

Avons créé & établi, créons & établissons en notre grande écurie une charge sous le titre de premier Ecuyer, de laquelle nous nous réservons la nomination entière & libre disposition.

II. Avons attribué & attribuons à ladite charge six cens livres de gage, trois mille six cens livres pour entretenement, trois mille six cens livres pour ses livrées, & quatre mille deux cens livres sur l'état des gages des grands officiers.

III. A l'égard des chevaux de carrosse, attelages de chaises, cochers, postillons & gens de livrée attachés au service particulier du premier Ecuyer en notre grande écurie, il en sera fait un état par les ordres de notre grand Ecuyer, pour être ensuite par nous arrêté, & la dépense en être employée dans les états de notre grande écurie ; quant aux chevaux de selle pour nous suivre à la chasse, aux promenades & dans les autres occasions où le service ap-

servent

fervent avec les ordinaires; un gouverneur des pages qui font au nombre d'environ cinquante, deux fous gouverneurs, un précepteur, un aumônier, & tous les maîtres néceffaires pour inftruire ces pages dans toutes fortes d'exercices. Les chevaux de manége & les chevaux de guerre font à la grande écurie.

Il n'y avoit autrefois qu'une écurie du roi; la petite écurie eft un démembrement de la grande; elle eft auffi commandée par un premier Ecuyer du roi, dont la charge eft diffé-

---

pellera le premier Ecuyer, ils feront pris fur le fonds de l'écurie.

IV. Celui que nous jugerons à propos de pourvoir de ladite charge, ainfi que fes fucceffeurs, ne pourront en exercer les fonctions, ni fe faire connoître en ladite qualité, qu'après avoir prêté ferment en la manière accoutumée, entre les mains de notre grand écuyer.

V. Le pourvu de ladite charge jouira des honneurs, diftinctions & prérogatives que nous avons jugé à propos de lui attribuer, ainfi qu'il eft ci-après exprimé.

VI. Quand nous nous fervirons des équipages de la grande écurie, il fera auprès de notre perfonne le même fervice à cheval que notre grand écuyer lorfqu'il fera abfent, fans qu'il puiffe y être troublé par qui que ce foit; mais il ne pourra prétendre nous préfenter le fouet lorfqu'il nous mettra à cheval, & feulement le recevoir de nous lorfque nous en defcendrons.

VII. Le premier Ecuyer en notre grande écurie ne pourra y commander, même en l'abfence du grand Ecuyer, voulons feulement qu'il donne l'ordre pour les heures de notre fervice, lorfqu'il l'aura reçu de nous ou de notre grand Ecuyer, ainfi & de la même manière que le feroit le grand Ecuyer.

VIII. Voulons pareillement que lorfque le premier Ecuyer de notre grande écurie nous fuivra à l'armée, il foit accompagné d'un de nos pages; fuivant l'ancien ufage. Si donnons en mandement, &c.

rente de celle du premier Ecuyer de la grande écurie. Ce premier Ecuyer a aussi sous lui plusieurs Ecuyers ordinaires, un gouverneur des pages, un précepteur, un aumônier & dix-neuf pages, & quelquefois un plus grand nombre. Ces pages de l'une & de l'autre écurie servent à l'armée d'aides-de-camp aux aides-de-camp de sa majesté.

Le premier Ecuyer prête aussi serment entre les mains du roi. Une de ses principales fonctions est de donner la main à sa majesté si elle a besoin d'aide pour monter en carosse ou en chaise; & quand le roi est à cheval, de partager la croupe du cheval de sa majesté avec le capitaine des gardes, ayant le côté gauche qui est celui du montoir.

C'est le premier Ecuyer lorsqu'il se fait quelque détachement de la petite écurie pour aller sur la frontière conduire ou chercher un prince ou une princesse, qui présente au roi l'Ecuyer ordinaire de sa majesté ou un Ecuyer de quartier pour être commandant de ce détachement.

Dans les occasions où le roi fait monter quelqu'un dans son carosse, il fait l'honneur à son premier Ecuyer de lui donner place.

Le premier Ecuyer a place au lit de justice conjointement avec les capitaines des gardes du corps & le capitaine des cent suisses qui le précèdent, sur un banc particulier au-dessous des pairs ecclésiastiques; cela s'est pratiqué ainsi le roi séant en son lit de justice le 12 septembre 1715 & le 21 février 1723.

Les chevaux dont le roi se sert le plus ordinairement, sont de la petite écurie.

Les Ecuyers du roi ont seuls les fonctions de

grand & de premier Ecuyer, en leur abfence, pour le fervice de la main.

Les Ecuyers du roi fervans par quartier prêtent ferment de fidélité entre les mains du grand maître de la maifon du roi; l'Ecuyer du jour doit fe trouver au lever & au coucher du roi, pour favoir fi fa majefté monte à cheval. Si le roi va à la chaffe & prend fes bottes, l'Ecuyer doit lui mettre fes éperons; il les lui ôte auffi. Soit que le roi monte à cheval ou en carroffe, l'Ecuyer le fuit à cheval. Pendant la journée les Ecuyers fuivent & entrent partout où le roi eft, excepté le temps où le roi tient confeil ou veut être feul ; alors l'Ecuyer fe tient dans le lieu le plus prochain de celui où eft le roi. L'Ecuyer fuit toujours immédiatement le cheval ou le carroffe de fa majefté. Le roi venant à tomber, l'Ecuyer le foutient ou le relève. Il préfenteroit fon cheval fi celui de fa majefté étoit bleffé, boiteux ou rendu, foit à la chaffe foit à la guerre.

Dans la marche ordinaire & au cas que le grand Ecuyer ou le premier Ecuyer n'y foient pas, l'Ecuyer du jour partage la croupe du cheval que le roi monte avec l'officier des gardes; mais il prend le côté gauche. Dans un détroit, dans un défilé, il fuit immédiatement, parce qu'en cette rencontre & à caufe du fervice l'officier des gardes le laiffe paffer avant lui. Le roi paffant fur un pont étroit, l'Ecuyer met pied à terre & vient tenir l'étrier de fa majefté de crainte que le cheval du roi ne bronche ou ne faffe quelque faux pas. Si le grand Ecuyer ou le premier Ecuyer fuivoit le roi, il tiendroit l'étrier de la droite, & l'Ecuyer de quartier ou du jour celui de la gauche.

Sitôt que le roi a ses éperons, s'il ne met pas son épée à son côté, l'Ecuyer de jour la prend en sa garde. Si le roi de dessus son cheval laisse tomber quelque chose, c'est à l'Ecuyer à la lui ramasser & à la lui remettre en main. A l'armée l'Ecuyer du roi sert d'aide-de-camp à sa majesté: un jour de bataille, c'est à l'Ecuyer à mettre au roi sa cuirasse & ses autres armes.

ÉDIFICE. Voyez BATIMENT, RÉPARA-TIONS, &c.

ÉDILE. C'étoit chez les romains un magistrat chargé de diverses fonctions.

Les premiers Ediles furent établis la même année que les tribuns du peuple. C'étoient pour lors des officiers subalternes destinés à exécuter les ordres des tribuns, qui se déchargoient sur eux du soin de quelques affaires moins importantes. Ils avoient l'intendance des édifices tant publics que particuliers, d'où leur vint leur nom; celle des jeux qu'on donnoit au peuple, & celle de la police qui les obligeoit de veiller à la sûreté & à la propreté de la ville, à ce qui concernoit les vivres & à beaucoup d'autres soins pareils, dont on comprend que le détail devoit avoir beaucoup d'étendue. Il fut ordonné aussi dans la suite que les décrets du sénat, aussi-tôt après qu'ils auroient été arrêtés par la compagnie, seroient remis entre leurs mains pour être déposés dans le temple de Cérès, afin que les consuls ne fussent point maîtres d'y faire des changemens. On élisoit les Ediles tous les ans au nombre de deux dans la même assemblée que les tribuns, & ils étoient toujours tirés du corps du peuple.

. Les plébéiens demeurèrent seuls chargés des fonctions de l'édilité pendant l'espace de cent-vingt sept ans, jusqu'à l'an de Rome 388. Le sénat alors qui venoit de se réconcilier avec le peuple en accordant à ceux de ce corps deux places de consuls, crut devoir marquer aux dieux sa reconnoissance pour un évènement aussi considérable que celui-là, qu'il n'attribuoit qu'à un effet singulier de leur protection. Il ordonnna donc qu'on célébrât les grands jeux, & qu'aux trois jours que duroient les féries latines qui étoient toujours accompagnées de ces jeux on en ajoutât un quatrième. Les Ediles ayant refusé dans cette occasion de donner les grands jeux dont ils avoient peine à faire la dépense à leurs propres frais ; les jeunes patriciens offrirent de bonne grace & avec joie de s'en charger, à condition qu'on leur accorderoit les honneurs de l'édilité. Leur offre fut acceptée avec de grandes marques d'approbation & de reconnoissance ; & il fut ordonné par un décret du sénat que tous les ans on procéderoit à l'élection de deux Ediles tirés du corps des patriciens ; aussi il y eut depuis ce temps là deux sortes d'Ediles à Rome. Les uns furent appelés Ediles plébéiens, les autres Ediles curules, parce qu'ils avoient le droit de la chaise curule ornée d'ivoire, & qui se plaçoit sur le char dans lequel ils se faisoient porter ; distinction attachée aux grandes charges de la république.

Il seroit difficile de spécifier au juste la différence des fonctions de ces deux sortes d'Ediles. Cicéron, dans la derniere des verrines, marque

celles des Ediles curules qui étoient les principales, & il les réduit à l'intendance des jeux
qu'on célébroit en l'honneur de différentes di-
vinités, au foin des édifices facrés & à la police
générale de la ville ; enfuite il rapporte les diftinctions d'honneur accordées aux Ediles, telles
qu'étoient le droit d'opiner dans le fénat, non
fuivant la date de leur réception dans la compagnie, mais dans un rang plus honorable ; la
robe bordée de pourpre, la chaife curule, le
droit d'image fi propre à illuftrer les familles
dans la poftérité ; priviléges tous attachés à
l'exercice des grandes charges de l'état. Il eft
vraifemblable que les praticiens n'avoient pris
dans l'édilité, que ce qu'elle avoit de plus important pour le bien public, & de plus honorable pour eux, & des trois objets que nous
préfente le paffage de Cicéron, les jeux folemnels, les édifices facrés & publics, la police
générale de la ville, paroiffent affez de ce
genre.

Dans les jeux extraordinaires & votifs, c'étoit
le public qui en faifoit les frais, & la fomme
qu'on y employoit étoit quelquefois réglée fur
un nombre ternaire, fort refpecté chez les anciens, & regardé comme religieux & facré.
Après la défaite de Flaminius par Annibal, près
du lac Trafimene, les Romains, pour appaifer
la colere des Dieux, s'engagerent par vœu, à
faire célebrer les grands jeux, & à y employer
la fomme de trois cent trente-trois mille trois
cent trente-trois & un tiers d'as. Les généraux
obligeoient les ennemis qu'ils avoient vaincus,
& fouvent même les alliés du peuple romain,
à contribuer pour la dépenfe de ces jeux.

On ne voit pas quelle part les Ediles prenoient dans les jeux votifs, fi ce n'eft qu'ils
étoient vraifemblablement chargés, en qualité
de magiftrats de la police, d'y maintenir le bon
ordre. Il n'en étoit pas ainfi des jeux dont la repréfentation étoit attachée à leur charge, c'eft-
à-dire, des jeux de Cérès, des jeux floraux &
des grands jeux ou jeux romains. La célébration de ces jeux fe faifoit aux frais & aux dépens des Ediles ; & il en étoit de même des
jeux plébéiens pour les Ediles du peuple.

Quiconque afpiroit aux honneurs, ne pouvoit
fe difpenfer de ces dépenfes. L'édilité étoit la
premiere des dignités curules de Rome : l'âge
pour entrer en exercice de cette charge, étoit
de trente-fept ans ; deux ans après, venoit la
prêture, & après un pareil intervalle de deux
autres années, le confulat. Or la manière dont
on s'étoit conduit dans l'édilité & dans la repréfentation des jeux, contribuoit beaucoup à gâ-
gner ou à aliéner le peuple par rapport aux
dignités qui devoient fuivre. Mumercus, homme
très-riche & très-puiffant, effuya en demandant le Confulat, un refus honteux, parce qu'il
s'étoit difpenfé de paffer par l'édilité, dans la
crainte des dépenfes que cette charge entraînoit
néceffairement.

Outre les Ediles curules & plébéiens dont on
vient de parler, il y eut encore à Rome deux
autres Ediles créés par Jules-Céfar, pour avoir
l'infpection fur les bleds, & qui pour cette raifon
furent appelés *cereales*. Ces derniers Ediles fe tiroient du corps des patriciens.

E D I T. C'eft une loi faite par le fouverain,
pour défendre ou ordonner quelque chofe.

Il y avoit des Edits chez les romains : le corps de droit en renferme treize de l'empereur Juſtinien. Ils font à la fuite des novelles dans la plupart des éditions du corps de droit. Il y avoit les Edits des édiles, qui étoient des réglemens que ces magiſtrats faifoient pour les particuliers fur les matières dont ils avoient la connoiſſance, telles que la diſtribution des jeux, la police des temples, des chemins publics, des marchés, des marchandifes, &c. Ce fut par ces Edits que s'introduifirent les actions que l'on a contre ceux qui vendent des chofes défectueufes.

Comme la compétence des prêteurs & celle des édiles n'étoient pas trop bien diſtinguées, & que les édiles étoient fouvent appelés prêteurs, on confondoit auſſi quelquefois les Edits des édiles avec ceux des prêteurs.

Ces Edits n'étoient, comme ceux des prêteurs, que des lois annuelles que chaque édile renouveloit pendant fon adminiſtration fuivant qu'il le jugeoit à propos.

Il paroît que le pouvoir de faire des Edits fut ôté aux édiles & aux prêteurs par l'empereur Adrien, lorfqu'il fit faire l'Edit perpétuel, qui eſt une collection ou une compilation de tous les Edits tant des prêteurs que des édiles. Ce fut le jurifconfulte Julius Salvianus que ce Prince choifit à cet effet. Il paroît par les fragmens qui nous reſtent de l'Edit perpétuel, que le jurifconfulte chargé de le rédiger y fuppléa beaucoup de décifions qui ne fe trouvoient point dans les Edits dont il fit la compilation. Les empereurs Dioclétien & Maximien qualifierent cet ouvrage de *droit perpétuel*.

Pluſieurs anciens jurifconfultes ont fait des commentaires fur cet Edit.

On en fit un abrégé pour les provinces , qui fut appellé *Edit provincial*.

C'étoit la loi que les proconfuls faifoient obferver dans leurs départemens. Comme dans cet abrégé on n'avoit pas prévu tous les cas, cela obligeoit fouvent les proconfuls d'écrire à l'empereur pour favoir fes intentions. On ne fait point qui fut l'auteur de l'Edit provincial, ni précifément en quel temps cette compilation fut faite. Ezéchiel Spanham , en fon ouvrage intitulé *rbis Romanus*, conjecture que l'Edit provincial peut avoir été rédigé du temps de l'empereur Marcus. Henri Dodwel , *ad fpartian. Hadrian.* foutient au contraire que ce fut Adrien qui fit faire cet abrégé : il n'eft cependant dit en aucun endroit que le jurifconfulte Julien , qu'il avoit chargé de rédiger l'Edit perpétuel, fût auffi l'auteur de l'Edit provincial ; peut-être n'en a-t-on pas fait mention , à caufe que l'Edit provincial n'étoit qu'un abrégé de l'Edit perpétuel , dont on avoit feulement retranché ce qui ne pouvoit convenir qu'à la ville de Rome. On y avoit auffi ajouté des réglemens particuliers, faits pour les provinces, & qui n'étoient point dans l'Edit perpétuel. Au furplus, ces deux Edits étoient peu différens l'un de l'autre, comme il eft aifé d'en juger, en comparant les fragmens qui nous reftent des commentaires de Caius fur l'Edit provincial , avec ce qui nous a été confervé de l'Edit perpétuel ; plufieurs de ces fragmens ont été inférés dans le digefte.

En France, les ordonnances & les réglemens faits par les rois de la première race étoient appelés Edits : fous la feconde race, on les nomma capitulaires, & fous la troifième race, le terme d'*Edit* eft redevenu en ufage.

Nous avons beaucoup d'Edits qui portent le nom du lieu où ils ont été donnés : tels font l'Edit de Cremieu, l'Edit de Melun, l'Edit d'Amboife, l'Edit de Nantes, &c. d'autres portent le nom des chofes qu'ils avoient pour objet : tels font l'Edit du contrôle, l'Edit des infinuations, l'Edit des préfidiaux, l'Edit des duels, l'Edit des fecondes noces, &c.

On a appelé *Edits de pacification*, des Edits de quelques-uns de nos rois, que la néceffité des temps & des circonftances les obligèrent d'accorder, par lefquels ils tolérèrent alors l'exercice de la religion prétendue réformée dans leur royaume.

. Les violences qui fe commettoient de la part des religionnaires contre les catholiques, & de la part de ceux-ci contre les religionnaires, engagerent Charles IX *d'avifer aux moyens d'apporter une falutaire provifion*, ce font fes termes; & pour y parvenir, il donna le 27 janvier 1561, le premier Edit de pacification, intitulé *pour appaifer les troubles & féditions fur le fait de la religion*.

Les religionnaires fe prévalant de leur grand nombre & des chefs puiffans qui étoient de leur parti, exigèrent que l'on étendît davantage les facilités que le roi avoit bien voulu leur accorder; de forte que Charles IX, en interprétation de fon premier Edit, donna encore fix autres déclarations ou édits, qui portent tous pour titre, *fur l'Edit de pacification;* favoir, une déclaration du 14 février 1561, un édit & une déclaration du 19 mars 1562, une déclaration du 19 mars 1563, & trois Edits des 23 mars 1568, août 1570, & juillet 1573.

Henri III fit auffi à ce fujet quatre Edits inti-
tulés comme ceux de Charles IX ; le premier
eft du mois de mai 1576 ; le fecond, du 7 feptembre 1577 ; le troifième, du dernier février
1579 : celui-ci contient les articles de la conférence tenue à Nérac entre la reine mere du
roi, le roi de Navarre & les députés des religionnaires, qui étoient alors affez audacieux
pour capituler avec le roi ; le quatrieme Edit,
du 26 décembre 1580, contient les articles de
la conférence de Flex & de Coutras.

Le plus célebre de tous ces Edits de pacification eft l'Edit de Nantes, du dernier avril
1598.

Louis XIII donna auffi un Edit de pacification
au mois de mai 1616, par lequel il accorda aux
religionnaires quinze articles qui avoient été arrêtés à la conférence de Loudun. Cet Edit fut
fuivi de plufieurs déclarations, toutes confirma-
tives des Edits de pacification, en date des mois
de Mai 1617, 19 octobre 1622, 17 avril 1623 ;
& des articles accordés à Fontainebleau au mois
de juillet 1625 ; de ceux accordés aux habitans
de la Rochelle en 1626 ; d'un Edit du mois de
mars de la même année, & d'une déclaration
du 22 juillet 1627.

Depuis la prife de la Rochelle, les religionnaires commencèrent à être plus foumis, &
leurs demandes furent moins fréquentes.

Cependant Louis XIV leur accorda encore
quelques Edits & déclarations, entr'autres, une
déclaration du 8 juillet 1643, une autre du premier février 1669 ; mais par Edit du mois d'octobre 1685, il révoqua l'Edit de Nantes & tous
les autres femblables, & défendit l'exercice de

la religion prétendue réformée dans son royaume ; au moyen de quoi les Edits de pacification qui avoient été accordés aux religionnaires, ne servent plus présentement que pour la connoissance de ce qui s'est passé lors de ces Edits.

Les Edits sont comme les ordonnances, des lettres-patentes du grand sceau, dont l'adresse est *à tous présens & à venir*. Ils sont seulement datés du mois & de l'année.

Les Edits étant signés du roi, sont visés par M. le chancelier, & scellés du grand sceau en cire verte, sur des lacs de soie rouge & verte.

On n'observe les Edits que du jour qu'ils sont enregistrés.

Voyez *l'histoire de la jurisprudence romaine, par Terrasson ; M. Boucher d'Argis, dans le dictionnaire des sciences,* &c. Voyez aussi les articles Loi, Coutume, Enregistrement, &c.

EFFET. C'est ce qu'opère une loi, une convention, une action.

On appelle *Effet rétroactif* celui qui remonte à un temps anterieur à la cause par laquelle il est produit, comme quand le roi ordonne qu'une loi sera observée, tant pour les actes antérieurs à cette loi, que pour ceux qui seront postérieurs.

On appelle *Effets civils*, les droits & avantages accordés aux regnicoles par les loix civiles & politiques de l'état, & dont ne jouissent pas les aubains, ni ceux qui sont morts civilement, comme le droit de tester, de recueillir une succession, de posséder des bénéfices, &c.

On dit qu'*un mariage clandestin ne produit point d'Effets civils*, pour dire qu'il n'en résulte aucun droit de communauté ni de douaire pour la femme.

EFFETS, s'employe quelquefois dans l'acception de biens, soit meubles, soit immeubles : c'est ainsi qu'on appelle *Effets d'une succession*, un pré, un champ, une maison, un fief, des rentes, des billets, de l'argent comptant, &c.

On appelle *Effet commun*, celui qui appartient à plusieurs personnes ; *Effet caduc*, celui qui n'est d'aucune valeur ; & *Effet douteux*, celui dont le recouvrement est incertain.

On appelle *Effets royaux*, les rentes créées par le roi, & les billets ou papiers qui ont été introduits en différens temps dans le commerce.

Les agens de change ont à Paris le droit exclusif de négocier à la bourse les Effets royaux. Voyez l'*article* AGENT DE CHANGE.

Le remboursement des Effets royaux par voie de loterie a fait naître une contestation dont l'espèce est ainsi rapportée dans la collection de jurisprudence.

» Le marquis de Lomellini, noble gênois, »donna commission au sieur Boggiano, banquier »à Paris, de lui acheter des Effets royaux : le »sieur Boggiano exécuta le mandat du marquis »de Lomellini, en achetant à la bourse le 11 »mars 1768, trois Effets du Canada ; savoir, »un de 10000 livres & deux de 5000, faisant »le tout 20000 livres.

» Ces Effets furent achetés au cours de la »place, & ils perdoient alors quarante-cinq & »demi pour cent.

» Il se trouva que ces Effets ainsi vendus & »achetés, provenoient des sieurs Thiolliere ; »ils les avoient reçus pour prix des marchan»dises fournies pour le compte du roi, & ils

» avoient donné ordre au sieur Deshommets,
» négociant à Paris, de les vendre *au mieux de*
» *leur avantage*. Le sieur Deshommets en avoit
» chargé le sieur Barmont, courtier de change,
» qui en avoit à son tour chargé le sieur Cer-
» tain, agent de change, par le canal duquel
» s'étoit faite la vente des Effets de Canada
» achetés par le marquis de Lomellini.

» Mais voici ce qui étoit arrivé lors de la
» vente des trois Effets : il y en avoit un de
» 10.000 livres qui étoit sorti de la roue de
» fortune dès le mois de janvier précédent, &
» qui par ce moyen avoit une valeur réelle de
» 10000 livres.

» Le sieur Deshommets, mandataire des sieurs
» Thiolliere, fut instruit par la suite que lorsque
» le sieur Barmont lui avoit procuré la vente des
» Effets en question à quarante-cinq & demi de
» perte pour cent, il y en avoit un de 10000 livres
» qui étoit sorti de la roue de fortune. Le sieur
» Deshommets prétendit que le sieur Barmont
» n'avoit vendu ou pu vendre les Effets en ques-
» tion sur le pied courant & à perte, que parce
» qu'il ignoroit qu'il y en avoit un qui depuis
» plus d'un mois étoit sorti de la roue de for-
» tune. Il fit donc assigner Barmont aux consuls
» de Paris, pour être condamné à lui remettre
» l'Effet sorti de la roue, aux offres de lui ren-
» dre le prix de la vente, ou de lui donner un
» autre Effet, si mieux n'aimoit le sieur Bar-
» mont donner la valeur entière de l'Effet sorti.
» Barmont, à son tour, fit assigner le sieur Cer-
» tain, pour qu'il eût à le garantir ; & Barmont
» dénonça toute cette procédure au sieur Bog-
» giano, acquéreur des Effets pour le compte
» du marquis de Lomellini.

» Une première fentence donna acte au fieur
» Boggiano de fa déclaration, qu'il avoit ac-
» quis l'Effet en queftion pour le marquis de
» Lomellini, qui lui avoit rembourfé le prix de
» l'acquifition en principal à 5450 livres, &
» qu'il avoit encore cet Effet à fa difpofition,
» *fans néanmoins*, ajoutoit la fentence, *que la*
» *déclaration pût empêcher le fieur Boggiano de*
» *difpofer de l'effet aux ordres du marquis de Lo-*
» *mellini;* mais une fentence poftérieure & dé-
» finitive des mêmes confuls, contenant les mo-
» tifs fur lefquels èlle étoit rendue, faifant droit
» fur la demande du fieur Deshommets, con-
» damna le fieur Barmont, & par corps, à lui
» remettre l'Effet forti de la roue de fortune,
» en rendant par Deshommets à Barmont autre
» Effet de pareille efpèce, ou la fomme de
» 5450 livres, qu'il avoit reçue lors de la négo-
» ciation, avec les intérêts de cette fomme de-
» puis le 11 mars, fi mieux n'aimoit Barmont
» payer au fieur Deshommets la fomme de 4550
» livres, formant avec les 5450 livres qu'il lui
» avoit déja payées, le prix net de l'Effet au
» temps de la négociation; faifant pareillement
» droit fur la demande du fieur Certain contre
» le fieur Barmont, le fieur Certain fût con-
» damné à acquitter Barmont des condamnations
» prononcées contre lui; enfin la même fen-
» tence faifant droit fur la demande du fieur
» Certain contre le fieur Boggiano, condamna ce
» dernier, & par corps, à acquitter, garantir &
» indemnifer le fieur Certain des condamnations
» contre lui prononcées, en principal, intérêts
» & frais & à fournir au fieur Certain deniers
» & frais, pour le tout ».

Le fieur Boggiano ayant interjeté appel de

cette sentence, elle a été confirmée avec amende
& dépens par arrêt du 5 août 1768.

ÉFFIGIE. Figure ou représentation d'une
personne.

L'Effigie d'une personne exposée aux yeux
du public par dérision, est une injure grave. Le
peintre Clexides pour se venger d'un dédain de
la reine Stranonice, fit un tableau où il la repré-
senta au naturel couchée avec un pêcheur qu'on
disoit être son amant. Quelqu'un qui parmi nous
seroit assez téméraire pour se permettre une
diffamation dans ce genre, deviendroit sévèrement répréhensible. La bibliothèque de Bouche
nous apprend qu'un maître serrurier de Paris
pour avoir voulu tourner de cette sorte en
dérision quelques membres de sa communauté,
fût condamné envers eux à des dommages-
intérêts, avec défenses de récidiver sous de
peines très-sévères ; il fut de plus ordonné que
sa condamnation seroit publiée dans la chambre
criminelle du châtelet l'audience tenant.

Ce seroit aussi une injure très-répréhensible
que de faire des infamies à l'Effigie de quelqu'un dans l'intention de le couvrir d'opprobre
& de mépris. L'outrage que l'on feroit à celle
qui sont consacrées à la vénération publique,
rendroit plus ou moins coupable, suivant que
la personne représentée seroit plus ou moins
élevée en dignité.

En matière criminelle, lorsqu'on ne peut
exécuter un jugement de mort contre le coupable, on l'exécute par Effigie, c'est-à-dire
par une représentation de sa personne & du
genre de supplice auquel il est condamné.
L'exemple le plus ancien d'une exécution pareille

reille dont le fouvenir fe foit confervé parmi nous, eft celui que fit faire le roi Louis le Gros contre Thomas de Marle, criminel de lèze-majefté.

L'ufage eft à Paris pour une exécution par Effigie, d'écrouer auparavant cette Effigie dans les prifons comme fi l'on y écrouoit la perfonne même du coupable ; cette formalité qui n'eft point prefcrite par l'ordonnance, n'eft pas ufitée dans tous les fièges de province ; l'exécuteur fe charge lui-même de faire ou de faire faire en peinture la repréfentation du criminel fubiffant le fupplice ordonné, & de fufpendre ce portrait à une potence dans la place deftinée aux exécutions ordinaires. Voici ce que porte à ce fujet l'article 16 du titre 17 de l'ordonnance de 1670 :

« Les feules condamnations de *mort naturelle* » feront exécutées par Effigie ; & celles des ga- » lères, amende-honorable, banniffement per- » pétuel, flétriffure & du fouet, écrites feule- » ment dans un tableau fans aucune Effigie ; & » feront les Effigies comme auffi les tableaux » attachés dans la place publique. Et toutes » les autres condamnations par contumace feront » feulement fignifiées, & baillé copie au domi- » cile ou réfidence du condamné, fi aucune il » a dans le lieu de la juridiction ; finon affi- » chées à la porte de l'auditoire ».

L'article fuivant ajoute « le procès-verbal » d'exécution, fera mis au pied du jugement, » figné du greffier feulement ».

Obfervez qu'en commentant l'article précé- dent, M. Jouffe a dit, en parlant de la *mort naturelle*, que « cela ne s'entend pas de ceux

» à qui on fait le procès après la mort, quoique
» leur cadavre ne foit point repréfenté à juftice
» comme dans le cas de l'article premier du
» titre 22, dont la condamnation n'étant que
» contre le cadavre & la mémoire ne s'exécute
» point par Effigie ».

Le même auteur en commentant l'article 3
du même titre 22, après avoir dit que « les
» condamnations rendues contre le cadavre d'un
» défunt, portent qu'il fera traîné fur une claie
» la face contre terre, par les rues & carrefours
» du lieu où la fentence a été rendue, & enfuite
» pendu à une potence, traîné à la voirie &
» fes biens confifqués ». Et il ajoute « quand
» le cadavre n'a pû être confervé & a été en-
» terré, on fait une figure d'homme ou de
» femme qui repréfente le défunt fur laquelle
» on exécute le jugement, de même que fi
» c'étoit le cadavre ».

Il paroît qu'il y a ici une contradiction avec
ce qu'il avoit dit qu'une condamnation contre
un cadavre ne s'exécutoit point par Effigie,
car l'ordonnance ne fait à cet égard aucune
diftinction ; ainfi au lieu de fuppofer que l'auteur s'eft contredit, il faut croire qu'il a voulu
dire que lorfqu'il s'agit de traîner un cadavre
fur la claie, & que ce cadavre n'a pû fe conferver, ce n'eft point fur un Effigie en peinture que la condamnation s'exécute, mais fur
une efpèce de mannequin de paille ou d'ofier
plus propre à être traîné par les rues qu'un
fimple portrait en toile ou en papier.

A l'égard des autres condamnations qui ne
fontpoint à mort naturelle, les unes s'exécutent,
comme on voit, par la tranfcription de la feu

tence fur un tableau qu'on attache non à une
potence, mais au poteau public auquel on attache les criminels ; (*) les autres fe fignifient ,
& cette fignification, dit M Jouffe, doit fe faire
à la requête de la partie civile , autrement elle
peut être faite à fes frais par la partie publique ;
mais nous croyons qu'en cela il fe trompe, car la
partie civile n'eft obligée de faire cette fignification que pour les réparations civiles qui la concernent , réparations qu'elle eft libre de pourfuivre & dont il lui eft permis de fe départir.
La partie publique ayant feule le droit d'agir
pour ce qui s'appelle la vindicte publique, c'eft-
à-dire pour les peines exemplaires attachées à
la condamnation ; ces peines ne fauroient con-
cerner la partie civile qui n'a même point été
partie capable pour les requérir, & par conféquent les frais qui en font la fuite ne peuvent
pas être à fa charge.

Pour les exécutions en réalité, le juge & le
greffier font ordinairement préfens, mais pour
celles qui ne font qu'en Effigie, il ne faut d'autre
préfence que celle du Greffier qui dreffe fon
procès-verbal de ces fortes d'exécutions, où
qui fe contente d'en faire mention au bas de
la fentence de condamnation ; & même il eft
affez d'ufage qu'il dreffe fon procès-verbal fur

(*) Au nombre de ces condamnations il faut ajouter celles
du carcan & du piloti qui s'écrivent auffi dans un tableau
mais fans Effige. On peut voir à ce fujet une déclaration
du 11 juillet 1749.

Obfervez que l'amende-honorable dont parle l'ordonnance s'entend de celle qui eft faite à Dieu & à juftice,
car l'amende-honorable féche, ne s'écrit point fur un
tableau, elle fe fignifie feulement.

X ij

la certitude qu'il a du fait, fans qu'il ait été réellement préfent à l'exécution ; la notoriété publique lui fuffit à cet égard.

Dans la règle, les jugemens de contumace doivent s'exécuter le même jour qu'ils ont été rendus, mais dans le fait il en eft quelquefois autrement ; ceci dépend des circonftances.

ÉFFIGIE. En terme de monnoie, fe dit du portrait du fouverain gravé fur les efpèces qu'i fait fabriquer.

Dans les premiers temps de la république romaine on ne mettoit aucune Effigie fur les monnoies ; ce ne fut que vers fa fin que les trois maîtres des monnoies nommés *Triumvirs monétaires*, commencèrent à y faire graver l'effigie de quelqu'un de ceux qui s'étoient diftingués dans les charges de la république. Cet honneur, qui étoit fans contredit l'un des plus remarquables, n'étoit accordé qu'après la mort de celui qui l'avoit mérité, de crainte d'exciter contre lui la jaloufie des autres citoyens, fi on le lui eût décerné de fon vivant.

Quand Jules Céfar fe fût arrogé la dictature perpétuelle, le fénat lui accorda à l'exclufion de tout autre, le droit de faire mettre l'empreinte de fa tête fur les monnoies, & cette prérogative fe continua à fes fucceffeurs. C'eft par cette raifon auffi que leur nom fervit à défigner différentes efpèces d'or ou d'argent.

Quelques-uns des empereurs y firent mettre l'Effigie des impératrices. Conftantin y fit graver la tête de fa mère ; & après avoir embraffé la religion chrétienne, il ordonna qu'on marqueroit d'une croix toutes les pièces qu'on fabriqueroit.

En France le roi Henri II, par une ordonnance du dernier janvier 1548, preſcrivit qu'aux écus & demi-écus au ſoleil, on mettroit d'un côté ſon Effigie d'*après le naturel*, ayant la couronne ſur la tête avec cette légende : *Henricus II, dei gratiâ Francorum rex ;* & de l'autre côté l'écuſſon aux armes de France, la couronne fermée au-deſſus, une H couronnée aux deux côtés de l'écuſſon, avec la légende ordidaire : XPS, (*Chriſtus*) *vincit*, *&c.* & la date de l'année à la fin. Cette ordonnance introduiſit dans les monnoies deux nouveautés qu'on a depuis toujours obſervées, ſavoir, d'y marquer l'année de la fabrication, & de faire connoître par des chiffres ſi le roi dont la pièce fabriquée portoit l'image, étoit le premier, le ſecond, le troiſième, &c. de ce nom.

Voyez *les commentateurs de l'ordonnance de 1670 ; le traité de la juſtice criminelle ; le traité des injures ; le traité des monnoies, par M. de Baſinghem*, &c. Voyez auſſi l'article CONTUMACE. (*Article de M. DAREAU, &c.*)

E F F R A C T I O N. C'eſt la fracture ou la rupture que l'on fait d'une choſe à mauvais deſſein.

Le motif qui donne le plus ſouvent lieu à une Effraction, c'eſt le vol. Ce délit accompagné d'une circonſtance pareille, eſt plus répréhenſible que ſi c'étoit un vol ſimple.

Une ordonnance de François premier du mois de janvier 1534, porte que *ceux qui entreront au dedans des maiſons, icelles crocheteront & forceront, prendront & emporteront les biens qu'ils trouveront eſdites maiſons, ſeront punis du ſupplice de la roue.*

Cette ordonnance eſt pour ainſi dire la ſeule que nous ayons ſur les délits commis avec Effraction, quant à ce qui concerne la peine qui y eſt attachée ; mais cette ordonnance très-ſévère, comme on le voit, ne s'exécute à la lettre que contre ceux qui joignent l'aſſaſſinat à l'Effraction, car dans l'uſage l'Effraction ne rend le délit capital que relativement aux cir-conſtances qui l'accompagnent.

L'Effraction commiſe de nuit ; eſt regardée comme plus grave que celle qui ſe commet de jour ; & bien plus grave encore lorſqu'elle eſt commiſe avec port d'armes & violence publi-que. Quand elle ſe commet de nuit avec port d'armes, elle emporte la peine de mort, quel que ſoit celui qui s'en eſt rendu coupable ; mais lorſqu'il n'y a point de port d'armes, les juges peuvent alors en s'attachant à la qualité des perſonnes, être plus ou moins indulgens, ſuivant les motifs qui ont déterminé l'Effraction. Si celui qui en eſt l'auteur eſt un ſujet de mau-vaiſe réputation, & ſur - tout s'il a déja été repris de juſtice, on prononce contre lui la peine de mort. Un arrêt du 14 juin 1765 a con-damné un charpentier à être pendu pour plu-ſieurs vols par lui commis nuitamment avec Effraction en différens endroits de Paris.

Quand l'Effraction a été commiſe de jour, le délit n'eſt pas traité auſſi ſévèrement qu'il le feroit ſi cette Effraction avoit été faite de nuit; il eſt rare qu'elle ſoit punie de mort ; car, comme l'obſerve fort bien l'auteur du traité de la juſtice criminelle, il n'y a aucune loi poſitive qui porte formellement contre ce délit une peine pareille La punition en eſt entièrement aujourd'hu abandonnée à l'arbitrage des juges. Et l'on est plus ou moins févère à l'égard du coupable, fuivant que l'Effraction est plus ou moins légère, & fuivant les autres circonftances (*) du temps, du lieu, &c.

Nous obferverons, à l'égard du lieu, que fi l'Effraction étoit commife dans une églife, la peine de mort pourroit s'enfuivre fans difficulté. Un particulier en 1759 s'avifa de fracturer de jour le tronc d'une églife de la ville d'Aubuffon ; il y prit pour environ neuf francs de monnoie ; il fut faifi, fon procès fe commença à Aubuffon, il fut continué (attendu que c'étoit un cas royal) devant le lieutenant-criminel de la fénéchauffée de Guéret. La fentence définitive le condamna fimplement à quelques années de galères ; mais fur l'appel au parlement de Paris, il fut condamné à être pendu ; & le coupable fût renvoyé à Guéret pour l'exécution. Cet arrêt étoit relatif à la déclaration du 4 mars 1724, qui après avoir dit que les vols & larcins faits dans les églifes ne pourront être punis à l'égard des hommes de moindre peine que celle des galères à temps ou à perpétuité, ajoute, *le tout fans préjudice de la peine de mort, s'il y échoit, fuivant l'exigence des cas.*

L'Effraction rend quelquefois le délit cas royal. Le délit, par exemple, commis à Aubuffon, eût été un délit dont le juge ordinaire eût pû connoître s'il eût été fans Effraction, mais la circonftance de l'Effraction le rendit cas

---

(*) Obfervez qu'à l'égard des vols domeftiques la peine de mort a lieu pour le vol feul & à plus forte raifon lorf-qu'il y a la moindre Effraction.

royal, aux termes de l'article 11 du titre premier de l'ordonnance de 1670 ; mais comme cet article ne parle que du *sacrilège avec Effraction*, il s'enfuit que les autres juges peuvent connoître d'une Effraction qui a tout autre objet qu'un sacrilège.

Le genre de l'Effraction peut rendre aussi quelquefois le cas prévôtal ; c'est lorsque cette Effraction est extérieure. L'article 5 de la déclaration du roi du 5 février 1731 , concernant les cas prévôtaux & les cas présidiaux , porte que « les prévôts des maréchaux connoîtront » des vols faits avec Effraction lorsqu'ils feront » accompagnés de port d'armes & violences » publiques , ou *lorsque l'Effraction se trouvera* » *avoir été faite dans les murs de clôture ou toits* » *des maisons, portes & fenêtres externes* , & ce » quand même il n'y auroit eu ni port d'armes, » ni violence publique » ; mais l'article suivant ajoute qu'ils ne pourront connoître de ces fortes de délits lorsqu'ils auront été commis dans les villes & fauxbourgs du lieu où les prévôts ou leurs lieutenans font leur réfidence.

Les juges préfidiaux peuvent connoître aussi en dernier reffort des délits énoncés en l'article 5 de la déclaration que nous venons de citer, lorsqu'ils ont prévenu les prévôts des maréchaux, ou lorsqu'ils ont informé & décrété le même jour ; c'est ce que porte l'article 7 de la déclaration dont il s'agit.

Mais observez que l'Effraction feule ne fuffit pas pour rendre le délit prévôtal ou préfidial , il faut que cette Effraction foit accompagnée du vol, car c'est du *vol avec Effraction* dont la loi entend attribuer la connoiffance en dernier

ressort aux prévôts ou aux juges présidiaux ; &
encore faut-il que cette Effraction soit extérieure, comme quand on perce des toits, des
murs de clôture, qu'on brise des portes, &c.
Si l'Effraction étoit intérieure, comme si l'on
avoit brisé une armoire, un coffre dans un
appartement, le vol qui en auroit été la suite
ne seroit plus un cas prévôtal ni présidial.

Dans le doute, si l'Effraction doit être regardée comme extérieure ou comme intérieure,
on doit la regarder comme intérieure, parce
qu'un jugement pareil est favorable à l'accusé,
qui par ce moyen ne peut plus être jugé qu'à
la charge de l'appel. Ainsi, quand dans l'intérieur d'un édifice il y a eu Effraction à la porte
d'une chambre, cette Effraction est extérieure
& intérieure tout ensemble, mais sous deux
différens rapports : elle est extérieure relativement à la chambre elle-même, & intérieure
relativement à la maison ou à l'hôtel dans l'intérieur duquel la chambre fait partie des ap-
partemens ; ainsi cette Effraction doit être
simplement regardée comme intérieure, & c'est
l'aspect le plus favorable pour l'accusé.

On ne doit même pas prendre pour Effraction l'adresse qu'on a eue d'ouvrir une porte
sans y commettre rien qui ressemble à une
Effraction marquée. Il faut une rupture violente & considérable pour caractériser l'Effraction. Ainsi le dérangement de quelques pierres
mal assurées, quelques tuiles déplacées, & tout
ce qui a pu se faire sans rien briser, ne peut
point passer pour Effraction.

On ne peut pas non plus assimiler à une Effraction l'art avec lequel on a crocheté une

ferrure pour ouvrir une porte ou une armoire.

Au furplus, dans tous les cas où il y a Effraction, le juge doit fe tranfporter fur les lieux, & en dreffer procès-verbal en préfence de l'accufé lorfqu'il a été pris en flagrant délit. Ce procès-verbal pour être régulier, doit détailler le genre & les particularités de l'Effraction, afin de connoître fi elle eft extérieure ou intérieure, grave ou légère. Ce procès-verbal eft ordonné par l'article 26 de l'arrêt des grands jours de Clermont du 10 décembre 1665.

Le bris de prifon a quelque chofe d'analogue avec l'Effraction, mais c'eft un genre de délit tout particulier. Voyez l'article BRIS DE PRISONS.

Voyez l'ordonnance de 1670 ; la déclaration du 5 février 1731 ; le traité de la juftice criminelle &c. Voyez auffi l'article CAS ROYAUX. (Article de M. DAREAU, &c.)

ÉGAGE. Ce mot dérivé du mot latin aquagium, fignifie littéralement arrofage. Mais il défigne particulièrement dans la province de Dauphiné un droit « qu'a le roi dans les terres » de fon domaine, ou le feigneur haut jufticier » à qui les petites rivières appartiennent, de » prendre le tiers des lods qui font dûs pour » l'aliénation du fonds qu'elles arrofent, foit » qu'il fe trouve de franc-alleu ou qu'il foit » mouvant d'autre directe que la fienne ; les » deux autres tiers appartiennent au feigneur » direct du fonds ».

Telle eft la définition qu'en donne Salvain au chapitre 58 de fon ufage des fiefs. Elle exprime fort bien la nature de ce droit. J'obferverai feulement que par les terres du domaine ne faut pas entendre les fonds qui font dans la mouvance du roi, puifque le droit d'ufage y feroit évidemment confondu à fon égard avec le droit de lods dû pour la vente du fonds même, mais les rivières dont la feigneurie dépend des terres du domaine, lorfqu'elles arrofent des fonds mouvans d'un autre fief, c'eft-à-dire prefque toutes les rivières navigables defquelles le roi a la feigneurie dans la province du Dauphiné, comme dans le refte du royaume, même hors les terres de fon domaine, à moins que les feigneurs particuliers n'en aient une conceffion précife, ou une poffeffion conftante & immémoriale qui en faffe préfumer la conceffion. Salvaing établit lui-même ce droit du roi fur les rivières navigables dans un autre chapitre.

Le droit d'Egage eft très-ancien dans le Dauphiné. François-Marc, confeiller au parlement de Grenoble, vers la fin du quinzième fiècle, en a parlé dans fa queftion 607, où après avoir dit que *les lods font dûs du cours d'eau* à raifon de l'augmentation de valeur qu'ils donnent au fonds, il ajoute que cela doit s'entendre de la province du Dauphiné, du moins dans quelques endroits.

Cet ufage fe trouve encore juftifié dans les regiftres de la chambre des comptes de Grenoble, tant par les anciens comptes des châtelains qui faifoient autrefois la recette des revenus des terres du domaine, que par deux certificats de cette cour, l'un du 15 décembre 1501, l'autre du 16 novembre 1561, tous deux rapportés par Salvaing.

Le premier de ces certificats qui eft en latin

& auquel le fecond fe rapporte entièrement,
fût donné à Antoine de Varey, feigneur de
Beaumont & engagifte du château de Pinet,
duquel dépendoit une grande quantité d'eaux
vives qui arrofoient des domaines mouvans des
fiefs de différens feigneurs. La chambre des
comptes atrefte que « dans la majeure partie
» du Dauphiné & dans les lieux où le roi dau-
» phin a les rivières, ruiffeaux & les autres
» eaux des régales, il a coutume de percevoir
» ou de faire percevoir par fes receveurs les
» lods & ventes des poffeffions & domaines qui
» font dans la mouvance des autres fiefs & des
» autres feigneurs pour leur arrofage & leur
» abreuvage, à raifon de la troifième partie des
» lods, les deux autres tiers reftant aux fei-
» gneurs directs dans le fief & la feigneurie
» defquels font les biens vendus, *à moins que*
» *la fituation du lieu & l'abondance de l'eau ne*
» *donne fujet de décider autrement* (*) ».

Salvaing prétend que cette dernière claufe
veut dire que *fi le fonds eft fi ftérile de foi, que*
fans l'arrofage il rapporte peu, en ce cas les lods
dûs pour ce regard doivent être augmentés. Mais
ne faut-il pas dire au contraire que la chambre
des comptes a entendu par-là que fi la fituation
du lieu eft telle que les eaux y coulent naturellement & abondamment, il n'eft dû aucun
lods particulier au feigneur de ces eaux, parce
qu'on ne préfume pas qu'il y ait eu de conceffion particulière de ces eaux qui puiffe fervir
de fondement au droit d'Egage.

***

(*) *Et hoc nifi fituatione loci & abundantiâ aquæ aliud*
fuaderetur.

Aussi Salvaing convient-il ensuite qu'il *n'a point trouvé d'exemple* du droit d'Egage à un taux plus fort que le tiers de la totalité des lods & ventes, & il estime *qu'il faut s'en tenir à cette quotité, afin que la coutume soit conforme, pour éviter les différens qui pourroient nuire sur l'estimation.*

« La coutume; ajoute-t-il, présuppose que » les eaux soient albergées à celui qui s'en sert, » & qu'il apparoisse de la concession ou de la » reconnoissance, ou de quelqu'autre titre gé- » néral ou particulier, parce que l'emphytéose » n'est jamais présumé; il faut qu'il y ait titre : » *scripturâ interveniente*, dit la loi de Zenon, » *cod. de jure emphyt.* & comme l'usage des eaux » peut être acquis à titre de vente ou de libé- » ralité, celui qui en a la possession immémo- » riale sans charge, qui tient lieu de titre, n'y » peut être troublé par la disposition textuelle » de la loi : *hoc jure cod. de aquâ quotid. & æstivâ.* » *Ductus aquæ*, dit Pomponius, *cujus origo me- » moriam excessit juris constituti loco habetur* ».

C'est donc sur les titres & sur la possession qui ne peut guères se prouver sans eux, qu'il faut se régler dans cette matière,

Le droit d'Egage ne paroît point connu hors du Dauphiné. Pour nos auteurs & particulière- ment du Molin *sur le § 55 de la coutume de Paris, glos. 3, n°. 2;* d'Argentré, *sur celle de Bretagne, article 59, n°. 2 & 4;* & la Toulou- bre, *dans sa jurisprudence féodale du parlement de Provence, titre des lods, question 13,* décident qu'il n'est dû aucun lods & ventes lorsqu'un particulier vend les eaux d'une fontaine étant en son fonds, au propriétaire du fonds voisin qui en reçoit ainsi toutes les eaux, parce que ce n'est-là que l'aliénation d'une pure faculté, une simple imposition de servitude, & non pas une aliénation de fonds. A plus forte raison doit-on décider la même chose quand le cours d'eau est vendu avec le fonds, quoiqu'il provienne de la concession d'un autre seigneur.

Voyez *les autorités citées.* Voyez aussi les articles LODS & VENTES, QUINT, TREIZIÉME, &c. (*Article de M. GARRAN DE COULON, avocat au parlement*).

ÉGALEMENT. C'est la distribution préalable qui se fait avant partage, pour établir l'égalité entre des enfans ou des héritiers, soit directs, soit collatéraux.

Les Égalemens se peuvent faire par acte entre-vifs ou par testament.

Quand l'Egalement n'a pas été fait par le père, la mère ou les autres ascendans, & que la succession se trouve ouverte dans une coutume d'égalité parfaite, si les enfans donataires au lieu de rapporter à la masse ce qu'ils ont reçu, aiment mieux le retenir ; alors pour faire l'Egalement, on donne à ceux qui n'ont rien reçu ou qui ont moins reçu, autant qu'au donataire le plus avantagé, ensuite les autres biens se partagent par égales portions.

ÉGLISE. Mot emprunté de la langue grecque, dans laquelle il signifie en général une convocation, une assemblée. Il est réservé parmi nous & consacré à ce qui concerne la religion, & il se prend ou dans un sens moral & spirituel pour le corps des personnes qui la professent, ou dans un sens physique & matériel pour les lieux où s'en tiennent les assemblées.

§. I. *Église dans le sens moral & spirituel.*

Par le mot d'Eglise pris en ce sens & dans toute son étendue, on comprend l'assemblée, la collection & le corps de tous les fidelles, qui réunis par la profession d'une même foi, vivent sous la conduite des pasteurs légitimes, ayant pour chef visible le pape, successeur de saint Pierre.

L'Eglise ainsi considérée forme un corps véritable ; corps à la vérité tout mystique, n'ayant qu'un objet, des moyens, un but purement spirituels, mais cependant parfait dans son genre, & à qui rien ne manque de ce qui est nécessaire pour tendre & parvenir à sa fin.

Elle a reçu l'autorité de son auteur ; son gouvernement, ses lois, sa discipline & ses trésors sont indépendans de toute autre puissance. Son autorité est souveraine pour la direction des mœurs & la décision des controverses sur la foi : le nom de pasteur donné à ses pontifes annonce que son gouvernement ne doit rien avoir que de doux ; mais cette douceur n'exclut point une juste sévérité contre les coupables : l'Eglise peut infliger des peines spirituelles comme le sont toutes ses lois : sa discipline est pure, & ses biens sont les graces & les sacremens dont elle est la dépositaire & la dispensatrice.

Avec ces biens, cette discipline, ces lois, ce gouvernement & cette autorité, l'Eglise s'est établie & s'est répandue.

Aussitôt que les empereurs eurent embrassé la foi, ils s'empressèrent de faire servir leur pouvoir aux progrès de l'Eglise : ils accordèrent des privilèges, des immunités aux temples, des exemptions, des diſtinctions au clergé, & i permirent à l'Egliſe d'acquérir & de poſſéde des biens.

L'Egliſe devint alors un corps politique dans l'état, y ayant des droits, des titres & de poſſeſſions, mais ſous la dépendance, l'inſpec-tion & la direction de la puiſſance dont elle le avoit reçus. Aux principes de la ſoumiſſio qu'elle n'avoit ceſſé de recommander à ſes en-fans pour les empereurs même infidèles, mêm perſécuteurs, durent alors ſe joindre pour le empereurs chrétiens les motifs d'une juſte re connoiſſance.

Dès-lors on vit concourir au bonheur & l'avantage général les deux choſes les plus faite pour le procurer ; l'autorité ſacrée des pontif d'une part, & la puiſſance des ſouverains d l'autre ; l'autorité des pontifes pour tout régle au dedans, & la puiſſance royale pour tout pr téger au dehors. A la première appartient direction des choſes ſpirituelles ; à la ſeconde la diſpoſition des choſes temporelles ; & de leu concours dépendent la félicité & la tranquilli publiques. Comme l'Egliſe ſans s'ingérer jama dans l'adminiſtration du temporel, ne doit rie négliger pour faire rendre aux ſouverains l'en tière obéiſſance qui leur eſt dûe, les ſouverai ſans s'arroger non plus l'inſpection des choſe purement ſpirituelles, doivent faire ſervir leu pouvoir à procurer aux déciſions & aux lois l'Egliſe le reſpect & la ſoumiſſion qu'elles mé ritent.

Ainſi l'Egliſe doit être enviſagée ſous double rapport, c'eſt-à-dire ou comme un ſociété d'hommes uniquement occupés du ſe

vic

vice de Dieu & de leur propre sanctification ;
sous ce point de vue ses propres institutions lui
suffisent : elle trouve dans son sein toutes les
ressources & tous les secours nécessaires ; ou
comme répandue, sans cesser d'être animée de
son grand objet dans les différens empires de la
terre, & y formant pour ainsi dire autant de
sociétés particulières, qui outre les devoirs communs de la religion, ont aussi des devoirs propres à remplir relativement à la constitution
des différens états où elles subsistent & à la
manière dont il leur est permis d'y exister. Car
ou la religion catholique y est dominante, ou
elle n'est que tolérée, ou même elle y est persécutée. Persécutée, elle ne doit opposer aux
persécutions & à la violence, que la patience
& la soumission ; & dans tout ce qui n'a pas un
rapport essentiel à la foi & au culte, les membres de l'Eglise n'en doivent pas moins que les
autres sujets, & même plus qu'eux, se montrer
fidèles aux ordres & aux lois des souverains.
C'est le bel exemple que les chrétiens des premiers siècles ont donné au monde soulevé &
armé contr'eux. A plus forte raison doivent-ils
en agir de la sorte dans les états où la religion
est tolérée. Mais on sent que dans ces états,
& encore moins dans ceux où la religion n'est
pas soufferte, les lois n'ont rien de commun
avec l'exercice de cette religion, qu'elles pros-
crivent ou qu'elles restreignent. Dans les états,
au contraire où la religion est dominante ; les
souverains en qualité de protecteurs, ont souvent fait des reglemens & rendu des ordonnances pour soutenir ce que l'Eglise elle-même
avoit décidé sur la foi, le culte & la discipline,

comme pour maintenir les droits, libertés &
franchises de l'Eglise dans leurs états : ils en ont
fait pour maintenir leurs droits soit comme
protecteurs, soit comme fondateurs & bien-
faicteurs des Eglises particulières ; ils en ont
fait pour régler les différentes formes des dispositions des bénéfices, pour prescrire l'ordre de
procédure dans les tribunaux ecclésiastiques, pour
assurer aux jugemens de ces tribunaux une exécution que sans cela ils n'auroient pu obtenir : ils
en ont fait pour déterminer la nature des biens
qu'ils permettoient à l'Eglise d'acquérir & la manière dont ces acquisitions devoient être faites,
comme pour fixer l'ordre, le rang & les prérogatives qu'ils jugeoient à propos d'accorder
aux ecclésiastiques : ils en ont fait enfin sur
beaucoup d'autres objets essentiellement liés au
culte, à la discipline & à la foi de l'Eglise, &
qui même en faisoient partie, mais uniquement
pour appuyer & faire exécuter ce que l'Eglise
avoit auparavant réglé sur ces points, comme
on l'observoit tout à-l'heure. Loin de le désap-
prouver & de s'en plaindre, l'Eglise elle-même
a souvent réclamé l'autorité & imploré le zèle
des princes pour obtenir à ses décrets la force
coactive qu'elle ne pouvoit leur communiquer.

Ainsi dans les empires qui ont admis la religion chrétienne, les lois de l'Eglise font deve-
nues lois de l'état ; & d'un autre côté, les lois
de l'état relatives à la religion font aussi deve-
nues lois dans l'Eglise & doivent également servir de règle de conduite aux fidèles. Non-seulement en qualité de sujets ils doivent la soumission la plus entière aux lois, ordonnances &
règlemens des souverains sous la domination

desquels ils vivent : mais ils doivent aussi comme membres de l'Eglise & dans l'ordre même de la religion, respecter ce que les princes.ont établi pour le maintien du culte, de la discipline, & même de la foi de l'Eglise, & pour l'administration, dispensation & disposition de ses biens. C'est sur-tout sous ce rapport qu'est vraie & incontestable la maxime souvent répétée & qui ne peut l'être trop : *Que l'Eglise est dans l'état, & non pas l'état dans l'Eglise.*

II. C'est par le baptême qui nous rend fidèles, que l'on devient enfant & membre de l'Eglise. On s'en sépare par l'apostasie, l'hérésie & le schisme. On appelle apostat celui qui après avoir fait profession de la religion chrétienne & catholique, en abjure entièrement les dogmes & passe à une croyance étrangère, comme seroit celui qui embrasseroit le judaïsme, le mahométisme ou le paganisme. L'hérétique est celui qui soutient opiniâtrément une ou plusieurs erreurs contraires à la foi & condamnées par l'Eglise, comme sont les luthériens, les calvinistes, &c. & qui retiennent cependant une partie de la doctrine chrétienne. Les schismatiques sont ceux qui en demeurant attachés à la croyance de l'Eglise, refusent de reconnoître l'autorité de ses pasteurs légitimes, & sur-tout la primauté du pape.

Ceux qui sont ainsi séparés de l'Eglise ne participent ni à ses faveurs, ni aux biens spirituels qu'elle dispense.

III. Rien de plus doux que le gouvernement de l'Eglise. La charité doit en être l'ame. *Les princes de la terre*, disoit Jesus-Christ à ses apôtres qu'il établissoit les-chefs de son Eglise,

dominent fur les peuples qui leur font foumis,
mais il n'en doit pas être ainfi parmi vous. Celui
qui fera le premier doit au contraire fe regarder
comme le dernier & comme le ferviteur de tous.
Gardez-vous donc bien, ajoutoit faint Pierre en
parlant aux évêques, *d'affecter un air de domi-*
nation, mais foyez l'exemple du troupeau qui vous
eft confié.

Que de troubles & de divifions auroient été
prevenus & pour toujours écartés, fi ces maximes faintes & les lois qu'elles renferment avoient
toujours fervi de principes & de règles aux
hommes élevés à la dignité de l'épifcopat &
par-là conftitués princes de l'Eglife !

S'ils ne doivent point affecter de domination
fur les peuples, encore moins doivent-ils en
prétendre les uns fur les autres. A chacun d'eux
eft confié le gouvernement de quelque Eglife
particulière ; mais le gouvernement de l'Eglife
en général leur eft confié en commun ; tous en
font chargés folidairement.

Il faut donc écarter du gouvernement vifible
de l'Eglife toute idée de monarchie, & à plus
forte raifon de defpotifme, pour n'y reconnoître
qu'une véritable ariftocratie où tout doit fe
décider en commun & de concert entre les
chefs qu'il a plu à Dieu d'y établir. C'eft ce qui
réfulte bien clairement de la pratique & de la
penfée généralement adoptées & conftamment
fuivies dans l'Eglife depuis fon établiffement,
d'y regarder les conciles comme fes tribunaux
ordinaires, & les conciles généraux comme fon
fuprême tribunal. C'eft ce que confirme la
maxime facrée parmi nous de ne regarder comme
irréformables les décifions des fouverains pon-

tifes fur la doctrine , & leurs décrets fur la difcipline comme obligatoires, qu'après que les
premières ont été acceptées par le confentement
du corps épifcopal, & que les feconds ont été
reçus par le même confentement & adoptés par
les Eglifes particulières.

Il n'en faut pas moins reconnoître en même-
temps dans l'Eglife un ordre , une hiérarchie ,
une fubordination entre les évêques relativement à l'exercice de la juridiction , quoique par
rapport au caractère & au pouvoir de l'ordre ils
foient tous parfaitement égaux.

Dans cette hiérarchie le pape a la primauté.
Sous lui font les patriarches qui ont fous eux
les primats ; fous ces derniers font les archevêques ; & fous les archevêques , les évêques. Les
deux feconds degrés des patriarches & des primats n'ont pas été par-tout établis; il y a bien
des archevêques, & quelques évêques même qui
relèvent immédiatement du pape , & dont on
ne peut appeler qu'à lui fans aucun intermédiaire.

La primauté du pape n'emporte pas la plénitude de juridiction : c'eft-à-dire que le fouverain
pontife, quoiqu'il ait une juridiction plus étendue qu'aucun autre évêque , qu'il puiffe felon les
circonftances & les règles l'exercer fur chacun
des évêques , n'eft point la fource d'où dérive
celle des autres évêques : il peut exercer la
fienne au préjudice de la leur , fi ce n'eft dans
les cas prévus & de la manière réglée par les
canons En un mot, fa juridiction n'eft ni la
feule dans l'Eglife , puifque les évêques en ont
une qui leur eft propre, ni la fuprême juridiction
dans l'Eglife , puifqu'il eft fubordonné à celle

Y iij

du concile général pour fa perfonne, fa conduite & fes mœurs, auffi-bien que pour la doctrine.

Ainfi eft le premier des évêques & non le feul évêque, ni le prince des évêques. Il ne devroit agir que de concert avec tous fes collégues pour tout ce qui concerne l'adminiftration générale de l'Eglife, comme les évêques eux mêmes en ce qui peut intéreffer le bien de leur diocèfes, n'agiffoient anciennement & ne devroient agir qu'avec le confeil & le concours de leur clergé, autrefois appelé le presbytère. Tel eft l'efprit du gouvernement de l'Eglife. En s'en écartant, on n'a pu que tomber dans des abus; on ne pourra les éviter, les réformer, les corriger qu'en s'en rapprochant.

IV. Le mot *Eglife* dans le même fens, mais moins étendu, s'emploie pour défigner chaque partie de l'Eglife univerfelle, confidérée comme faifant en quelque forte autant de corps particuliers. C'eft ainfi que l'on diftingue l'Eglife latine de la grecque; c'eft ainfi que l'on dit *l'Eglife de France*, *l'églife d'Allemagne*, *l'églife d'Italie*, *l'Eglife d'Efpagne*, &c.

Les Eglifes ont leurs ufages, leurs droits, leurs maximes, leurs privilèges, leurs libertés que l'Eglife univerfelle a toujours confidérés & refpectés; elle a fouvent déclaré dans fes conciles généraux qu'elle n'entendoit point par fes nouveaux règlemens porter atteinte ni déroger aux pratiques anciennes de ces grandes Eglifes. L'oppofition de quelques-unes d'entr'elles à la réception de quelques conciles reconnus pour généraux par les autres, a toujours paru fuffifante pour en fufpendre l'autorité.

On fait quelle étoit autrefois celle de l'Eglife d'Afrique & combien fes décifions avoient de poids.

L'Eglife gallicane n'a été ni moins célèbre ni moins confidérée. Le mérite, la doctrine, l'éclat de fes fondateurs & de ceux qui leur fuccédèrent, fon attachement à la foi, fon zèle pour la difcipline lui méritèrent dès le commencement une diftinction qu'elle a toujours depuis foutenue. Les papes recherchoient avec empreffement fon approbation, fon fuffrage; elle leur offrit toujours une retraite & des reffources affurées dans les temps de troubles. Ce fut à fes foins, à fes efforts, à fes travaux que le monde chrétien dût l'extinction du plus long fchifme qui l'ait affligé. Nulle autre Eglife ne montra plus de zèle à repouffer de fon fein les erreurs & les nouveautés; jamais l'héréfie n'a pu en infecter la maffe; aucune églife ne s'eft élevée avec autant de force contre les fauffes décrétales & n'a fait paroître autant de fermeté à retenir fes anciens ufages, à défendre fes droits, à rompre les tentatives de la cour de Rome pour l'affujettir. C'eft là ce qui forme & ce que l'on nomme les libertés de l'Eglife gallicane dont on traitera dans un article à part.

On comprend fous le nom de l'Eglife gallicane non-feulement le clergé, mais le monarque lui-même & tous fes fujets; tous en effet font partie de cette Eglife; auffi avons-nous toujours mis au rang des principaux articles de nos libertés, c'eft-à-dire de notre ancienne croyance & de nos maximes les plus facrées & les plus inviolables, l'indépendance abfolue de la couronne & de nos fouverains.

V. On fe fert auffi du terme d'Eglife dans une fignification plus reftreinte. Ainfi l'on dit *l'Eglife de Paris*, *l'Eglife de Meaux*, par exemple ; tantôt pour défigner le corps des fidèles qui compofent ces diocèfes, tantôt pour en marquer feulement le clergé : quelquefois même on n'entend par ces mots que le corps des Eglifes métropolitaines ou cathédrales.

VI. Quelquefois enfin on dit, mais plus improprement, les *Eglifes proteftantes*, les *Eglifes luthériennes*. Ce mot alors fe réduit à la fignification fimple de collection d'affemblée, & rien de plus.

§. II. *Eglife dans le fens matériel & phyfique.*

Le mot *Eglife* en ce fens s'emploie pour défigner les lieux où fe tiennent les affemblées des fidèles qui ont pour objet l'office & le fervice divin, la prière & le facrifice publics.

On peut confidérer par rapport aux Eglifes leur conftruction, leur confécration, leur décoration, leur entretien & réparation, leur réconciliation, le refpect qui leur eft dû, les places qui doivent y être affignées, la conceffion & réduction des bancs, les droits des fondateurs, des patrons & des feigneurs haut-jufticiers, feigneurs de fief & autres. On va fuivre fucceffivement ces articles en renvoyant à ceux qui fe trouvent traités féparément.

I. *Conftruction des Eglifes.* On vient de dire que dès l'origine du chriftianifme il y eut des Eglifes. On ignore quelles étoient alors les règles pour leur conftruction ; mais le refpect & la déférence des premiers fidèles pour les évêques peuvent aisément faire présumer qu'à cet égard comme dans tout ce qui concernoit la religion, on ne faisoit rien sans leur aveu & leur consentement.

La paix ayant été rendue à l'Eglise, & des empereurs chrétiens favorisant le progrès & le culte de la religion, il fallut non-seulement bâtir de nouvelles églises, mais augmenter & aggrandir la plupart des anciennes. Il étoit à craindre que l'ardeur & le zèle des fidèles ne les entraînassent trop loin : les conciles & les empereurs crurent devoir prévenir cet excès. Le concile de Calcédoine dans son quatrième canon, fit une défense générale de bâtir ni monastère, ni oratoire sans la permission de l'évêque diocésain. L'empereur Justinien adopta cette défense & en fit une disposition particulière de la novelle 67, où il veut qu'il ne soit permis à personne d'édifier en aucun endroit, ni monastère, ni Eglise, ni maison de prière, qu'auparavant l'évêque diocésain après s'être transporté sur les lieux & y avoir tout examiné & tout réglé, n'ait posé une croix pour désigner l'endroit où l'Eglise devra être bâtie s'il la juge nécessaire. Cette loi de l'empereur Justinien a souvent été renouvelée depuis & par les empereurs ses successeurs & par des conciles subséquens, dont on trouve les ordonnances & les canons tant dans le cinquième livre des capitulaires, chapitre 382, que dans le décret de Gratien.

Ces canons & ces ordonnances font cependant une distinction entre les Eglises ou les maisons de prière publique & les oratoires privés : la défense de bâtir sans être autorisé par l'Evêque ne tombe que sur les premières. A l'égard des oratoires, chacun peut en faire conftruire dans ses maisons ou sur ses possessions, mais on ne peut y faire dire la messe ni célébrer aucun office ou service public sans l'exprès consentement de l'Evêque diocésain.

Un concile tenu à Bourges en 1584, & un autre de Narbonne en 1609, ont encore renouvelé la défense de bâtir des Eglises; & même le dernier, de conftruire des autels sans l'approbation & la permission des évêques; & ce dernier concile ajoute que l'évêque ne doit donner cette permission qu'après en avoir bien examiné la nécessité ou l'utilité, & s'être bien assuré qu'il y a des revenus assez considérables pour l'entretien & les réparations de l'Eglise, & même pour la reconstruire si le cas y échéoit.

Un des soins recommandé par les canons à l'évêque, auquel on s'adresse pour obtenir la permission de faire bâtir une Eglise, doit être de s'assurer si le terrein sur lequel on se propose de la conftruire appartient ou non à ceux qui sollicitent la permission. Dans le second cas, il devroit refuser sa permission, ou du moins la suspendre jusqu'à ce qu'on lui rapportât le consentement de la partie intéressée. C'est un acte de justice & le moyen d'ailleurs de prévenir des difficultés & des contestations.

Si par ignorance ou autrement il arrivoit que l'on bâtît une Eglise sur un terrein appartenant à d'autres qu'à ceux qui en ont obtenu le consentement, où le propriétaire viendroit à s'en appercevoir & à s'en plaindre avant la construction achevée, & dans ce cas point de doute qu'il faudroit interrompre la construction, parce qu'il n'est permis à personne de conftruire sur fonds d'autrui. Auffi par un arrêt que rapporte Soëfve, tom. cent. 3, chapitre 25, il a été jugé qu'un particulier qui avoit vendu à une communauté religieufe un terrein pour y faire élever une Eglife, avoit enfuite pu, faute de payement, faire faifir réellement le même terrein. Le motif de l'arrêt, fuivant le témoignage du même Soëfve, fut le même que l'on vient d'alléguer, qu'il n'eft pas permis d'offrir & de confacrer à Dieu un bien qui ne nous appartient pas, & par conféquent un bien ufurpé. Si le propriétaire du terrein ne venoit au contraire fe préfenter & fe plaindre qu'après que la conftruction feroit achevée & la confécration faite, fa plainte n'en feroit pas moins jufte fans doute, ni moins digne d'être accueillie. On ne pourroit pourtant pas lui faire rendre un fonds devenu facré ; il faudroit lui en faire reftituer la valeur, & même quelque chofe en fus, pour lui tenir lieu de dédommagement.

Mais fi l'Eglife étoit jugée néceffaire dans tel emplacement, on pourroit alors forcer les particuliers propriétaires de cet emplacement pour cet objet, parce que l'avantage & le bien particuliers doivent toujours céder & difparoître devant l'utilité commune & la néceffité publique. C'eft le vœu d'une ancienne ordonnance du roi Philippe IV donnée au mois de février 1303, & qui oblige les particuliers à céder leurs fonds pour les Eglifes, les cimetières & les maifons presbytérales. On fent bien qu'il ne peut être ici queftion que d'Eglifes paroiffiales, ne pouvant pas fe rencontrer de néceffité de bâtir les autres dans un lieu plutôt que dans un autre, à moins qu'il ne s'agît d'une cathédrale à élever pour un évêché nouvellement érigé.

Lorsque les terreins sur lesquels sont construits les Eglises paroissiales, les cimetieres & les presbyteres n'ont de temps immémorial payé aucun droit de censive ou redevance seigneuriale, on ne les y peut plus assujettir, même dans les coutumes où la maxime *nulle terre sans seigneur*, est établie. Le long affranchissement dont ont joui ces terreins & leur destination, font présumer alors qu'ils ont anciennement été donnés en franche aumône, & que les seigneurs se sont dépouillés de l'exercice des droits qu'ils pouvoient y avoir, pour le temps au moins où ces terreins demeureroient consacrés à ces usages. C'est ce qui a été jugé par un arrêt rendu le 12 juin 1731, en la cinquième chambre des enquêtes, au rapport de M. Chevalier, en faveur de la cure de Nibelle, située dans la coutume d'Orléans, contre M. de Saint-Florentin seigneur du lieu. Il s'agissoit principalement dans cette cause du terrein sur lequel étoit bâti le presbytère de cette cure. Ce terrein fut déclaré affranchi du payement de toute redevance seigneuriale, par la raison que jamais il n'en avoit payé sur la présomption de la franche aumône dont on vient de parler. On s'étoit déja décidé de même d'après les mêmes principes dans une contestation élevée à ce sujet vers la fin du siècle dernier, entre M. le marquis de Nesle & l'abbaye de saint Thierry de Reims : elle fut terminée par arrêt rendu le 8 août 1687 au profit de l'abbaye & contre les prétentions du seigneur. Le grand conseil a depuis suivi la même jurisprudence dans un arrêt du 9 février 1739, en faveur de l'abbaye de

Bellozane. Mais dans ces cas les possesseurs de ces terreins ne peuvent se dispenser de fournir aux seigneurs des déclarations sèches pour fixer la continence de ce dont ils jouissent librement & prévenir par-là la confusion de ces possessions franches avec les autres domaines sujets aux charges & redevances seigneuriales. C'est une des dispositions de l'arrêt rendu en 1731 contre M. de Saint-Florentin, en faveur de la cure de Nibelle dont on parloit tout-à-l'heure.

Il n'y a rien de prescrit, rien de fixé quant à la forme des Eglises ; les anciennes en avoient une assez différente de celle des Eglises que l'on construit depuis plusieurs siècles. La forme de celles-ci en est à-peu-près arbitraire & presque toujours abandonnée au goût des artistes chargés de la direction de l'ouvrage : on a seulement attention, autant que les lieux le comportent, de disposer le maître-autel de manière que les fidèles en adorant le saint sacrement qui repose dans le tabernacle, aient la face tournée du côté de l'Orient.

II. *Consécration des Eglises.* Lorsqu'une Eglise vient d'être construite nouvellement, il n'est permis ni d'y consacrer le pain eucharistique, ni d'y exposer le saint sacrement, si elle n'a pas été consacrée solemnellement, ou du moins bénite. C'est ainsi que d'après les papes saint Sylvestre & saint Félix, l'ont décidé le deuxième concile de Carthage ; ceux de Paris sous Louis-le-Débonnaire ; de Mayence, d'Agde, d'Epaone & plusieurs autres.

On trouve aux mots BÉNÉDICTION, CON-SÉCRATION & DÉDICACE, presque tout ce qui regarde la consécration des Eglises en particulier ; il faut recourir à ces articles.

On obfervera feulement ici que la confécration des Eglifes, & même celle des autels, font des fonctions réfervées fpécialement aux évêques, & qui ne peuvent être par eux déléguée à perfonne d'un caractère inférieur ; que la confécration des Eglifes conftruites dans un diocèfe eft également réfervée à l'évêque diocéfain; enforte que ni l'archevêque dont cet évêque feroit fuffragant, même dans le cours de fa vifite archiépifcopale, ni aucun commiffaire & délégué du pape, en vertu de quelque pouvoir que ce foit, ne peuvent au préjudice de l'évêque diocéfain entreprendre d'exercer ces fonctions dans fon diocèfe. Nous regardons le fecond point comme faifant partie de nos libertés. Il réfulte, ainfi que le premier, des défenfes faites à ce fujet par le concile de Nicée, renouvelées depuis par plufieurs autres conciles particuliers.

Il faut obferver encore que fuivant une difcipline dont on ignore l'époque, mais antérieure dans l'Eglife romaine au temps de faint Ambroife & de faint Paulin, qui tous les deux en font mention dans leurs ouvrages, l'évêque ne doit point procéder à la confécration d'une nouvelle Eglife, s'il n'a des reliques de quelque faints martyrs pour y placer. Le feptième canon du feptième concile général menace de dépofition l'évêque qui fans reliques à placer dans l'Eglife en auroit fait la confécration ; & le motif qu'il apporte d'une fi rigoureufe punition, eft que par-là cet évêque auroit violé la tradition de l'Eglife.

On n'entrera point ici dans le détail des cérémonies différentes qui fe pratiquent, non plus que des diverses formules de prières qui se chantent ou se récitent dans la consécration des Eglises. Le rit n'est point uniforme à cet égard dans toutes les parties de l'Eglise.

III. *Décorations des Eglises.* On n'entend pas dans cet article parler des ornemens qui servent à l'exercice même du culte religieux dans la célébration de l'office divin : il ne s'agit ici que de la décoration tant intérieure qu'extérieure ; & ce n'est pas non plus relativement au goût d'architecture ni aux autres règles de l'art qu'on va s'en occuper, mais uniquement par rapport à ce que la décence exige & à ce qui peut la choquer. Cet objet a toujours paru mériter la plus grande attention. L'Eglise n'a cessé de recommander aux évêques de veiller avec soin à ce qu'il ne s'introduisît rien dans ses temples matériels qui pût ni surprendre & induire en erreur la grossiéreté de quelques-uns des fidèles, ni allarmer la piété des autres. Les évêques doivent donc employer toute leur vigilance pour empêcher non-seulement qu'il se fasse dans les Eglises aucun établissement contraire à la sainteté du lieu, comme seroient de petites loges de marchands, mais aussi qu'on y place aucune figure, statue, sculpture ou images qui représentent rien de contraire à la foi, à la vérité de l'histoire ou bien à la pureté des mœurs.

Le concile de Trente, session 25, *de reform. tit. de vener. imag.* entre à cet égard dans un très-grand détail ; & pour rendre plus efficace & plus fructueuse la vigilance des évêques, il défend de mettre dans les Eglises aucune image, ce qui comprend toutes sortes de représentations de personnes ou d'animaux en pierre, bois ou

autrement , que l'évêque diocéfain ne les
auparavant examinées & approuvées. Cette d
fenfe a été renouvelée dans les mêmes vues p
plufieurs conciles provinciaux tenus en Fran
depuis celui de Trente.

A cette défenfe, la plupart de ces concil
ajoutent une exhortation aux évêques de fai
fupprimer & ôter des Eglifes les images, ft
tues ou tableaux mutilés, tronqués, défigurés
ou dont les objets feroient peu convenabl
dans les Eglifes : les conciles font en mêm
temps fentir aux évêques avec quelle pruden
il convient de procéder à ces fortes de fuɟ
preſſion pour ménager autant qu'il fe peut
groſſiéreté du peuple & ne pas le révolter m
à propos ; une fage condefcendance à ce fuje
pouvant être beaucoup plus utile qu'une ri
gueur exceſſive, qui fouvent ne produit qu'un
opiniâtre obftination, & par-là rend le mal in
curable.

Le foin que les conciles recommandent e
ce point aux évêques, de faire fupprimer le
images mutilées ou peu décentes, eft une fuit
& comme une dépendance de la défenfe qu
font les mêmes conciles de placer aucune imag
ou ftatue dans une Eglife fans l'examen, le
confentement & l'approbation de l'évêque dio
céfain.

Ce pouvoir dont l'exercice eft recommandé
aux évêques par les canons, n'eft point un
droit nouveau que les conciles leur accor
dent ; il eft éminemment renfermé dans les pou
voirs que les évêques reçoivent dans leur con
fécration & fait partie de la juridiction dont ils
font revêtus.

L'infpection

L'inspection & le droit des évêques relativement à ce qui concerne la décence & l'ornement des Eglises, s'étend jusques sur les sépultures érigées dans ces mêmes Eglises. Quelques égards, quelque respect que ces monumens aient toujours paru mériter, les égards & le respect dûs aux Eglises sont plus grands encore & plus dignes d'être religieusement observés. On le portoit autrefois jusqu'à défendre d'inhumer personne dans les Eglises ; & ce fut par une sorte de faveur & de dispense que le corps du grand Constantin fut enterré dans le vestibule de la basilique des apôtres à Constantinople. Pourquoi cette rigueur ne s'est-elle pas maintenue & par respect pour la sainteté des lieux, & par égard pour leur salubrité & pour la sûreté du peuple qui s'y rassemble ? Depuis quelque temps on commence à sentir combien sont nuisibles à la société les exhalaisons qui partent des terres remuées pour les sépultures, & des corps qui se putréfient ensuite sous ces terres : déja nos rois ont porté leur attention sur cet objet intéressant. Si des considérations particulières leur ont jusqu'à présent fait restreindre leurs lois à cet égard, il y a lieu d'espérer qu'on les rendra plus générales par la suite. En attendant, les évêques n'en sont pas moins en droit ni moins obligés de veiller à ce que les sépultures ne portent aucun obstacle à la décence des Eglises & à la célébration des offices & services divins.

L'article 16 de l'édit de 1695 reconnoît manifestement ce droit dans les évêques & en autorise pleinement l'exercice de leur part dans le cours de leurs visites. Les archevêques &

évêques, porte cet article, « pourvoiront en
» faifant leurs vifites à la réduction même des
» fépultures qui empêcheroient la célébration
» du fervice divin, & donneront tous les ordres
» qu'ils eftimeront néceffaires. Enjoignons aux
» marguilliers & fabriciens defdites Eglifes d'exé
» cuter ponctuellement les ordonnances defdits
» archevêques & évêques, & à nos juges &
» à ceux des feigneurs ayant juftice d'y tenir la
» main ».

Il faut cependant mettre une différence entre
les fépultures des fimples particuliers & celles
des fondateurs, patrons ou feigneurs haut-jufticiers, & n'appliquer les difpofitions de l'article
prifes dans toute leur étendue, qu'aux premières
Car s'il s'agiffoit des fecondes, il ne feroit pas
prudent de la part des archevêques & évêques
d'entreprendre de les faire réduire & encore
moins de les faire totalement fupprimer en vertu
d'une fimple ordonnance rendue en cours de
vifite : ils s'expoferoient à des appels comme
d'abus que les repréfentans ou ayant caufe de
fondateurs, patrons ou feigneurs ne manque-
roient pas d'interjeter. Le parti le plus fage alors
eft de commencer par dreffer un procès verba
de l'état des chofes qui conftate l'incommodité
ou l'indécence dont on veut demander la réformation ou la fuppreffion, & de s'adreffer enfuite aux juges royaux pour la faire prononcer.

IV. *Entretien & réparation des Eglifes.* Voyez
au mot RÉPARATIONS DES ÉGLISES ET BÉNÉ-
FICES.

V. *Réconciliation des Eglifes.* On appelle ainfi
la cérémonie & le rit qui fe pratiquent pour

purifier une Eglife polluée & la remettre par-là
en état convenable pour y pouvoir célébrer de
nouveau l'office & le fervice divin. On regarde
une Eglife comme polluée, quand il s'y eft fait
une effufion de fang confidérable & criminelle :
on en jugeoit de même autrefois lorfqu'un excommunié y étoit entré. Quoique les difpofitions du droit n'aient point changé fur ce dernier genre de pollution des Eglifes, dans le fait
cependant on n'y a plus d'égard ; la difficulté
de reconnoître les perfonnes excommuniées, la
difficulté plus grande d'appliquer nommément à
quelqu'un cette odieufe qualification, à moins
d'une fentence qui le déclare & le dénonce tel,
ont fait évanouir peu à peu, ou plutôt empêché
de découvrir ces cas de pollution, & on a ceffé
de les compter. On ne connoît guères que ceux
auxquels l'effufion de fang donne lieu. Dans
l'un & l'autre cas c'étoit l'ufage autrefois de
confacrer de nouveau l'Eglife qui avoit été
polluée : depuis long-temps on fe contente
d'une fimple réconciliation. Elle fe fait avec
l'eau appelée Grégorienne, du nom du pape
qui l'a introduite, & qui eft compofée avec de
l'eau, du fel & des cendres. La confécration
de cette eau eft une de celles qui font réfervées
fpécialement à l'évêque. C'eft le fentiment commun, que la cérémonie de la réconciliation
d'une Eglife ne peut être faite par un fimple
prêtre. Le pape Grégoire IX qui avoit embraffé
ce fentiment ne trouvoit pourtant pas mauvais
que l'on célébrât l'office dans les Eglifes ainfi
réconciliées. Pour lever toute difficulté, il eft
bon que le prêtre qui feroit dans le cas de faire
cette fonction par l'abfence ou l'empêchement

de l'évêque diocéfain ou d'evêques voifins qui puffent fuppléer le diocéfain, obtînt du pape une difpenfe à ce fujet; & il ne pourroit encore avec cela reconcilier l'Eglife qu'avec de l'eau Grégorienne confacrée par un évêque.

Si l'effufion de fang qui entraîne la pollution des Eglifes fe fait dans une Eglife à laquelle tienne un cimetière, ce cimetière eft cenfé par-là pollué, comme tenant à l'Eglife & en faifant partie: l'Eglife au contraire ne le feroit pas, quand même elle tiendroit au cimetière, pourvu que l'effufion de fang n'eût été faite que dans celui-ci; le cimetière ne l'eft pas non plus par la pollution de l'Eglife, lorfqu'il s'en trouve féparé, & ne point faire avec elle un même tout.

VI. *Refpect dû aux Eglifes.* Le premier capitulaire dreffé à Aix-la-Chapelle en 789, un concile de Bourges en 1584, un de Touloufe en 1590, & un autre de Narbonne en 1609, ont renouvelé plufieurs anciens règlemens fur la décence & la propreté avec lefquelles devoient être tenues les Eglifes, les autels & toutes les chofes qui font deftinées au fervice divin.

Dès le fecond fiècle, pour écarter des Eglifes tous ce qui pouvoit y occafionner la moindre irrévérence, on fupprima les banquets de charité qui s'y faifoient d'abord & qu'on appeloit agapes; on établit par la même raifon que le faint facrifice feroit célébré & la fainte communion reçue à jeûn.

. Le concile de Bafle, feff. 25, a porté un décret qui en renouvelle plufieurs anciens, & qui lui-même eft inferé dans la pragmatique pour interdire tout fpectacle & tout feftin dans les Eglifes. Un concile de Narbonne en 1652;

& un autre en 1609 ont tranfcrit ces règlemens ;
le dernier de ces conciles ajoute la défenfe de
chanter dans l'Eglife des vers en langue vulgaire, fi ce n'eft le jour de Noël & après que
ces vers ont été approuvés par l'évêque.

Le concile général de Lyon tenu fous le pape
Grégoire X & dont les décrets fur cette matière font rapportés chapitre 2 , *de immenf.
ecclefiæ in fexto* , défend de faire & de tenir dans
les Eglifes ni convocations , ni affemblées de
communautés ou d'affociations quelconques ,
pour y traiter d'affaires temporelles : d'y tenir
des propos vains ou fcandaleux, d'y avoir des
entretiens, & d'y rien faire ou fouffrir qui puiffe
troubler les faints offices ou bleffer la majefté
divine. Ce concile défend enfuite de tenir dans
l'Eglife ou dans le cimetière, des marchés, des
foires, des audiences publiques , fur-tout en
matière criminelle.

Ce décret du concile de Vienne a fervi
depuis de modèle à prefque tous les décrets.,
règlemens & ordonnances fur cet objet : & il y
a peu de conciles dont les pères n'aient eu foin
de recommander & de prefcrire la modeftie &
le refpeét dans les Eglifes en entrant même dans
les plus petits détails , & de défendre rigoureu-
fement tout ce qui pouvoit y être contraire &
apporter aucun trouble à la célébration du fervice divin. On peut confulter fur ce point les
règlemens que Théodulphe , évêque d'Orléans,
donna fur la fin du huitième fiècle aux curés de
fon diocèfe ; ceux d'Errard , archevêque de
Tours, en 858 ; les décrets d'un concile de
Sens en 1528, d'un de Narbonne en 1551 , &
de celui de Rouen en 1581.

L'article 40 de l'ordonnance de Henri II du 27 juin 1551 défend à toutes perfonnes indiftinéte-ment *de fe promener ès Eglifes durant le fervice divin , ordonne de fe tenir profterné à genoux en dévotion adorant le faint facrement de l'autel à l'élévation d'icelui.*

Par l'article 20 de la déclaration du mois de février 1657, & l'article 32 de l'édit du mois d'avril 1695 concernant la juridiction eccléfiaftique ; il eft défendu aux juges & aux cours de contraindre les curés, les deffervans ou leurs vicaires à faire aucune publication de chofes profanes dans les Eglifes, & ordonné que ces publications, lorfqu'il y aura lieu, feront faites par huiffiers ou fergens à la porte des Eglifes & à l'iffue des meffes paroiffiales, & auront la même force & valeur que fi elles étoient faites dans les Eglifes elles-mêmes. Ces défenfes & règlemens ont été renouvelés par une décla-ration du 16 décembre 1698, enregiftrée au parlement de Paris le 31 du même mois qui eft entrée à cet égard dans le plus grand détail.

On pourroît citer fur cette matière plufieurs autres édits , ordonnances & déclarations de nos rois ; Louis XIV les a tous renouvelés & confirmés par la déclaration qu'il a donnée à Verfailles le 18 février 1710, elle porte que:

« Sa majefté étant informée que fes ordon-
» nances & celles des rois fes prédéceffeurs
» touchant le refpeét dû aux Eglifes n'étoient
» pas exécutées, que l'indécence & le fcandale
» augmentoient tous les jours & que la plupart
» des perfonnes de l'un & de l'autre fexe paroif-
» foient avoir entierement oublié un devoir fi
» important, elle auroit par fon ordonnance du

» 10 mars 1700 réglé ce qui devoit être observé
» à cet égard, & quoique par cette ordon-
» nance & par l'attention des juges qui doivent
» veiller à son exécution, il semble que cet abus
» soit en quelque sorte diminué, néanmoins il
» seroit encore arrivé depuis peu dans les Eglises
» des scandales très-punissables ; ce qui oblige
» sa majesté d'y pourvoir, à cet effet sa majesté
» a ordonné & ordonne que les édits, ordon-
» nances, arrêts & règlemens rendus sur ce sujet
» seront exécutés de point en point, à peine
» de désobéissance & sous les autres peines
» y contenues ».

Par une suite de respect dû aux Eglises, les
princes leur avoient autrefois accordé la prérogative & le droit de servir de lieu d'asyle &
de sûreté, où ceux qui pouvoient se refugier se
trouvoient à l'abri de toutes poursuites, même
en matières criminelles : il y a encore plusieurs
pays où ce titre est respecté : mais l'impunité
qui en résulte pour les coupables & qui peut
devenir pour quelques-uns un engagement au
crime, a fait abolir parmi nous ce droit d'a-
syle. L'article 166 de l'ordonnance donnée à
Villers-Cotteretz au mois d'août 1539, porte
« qu'il n'y aura plus lieu d'immunité pour dettes
» ni autres matières civiles, quand il y aura
» décrets de prise-de-corps ».

VII. *Places dans les Eglises.* Voyez RANG &
PRÉSÉANCE.

VIII. *Concession & réduction de bancs.* Voyez
BANC.

IX. *Droits des fondateurs, des patrons, des seigneurs hauts-justiciers, seigneurs de fiefs & autres.*
Voyez DROITS HONORIFIQUES.

Voyez *Fevret*, *traité de l'abus* ; *les mémoires du clergé* ; *le recueil de jurisprudence canonique de Lacombe* ; *les lois eccléfiaftiques de France* ; *les capitulaires des rois de France* ; *les décrétales* ; *la pragmatique* ; *Marca* de Concordia ; *la difcipline de l'Eglife de Thomaffin* ; *les définitions canoniques*, &c. Voyez auffi les articles ABUS, ARCHEVÊQUE, ÉVÊQUE, ABBÉ, CLERGÉ, IMMUNITÉS, LIBERTÉS DE L'EGLISE GALLICANE, PAPE, MÉTROPOLITAIN, PRIMAT, &c.

ÉHOUPER. Terme d'eaux & forêts qui fignifie couper la cîme d'un arbre.

L'article 2 du titre 32 de l'ordonnance des eaux & forêts du mois d'août 1669, veut que ceux qui auront éhoupé, ébranché & déshonoré des arbres, foient condamnés à payer la même amende que s'ils les avoient abattus par le pied.

ÉLARGISSEMENT. C'eft la remife en liberté d'un prifonnier.

Il y a deux fortes d'Elargiffemens, l'Elargiffement provifoire & l'Elargiffement définitif. L'Elargiffement de la première efpèce eft celui qu'obtient l'accufé durant le cours de l'inftruction de fon procès, à la charge de fe repréfenter chaque fois qu'il lui fera enjoint de le faire. L'Elargiffement définitif eft celui qui réfulte d'un jugement qui met l'accufé hors de prifon fans réferve.

L'article 22 du titre 10 de l'ordonnance criminelle de 1670, porte « qu'aucun prifonnier » *pour crime* ne pourra être élargi par les cours » & autres juges, encore qu'il fe fût rendu vo- » lontairement prifonnier, fans avoir vu les in- » formations, l'interrogatoire, les conclufions

» des procureurs du roi ou de ceux des fei-
» gneurs, & les réponfes de la partie civile s'il
» y en a, ou fommation de répondre ».

Voici comment dans l'ufage s'interprête cet
article : l'accufé demande fon Elargiffement ou
devant le juge de l'autorité duquel il a été
conftitué prifonnier, ou il le demande devant
les juges d'appel. S'il le demande devant le premier juge, mais avant le règlement à l'extraordinaire (*), ce juge ordonne que la requête
préfentée à cet effet (**) fera communiquée au

_____

(*) Boniface rapporte un arrêt du 27 avril 1675 qui
infirme une fentence de la fénéchauffée d'Aix, par laquelle
un prifonnier, dont le procès fe pourfuivoit extraordinairement, avoit été élargi en donnant caution.

(**) *Formule d'une requête pour parvenir à un Elar-*
giffement.

A monfieur, &c.

Supplie humblement Pierre la Couture, laboureur,
demeurant au bourg de la paroiffe de faint Laurent, reffort
de cette fénéchauffée.

Difant qu'ayant été mal-à-propos compris dans une
accufation intentée à la requête de M. le procureur du roi
de ce fiège contre les auteurs de l'homicide arrivé dans une
rixe en la perfonne du nommé Bertrand, il a été décerné
contre lui un décret de prife de corps en vertu duquel il a
été conftitué prifonnier. Comme par les interrogatoires qu'il
a fubis & par les éclairciffemens qu'il a donnés fur le fait
dont il s'agit, il ne peut plus refter fur fon compte de
foupçons capables de le retenir plus long-temps prifonnier,
il fe croit fondé à réclamer du moins fa liberté provifoire,
& c'eft pour cet effet qu'il a l'honneur de vous donner la
préfente requête.

Ce confidéré, monfieur, attendu ce qui réfulte des interrogatoires fubis par le fuppliant & de plufieurs particularités qui doivent s'élever en fa faveur des charges &
informations, il vous plaife lui accorder du moins fa

procureur du roi ou au procureur fifcal ainſi qu'à la partie civile ; & lorſqu'il n'y a point de motif eſſentiel pour retenir plus long - temps l'accuſé priſonnier, le juge ordonne qu'il ſera élargi à ſa caution juratoire , ou à la charge de

liberté proviſoire , ſauf à lui a demontrer par la ſuite plus amplement ſon entière innocence & à abtenir telle réparation qu'il appartiendra.

Ordonnance , ſoit communiqué au procureur du roi & à partie civile. Fait, &c.

Réponſe de la partie civile : Jacques Bertrand partie civile dans l'affaire dont il s'agit à l'honneur d'obſerver à M. le lieutenant criminel & à M. le procureur du roi de ce ſiège , que quoiqu'il paroiſſe que ledit la Couture, l'un des accuſés , ne ſoit pas celui qui a porté des mains homicides ſur la perſonne du défunt , il eſt néanmoins notoire ſur les lieux que c'eſt lui qui a engagé la rixe dans laquelle le défunt à peri , ce qui ſuffit pour le rendre garant des dommages intérêts réſultans de cet homicide envers la veuve & les enfans , circonſtance qui ſuffit pour que l'élargiſſement réclamé , ſi toutefois il doit être accordé, ne le ſoit qu'à la charge par l'accuſé de donner bonne & ſuffiſante caution de ſe repréſenter , &c.... fait, &c.

Concluſions du procureur du roi. Vu la préſente requête, enſemble la plainte, &c. l'information, &c. le décret, &c. les interrogatoires, &c. la réponſe ci-deſſus de la partie civile, &c. nous n'empêchons pour ce qui eſt de notre miniſtère, que ledit la Couture ne ſoit par proviſion élargi, mais à la charge par lui de ſe repréſenter en état de décret d'ajournement perſonnel , toutes les fois qu'il en ſera requis au domicile par lui élu , à l'effet de quoi il fera les ſoumiſſions ordinaires & accoutumées, &c. Fait ; &c.

Cette requête & les autres pièces de la procédure ſe remettent entre les mains du lieutenant criminel qui va faire ſon rapport à la chambre criminelle ; & l'on y rend, s'il y a lieu , une ſentence d'Élargiſſement , avec toutes les modifications & les reſtrictions que les circonſtances & l'état de la perſonne ou des choſes peuvent exiger.

donner bonne & fuffifante caution ; ce qui dépend de la nature de l'affaire & des circonftances. Sa caution juratoire eft la foumiffion qu'il fait entre les mains du greffier de fe repréfenter à toutes les affignations qui lui feront données à fon domicile élu : mais lorfqu'il s'agit d'une caution fidéjuffoire, cette caution doit être reçue avec la partie civile comme en matière ordinaire, fuivant les formalités prefcrites par l'ordonnance de 1667. Obfervez à ce fujet que la caution doit être trouvée fuffifante fi elle eft au moins auffi folvable que l'accufé.

Vous obferverez auffi qu'il ne fuffiroit pas que la partie publique & la partie civile donnaffent leur confentement à la liberté provifoire de l'accufé, fi le juge lui-même ne la prononçoit ; car l'article 23 de l'ordonnance citée dit formellement que « les prifonniers pour crime » ne pourront être élargis s'il n'eft ordonné par » le juge (*), encore que les procureurs du roi » ou ceux des feigneurs & les parties civiles y » confentent ».

Quand l'Elargiffement eft demandé devant les juges d'appel, ceux-ci, comme on vient de

_____

(*) L'ordonnance ne parlant que du *juge*, il femble que cet Elargiffement pourroit s'ordonner fans la participation des autres officiers du fiége : mais il y a nombre de réglemens pour différens fiéges qui veulent que les autres officiers y foient appelés. Il n'en eft pas ainfi dans quelques fiéges où, en conformité d'un ancien ufage, le juge d'inftruction ordonne quelquefois lui feul l'Elargiffement demandé. Dans les juftices fubalternes, où il n'y a fouvent qu'un juge, ce juge n'eft point obligé en pareil cas d'appeler des gradués.

le voir, ne peuvent l'ordonner fans avoir vu auparavant les charges & informations.

Obfervez que lorfqu'il s'agit de procès inftruit par le prévôt des maréchaux, l'accufé ne peut être élargi que par un jugement définitif. Voici ce que porte l'article 17 du titre 2 de l'ordonnance de 1670 :

« L'accufé ne pourra être élargi pour quelque » caufe que ce foit, avant le jugement de la » compétence, & ne pourra l'être après que » par fentence du préfidial ou fiège qui devra » juger définitivement le procès ».

C'eft-à-dire que fi le prévôt eft déclaré incompétent, l'accufé pourra être élargi comme il peut l'être devant les juges ordinaires.

Ce que nous venons de dire n'eft relatif qu'aux décrets de prife de corps originaires ; lorfque l'emprifonuement n'a eu lieu que par un défaut de comparution fur un décret d'ajournement perfonnel ; l'article 21 du même titre de l'ordonnance porte qu'en ce cas les accufés « feront » élargis après l'interrogatoire s'il ne furvient de » de nouvelles charges ou par leur reconnoiffance » ou par la dépofition de nouveaux témoins ».

Il fembleroit que dans ce cas fur la fimple réquifition de l'accufé au bas de l'interrogatoire, cet accufé devroit être élargi ; cependant dans l'ufage on exige qu'il donne fa requête à cet effet, & que cette requête foit communiquée à la partie publique & à la partie civile : telle eft la procédure qui fut indiquée par M. le procureur général lors d'un arrêt rendu en 1748 contre les officiers du préfidial d'Abbeville. Au furplus on convient qu'un Elargiffement pareil peut être prononcé par le juge d'inftruction seul sans la participation des autres officiers du siège.

Pour ce qui concerne les Elargissemens définitifs, voici ce que porte l'article 19 du titre 13 de l'ordonnance de 1670 :

« Tous greffiers même de nos cours, & ceux des seigneurs, seront tenus de prononcer aux accusés les arrêts, sentences & jugemens d'absolution ou d'Elargissement le même jour qu'ils auront été rendus ; & s'il n'y a point d'appel par nos procureurs ou ceux des seigneurs dans les vingt-quatre heures, mettre les accusés hors des prisons & l'écrire sur le registre de la geole ; comme aussi ceux qui n'auront été condamnés qu'en des peines & réparations pécuniaires, en consignant ès mains du greffier les sommes adjugées pour amendes, aumônes & intérêts civils, sans que faute de payement d'épices ou d'avoir levé les arrêts, sentences & jugemens, les prononciations ou les Elargissemens puissent être différés, à peine contre le greffier d'interdiction, de trois cens livres d'amende, dépens, dommages & intérêts des parties. Ne pourront néanmoins les prisonniers être élargis s'ils sont détenus pour autre cause ».

L'article suivant ajoute : « Ne pourront les geoliers, greffiers des geoles, guichetiers & cabaretiers ou autres, empêcher l'Elargissement des prisonniers pour frais, nourriture, gîte, geolage ou autre dépense ».

Il résulte de ces deux articles, 1°. que les sentences d'Elargissement doivent être d'abord communiquées à la partie publique pour savoir si elle y adhère, parce que si elle en interjette

appel, les accufés ne peuvent plus être élargis;
fi au contraire elle y foufcrit, les accufés font
auffitôt élargis, ou du moins doivent l'être dans
les vingt-quatre heures ; il n'eft pas néceffaire
que la fentence foit communiquée à la partie
civile, parce qu'il n'eft point au pouvoir de
cette partie d'empêcher l'effet d'un jugement
qui prononce une liberté définitive. Ce que
prefcrit l'ordonnance à cet égard a été renouvelé par l'article 27 d'un règlement du parlement de Paris du premier feptembre 1717,
pour les prifons des juftices de fon reffort;
& ce règlement ajoute qu'après la tranfcription faite par les greffiers criminels du di-
pofitif des fentences d'Elargiffement fur le regiftre de la geole le même jour qu'ils auront
été rendus, *les greffiers des geoles ou les geoliers
feront tenus d'en délivrer des extraits lorfqu'ils en
feront requis par les prifonniers* (*).

2°. Que lorfque la fentence prononce des
condamnations pécuniaires, les prifonniers ne
peuvent être élargis qu'en confignant le montant
de ces condamnations. Mais lorfque ces prifonniers ne font pas en état de payer, on ordonne
quelquefois fur la repréfentation qu'ils peuvent

____

(*) Un arrêt de réglement particulier pour les prifons
de Paris du 18 juin 1717, porte (article 37) que « les
» greffiers feront tenus de tranfcrire le difpofitif des arrêts
» fentences & jugemens fur le regiftre de la geole le même
» jour qu'ils auront été rendus, & d'en délivrer des extraits
» lorfqu'ils en feront requis par les prifonniers en les
» payant quinze fous par chaque extrait ».

Il y a cette différence entre ce reglement & celui qui
a été fait pour les provinces, que par ce dernier ce font
les greffiers des geoles ou les geoliers qui délivrent ces extraits fans qu'il leur foit attribué aucun falaire à ce fujet.

faire à ce fujet, qu'ils feront élargis en donnant telle caution qu'ils pourront donner. *Voyez* à ce fujet l'article CAUTION (*).

3°. Que s'il eft dû quelque chofe aux geoliers ou à d'autres perfonnes pour frais ou dépenfe faite dans la prifon , ces frais ni cette dépenfe ne doivent point retarder l'Elargiffement ; fauf à ceux à qui il eft dû d'exercer leur action comme pour créance ordinaire ; mais ils ont une préférence particulière fur les effets que les prifonniers avoient dans les prifons , fuivant ce qui réfulte de l'article 23 du même titre de l'ordonnance.

A l'égard des prifonniers *pour dettes*, l'article 31 du même titre porte , « qu'ils feront » élargis fur le confentement des parties qui les » auront fait arrêter ou recommander , *paffé* » *pardevant notaires*, qui fera fignifié au geolier » ou greffier des geoles fans qu'il foit befoin » d'aucun jugement ».

Quand l'ordonnance parle d'un confentement donné devant notaire , c'eft uniquement pour la fûreté du geolier , qui ne connoiffant point la fignature des parties , pourroit être trompé fi cette fignature ne lui étoit point atteftée par un notaire ; car fi d'ailleurs il étoit affuré de cette fignature , quelle raifon y auroit-il pour qu'il ne lui fût point permis de s'en contenter ? Cependant M. Jouffe dit qu'une fignature privée

____

(*) Lorfque les prifonniers configent entre les mains des geoliers le montant des condamnations, ceux-ci font obligés de remettre les fommes configées à ceux à qui elles reviennent.... Dans le concours de l'amende & de l'intérêt civil , lorfque le prifonnier n'a pas été en état de configner le tout , l'intérêt civil , qui eft une dette du condamné , fe prend avant l'amende qui n'eft qu'une peine.

ne fuffiroit pas , à moins que le confentemer ne fût fuivi d'une ordonnance du juge ; mais ne donne point la raifon de fon obfervation.

L'article fuivant porte que la même chof fera obfervée à l'égard de ceux qui auront con figné entre les mains du geolier ou du greffie de la geole les fommes pour lefquelles ils feron détenus. *Voulons* , eft-il dit, *qu'ils foient mi hors des prifons fans qu'il foit befoin de le fair ordonner.* Mais obfervez que cette confignatio doit être fignifiée au créancier non pour obteni l'Elargiffement qui doit avoir lieu tout de fuit après la confignation , mais pour empêche qu'il ne foit reconftitué prifonnier par ce créan cier qui ignoreroit la confignation.

Le prifonnier pour dettes a la même faveu que le prifonnier pour crime ; c'eft-à-dire qu'i ne peut être retenu un inftant de plus pou frais de nourriture, de confignation, de gîte, de geole, &c.

Une déclaration du mois de janvier 168o concernant la nourriture des prifonniers, port qu'on fera tenu de configner d'avance & pou un mois la fomme néceffaire pour cette nour titure, & elle ajoute (article 5) ce qui fuit :

« Après l'expiration des premiers quinz
» jours du mois pour lequel la fomme nécef-
» faire aux alimens du prifonnier n'aura poin
» été payée , les confeillers de nos cours com-
» mis pour la vifite des prifons ou les juges de
» lieux *ordonneront l'Elargiffement* du prifonnie
» fur la fimple réquifition, fans autre procé-
» dure, en rapportant le certificat du greffie
» ou geolier que la fomme pour la continuatio
» des alimens n'a pas été payée, & qu'il n
» lui

» lui refte aucun fonds entre les mains pour
» lefdits alimens, pourvu & non autrement que
» les caufes de l'emprifonnement & des recom-
» mandations n'excédent point la fomme de
» deux mille livres ; & en cas que la fomme
» foit plus grande, le prifonnier fe pourvoira
» par requête qui fera rapportée dans les cours
» & fièges, fur laquelle les cours ou juges pro-
» nonceront fon Elargiffement ; & dans l'un &
» l'autre cas mention fera faite du certificat
» dans l'ordonnance de décharge, fentence ou
» arrêt d'Elargiffement ».

Les prifonniers retenus pour condamnations pécuniaires en matière criminelle étant
regardés en cette partie comme prifonniers
pour dettes, l'article 10 de la même déclaration porte qu'ils « feront mis hors des pri-
» fons en la manière ci-devant prefcrite, à
» faute de fournir les alimens par les receveurs
» des amendes, feigneurs haut-jufticiers & par-
» ties civiles, chacun à leur égard, huit jours
» après la fommation qui en fera faite à per-
» fonne ou domicile : & à cet effet feront tenus
» lefdits receveurs des amendes, feigneurs haut-
» jufticiers & parties civiles, en cas d'appel des
» fentences fur procès criminels, d'élire domi-
» cile en la maifon d'un procureur de la juri-
» diction où l'appel reffortit, dont fera fait
» mention par la prononciation ou fignification
» defdites fentences aux accufés ; & à faute
» d'élire domicile, *il fera pourvu à leur Elargif-*
» *fement* par les juges des lieux où ils feront
» détenus ».

Il fembleroit que dès qu'une fois un débiteur
a été élargi faute d'alimens, il ne devroit plus

être au pouvoir du créancier de le faire reconſtituer priſonnier ; mais cette faculté lui eſt conſervée par l'article 6 de la déclaration dont i s'agit, à la charge par ce créancier de payer d'avance les alimens du priſonnier pour ſix mois ; *ſinon qu'il en ſoit autrement ordonné par jugement contradictoire.* Voyez l'article ALI-MENS.

· Une cauſe particulière pour laquelle un priſonier peut demander ſa liberté eſt celle d'une maladie, qui par un ſéjour habituel dans les priſons, pourroit lui être fatale. La détention dans les priſons eſt pour punir juſqu'à un certain point l'inconduite d'un débiteur & pour le forcer par-là à uſer des reſſources qu'on préſume qu'il a & qu'il cache à ſon créancier ; mais lorſque cette détention ne peut avoir lieu plus long-temps ſans mettre ſa vie en danger, il ſeroit alors contre l'humanité de favoriſer la tyrannie d'un créancier qui voudroit le retenir captif juſqu'à la mort. Lorſque la maladie eſt certaine, ou que même ſans qu'il y ait une maladie marquée, il eſt atteſté que le priſonnier eſt d'un tempérament ſi débile, qu'une détention habituelle pourroit lui abréger ſes jours, ſur le certificat de médecins ou de chirurgiens commis à cet effet, il eſt dans le cas d'obtenir ſa liberté. C'eſt ainſi qu'au parlement de Paris elle fut accordée le 12 juin 1762 à un particulier attaqué de maladies auxquelles le ſéjour des priſons pouvoit être fatal. Ce particulier à la vérité avoit demandé ſa liberté pour ſe faire traiter chez lui en donnant caution de ſe réintégrer après ſa guériſon, mais M. Séguier, avocat général, portant la parole dans cette affaire, obferva que quand ce particulier n'auroit point offert de donner caution, fon Elargiffement n'en devroit pas moins avoir lieu, parce que la confervation d'un citoyen étoit audeffus de toute la faveur que pouvoit mériter un créancier, mais que puifqu'il, avoit offert de donner cette caution, rien n'empêchoit de l'y affujettir.

Lorfque ces prifonniers ont atteint l'âge de foixante & dix ans accomplis, ils font en droit de demander leur liberté; mais leur demande en ce cas n'eft favorable que pour les *dettes purement civiles*; ils ne font point fondés à réclamer cette liberté, même après les foixante-dix ans, lorfqu'ils font détenus pour ftellionnat, pour récélé & pour dépens en matière criminelle; c'eft fur quoi l'ordonnance de 1667 s'explique formellement par l'article 9 du titre 34. On ajoute un autre cas où elle peut leur être refufée, celui où ils font détenus prifonniers pour maniement de deniers royaux : mais voyez à ce fujet les articles CONTRAINTE (*par corps*) & SEPTUAGÉNAIRE.

Voyez auffi l'*ordonnance de 1670*; *la déclaration du mois de janvier 1680*; *le réglement du premier feptembre 1717* & l'article PRISONNIER. (*Article de M. DAREAU, avocat, &c.*)

ÉLECTION. C'eft en matière bénéficiale, le choix qu'un corps fait canoniquement d'une perfonne capable pour remplir quelque dignité, office ou bénéfice eccléfiaftique.

L'Election eft la voie la plus ancienne qui ait été pratiquée pour conférer les dignités & les bénéfices eccléfiaftiques : on voit qu'au fecond concile de Jérufalem, on fit l'Election des premiers diacres, & que vers le même temps, saint Jacques surnommé *le mineur*, fut élu évêque de Jérusalem, par tous les fidelles du diocèse, tant clercs que laïques, assemblés à cet effet.

A mesure que l'on établit des évêques dans les autres villes, l'Election s'en fit de la même manière. On présumoit que celui qui réuniroit en sa faveur les suffrages du peuple & du clergé seroit le plus digne de cette place importante.

Saint Léon qui fut élevé sur la chaire pontificale en 440, dit qu'avant de consacrer un évêque, il faut qu'il ait l'approbation des ecclésiastiques*, le témoignage des personnes distinguées & le consentement du peuple.

Cet usage fut observé non seulement en Orient & en Afrique, mais encore en Italie & en France: Fulbert de Chartres mort en 1029, dit, que Francon fut fait évêque de Paris par le choix du clergé, par les suffrages du peuple, par la concession royale avec l'approbation du saint siège, & par l'imposition des mains de l'archevêque de Sens.

Le métropolitain & les évêques de la province assistoient à l'Election & le pasteur élu étoit ensuite sacré par le métropolitain qui avoit droit de confirmer l'Election. Celle du métropolitain étoit confirmée par le partriache ou par le primat. Quant à ceux-ci, les évêques assemblés en confirmoient l'Election & les consacroient.

L'Election des évêques a été ainsi faite par le clergé & par le peuple durant les douze premiers siècles de l'église. Cette forme fut autorisée en France par plusieurs conciles, & particulièrement par le cinquième d'Orléans, tenu en 549 & par celui qui fut célébré à Paris en 614.

Il y a cependant divers exemples d'évêques nommés fans Election dans les premiers fiècles de l'églife : le concile de Laodicée défendit même que l'évêque fût élu par le peuple.

Il y eut auffi un temps où les Elections des évêques furent moins libres en France ; mais la liberté en fut rétablie par un capitulaire de Louis le Débonnaire de l'an 822, que l'on rapporte au concile d'Aftigni : n'ignorant pas, dit l'empereur, les facrés canons, & voulant que l'églife jouiffe de fa liberté, nous avons accordé que les évêques foient élus par le clergé & par le peuple, & pris dans le diocèfe, en confidération de leur mérite & de leur capacité, gratuitement & fans acception de perfonnes.

Les religieux avoient part à l'Election de l'évêque de même que les autres eccléfiaftiques, tellement que le vingt-huitième canon du concile de Latran, tenu en 1139, défend aux chanoines de la cathédrale, fous peine d'anathème, d'exclure de l'Election de l'évêque les hommes religieux.

Il faut néanmoins obferver que dans les temps même où les évêques étoient élus par le confentement unanime du clergé, des moines, & du peuple, les fouverains avoient dès-lors beaucoup de part aux élections, foit parce qu'on ne pouvoit faire aucune affemblée fans leur permiffion, foit parce qu'en leur qualité de fouverains & de protecteurs de l'églife ils ont intérêt d'empêcher qu'on ne mette point en place fans leur agrément, des perfonnes qui pourroie

A a iij

être suspectes ; le clergé de France a toujours donné au roi dans ces occasions des marques du respect qu'il lui devoit.

On trouve dès le temps de la première race, des preuves que nos rois avoient déjà beaucoup de part à ces Elections.

Il est constant que depuis Clovis jusqu'en 590, aucun évêque ne fut installé que par l'ordre ou le consentement du roi. Grégoire de Tours qui écrivoit dans le sixième siècle, fait souvent mention de ce consentement ; & Clotaire second en confirmant un concile de Paris, qui déclaroit nulle la consécration d'un évêque fait sans l'aveu du métropolitain, des ecclésiastiques & du peuple, ajouta, que celui qui avoit été ainsi élu canoniquement, ne devoit être sacré qu'après avoir obtenu le consentement du roi.

Parmi les formules de Marculphe qui écrivoit dans le septième siècle, trois sont relatives aux Elections. La première est un ordre ou précepte par lequel le roi déclare au métropolitain, qu'ayant appris la mort d'un tel évêque, il a résolu, de l'avis des évêques & des grands, de lui donner un tel pour successeur. La seconde est une lettre pour un des évêques de la Province. La troisième est la requête des citoyens de la ville épiscopale, qui demandent au roi de leur donner pour évêque un tel dont ils connoissent le mérite ; ce qui suppose que l'on attendoit le consentement du peuple, mais que ce n'étoit pas par forme d'Election.

Sous les règnes de Charlemagne & de Louis le Débonnaire on tâcha de rétablir l'ancienne discipline sur les Elections. Cependant le premier de ces princes disposa de divers évêchés par le conseil des prélats & des grands de sa cour, sans attendre l'Election du clergé & du peuple. Plusieurs croient qu'il en usa ainsi du consentement de l'église, pour remédier aux maux dont elle étoit affligée : il rendit même à plusieurs églises la liberté des Elections, par des actes exprès.

Sous la troisième race de nos rois il se fit un grand changement dans la forme des Elections & de la confirmation. Les chapitres des cathédrales s'attribuèrent le droit d'élire seuls les évêques, privativement au reste du clergé & au peuple. Au commencement du treizième siècle ils étoient déjà en possession d'élire aussi seuls l'évêque ; & les métropolitains confirmoient seuls l'Election, sans appeller leurs suffragans, comme il paroît par le concile de Latran, tenu en 1215. Les papes, auxquels on s'adressoit ordinairement lorsqu'il y avoit contestation sur la confirmation des évêques, firent de ce droit une cause majeure reservée au saint siège : les droits du roi furent cependant toujours conservés.

Lorsque Philippe Auguste partit pour son expédition d'outre-mer, entre les pouvoirs qu'il laissa pour la régence du royaume à sa mère & à l'archevêque de Reims, il marqua spécialement celui d'accorder aux chapitres des cathédrales la permission d'élire un évêque.

Saint Louis accorda le même pouvoir à la reine sa mère, lorsqu'il l'établit régente du royaume. Il ordonna cependant par la pragmatique sanction qu'il fit dans le même temps en 1268, que les églises cathédrales & autres auroient la liberté des Elections.

L'Election des abbés étoit réglée sur les mêmes principes que celles des évêques. Les abbés
étoient élus par les moines du monastère qu'ils
devoient gouverner. Ils étoient ordinairement
choisis entre les moines de ce monastère ; quelque fois néanmoins on les choisissoit dans un
monastère voisin, ou ailleurs. Avant de procéder à l'élection, il falloit obtenir le consentement du roi, & celui qui étoit élu abbé, ne
pouvoit avoir l'agrément du roi, avant d'être
confirmé & béni par l'évêque.

Les autres bénéfices, offices & dignités étoient
conférés par les supérieurs ecclésiastiques ; savoir,
les bénéfices séculiers par l'évêque du diocèse
où ils étoient situés, & les réguliers par les
abbés.

Pour remédier aux désordres que les brigues
avoient introduits dans les Elections relatives
aux prélatures, le concile de Latran tenu en
1215, fit une règle générale par laquelle furent
établies trois formes différentes d'Election qui
sont rapportées dans les decrétales au chapitre
quia propter. La première est la voie du scrutin :
la seconde est celle du compromis, lorsque le
chapitre nomme des commissaires auxquels il
donne pouvoir d'élire en son lieu & place : la
troisième est celle de l'inspiration : elle a lieu
lorsque par acclamation, tous les électeurs se
réunissent pour le choix d'un même sujet.

Le même concile de Latran & plusieurs autres
tels que celui de Bourges tenu en 1276, & celui
d'Ausch, tenu en 1300, déclarèrent nulle toute
Election qui seroit faite par abus de l'autorité
séculière ou ecclésiastique.

La liberté des Elections ayant encore été troublée en France par les entreprises des papes, surtout depuis que Clément .V eut transféré le saint siège à Avignon, le concile de Constance en 1418, & celui de Basle en 1431, tentèrent toutes sortes de voies pour rétablir l'ancienne discipline.

Les difficultés qu'il y eut par rapport à ces conciles, firent que Charles VII convoqua à Bourges en 1438 une assemblée de tous les ordres du royaume, dans laquelle fut dressée la pragmatique sanction, laquelle entr'autres choses rétablit les Elections dans leur ancienne pureté. L'assemblée de Bourges permit aux rois & aux princes de leur sang d'employer leurs recommandations auprès des électeurs, en faveur des personnes qui auroient rendu service à l'état.

Nos rois continuèrent en effet d'écrire des lettres de cette nature, & de nommer des commissaires pour assister à l'Election.

Les papes, cependant, firent ce qu'ils purent pour obtenir la révocation de la pragmatique-sanction : Louis XI crut qu'il lui étoit utile de la sacrifier aux desirs de la cour de Rome, & il l'abolit nonobstant les oppositions & les appels comme d'abus, formés par le procureur général du parlement & par l'université de Paris : mais la politique fit changer d'avis à ce monarque, & il rétablit la pragmatique trois ans après l'avoir abolie.

Ce nouvel événement donna lieu à de nouvelles négociations. Enfin, François premier voulant prévenir le schisme que les différens de la France avec le saint siege pouvoient occasioner, fit avec Léon X, en 1516, la fameuse tranſaction connue ſous le nom de concordat.

L'une des principales diſpoſitions de cette tranſaction, fut l'abrogation des Elections pour les évêchés, & pour les bénéfices électifs confirmatifs, tels que les abbayes, & les prieurés conventuels. A ces Elections, le concordat a ſubſtitué la nomination du roi & la collation du pape ; en ſorte que le roi nomme & préſente à tous ces bénéfices, & que, ſur cette préſentation, le pape les confère. On a néanmoins conſervé le droit d'Election aux monaſteres qui en avoient obtenu le privilege du ſaint ſiege. De ce nombre ſont les abbayes chefs d'ordre & les quatre filles de Cîteaux. On y ſuit, pour les Elections, les règles preſcrites par la pragmatique-ſanction.

Pour ce qui eſt des dignités des chapitres qui ſont électives, des généraux d'ordres réguliers qui n'ont pas le titre d'abbés, & des abbayes triennales électives, les Elections dépendent en partie des uſages & ſtatuts particuliers de chaque égliſe, congrégation ou communauté.

Il y a néanmoins pluſieurs règles tirées du droit canonique, qui ſont communes à toutes les Elections.

On ne peut valablement faire aucun acte tendant à l'Election d'un nouvel abbé, ou autre bénéficier ou officier, à moins que la place ne ſoit vacante, ſoit par mort ou autrement.

Avant de procéder à l'Election, dans les abbayes qui ſont électives, il faut que le chapitre obtienne le conſentement du roi, qui fait nommer un commiſſaire pour aſſiſter à l'Election, à l'effet d'empêcher les brigues ; & de faire obſerver ce que prefcrivent les canons & les ordonnances du royaume.

Pour que l'Election foit canonique, il faut y appeler tous ceux qui ont droit de fuffrage ; les abfens doivent être avertis, pourvu qu'ils ne foient pas hors du royame.

Ceux qui font retenus ailleurs par quelqu'empêchement légitime, ne peuvent donner leur fuffrage par lettres ; mais ils peuvent donner leur procuration à cet effet à un ou plufieurs des capitulans, pourvu néanmoins qu'ils donnent à chacun d'eux folidairement le droit de fuffrage ; &, dans ce cas, le chapitre peut choifir entr'eux celui qu'il juge à propos, pour repréfenter l'abfent. Celui-ci peut auffi donner pouvoir à quelqu'un qui n'eft pas *de gremio*, fi le chapitre veut bien l'agréer. Le fondé de procuration ne peut nommer qu'une feule perfonne, foit que la procuration marque le nom de la perfonne qu'il doit nommer, ou qu'elle foit laiffée à fon choix.

Si l'on omettoit d'appeler un feul capitulant, ou qu'il n'eût pas été valablement appelé, l'Election feroit nulle, à moins que, pour le bien de la paix, il n'approuvât l'Election.

Il fuffit, au refte, d'avoir appelé à l'Election ceux qui y ont droit de fuffrage ; s'ils négligent de s'y trouver, ou fi après y avoir affifté, ils fe retirent avant que l'Election foit confommée, & même avant d'avoir donné leur fuffrage, ils ne peuvent, fous ce prétexte, contefter l'Election.

Les chapitres des monafteres doivent procéder à l'Election de l'abbé dans les trois mois de la vacance, à moins qu'il n'y ait quelqu'empêchement légitime ; autrement, le droit d'y pourvoir eft dévolu au fupérieur immédiat.

Le temps fixé par les canons pour procéder à l'Election, court, contre les électeurs, du jour qu'ils négligent de faire lever l'empêchement qui les arrête.

Le concile de Bafle veut que les électeurs, pour obtenir du ciel les lumieres & les graces dont ils ont befoin, entendent, avant l'Election, la meffe du faint-Efprit ; qu'ils fe confeffent & communient ; & que ceux qui ne fatisferont pas à ces devoirs, foient privés de plein droit de la faculté d'élire, pour cette fois.

Chaque électeur doit faire ferment entre les mains de celui qui préfide, qu'il choifira celui qu'il croira en confcience pouvoir être le plus utile à l'églife pour le fpirituel & le temporel, & qu'il ne donnera point fon fuffrage à ceux qu'il faura avoir promis ou donné, directement ou indirectement, quelque chofe de temporel pour fe faire élire. L'abus ne feroit pas moins grand de donner ou promettre, dans la même vue, quelque chofe de fpirituel.

Ceux qui procedent à l'Election, doivent faire choix d'une perfonne de bonnes mœurs, qui ait l'âge, & les autres qualités & capacités prefcrites par les canons, & par les autres loix de l'églife & de l'état.

Il eft également défendu par les canons, d'élire ou d'être élu par fimonie : outre l'excommunication que les uns & les autres encourent par le feul fait, les électeurs perdent pour toujours le droit d'élire, & ceux qui font ainfi élus, font incapables de remplir jamais la dignité, le bénéfice ou office auxquels ils ont afpiré.

Lorfque les fuffrages ont été entraînés par l'impreffion de quelque puiffance féculière, l'Election eft nulle ; les électeurs doivent même être fufpens pendant trois années de leur ordre & bénéfice, même du droit d'élire ; & fi celui qui a été élu accepte fa nomination, il ne peut, fans difpenfe, être élu pour une autre dignité, office ou bénéfice eccléfiaftique. Mais on ne regarde point comme un abus les lettres que le roi peut écrire aux électeurs, pour leur recommander quelque perfonne affectionnée au fervice de l'églife & de l'état.

Les novices ni les freres convers ne donnent point ordinairement leurs voix pour l'Election d'un abbé ou autre fupérieur : il y a néanmoins des monafteres de filles, tels que ceux des cordelieres, où les fœurs converfes font en poffeffion de donner leur voix pour l'Election de l'abbeffe.

C'eft en conformité de cet ufage que, par arrêt du 13 mars 1642, rapporté dans la première centurie de Soefve, le parlement déclara abufive la fentence par laquelle l'archevêque de Paris avoit ordonné, comme délégué du faint fiege, que les fœurs converfes du monaftere de Saint-Martin-lès-Paris ne feroient point admifes à l'Election de l'abbeffe.

On diftingue, dans les Elections, la voix active & la voix paffive ; la premiere eft le fuffrage même de chaque électeur, confidéré par rapport à celui qui le donne, & autant qu'il a droit de le donner ; la voix paffive eft ce même fuffrage, confidéré par rapport à celui en faveur duquel il eft donné. Il y a des capitulans qui ont voix active & paffive ; c'eft-à-dire, qui

peuvent élire & être élus ; d'autres qui on
voix active feulement, fans pouvoir être élus
tels que ceux qui ont paffé par certaines place
auxquelles ils ne peuvent être promus de nou
veau, ou du moins avant qu'il fe foit écoulé u
certain temps ; enfin, ceux qui font de la mai
fon, fans être capitulans, n'ont point voix activ
ni paffive.

Si les électeurs font fufpens, ils ne peuvent
élire ni être élus : cependant, fi dans le chapitre
il n'y a de fufpens que quelques particuliers,
l'Election n'eft point nulle, & l'élu doit être
confirmé, fi indépendamment du fuffrage des
fufpens, il a eu affez de voix en fa faveur.

Tous ceux qui ont voix active, doivent donner leurs fuffrages en même temps & dans le
même lieu. Ces fuffrages doivent être donnés
purement & fimplement : on les rejeteroit, fi
l'on y ajoutoit quelque claufe ou condition qui
les rendît incertains.

Celui qui a une procuration pour élire à la
place d'un abfent, ne peut nommer une perfonne pour lui-même, & une autre pour l'abfent
dont il a la procuration, à moins que celui-ci
n'ait défigné un fujet dans la procuration : dans
ce cas, il peut nommer de fa part un fujet différent de celui que l'abfent lui a défigné.

Quand ceux qui ont le droit d'élire ont
nommé un ou plufieurs compromiffaires, ils
font tenus de reconnoître pour prélat le fujet
nommé par les compromiffaires, pourvu qu'il
ait les qualités requifes.

Lorfque les compromiffaires ont commencé à
procéder à l'Election, le chapitre ne peut pas
les révoquer pour élire par la voie du fcrutin,

à caufe que les chofes ne font plus entières.

Si les compromiffaires élifoient un fujet indigne, foit qu'ils en euffent connu l'indignité
ou qu'ils ne l'euffent pas connue, le droit d'élire
retourneroit au chapitre, attendu qu'il ne doit
pas fouffrir de la faute d'un tiers. Il en feroit
de même, fi le fujet nommé par les compromiffaires refufoit d'accepter le bénéfice. Mais
fi les compromiffaires n'avoient point procédé
à l'Election dans le temps accordé au chapitre
par les canons, le droit d'élire pafferoit au fupérieur immédiat, & le chapitre auroit à s'imputer d'avoir nommé des compromiffaires né-
gligens.

Pour éviter les fraudes, l'Election doit être
publiée immédiatement après le fcrutin ou la
nomination des compromiffaires: elle feroit
nulle, fi l'on en différoit la publication fous prétexte d'obtenir préalablement le confentement
du fujet élu.

L'Election étant notifiée à celui qui a été élu,
il doit dans un mois, à compter de cette noti-
fication, accepter ou refufer; ce délai expiré,
il eft déchu de fon droit, & le chapitre peut
procéder à une nouvelle Election.

Ce délai d'un mois ne court, à l'égard des
réguliers élus, que du jour qu'ils ont pu obtenir
le confentement de leur fupérieur.

Quand le fcrutin eft publié, les électeurs ne
peuvent plus varier; & ceux qui ont donné leur
voix à celui qui eft élu, ou qui ont confenti à
l'Election, ne peuvent l'attaquer fous prétexte
de nullité, à moins que ce ne foit en vertu de
moyens dont ils n'avoient pas connoiffance lorfqu'ils ont donné leur fuffrage ou confentement.

Il ne fuffit pas, pour être élu, d'avoir le plu grand nombre de voix, il faut en avoir feul plu de la moitié de la totalité. Si les voix font partagées entre plufieurs, de maniere qu'aucun d'eux n'en ait plus de la moitié, il faut procéder à une nouvelle Election, quand même la plu grande partie du chapitre fe réuniroit, depuis la publication du fcrutin, en faveur de celui qui avoit feulement le-plus grand nombre de voix.

Néanmoins, dans l'Election d'une abbeffe, quand le plus grand nombre de voix données à une même perfonne, ne fait pas la moitié, les autres religieufes peuvent s'unir au plus grand nombre, même après le fcrutin ; & s'il y en a affez pour faire plus de la moitié des voix, celle qui eft élue peut être confirmée par le fupérieur, fauf à faire juger l'appel, fi les oppofantes à l'Election & confirmation veulent le foutenir.

Si, dans ce même cas, les religieufes ne fe réuniffent pas jufqu'à concurrence de plus de la moitié, le fupérieur, avant de confirmer & bénir celle qui a eu le plus de voix, doit examiner l'Election, & les raifons de celles qui ne veulent pas s'unir ; & néanmoins, par provifion, la religieufe nommée par le plus grand nombre, gouverne le temporel & le fpirituel ; mais elle ne peut faire aucune aliénation, ni recevoir de religieufes à la profeffion.

La plus grande partie du chapitre nommant une perfonne indigne, eft privée pour cette fois de fon droit d'élire ; dans ce cas, l'Election faite par la moindre partie fubfifte.

Quoiqu'un des capitulans ait nommé une perfonne indigne, il n'eft point privé de fon droit d'élire, d'élire, si le scrutin où il a donné sa voix n'est point suivi d'une Election valable.

Si l'Election vient à être cassée pour un défaut de forme seulement, & non pour incapacité de la personne élue, la même personne peut être élue de nouveau.

En cas d'appel de l'Election, on ne peut procéder à une nouvelle, qu'il n'ait été statué sur la première.

Quand la première Election n'a pas lieu, sans que les électeurs soient déchus de leur droit, ils ont, pour procéder à une nouvelle Election, le même délai qu'ils avoient eu pour la première, à compter du jour qu'il a été constant que celle-ci n'auroit point d'effet.

Ceux qui ne peuvent être élus, peuvent être postulés; c'est à-dire, demandés au supérieur, quand les qualités qui leur manquent sont telles, que le supérieur en peut dispenser; mais le même électeur ne peut pas élire & postuler une même personne.

Il n'est pas permis à celui qui est élu, de faire aucune fonction avant d'être confirmé, à peine de nullité. Le pape est le seul qui n'ait pas besoin de confirmation.

Avant de confirmer celui qui est élu, le supérieur doit d'office examiner s'il est de bonne mœurs & de bonne doctrine; s'il a les qualités & capacités requises, quand même personne ne critiqueroit l'Election.

Cette information de vie & de mœurs doit se faire dans les lieux où celui qui est élu demeuroit depuis quelques années.

Il y a des abbés dont l'Election doit être confirmée par l'évêque diocésain, d'autres par leur général, d'autres par le pape, dont ils relèvent immédiatement.

- Le chapitre, *fede vacante*, a droit de confirmer les Élections que l'évêque auroit confirmées.

Les abbés triennaux n'ont pas befoin de confirmation pour gouverner le fpirituel, non plus que pour le temporel.

La confirmation doit être demandée par celui qui eft élu, dans les trois mois du jour du confentement qu'il a donné à l'Election, à moins qu'il ne foit retenu par quelqu'empêchement légitime; autrement, il eft déchu de fon droit, & l'on peut procéder à une nouvelle Election.

Telles font les règles générales que l'on fuit pour les Elections; elles reçoivent néanmoins diverfes exceptions fuivant les ftaturs particuliers, privilèges & coutumes de chaque monaftère, pourvu que ces ufages foient conftans, & qu'ils n'aient rien de contraire au droit naturel ni au droit divin.

Il y a des bénéfices électifs, fur lefquels il faut la confirmation du fupérieur; d'autres qui font purement collatifs; d'autres qui font électifs collatifs; c'eft-à-dire, que le chapitre confère en élifant, fans qu'il foit befoin d'autre collation.

Les procès-verbaux d'Election à une première dignité d'églife cathédrale, collégiale ou conventuelle, font fujets au contrôle, & il eft dû cinq livres pour le droit, conformément à l'article premier du tarif du 29 feptembre 1721, & à l'arrêt de règlement du 30 août 1740.

* La conftitution primitive & actuelle des abbayes des pays-bas, eft d'être électives-con-

firmatives. Ce droit, si conforme à l'esprit de leur fondation & aux vœux de l'église, a été assuré par les anciens souverains : un concordat passé le 30 juillet 1564, entre Philippe II, roi d'Espagne, & les différens ordres des provinces belgiques, porte : « Qu'en cas de vacance des » abbayes, le prince enverra des commissaires » pour informer de la capacité des sujets, & » recevoir le suffrage des religieux, & promet » de nommer ensuite un des religieux élus ».

Les changemens de domination survenus depuis ce concordat, n'en ont apporté aucun dans la forme qu'il avoit réglée pour la nomination aux abbayes. L'article 6 de la capitulation d'Hesdin, du 29 juin 1639, l'article 11 de celle d'Arras, du 9 août 1640, l'article 62 de celle de Lille, du 27 août 1667, l'article 6 de celle de Cambrai, du 25 avril 1677, déclarent formellement qu'il sera pourvu aux abbayes, & autres bénéfices du pays, en la manière accoutumée.

C'est en effet ce qui s'est toujours pratiqué depuis la réunion d'une partie des pays-bas à la couronne. Le brevet de nomination à l'abbaye de saint-Vaast d'Arras, du 28 octobre 1641, en offre un exemple voisin de cette époque. Le roi y déclare, que voulant laisser à tous ses sujets des pays conquis les privilèges dont ils avoient duement joui sous leurs anciens souverains, il a écouté favorablement les remontrances que les grand-prieur & religieux de cette abbaye lui avoient faites, touchant le droit qu'ils avoient toujours eu de proposer trois sujets pour la dignité d'abbé, afin d'en être choisi un par sa majesté, &c.

Cette forme de nomination eſt atteſtée par un acte de notoriété du 6 juillet 1643, donné par les officiers du conſeil provincial d'Artois *ouis en corps pour le ſervice du roi.* Cet acte a été délivré en exécution des ordres que Louis XIV avoit donnés pour conſtater quelle étoit la manière ordinaire de pourvoir à la prélature des abbayes de cette province, afin de s'y conformer, comme il s'y étoit engagé par les capitulations; & c'eſt en effet dans la forme atteſtée par cet acte de notoriété, que toutes les abbayes ſont remplies, lorſqu'elles viennent à vaquer dans les Pays-bas, ſoit François, ſoit Autrichiens.

Les états d'Artois ſupplièrent ſa majeſté, par leur cahier de 1727, de déclarer que ſon intention étoit de maintenir les religieux de la province d'Artois dans l'uſage dont ils avoient toujours joui juſqu'alors par rapport aux Elections. La réponſe du roi porte que : » L'inten-» tion de ſa majeſté n'a jamais été de changer » l'uſage établi en Artois, à l'égard des Elec-» tions des abbés, & qu'elle aura attention, » dans les occaſions, à ce qu'elles continuent à » ſe faire comme par le paſſé ».

Le roi ayant nommé en 1740, don Hay à l'abbaye de Marchiennes, ſituée en Flandre, ſans que cette forme d'Election eût été obſervée, le parlement de Douai, les états d'Artois, & ceux de la province de Lille, repréſentèrent à ſa majeſté les atteintes que cette innovation portoit aux uſages du pays, & les ſuites fâcheuſes qu'elle pouvoit avoir. En conſéquence, le roi ordonna que le brevet ſeroit rapporté, & qu'il en ſeroit expédié un nouveau dans la forme ufitée & prefcrite par le concordat de 1564. La preuve de cette décifion eft confignée dans les lettres que M. le chancelier d'Aguef-feau & M. le marquis de Breteuil écrivirent refpectivement les 11 & 17 février 1741, au parlement de Douai & aux députés des états d'Artois (*).

Par l'article 2 du cahier des états d'Artois, préfenté en 1746, le roi eft fupplié de ne nommer aux abbayes de la province que des religieux qui en feront profès, fur l'Election faite en préfence de fes commiffaires, comme 'il a été pratiqué, & comme il l'eft encore dans toutes les autres provinces des pays-bas. La réponfe du roi eft on ne fauroit plus formelle : » fa majefté a fait donner aux états, par la let-

_____

(*) *Voici ce que portoit celle de M. d'Aguesseau adreffée à M. le premier préfident du parlement de Flandres.*

Les repréfentations que le parlement de Flandres a cru devoir faire au roi fur la forme du brevet de nomination à l'abbaye de Marchiennes, qui a été expédié en faveur de Don Hay, religieux de cette abbaye, ont été examinées au confeil de fa majefté, avec toute l'attention qu'elles méritoient. Les principes en ont paru fi folides, l'ufage qui les a confirmés fi conftant & fi important à maintenir, non-feulement pour le bien des églifes belgiques, & pour l'intérêt commun du pays ; mais pour la confervation des droits du roi & de la couronne, que fa majefté s'eft portée très-volontiers à avoir égard à ces repréfentations : ainfi elle donnera les ordres néceffaires pour fe faire rapporter le brevet qui a été accordé à Don Hay, & je crois même que ces ordres font déjà partis : après quoi il lui fera expédié un nouveau brevet dans la forme qui s'obfervoit fous le règne du feu roi, & que le parlement a rappelée dans fes repréfentations, &c. &c.

La lettre de M. le marquis de Breteuil aux députés d'Artois porte à peu près la même chofe.

» tre qui leur a été faite de fa part le 11 fé-
» vrier 1751, des affurances fi pofitives qu'il
» ne feroit rien innové, à l'égard des Elections,
» à ce qui s'étoit pratiqué fous le règne du feu
» roi fon bifaïeul, & depuis fon avénement à la
» couronne, qu'ils ne doivent pas douter de la
» continuation fur ce qui eft demandé par cet
» article ».

La règle établie par les différens titres qu'on
vient de parcourir, admet deux exceptions remarquables.

La première eft qu'il y a certaines abbayes
dont la nomination qui intervient en conféquence de l'Election faite par les religieux,
n'appartient pas au roi, mais à des patrons particuliers. Telles font en Cambrefis celles de
Saint-André & de Prémy, à l'égard defquelles
les archevêques de Cambrai ont été maintenus
par des lettres-patentes du 13 feptembre 1766,
dans tous les droits dont ils avoient joui ou dû
jouir jufqu'alors, en ce qui concernoit la nomination.

La feconde exception concerne la commende
qui eft à la vérité profcrite par toutes les loix
belgiques, mais qu'on ne laiffe pas d'admettre
quelquefois dans ces provinces en faveur de
cardinaux ou de princes du fang. Voyez à ce
fujet les articles COMMENDE, PRIEURÉ, &c. *

Voyez les décrétales; les loix eccléfiaftiques de
France; le recueil de jurifprudence canonique; les
moyens canoniques par Duperray; la bibliothèque
canonique de Bouchel; M. Boucher d'Argis dans
l'encyclopédie; le dictionnaire de droit canonique;
l'hiftoire du droit eccléfiaftique par M. Fleury; le
dictionnaire des domaines, &c. Voyez auffi les

articles EVÊQUE, PAPE, BÉNÉFICE, COLLA-
TION, CONCORDAT, PRAGMATIQUE, &c.
(*Ce qui est entre deux astérisques dans cet article,
appartient à M. MERLIN, avocat au parlement
de Flandre*).

ÉLECTION D'UN OFFICIER. C'est la nomination que plusieurs personnes font d'un sujet,
pour remplir un office public. *Voyez* NOMINA-
TION, OFFICE, &c.

ÉLECTION D'HÉRITIER. *Voyez* CHOIX.

ÉLECTION D'AMI. Voyez à l'article DÉCLA-
RATION, ce qu'on a dit des *déclarations au
profit d'un tiers*; & ajoutez ce qui suit.

On appelle *clause d'Election d'ami*, celle par
laquelle l'acquéreur d'un immeuble féodal ou
censuel, se reserve la faculté de le retrocéder à
un ami élu ou à élire.

Quoique les droits seigneuriaux soient très-
légitimes puisqu'ils sont le prix de la chose qui
en est grevée; cependant les jurisconsultes ont
toujours montré une sorte d'affection a les restreindre & les tribunaux subjugués par leur autorité, jugent pour l'ordinaire dans le même
esprit.

C'est par une suite de l'opinion que les
droits seigneuriaux ont quelque chose de défa-
vorable, que l'on admet les clauses *d'Election
d'ami*, & que l'on affranchit du droit de quint
& de lods, la retrocession a un tiers, toutes les
fois que l'acquéreur a déclaré dans le contrat
d'acquisition qu'il acquéroit pour lui ou pour
un ami élu ou à élire.

Cette jurisprudence est fort ancienne. Elle
avoit lieu dès le temps de Jean Faber qui en
parle comme d'un droit généralement reçu, en

obfervant néanmoins qu'il eft contraire aux vrais principes *contra juris rationem*. Cette jurifprudence contredit en effet la maxime fondamentale en cette matière qu'il eft du des droits au feigneurs toutes les fois que le fief change de main.

Quoi qu'il en foit, la claufe d'Election d'ami eft aujourd'hui autorifée par une multitude d'arrêts & par le fuffrage unanime des auteurs.

Dumoulin & d'Argentré font les premiers qui ayent developpé ce point de jurifprudence. On voit qu'ils en penfoient à peu près comme Jean Faber par les reftrictions dont ils ont pris foin de modifier cette faculté.

Voici d'abord les principes de Dumoulin. Si l'acquéreur déclare dans le contrat qu'il achete pour telle perfonne qu'il voudra choifir, qu'enfuite il recède le fief à un tiers qui lui rembourfe le prix qu'il a payé au vendeur, il n'eft du qu'un droit de quint, parce que l'acheteur n'ayant point acheté en fon nom, il n'y a réellement qu'une vente. Il eft vrai qu'il n'a point nommé celui au nom duquel il achetoit, mais le mandant pour être inconnu n'en exiftoit pas moins. Il n'en feroit pas de même ajoute notre auteur, fi celui auquel l'acquéreur recède le fief n'étoit ni né ni conçu au temps de l'acquifition, fi à cette époque il étoit inconnu à l'acquéreur, s'il étoit incapable de poffeder le fief, ou enfin fi l'acquéreur avoit long-temps joui du fief en fon nom. *Sur l'article 33 de la coutume de Paris.*

Telles font les reftrictions que Dumoulin met à la faculté de choifir un ami. D'Argentré voyoit la chofe d'un œil encore plus févère. Il convenoit avec Dumoulin que la faculté d'élire un ami, inférée dans un contrat, pouvoit affranchir des lods la retrocession du fief ; mais si le mandant n'est pas denommé dans l'acte, il y aura, disoit-il, double droit de lods a moins que l'acquéreur ne justifie d'un mandat antérieur ; *nisi de anteriori mandato emptor docuerit & celeriter post emptionem declaraverit alièno nomine factam, alioquin facillimè fraudes confingi possent in dammum dominorum feudalium. De laudimiis § 21.*

Ces auteurs exigent comme l'on voit le concours de plusieurs circonstancès pour l'affranchissement de lods. Si le mandant n'est pas nommé dans l'acte, il faut suivant d'Argentré que l'acquéreur justifie d'une procuration antérieure & même qu'il fasse cette justification *très-promptement.* Au moins faut-il suivant Dumoulin, qu'au temps de l'acquisition l'acquéreur ait connu celui au profit duquel il a fait depuis sa déclaration.

Ces modifications, surtout celle de Dumoulin paroissent puisées dans la plus exacte justice : elles ont au moins l'avantage d'écarter la fraude, & c'est un très-grand point. Il semble donc que l'on auroit du s'attacher irrévocablement à l'opinion de ces deux grands jurisconsultes ; mais ceux qui les ont suivis ont pensé bien différemment. Ils ont unanimement rejeté le mandat antérieur qu'exigeoit d'Argentré. A l'égard de Dumoulin ils prétendent qu'il a mal saisi le principe de cette matière : » il a cru qu'il falloit pour » donner lieu à une véritable Election d'ami » que les choses fussent dans les termes où l'on » put présumer un mandat verbal de la part de » celui en faveur duquel a été faite l'Election » d'ami, au lieu que le principe sur lequel l'E-

» lection d'ami a été établie, c'est qu'il suffit
» qu'il paroisse que l'adjudicataire n'a pas eu
» dessein d'acquérir pour lui même. *L'annotateur
de Boutaric* § 2 n. 20.

Telle est aujourd'hui l'opinion regnante. On
tient universellement que la retrocession est
affranchie des lods, toutes les fois qu'il paroît
que l'intention de l'acquereur n'étoit pas d'acheter pour lui même. On ne va pas plus loin, il ne
faut plus de mandat antérieur, il n'est pas même nécessaire qu'il y ait lieu de le présumer. En
un mot on ne permet plus aux seigneurs de
mettre en question, si celui au profit duquel la
déclaration est faite étoit connu de l'acquéreur
à l'instant du contrat.

Cependant quelque faveur que l'on ait voulu
donner aux Elections d'ami il n'étoit pas pos-
sible d'abandonner entièrement l'intérêt des seigneurs. En conséquence on a établi plusieurs
règles dont l'objet est de les mettre au moins
en partie, à l'abri des fraudes de leurs vassaux.
Voici ces règles.

1°. Lorsque l'acquéreur a pris saisine & payé
les lods en son nom & sans reserve, inutilement
feroit-il ensuite sa déclaration au profit d'un
tiers ; non-seulement le seigneur est fondé a conserver ce qu'il a reçu, mais il peut demander
un second droit au cessionnaire.

2°. Il est du double droit de lods toutes les
fois que l'acquéreur a fait dans l'intervalle du contrat à la déclaration des actes qui annoncent
qu'il se regardoit comme propriétaire. Mais
quels sont ces actes. Cela dépend beaucoup de
la prudence du juge. On est d'accord de ne
pas envisager comme actes de propriété la per-

ception des fruits & la réparation des édifices.
Mais fi l'acquéreur impofe des fervitudes ou les
éteint, s'il démolit des bâtimens, s'il abat les
futaies; s'il fait des baux à ferme qui s'étendent
au delà d'une année, s'il vend des parties de
l'immeuble aequis, lorfque l'aliénation n'eft pas
faite dans les termes d'une Election d'ami, *dans
tous ces cas*, dit l'annotateur de Boutaric, *l'adjudicataire eft cenfé s'être rendu la vente propre &
avoir fait fon choix pour lui-même.* Droits feigneuriaux de Boutaric, note fur le § 2.

3°. On exige pour l'affranchiffement des lods
que la retroceffion fe faffe purement & fimplement, *qu'elle ne renferme ni un prix différent ni
des conditions différentes de celles portées au contrat d'acquifition.* Pothier, introduction à la
coutume d'Orléans chapitre 5. *Que la déclaration ne contienne qu'une fimple nomination du véritable acquéreur fans nouvelle convention & fans que
le prix foit augmenté ni diminué, autrement ce
feroit un nouveau contrat.* Harcher, traité des
fiefs chapitre 2 feƈtion 4.

4°. Il n'eft pas néceffaire que la déclaration
foit faite au profit d'un feul. Les auteurs mo-
dernes donnent à l'acquéreur la facilité de choifir
autant de ceffionnaires qu'ils le jugent à propos.
Il peut également faire entr'eux une ventilation
arbitraire du prix, mais toujours fous la modi-
fication de la règle précédente, c'eft-à-dire,
qu'il ne peut retirer aucune efpèce de bénéfice
de ces arrangemens, qu'il ne peut prendre de
ces différens ceffionnaires que la fomme portée
dans fon contrat d'acquifition. *Pourvu qu'il ne
revienne point de profit à l'adjudicataire, il lui eft
libre de départir à fon gré le prix total de l'adjudi-*

cation entre ceux qu'il nomme. L'annotateur de Boutaric, *loco citato.*

Si l'acquéreur réserve pour lui une partie de l'immeuble, il est le maître d'y mettre le prix qu'il juge à propos, fût-il bien inférieur à la valeur de la chose; du moins quelques auteurs lui donnent cette faculté. *Si l'acquéreur qui a dit acheter pour lui ou pour un autre qu'il nommera dans l'an, en tout ou en partie, fait ensuite sa déclaration au profit d'un ou de plusieurs particuliers, il peut en ce cas faire arbitrairement, la ventilation des choses qu'il cede & de celles qu'il retient, fixer le prix de chaque portion.* Livonnière, traité des fiefs livre 3 chapitre 4 section 5. *Cela n'empêche pas que l'acquéreur qui a acquis pour lui & qui a fait sa déclaration au profit d'un ou de plusieurs particuliers pour certaines portions ne puisse par l'acte de déclaration fixer le prix des choses qu'il retient & de celles qu'il cède.* Harcher, *loco citato.*

On ne peut pas se dissimuler que cette faculté est contraire à la règle fondamentale qui veut que les déclarations d'ami se fassent dans les termes d'une cession pure & simple sans aucun bénéfice pour l'acquéreur. Mais si l'on veut porter la condescendance jusques-là, au moins faut-il qu'il y ait réellement un prix quelconque pour la partie réservée, ensorte qu'il doit y avoir double droit de lods toutes les fois que le prix des parties cédées excède & même égale celui du contrat d'acquisition.

Il ne reste plus qu'à examiner si l'acquéreur peut stipuler un délai arbitraire pour faire sa déclaration.

Un point universellement reçu, c'est que ce

delai ne peut pas excéder l'année. Mais est il bien vrai que l'acquéreur puisse se réserver un an entier pour faire sa déclaration ? Il existe à cet égard une variété d'opinions qui ne permet pas de donner une solution précise. Des auteurs dont le suffrage n'est pas a beaucoup près sans autorité, tiennent pour le délai d'un an. C'est l'avis de Dupineau, observations sur l'article 156 d'Anjou. *L'usage a fixé ce terme à un an.* Livonnière, *loco citato. Ce délai ne peut-être de plus d'un an.* Harcher. *La nomination de l'ami doit être faite dans l'an. Le parlement de Toulouse accorde ce délai & c'est l'usage le plus commun.* L'annotateur de Boutaric, idem.

D'un autre côté Dumoulin exigeoit que la déclaration se fît *incontinent* ou a très-peu d'intervalle *incontinenti seu ex modico intervallo* (*), ce qui exclut le délai d'un année. D'Argentré semble encore plus précis. *Celeriter post emptionem declaraverit* (**). Choppin fixe ce délai à deux mois, Guyot à 40 jours (***). *Je tiens,* dit cet auteur, *que hors les coutumes qui donnent un délai fixe, l'acquéreur doit nommer dans 40 jours. C'est le terme commun des coutumes pour venir à la foi. Plusieurs donnent ce même terme pour les rotures, d'autres un plus bref, mais ce terme est suffisant pour donner à l'acquéreur la liberté de faire le choix de celui auquel souvent il ne pensoit pas lorsqu'il a acquis.*

Pothier paroît rejeter également le délai d'un année (****). *Il faut,* dit-il, *que le temps*

---

dans lequel il s'est réservé de faire sa déclaration, soit un temps court, autrement on faciliteroit les fraudes de ceux qui acquérant pour leur compte & ayant néanmoins l'intention de revendre, si par la suite ils trouvoient une occasion favorable, feroient cette déclaration pour frauder le seigneur du profit qui lui seroit dû pour la vente. Cet auteur ajoute ensuite. *Je pense que cela doit être laissé à l'arbitrage du juge qui doit avoir égard aux circonstances.*

On retrouve la même variété dans le petit nombre de coutumes qui se sont expliquées sur ce point. Celle d'Amiens donne un an. Péronne 40 jours, Cambray un an pour les rotures & seulement 40 jours pour les fiefs.

On sent combien il est difficile dans ce conflit d'opinions d'asseoir une décision certaine, sur-tout dans une matière où il ne peut pas y avoir de principes fixes , puisque cette jurisprudence des Élections d'ami, n'est-elle même qu'une dérogation aux principes. (*Article de M. H***. avocat au parlement.*)

ÉLECTION. C'est une juridiction royale subalterne qui juge en première instance de la plupart des matières dont les cours des aides connoissent par appel. On appelle *élus*, les officiers qui composent cette juridiction.

Les élus ont une origine commune avec les généraux des aides. Leurs noms d'*élus* vient de ce que dans l'origine ils furent établis par voie d'élection. Ils étoient chargés du détail des impositions & du soin d'en faire l'assiette & la levée dans les paroisses. En 1373, Charles V établit deux élus dans chaque ville capitale ou épiscopale. Il régla leurs fonctions par son ordonnance de 1374, & confirma leur établiſſement par un édit du mois de novembre 1379.

En 1383, Charles VI augmenta le nombre des élus dans chaque ſiège. Et Charles VII, par ſon ordonnance de 1452, créa de nouveaux ſièges d'Election que Louis XII confirma en 1500 dans leurs privilèges.

En 1543, François premier créa des élus particuliers dans les lieux où les élus en chef avoient des commis. Ces élus particuliers furent établis dans les villes & bourgs éloignés de plus de ſix lieues du ſiège d'une Election en chef. Cet établiſſement fût confirmé & augmenté par les édits de mars 1587 & de janvier 1598. Les mêmes élus furent enſuite ſupprimés & rétablis par deux édits de décembre 1627 & de décembre 1634, & enfin totalement ſupprimés & réunis aux Elections en chef par les édits d'août 1681 & de janvier 1685, à l'exception de quelques Elections particulières telles que celles de Pontoiſe & de Sainte-Ménehoult qui furent alors réſervées & qui depuis ont été érigées en Elections en chef.

Les Elections connoiſſent des tailles, des aides & des autres impoſitions ou ſubſides.

Elles connoiſſent auſſi des contraventions aux règlemens concernant la formule & la diſtribution des papiers & parchemins timbrés.

Ces tribunaux connoiſſent encore des affaires contentieuſes qui concernent la ferme du tabac & les octrois des villes, tant au civil qu'au criminel, & même des émotions populaires & rebellions d'habitans arrivées à l'occaſion des impoſitions dont il s'agit.

Ils connoiſſent auſſi des privilèges & exemptions des gentilshommes & eccléfiaftiques, des fecrétaires du roi, des commenfaux & de tout autre privilège, relativement aux droits du roi ; & fi la nobleffe des uns & le privilège des autres font attaqués incidemment à ces matières, ce font les élus qui en décident à la charge de l'appel : mais il leur eft défendu par arrêt de la cour des aides du 16 juillet 1754, d'ordonner l'enregiftrement des titres des nobles en leur greffe.

Les fentences rendues dans les Elections, doivent être fignées par les juges qui ont affifté au jugement, afin qu'on puiffe s'affurer fi ces fentences ont été rendues par le nombre de juges que prefcrivent les règlemens ; ce nombre ne peut être au-deffous de trois pour les jugemens fufceptibles d'appel.

Les officiers des Elections font juges en dernier reffort, jufqu'à la fomme de trente livres & au-deffous.

Ils décident auffi en dernier reffort toutes les conteftations que le défendeur ne contefte que jufqu'à concurrence de cette fomme, offrant de payer le furplus.

Il eft en ce cas défendu aux cours des aides de recevoir l'appel des fentences dés élus, à moins qu'il ne s'agiffe du fond d'un privilège ou exemption.

*Les officiers des Elections décident encore en dernier reffort les caufes intentées par le fermier pour raifon de fraudes, dans lefquelles la demande en confifcation n'excède point, ou un quart de muid d'eau-de-vie ou deux muids de bière, cidre ou poiré, de quelque valeur que foit chaque efpèce de boiffon, pourvu qu'il
s'agiffe

s'agiſſe d'un cas où les amendes peuvent être modérées, & que la condamnation d'amende n'aille pas au-delà de cinquante livres.

Pour que les jugemens puiſſent être réguliè-rement rendus en dernier reſſort dans les Elec-tions, il faut, 1°. qu'il y ait au moins cinq juges; ſi ce nombre ne s'y trouvoit pas, les élus pourroient appeler avec eux des gradués, & même de ſimples praticiens pour les compléter, pourvu que ces praticiens ne fuſſent pas poſtu-lans dans l'Election même.

2°. Qu'il ſoit inſéré dans la ſentence, qu'elle eſt rendue en dernier reſſort.

Les officiers des Elections ne peuvent rendre aucun jugement qu'à l'audience ou à la chambre du conſeil; ils doivent y aſſiſter en robe & en bonnet carré, ainſi qu'à toutes les autres fonc-tions de leur office.

L'article 64 de l'édit du mois d'avril 1634, avoit permis d'exécuter les ſentences des Elec-tions dans quelque juridiction du royaume que ce fut, ſans viſa ni pareatis; mais l'ordonnance de 1667 n'ayant fait aucune exception, la diſ-poſition de l'édit cité n'a plus d'effet.

Les élus ſont reçus à la cour des aides; c'eſt à cette cour que reſſortiſſent les appels de leurs ſentences.

Les cauſes concernant les droits d'aides & les contraventions qui ſe font à ces ſortes de droits en matière civile, ne peuvent être ap-pointées. Les élus doivent les juger ſommaire-ment à l'audience, ou ſur délibéré ſans épices ni vacations, conformément aux articles 12, 13 & 14 de la déclaration du 17 février 1688: un arrêt du conſeil du 5 janvier 1715 a enjoint aux officiers de Montreuil-Bellay & à ceux des autres Élections du royaume, de se conformer à ces dispositions.

L'ordonnance des aides a attribué aux élus, à l'exclusion de tout autre juge, le droit d'apposer le scellé à la requête du fermier sur les effets des redevables des droits en cas de mort, d'absence ou de faillite : (*) mais si le scellé est apposé à la requête d'un autre créancier, & que le fermier soit seulement opposant ou qu'il y ait concurrence, les officiers de l'Élection ne peuvent pas en prendre connoissance.

Quant à l'apposition des scellés sur la caisse & les effets des receveurs & autres comptables des fermes, les élus & les autres juges des fermes sont les seuls qui puissent la faire ; & il est défendu aux autres juges de s'immiscer dans les affaires qui concernent les fermes, à moins qu'ils n'en soient requis par le fermier ou par ses commis, à peine de tous dépens, dommages & intérêts, conformément aux articles 50 & 51 du titre commun de l'ordonnance de 1681, & à l'article 586 du bail de Forceville.

L'auteur de la collection de jurisprudence a voulu répandre des doutes à cet égard, sur le fondement, que par arrêt du 20 février, 1742 le conseil avoit ordonné que les scellés apposés

_____

(*) Les officiers de l'Élection de Paris ayant apposé les scellés sur les effets d'un tanneur en faillite, à la requête du régisseur du droit imposé sur les cuirs, un commissaire au châtelet croisa ces scellés à la requête du procureur du roi au même tribunal ; mais par arrêt du 4 septembre 1766, le parlement jugea que les officiers de l'Élection avoient procédé compétemment.

par les officiers de l'Election de Paris sur les effets du sieur Roger, receveur des aides, seroient levés & ôtés, & qu'il en seroit apposé de nouveaux par un commissaire au châtelet, conformément à la réquisition de la veuve de ce receveur : mais c'est que l'auteur cité ignoroit que l'arrêt dont il s'agit n'étoit intervenu qu'après la main-levée que l'adjudicataire des fermes avoit donnée de l'apposition des scellés.

C'est au président de chaque Election, ou en cas d'absence à l'officier qui le suit immédiatement suivant l'ordre du tableau, à donner seul & sans délibération du conseil les permissions d'informer, à procéder aux informations, décerner les décrets, faire les interrogatoires, rendre les jugemens à l'extraordinaire & les jugemens préparatoires, procéder aux récolemens & confrontations, & généralement faire toute l'instruction & le rapport des procès, & rendre toutes les ordonnances qui peuvent être données par un seul juge dans les sièges ordinaires qui connoissent des matières criminelles ; Mais les requêtes doivent être intitulées *à messieurs de l'Election*. C'est ce qui résulte des déclarations des 11 juin 1736 & 16 octobre 1743.

Par un arrêt du conseil du 9 mars 1718, il est enjoint aux officiers des Elections, lorsqu'ils prononcent la nullité des procès-verbaux des commis aux aides, d'expliquer & de signer expressément dans leurs sentences les nullités qu'ils y ont trouvées.

On compte en France cent quatre-vingt-une Elections distribuées dans les provinces & généralités qu'on appelle pays d'Election ; & qui font, les généralités de Paris, Amiens, Soiffons, Orléans, Bourges, Moulins, Lyon, Riom, Grenoble, Poitiers, la Rochelle, Limoges, Bordeaux, Tours, Pau, Montauban, Champagne, Rouen, Laon & Alençon.

Les officiers dont chaque Election eft compofée font, deux préfidens, un lieutenant, un affeffeur & plufieurs confeillers ; un procureur du roi, un greffier, plufieurs huiffiers & des procureurs.

Le nombre des confeillers n'eft pas par-tout le même ; à Paris il y en a vingt : dans les autres grandes villes il devoit y en avoir huit, mais préfentement il n'y en a que quatre.

Les officiers des Elections jouiffent de plufieurs privilèges, dont le principal eft l'exemption de la taille, chacun dans l'étendue de leur Election. L'édit de juin 1614 n'accordoit ce privilège qu'à ceux qui réfidoient dans la ville de leur juridiction : ils furent enfuite exemptés par le règlement du mois de janvier 1634, fans être affujettis à la réfidence.

La déclaration du mois de novembre 1634, révoqua tous leurs privilèges.

Mais par une autre déclaration du mois de décembre 1644, vérifiée à la cour des aides au mois d'août 1645, le roi les a rétablis dans l'exemption de toute taille, crue, emprunts, fubventions, fubfiftances, contribution d'étapes, logement de gens de guerre, tant en leur domicile, maifon des champs, que métairies ; payement d'uftenfiles & de toutes levées pour ces contributions pour quelque caufe & occafion que ce foit ; même en la jouiffance de l'exemption de toutes les autres impofitions qui penvent être faites par les habitans des lieux où ces officiers se trouvent résidens, soit par la permission de sa majesté ou autrement, pour en jouir eux & leurs veuves dans le lieu de leurs résidences, pourvu qu'ils ne fassent aucun acte dérogeant à ces privilèges ; leur laissant la liberté d'établir leur demeure où bon leur semble, nonobstant les édits contraires.

La déclaration du 22 septembre 1627 leur donnoit aussi droit de *committimus* au petit sceau ; mais n'ayant pas été enregistrée, ils ne jouissent pas de ce droit, excepté ceux de l'Election de Paris, auxquels il a été attribué en particulier, tant par l'ordonnance de 1669, que par une déclaration postérieure du mois de décembre 1732.

Ils ont rang dans les assemblées publiques après les juges ordinaires du lieu, soit royaux ou seigneuriaux ; ils précédent tous les autres officiers, tels que ceux des eaux & forêts, les maires & échevins.

Les offices de judicature, soit royaux ou autres, sont compatibles avec ceux des Elections, suivant la déclaration du mois de décembre 1644.

Un arrêt rendu au conseil le 9 juillet 1715, entre les trésoriers de France du bureau des finances de Paris & le président en l'Election de Pontoise, a entr'autres choses ordonné que quand les trésoriers de France iroient en chevauchée, tant à Pontoise, que dans les autres Elections de la généralité de Paris, les présidens & officiers de cette généralité seroient tenus, sous peine d'interdiction, de se rendre près d'eux pour répondre à ce qu'ils auroient à leur pro-

poſer en conſéquence des ordres de ſa majeſté.

Par l'édit du mois de novembre 1696 il fut créé
dans les Elections un office de conſeiller élu
garde-ſcel, comme dans toutes les juridictions
royales, & les Elections ſont nommément com-
priſes dans le tarif des droits de petit ſcel arrêté
en conſéquence de cet édit ; ainſi les droits de
petit ſcel ne ſont pas moins dûs dans les Elections que dans les autres juridictions royales.

Par arrêt du 14 mai 1697, le conſeil a caſſé
une ſentence de l'Election de Joigny, par laquelle il avoit été enjoint au greffier de délivrer
les appointemens & les autres actes de cette
nature, par proviſion & ſans préjudice du ſcel
au cas qu'il fût dû ; il a en même temps été
ordonné que toutes les ſentences définitives,
interlocutoires ou proviſoires, les défauts, les
congés, les appointemens & les autres actes
émanés de juſtice ſeroient ſcellés, & les droits
payés dans le temps & ſous les peines portées
par les règlemens.

Les offices de garde-ſcel des Elections, des
traites, des hôtels de ville, &c. ont enſuite
été réúnis au corps des officiers de ces juridictions par les déclarations des 17 ſeptembre 1697
& 6 mai 1698 ; enfin l'édit du mois d'août 1715
a éteint & ſuprimé ces mêmes offices.

Par l'article 2 de la déclaration du 29 ſeptembre 1722, les aliénations, abonnemens &
ſuppreſſions des droits de petit ſcel ont été
révoqués, & il a été ordonné qu'ils ſeroient
perçus au profit du roi dans toutes les juridictions royales, ſur le pied du tarif du 20 mars
1708, ſauf aux acquéreurs de ces droits à ſe

pourvoir au conseil pour faire liquider leurs finances.

Le greffier de l'Election de Joigny ayant délivré l'expédition d'une sentence sans qu'elle eût été préalablement scellée, il en fut dressé procès verbal par le régisseur des droits de petit scel : le corps des officiers de cette Election prit fait & cause pour le greffier, sur le fondement que les jugemens de l'Election n'avoient jamais été sujets qu'aux droits fixés en 1696, & attribués aux gardes scel supprimés par l'édit de 1715. Mais l'intendant de la généralité de Paris rendit sur cette contestation le 11 février 1724, un jugement qui ordonna que toutes les expéditions des sentences & des autres actes judiciaires sujets au petit scel, émanés tant de l'Election de Joigny que des autres Elections de la généralité, seroient scellés avant de pouvoir être délivrés aux parties, sous les peines & amendes portées par les règlemens ; & ces peines furent prononcées tant contre le greffier de l'Election de Joigny que contre la partie qui s'étoit servie de l'expédition non scellée, & contre l'huissier qui l'avoit signifiée.

Par arrêt du conseil du 30 mai 1724, les officiers de l'Election de Meaux qui prétendoient avoir droit d'exercer les fonctions de gardes-scel supprimés, & qui en conséquence avoient scellé les expéditions de différentes sentences, ont été condamnés solidairement avec leur greffier au payement des droits de petit-scel de ces expéditions, & à cinq cens livres par forme de dommages & intérêts envers le fermier de ces droits : il leur a d'ailleurs été fait défense de récidiver sous peine de mille livres d'amende pour chaque contravention.

Une décision rendue au conseil le 19 juillet 1731, a fixé à sept sous six deniers le droit de petit-scel des ordonnances que les officiers des Élections mettent au bas des requêtes présentées par les directeurs des aides pour demander la permission de faire des visites chez les particuliers soupçonnés de fraude.

Les droits de rapporteurs & vérificateurs des défauts faute de comparoir n'ont pas lieu dans les Élections, attendu que ces offices n'existoient plus dans ces juridictions lorsqu'ils furent supprimés en 1716 avec réserve de partie des droits qui y avoient été attribués ; mais les autres droits réservés y sont dûs.

C'est en conformité de cette règle que par arrêt du 16 janvier 1723, Louis Marié, greffier de l'Election de Domfront, a été condamné à cinq cens livres d'amende & au rapport du quadruple des droits réservés pour les expéditions délivrées depuis le premier avril 1722, sans que ces droits eussent été acquittés.

Par arrêt du 28 février 1696, le conseil a fixé à cinq sous le droit de présentation dans les siéges des Elections.

Voyez *le traité des Elections par Vieville ; les ordonnances des aides ; les décisions sur les ordonnances des tailles & de la juridiction des élus par Dagereau ; le traité général des droits d'aides ; le dictionnaire des arrêts & celui des domaines*, &c. Voyez aussi les articles TAILLE, AIDES, COUR DES AIDES, &c.

ÉMANCIPATION. Ce terme signifie en pays de droit écrit l'affranchissement de la puisfance paternelle. En pays coutumier, on entend par Emancipation la faculté qui eft accordée aux mineurs de jouir de leurs meubles & du revenu de leurs immeubles. Il y a cependant quelques coutumes qui ont admis la puiffance paternelle & dans lefquelles ce mot a les deux fignifications.

Pour connoître l'origine de l'Emancipation en pays de droit écrit, il faut favoir que Romulus avoit accordé aux peres un pouvoir illimité fur la perfonne & les biens de leurs enfans. Un père pouvoit vendre fon fils, le tuer & le priver de fes biens. Cette loi a été infcrite parmi celle des douze tables (*).

Cette autorité, la plus grande & la plus rigoureufe qu'il foit poffible d'exercer, répugne aux idées que nous avons du gouvernement & de l'ordre public; le droit de vie & de mort, celui d'affervir un homme libre & de le priver des droits de citoyen, eft le dernier terme de la puiffance publique. Auffi cette loi, ouvrage de la circonftance & du moment, ne fut-elle jamais fuivie à la rigueur. Numa qui fuccéda à Romulus y avoit mis une première reftriction, en ordonnant que lorfqu'un père auroit permis à fon fils de contracter un marirge folemnel, le père ne pourroit plus vendre fon fils marié fuivant les lois.

Romulus avoit ordonné qu'un père qui auroit vendu fon fils trois fois feroit privé de la puiffance paternelle (**).

(*) Pater eudo liberis juftis, jus vitæ, necis, venumdandique poteftas ei efto.

(**) Si pater filium ter venumdecit filius à patre liber efto. *Loi des 12 Tables.*

Les auteurs ne s'accordent pas fi la décifion de cette loi doit être entendue de trois ventes réelles, ou fi ces ventes n'étoient qu'imaginaires. Suivant Denis d'Halicarnaffe, un père pouvoit tirer profit de la perfonne de fon fils en le vendant; & lorfque le fils acquéroit la liberté, il rentroit fous la puiffance de fon père une & deux fois, mais après la troifième vente il en étoit affranchi.

D'autres ont prétendu que les trois ventes dont il eft parlé dans ce texte n'étoient que des ventes imaginaires & fimulées qui fe faifoient devant le préfident d'une curie par un père fictif qui prêtoit fon miniftère à l'Emancipation. Cependant la loi poftérieure de Numa prouve bien que Romulus avoit entendu parler des ventes réelles; fans cela cette loi de Numa ne fignifieroit autre chofe, finon qu'un père n'auroit pas pu émanciper fon fils depuis fon mariage; ce qui ne peut pas être.

Quoi qu'il en foit de la réalité ou de la fimulation de ces ventes, il eft certain que cette loi de Romulus a donné lieu à la formalité de l'Emancipation qui a été long-temps obfervée à Rome & d'où elle a même tiré fon nom: car *mancipare* fignifie vendre, transférer la propriété.

Lorfque le père vouloit émanciper fon fils, il le vendoit trois fois en préfence de fept témoins citoyens romains, dont un portoit une balance pour pefer le prix imaginaire (*). L'ac-

---

(*) *L'acquéreur étoit appellé* pater fiduciarius. *Lors de la premiere & de la fecondè vente, le pere employoit cette formule,* mancupo tibi hunc filium qui meus eft; *le peu*

quéreur affranchissoit chaque fois l'enfant qu'on suppposoit être devenu son esclave, & l'Emancipation étoit faite.

Par la suite on reconnut l'inutilité de ces formes dont on avoit chargé la pratique des lois à Rome, afin d'en faire autant de mystères au peuple & de le tenir dans une espèce de dépendance des grands qui avoient seuls le droit d'interprêter les lois.

L'empereur Anastase introduisit un nouveau genre d'Emancipation beaucoup plus simple, en ce qu'il ne consistoit que dans une insinuation juridique d'un rescrit par lequel l'empereur accordoit l'Emancipation.

Justinien permit aux pères d'émanciper leurs enfans devant le magistrat compétent; & en les émancipant, de leur faire telle libéralité qu'ils voudroient, & de retenir l'usufruit de la moitié de leurs biens adventifs.

L'empereur Léon, dont à la vérité les novelles n'ont pas force de loi parmi nous, a donné à l'Emancipation le dernier degré de simplicité, en ordonnant par la novelle 25, que la simple déclaration de la volonté du père suffiroit pour opérer l'Emancipation; & que quand un père auroit souffert que son fils formât un établissement particulier & allât demeurer hors

---

fiduciaire répondoit, hunc ego hominem jure quiritium meum esse aio, is mihique emptus hoc ære æneaque libra. *mais lors de la troisieme vente le pere employoit une autre formule & disoit à l'acquéreur,* ego vero hunc filium meum tibi mancupo, ea conditione ut mihi remancupet, ut inter bonos bene agere oportet. Ne propter te tuamque fidem frauder.

de la maifon paternelle , ce fils feroit cenfé émancipé.

En pays de droit écrit l'Emancipation fe fait pardevant le juge du domicile du père en préfence duquel le père déclare qu'il met fon fils hors de fa puiffance ; le juge donne acte de la déclaration qui eft enregiftrée au greffe.

C'eft une queftion diverfement jugée fi l'Emancipation peut être faite par-devant notaires ? Suivant la loi 3 , au code *de emancipationib.* l'Emancipation eft un acte légitime qui doit être fait avec les folemnités prefcrites par les lois, & la feule volonté du père n'eft pas fuffifante pour l'opérer (*).

Or, l'Emancipation ne peut être faite qu'en vertu de lettres du prince, enthérinées fuivant la loi 5, *cod. eod. tit.*, ou par la déclaration faite au juge ; par conféquent celle qui eft faite pardevant notaires eft nulle. On peut pour cet avis citer deux arrêts, l'un du parlement de Bordeaux du 10 février 1579 , l'autre de la chambre de Caftres de 1556.

Suivant la loi première au code *de patria poteftate* , les empereurs Verus & Antonin avoient admis l'Emancipation tacite. Dans l'efpèce de cette loi , une mère avoit par fon teftament nommé des tuteurs à fon fils au vu & fu du père qui l'avoit fouffert. Le père prétentendoit que fon fils étoit toujours demeuré fous fa puiffance ; mais les empereurs lui répondirent que la conduite qu'il avoit tenue étoit contraire

---

(*) Non nudo confenfu patria liberi poteftate fed actu folemni , vel cafu liberantur , nec caufæ quibus motus pater emancipavit filium , fed actus folemnitas quæritur.

à fa prétention : ayant fouffert que les tuteurs nommés par la mère adminiſtraſſent les biens de fon fils, il paróiſſoit l'avoir tacitement émancipé ; car il n'y a que des enfans émancipés qui puiſſent avoir des tuteurs, comme l'obſerve Cujas fur cette loi : ceux qui font foumis à la puiſſance paternelle n'en ont pas befoin, le père ayant la jouiſſance & l'adminiſtration des biens de fes enfans.

La loi 25 au digeſte, veut qu'un père ne puiſſe pas attaquer l'Emancipation de fa fille qui a vecu comme mère de famille fous prétexte qu'il ne l'a pas émancipée juridiquement (*).

On juge que des enfans qui ont vécu pendant dix ans féparés de leur père, font affranchis de la puiſſance paternelle. Deux arrêts du parlement de Provence, l'un du 23 juin 1616, l'autre du 5 avril 1663, ont confirmé des teſtamens faits par des fils de famille féparés de leurs pères depuis dix ans. Or tout le monde fait qu'un fils de famille ne peut teſter même avec le confentement de fon père, & par conféquent les arrêts qu'on vient de citer en confirmant les teſtamens, ont donné à l'Emancipation tacite le même effet qu'à celle qui eſt faite devant le juge.

Si le fils de famille eſt émancipé pour avoir vécu pendant dix ans loin de la maiſon paternelle, il en réſulte que le confentement tacite

---

(*) Per mortem filiæ fuæ quæ ut mater familias, quaſi jure emancipata, vixerat, & teſtamento fcriptis heredibus deceſſit, adverſus factum fuum quaſi non jure eam, nec præfentibus teſtibus emancipaſſet, pater movere controverſiam prohibetur.

du père eſt ſeul ſuffiſant pour opérer l'Emancipation ; car ſans cela la qualité de père s'oppo-
ſeroit perpétuellement à la poſſeſſion du fils,
qui ſeroit toujours tenu de rapporter la preuve
de ſon Emancipation ; & comme le conſentement tacite ne peut pas avoir plus de force
que la déclaration expreſſe du père, il faudra
convenir que l'Emancipation faite par-devant
notaires doit être déclarée valable.

D'ailleurs ſi l'on examine quelle eſt la nature
de l'Emancipation, on verra que c'eſt un acte
purement volontaire entre le père qui émancipe
& le fils qui eſt émancipé, & que parmi nous
les notaires ſont capables de recevoir tous les
actes qui ne concernent que l'intérêt des particuliers. On peut autoriſer ce dernier avis de
deux arrêts du parlement de Toulouſe rapportés
par M. Catelan, tome 2, livre 5, chapitre 52.

Nous avons dit que la demeure du fils de
famille hors de la maiſon paternelle faiſoit après
dix ans préſumer l'Emancipation ; mais cette
règle ſouffre exception à l'égard des filles ma-
riées qui ſont obligées de ſuivre leurs maris.
Leur père ne pouvant les en empêcher, on ne
peut pas en induire une Emancipation tacite.

Il ne ſuffit pas que le fils ait vécu dix ans loin
de la maiſon paternelle, il faut encore qu'on ne
puiſſe remarquer dans ſa conduite rien de contraire à la volonté du père. S'il s'étoit engagé
dans le ſervice, ou qu'il eût fait un établiſſement
à l'inſu & contre la volonté de ſon père, il eſt
certain qu'il ne pourroit ſe faire un moyen de
ſon éloignement pour ſoutenir ſon Emancipation, parce que ſa conduite ſeroit une eſpèce
de violence & d'atttentat fait à l'autorité paternelle.

Le négoce feul du fils de famille ne fait pas préfumer l'Emancipation, il faut qu'il ait eu un domicile à part, qu'il ait vécu dans l'indépendance & comme père de famille. Cependant quoique le négoce n'émancipe pas, le fils de famille eft regardé pour tout ce qui concerne fon commerce, comme un père de famille, il peut s'obliger & efter en jugement.

Dans la règle générale l'Emancipation eft regardée comme un bienfait que le père ne peut être forcé d'accorder à fes enfans & que les enfans ne font pas obligés de recevoir malgré eux. Il faut donc pour que l'Emancipation foit valable, le concours de la volonté du père & des enfans. Cette règle reçoit quelques exceptions : 1°. La mort naturelle fait ceffer la puiffance paternelle. Il faut cependant faire une diftinction ; car dans les pays où le mariage n'émancipe pas, lorfqu'un père qui étoit foumis à la puiffance paternelle meurt, fes enfans ne changent pas d'état ; ils demeurent fous la puiffance de leur aïeul. Quand l'aïeul meurt avant fon fils, les petits enfans reftent fous celle de leur père. Si l'aïeul avoit émancipé fon fils & retenu fes enfans fous fa puiffance, les petits enfans feroient émancipés par la mort de leur aïeul, & ne retomberoient pas fous la puiffance de leur père.

2°. La mort civile du père ou du fils fait également ceffer la puiffance paternelle ; car l'autorité que les lois donnent au père & l'affujetiffement du fils, font deux corrélatifs qui ne peuvent fubfifter l'un fans l'autre. Si le père eft rétabli par le prince dans fon premier état, il recouvre fes droits; mais il eft obligé de ratifier tout ce qui a été fait par son fils (*). Si le père n'avoit obtenu du prince qu'une commutation de peine, elle ne détruiroit pas l'effet de la condamnation, quand la peine commuée n'emporteroit pas par sa nature mort civile.

3°. Le père peut être forcé à émanciper ses enfans lorsqu'il a reçu un legs à cette condition.

4°. Lorsqu'il les maltraite, qu'il les abandonne ou leur refuse des alimens, parce qu'il doit perdre les droits que la nature & la loi lui ont donnés, lorsqu'il viole les obligations qu'elles lui imposent.

5°. Lorsqu'il les induit au mal & les engage dans la débauche.

6°. Les grandes dignités dans l'église, dans le militaire & dans la robe, affranchissent de la puissance paternelle. Telles sont l'épiscopat & toutes les dignités supérieures, les charges de présidens, procureurs & avocats généraux dans les cours souveraines, de ministres, secrétaires & conseillers d'état, de lieutenans généraux & gouverneurs des provinces. Cette espèce d'Emancipation a cela de particulier, que les enfans conservent tous leurs droits dans la famille, & que les enfans qu'ils avoient avant d'être parvenus à ces dignités & qui étoient soumis à la puissance de leur aïeul, rentrent après la mort de l'aïeul sous celle de leur père, comme s'ils n'étoient pas émancipés. Novelle 81, chapitre 2.

_____

(*) Instit. quibus modis jus pat. potest. fol. L. 13. Cod de sentent. pass.

7°. Dans

7°. Dans les pays de droit écrit du ressort du parlement de Paris, les enfans sont émancipés par le mariage (*).

L'effet de l'Emancipation est de délivrer l'enfant de famille de l'espèce d'asservissement auquel les lois l'ont assujetti & de le rendre capable de tous les actes de la vie civile sans avoir besoin d'être autorisé par son père. Il en faut excepter le cas du mariage où il est obligé de requérir au moins le consentement de son père, supposé qu'il ait atteint l'âge de trente ans.

L'Emancipation étoit dans l'ancien droit romain une espèce d'aliénation que le père faisoit de son fils comme nous l'avons déja dit plus haut ; ensorte qu'il n'étoit plus mis au nombre des enfans ; il ne succédoit pas avec ses frères & sœurs, le père pouvoit impunément ne pas faire mention de lui dans son testament. Le préteur corrigea par la suite les conséquences trop dures qu'on avoit tirées de la loi des douze tables, & il accorda aux enfans émancipés la possession des biens de leur père décédé *ab intestat*, comme s'ils fussent toujours restés dans la famille. Lorsque le père les avoit prétérits, ils ne rendoient pas nuls le testament, mais le préteur leur accordoit la possession des biens, en les obligeant à rapporter à la succession ce dont leur père auroit profité sans l'Emanci-

(*) Il y a un statut particulier pour la ville de Toulouse qui porte au titre de l'Emancipation *qu'enfans mariés auxquels les peres ont fait des donations en faveur de mariage, sont tenus pour émancipés : filles dotées par le pere sont aussi tenues pour émancipées ; mais le statut n'a pas lieu pour tout le reste de la province.*

pation. Juſtinien par ſa novelle 118, a appelé indiſtinctement les enfans émancipés, comme ceux qui ne l'étoient pas, à la ſucceſſion de leur père.

En reconnoiſſance du bienfait de l'Emancipation, le père a l'uſufruit de la moitié des biens adventifs de ſes enfans; il a ce droit encore qu'il ne l'air pas réſervé lors de l'Emancipation, à moins qu'il n'y ait expreſſément renoncé; il conſerve cet uſufruit même après leur mort, & en jouit ſans être obligé de donner caution (*). Si cependant le père uſufruitier commettoit des dégradations, il pourroit être privé de cet uſufruit comme il a été jugé par arrêt du parlement de Bordeaux du 18 janvier 1621.

Ce droit d'uſufruit ne s'étend que ſur les biens advenus aux enfans avant leur Emancipation, à moins que leur mère ne ſoit morte depuis; auquel cas la loi 6 au code *de bonis quæ maternis*, accorde au père une portion virile en uſufruit des biens maternels.

Le père n'a pas l'uſufruit du pécule caſtrenſe ou quaſi-caſtrenſe des biens qui proviennent de la libéralité du prince, ni de ceux qui ont été laiſſés aux enfans, à la charge que leur père n'en auroit pas la jouiſſance.

Lorſque le père a refuſé d'autoriſer ſon fils pour accepter une ſucceſſion, le père ne peut pas prétendre d'uſufruit ſur les biens de cette ſucceſſion. Enfin lorſqu'il a hérité d'un de ſes enfans conjointement avec ſes autres enfans,

---

(*) Quoniam, *dit Cujas*, inverecundum eſt a ſacro nomine patris exigere fidejuſſorem.

les portions échues aux autres enfans ne font pas fujettes à l'ufufruit du père.

L'Emancipation peut être révoquée lorfque le fils s'eft rendu coupable d'ingratitude envers fon père.

En pays coutumier , *droit de puiffance pater-nelle n'a lieu*, fuivant une règle de Loifel ; c'eft-à-dire que nous ne donnons pas aux pères un droit auffi étendu que celui qu'ils avoient par le droit romain. Mais on ne peut leur refufer une autorité fur la perfonne de leurs enfans : cette autorité eft du droit naturel.

La puiffance paternelle a certainement été établie en France , & elle y a été abolie par la fuite des temps. Nous avons cependant encore quelques coutumes qui l'ont retenue avec des modifications plus ou moins étendues. On diftingue dans ces coutumes trois efpèces d'Emancipations : celle qui s'opère en vertu de la loi lorfque les enfans ont atteint l'âge prefcrit par la coutume : l'Emancipation expreffe ou conventionnelle qui fe fait par le père en préfence du juge : l'Emancipation tacite lorfque les enfans fe font mariés avec le confentement de leurs parens ou lorfqu'ils ont un domicile féparé. Loifel a fait de cette dernière efpèce d'Emancipation une règle de notre droit coutumier.

» Feu & lieu font mancipation, cedit Braffal, » & enfans mariés font tenus pour hors de pain » & de pot ; c'eft-à-dire émancipés ».

Dans la coutume de Montargis, chapitre 7, article 7, « tous enfans mâles par l'âge de vingt » ans & un jour, foit mariés ou non, font à » leurs droits ».

Dans celle de Reims, article 9, homme &
» femme âgés de vingt ans font ufans de leurs
» droits ».

Dans celle de Bourbonnois, article 174,
« le père eft adminiftrateur légitime des biens
» maternels & adventifs de fes enfans étant en
» fa puiffance, & fait les fruits fiens fi bon lui
» femble, jufqu'à l'âge de quatorze ans quant
» aux filles, & dix-huit quant aux mâles ».

Dans ces coutumes & celles qui ont des difpofitions femblables, les enfans font en vertu
de la loi feule hors de la puiffance paternelle,
ils ont l'adminiftration de leurs biens, mais ils
ne peuvent aliéner leurs immeubles jufqu'à ce
qu'ils aient atteint la majorité.

Suivant la coutume de Sedan & celle de Châlons, article 7, « les enfans font en la puiffance
» des pères & n'en fortent qu'ils ne foient âgés
» de vingt ans ou mariés, ou tenans maifon &
» faifant fait à part au fu & vu du père, finon
» qu'ils foient émancipés par leurdit père ».

Dans celle de Berri, article 3, les majeurs
» de vingt-cinq ans font émancipés de plein
» droit & les mineurs mariés, & peuvent efter
» en jugement. Toutefois les mineurs de vingt-
» cinq ans ne peuvent aliéner leurs immeubles
» fans formalités ».

Le père peut cependant émanciper fes enfans
à quelqu'âge que ce foit, pourvu que ce foit
pour leur intérêt.

La coutume de Poitou contient des difpofitions toutes particulières. Suivant l'article 311,
« l'Emancipation doit être faite par-devant le
» juge ordinaire ayant moyenne-juftice au
» moins ».

Elle diftingue entre l'enfant noble & l'enfant roturier. « Le fils d'aucun roturier marié qui a » demeuré en fon ménage hors de l'hôtel & » compagnie de fon père par an & jour, eft » dès-lors taifiblement émancipé & ufant de fes » droits, fans qu'il foit befoin d'autre Emanci-» pation. Article 312 ».

» Autre chofe eft d'un enfant mâle, qui pour » être marié ou pour demeurer hors de la » maifon de fon père n'eft émancipé : ains con-» vient qu'il y ait Emancipation expreffe. Aarti-« cle 313 ».

Ainfi dans la coutume de Poitou l'enfant roturier mineur marié eft émancipé, le noble mineur ne l'eft pas; mais cette diftinction ceffe à l'égard des majeurs fuivant l'article 316, dont la difpofition eft générale. « Le fils étant » en la puiffance de fon père & non émancipé, » s'il eft marié dès qu'il a paffé l'âge de vingt-» cinq ans, fait les fruits de fa terre fiens fans » que fondit père le puiffe en ce empêcher, » encore que lefdits biens lui fuffent venus de » par fon père fans réfervation d'ufufruit par lui » faite fur iceux ».

Lorfque le fils majeur n'eft pas marié, la coutume diftingue encore fi le père eft refté en viduité ou s'il s'eft remarié ; au premier cas, le fils eft foumis à la puiffance paternelle jufqu'à ce qu'il fe marie, & le père gagne les fruits de fes immeubles, excepté de ceux que le fils a acquis depuis fa majorité.

« Mais fi ledit fils n'étoit marié, porte l'ar-» ticle 317, & fondit père fe remarie, ledit » père néanmoins jouira des fruits jufqu'à ce » que fon fils ait l'âge de vingt-cinq ans ; & fi

» le père ne se remarie, il fera toujours les
» fruits siens tant que le fils ne sera marié ; &
» en ce faisant, sera tenu ledit père entretenir
» ledit fils selon son état & qualité ».

Dans cette coutume les filles sans distinction
entre les nobles ou les roturiers, sont émancipées par le mariage.

Les coutumes ont encore des dispositions différentes touchant l'âge auquel l'enfant ayant un
domicile séparé de son père, doit être émancipé.

La coutume de Bourgogne, chapitre 6, article 3, porte « le fils ou fille étant hors d'âge
» de pupillarité, tenant feu & lieu, en leur
» chef ou séparément de son père, est réputé
» émancipé de sondit père ».

Les enfans font hors d'âge de pupillarité
suivant les dispositions du droit romain qui fait
le droit commun en Bourgogne & supplée au
silence de la coutume ; savoir à l'égard des mâles
lorsqu'ils ont quatorze ans accomplis, & les
filles douze ans accomplis (*).

Dans la coutume de Bretagne les enfans ayant
domicile séparé de leur père, ne font censés
émancipés que lorsqu'ils ont vingt-cinq ans ; ce
qui est clairement exprimé par l'article 528.
» Fils de famille qui aura excédé l'âge de vingt-
» cinq ans ayant domicile séparé de son père,
» fera censé & réputé émancipé à pouvoir con-
» tracter & ester en jugement sans autorité ».

La coutume de Bordeaux a une disposition
dont le sens est conforme à l'article de la cou-

_____

(*) Instit. quib. mod. tutela finitur.

tume de Bretagne que nous venons de rapporter ; mais elle eſt plus étendue & développe davantage l'eſprit de ces ſortes de coutumes.

« *Item*, & auſſi après l'âge de vingt-cinq ans » fils de famille qui ont demeuré hors de la » maiſon & compagnie de leur pere un an, à ce » faire ledit pere les ſouffrant, tenant maiſon » ſéparée du père, poſé qu'ils ne ſoient éman- » cipés, ſe pourront obliger *ex quacumque cauſa*, » auquel cas ledit fils de famille ſera tenu pour » émancipé ».

Il faut donc dans ces deux coutumes, pour que les enfans ſoient émancipés, le concours de l'âge de vingt-cinq ans & le domicile particulier ; car la ſimple demeure hors de la maiſon paternelle ne ſuffiroit pas ſi elle n'étoit que momentanée ; il faut que l'enfant majeur ſe ſoit éloigné avec l'intention de vivre en père de famille. Ce que la coutume de Bordeaux exprime en ces termes, *tenant maiſon ſéparée du père.*

Le fils de famille n'eſt pas émancipé pour faire le négoce, quoiqu'il s'oblige valablement ſans le conſentement ni l'autoriſation de ſon père. Il en eſt de lui comme de la femme en puiſſance de mari. Coutume de Bordeaux, article premier. « Si le fils de famille exerce mar- » chandiſe ou autre négociation publiquement, » ſe pourra obliger ſans conſentement de ſon » père, ez choſes concernant marchandiſe ou » négociation ».

Et ſuivant une règle de Loiſel. « Enfans de » famille & femme mariée ſont tenus pour au- » toriſés de leurs peres & mari en ce qui eſt du » fait des marchandiſes dont ils s'entremettent » à part & à leur ſu ».

Emancipation des mineurs.

Après avoir parlé de l'émancipation qui met les enfans hors de la puissance paternelle, nous allons traiter de celle des mineurs.

Par le droit romain la tutelle finit à quatorze ans accomplis pour les mâles & à douze accomplis pour les filles ; mais ils ne peuvent disposer de leurs biens que lorsqu'ils sont devenus majeurs. Ils peuvent contracter seuls & sans curateur, pourvu qu'ils fassent leur condition meilleure, mais ils ne peuvent être en jugement sans curateur (*).

La facilité avec laquelle les mineurs parvenoient à se faire restituer leur étoit souvent nuisible, personne ne voulant contracter avec eux. Les empereurs leur accordèrent par la suite des dispenses d'âge, lorsqu'ils avoient atteint, savoir, les mâles vingt ans accomplis, & les femmes dix-huit, en faisant attester par des témoins dignes de foi leur vie, mœurs & capacité (**).

_____

(*) *Item* Inviti adolescentes curatores non accipiunt præterquam in litem. Instit. de curatorib. §. 2.

(**) *Les conditions à remplir pour obtenir ces dispenses sont rapportées dans la loi 2, au code de* his qui veniam ætatis impetraverunt. *Il est utile d'en connoître les dispositions à cause du rapport qu'elle a avec nos lettres d'Emancipation.* Omnes adolescentes qui honestate morum præditi paternam frugem, vel avorum patrimonia gubernare cupiunt, & super hoc imperiali auxilio indigere cæperint, ita demum veniam ætatis impetrare audeant, cum vicesimi anni metas impleverint, ita ut post impetratam ætatis veniam iidem ipsi per se principale beneficium alligantes; non solum per scripturam annorum numerum probent, sed etiam testibus idoneis advocatis, morum suorum institutæ,

L'effet de l'émancipation est de donner aux
mineurs le droit d'amniniftrer leurs biens, de
contracter & de s'obliger perfonnellement pour
raifon de cette admiftration fans efpérance de
reftitution; ils ne peuvent cependant ni aliéner
ni hypothéquer leurs immeubles fans décret du
juge.

Anciennement en France les enfans roturiers
étoient majeurs, les mâles à quatorze ans &
les filles à douze. Les nobles n'étoient majeurs,
par rapport aux biens nobles & féodaux, qu'à
vingt-un ans. Par rapport aux autres biens, ils
étoient majeurs à quatorze ou à douze ans comme
les roturiers.

Ces ufages fe font abolis par la fuite des temps,
comme on le voit par une difpofition de la coutume d'Auvergne, chapitre 13, article premier.
» Combien que par ci-devant par la coutume du
» pays d'Auvergne, le mâle âgé de quatorze
» ans & la fille de douze ans accomplis, fuffent
» réputés d'âge parfait pour efter en jugement,
» faire & paffer tous contrats comme majeurs
» de vingt-cinq ans; néanmoins, les états du
» pays ont confenti le droit commun en ce,

---

probitatemque animi & teftimonium vitæ honeftioris edo-
ceant.

§. 1. Fæminas quoque quas morum honeftas, mentifque
folertia commendat cum 8 & decem annum egieffæ fue-
rint veniam ætatis impetrare fancimus.

*Les hommes devoient fe préfenter eux-mêmes devant le
magiftrat pour faire l'information de vie & de mœurs, les
femmes avoient le privilége de la faire faire par procureur.
Celle des fénateurs fe faifoit devant le préfet du prétoire:
celle des autres devant le préteur ou devant le recteur de
la province.*

» avoir lieu, pour raison des inconvéniens qui
» pour ce s'en font enfuivis, & obvier à ceux
» qui pourroient enfuivre ».

Suivant le droit commun, les enfans ne font
majeurs qu'à vingt-cinq ans accomplis. On les
émancipe cependant affez fouvent avant l'âge
prefcrit par la loi romaine. Ils obtiennent des
lettres d'Emancipation dans les petites chancel-
leries; ces lettres font enfuite entérinées par
le juge royal du domicile du mineur fur un avis
de parens. On lui nomme un curateur aux
caufes pour l'affifter en juftice; ce curateur eft
en même-temps tuteur aux actions immobi-
lières, à l'effet d'être préfent aux partages &
aux autres opérations relatives aux fucceffions
qui échoient aux mineurs.

Il y a quelques coutumes qui émancipent les
enfans à l'âge de vingt ans & au-deffous; mais
ces Emancipations de plein droit ne font plus
obfervées. L'Emancipation doit toujours être
faite en connoiffance de caufe fur l'avis des parens & amis affemblés.

Par l'article 40 du règlement du parlement
de Normandie, de 1666, les filles ne pouvoient
obtenir des lettres de bénéfice d'âge. Mais par
des lettres-patentes du 3 feptembre 1719, en-
régiftrées au parlement de Rouen le 5 décembre
fuivant, il a été ordonné que les garçons à feize
ans, & les filles à quatorze, pourroient obtenir
des lettres d'Emancipation.

Nous avons quelques coutumes fuivant lefquelles ceux qui ont vingt ans accomplis peuvent difpofer de leurs immeubles; telle eft
celle d'Anjou, article 444, celle du Maine,
article 455. On ne regarde plus les difpofitions

de ces coutumes comme accordant une majorité pleine & entière, mais seulement une
Emancipation plus étendue que celle qui s'accorde ordinairement; en sorte que la vente
d'un immeuble faite par un majeur de vingt
ans, mais mineur de vingt-cinq ans, n'est pas
nulle pour avoir été faite sans curateur, sans
avis de parens, & sans décret du juge; mais le
vendeur peut être restitué, lorsque la vente
qu'il a faite lui fait préjudice; & il n'est pas nécessaire, pour qu'il se fasse relever, que la lésion soit d'outre moitié comme à l'égard d'un
majeur; il suffit qu'il soit lésé: il en est de
même par rapport aux autres actes qui ne sont
pas de pure administration. C'est ce qui résulte
d'une note de Dumoulin sur l'article 444 de la
coutume d'Anjou, & de différens arrêts, le
premier de l'an 1602, rendu pour la coutume
d'Amiens; le second du 2 février 1603, donné
en la coutume d'Anjou; le troisième de la cour
des aides, rapporté par M. le Bret, par lequel
un mineur de vingt-cinq ans, qui s'étoit rendu
caution du receveur des tailles de Chinon, a
été déchargé de son cautionnement; un autre
du 24 janvier 1774, a confirmé une sentence
du bailliage d'Amiens, qui avoit entériné des
lettres de rescisions obtenues par un mineur
âgé de vingt-trois ans, contre l'acquisition qu'il
avoit faite d'un office de conseiller en l'élection
de Dourlens.

En Normandie, la pleine majorité est acquise
à l'âge de vingt ans accomplis, suivant l'article
38 du règlement de 1666, par lequel » toute
» personne née en Normandie, soit mâle ou
» femelle, est tenue majeure à vingt ans accom-

» plis, & peut, après ledit âge, vendre & hy-
» pothéquer fes biens meubles & immeubles,
» fans efpérance de reftitution, finon pour les
» caufes pour lefquelles les majeurs peuvent
» être reftitués ».

Cet article ne parle que des perfonnes nées
en Normandie, & fa difpofition ne s'applique
pas à celles qui y auroient acquis un domicile
depuis leur naiffance.

Voyez l'hiftoire-de la jurifprudence romaine par
M. Terraffon ; les pandectes de M. Pothier fur les
loix des douze tables ; Cujas ; Henris avec les
notes de Bretonnier ; les queftions alphabétiques de
droit par Bretonnier ; Defpeiffes ; les inftitutes de
Loifel avec les notes de Lauriere ; Domat ; Dargentré fur l'article 468 de la coutume de Bretagne ;
Feron fur la coutume de Bordeaux, &c. Voyez
auffi les articles TUTEUR, MINEUR, ÂGE, MA-
JORITÉ, &c. (Article de M. LA FOREST, avocat au parlement).

ADDITION à l'article ÉMANCIPATION.

La jurifprudence que les différentes lois du
Hainaut ont introduite par rapport à l'Emancipation judiciaire, doit fixer un inftant notre
attention.

Les chartes générales de cette province permettent aux pères d'émanciper leurs enfans dès
l'âge de dix-huit ans. C'eft ce qui réfulte de la
faculté que l'article 2 du chapitre 32 accorde
à tous mineurs *fans père & mère ou émancipés*,
de difpofer de leurs meubles par teftament,
moyennant qu'ils foient âgés de dix-huit ans.

Dans le chef-lieu de Valenciennes, les enfans peuvent être émancipés à l'âge de quinze

ans. L'article 26 de la coutume de cette partie du Hainaut en contient une disposition formelle.

Dans le chef-lieu de Mons, qui comprend une assez grande partie du Hainaut françois, un enfant ne peut être émancipé avant l'âge de vingt & un ans, si c'est un mâle, & de dix-huit, si c'est une fille. C'est ce qu'établissent les chapitres 6 & 8 de la coutume.

Il n'est pas indifférent de savoir à quel tribunal un père doit s'adresser pour émanciper ses enfans, ou comme parlent les législateurs du Hainaut, pour les *mettre hors de pain*.

Le chapitre 9 de la coutume du chef-lieu de Mons, établit sur cette matière un droit de prévention entre les mayeur & échevins du domicile du père & ceux de la ville de Mons, de manière qu'un habitant de ce chef-lieu peut indifféremment s'adresser aux uns ou aux autres. Mais cette faculté ne peut plus être pratiquée que dans la partie autrichienne de ce canton du Hainaut ; les échevins de Mons n'ont plus de juridiction sur la partie de leur chef-lieu qui est soumise à la France : on ne peut donc, à cet égard, choisir d'autres juges que les mayeur & échevins du domicile.

C'est aussi ce qu'on doit observer dans toute l'étendue des parties du Hainaut qu'on appelle chef-lieu de la cour de Cambresis, de la Bassée, de Vermandois, parce qu'il ne s'y trouve pas de municipalités supérieures.

A l'égard du chef-lieu de Valenciennes, il faut en user de même que dans celui de Mons ; c'est-à-dire, que dans les endroits soumis à la domination autrichienne, on ne peut émanciper un enfant que devant les mayeur & échevin domiciliaires ; & que dans les endroits du chef lieu françois, qui ont conservé l'usage d'alle prendre *charge d'enquête* à Valenciennes, o peut opter entre les juges municipaux de cett ville, & les mayeur & échevins domiciliaires.

Remarquez que le mayeur n'intervient dan les actes de cette nature, que pour *conjurer* le échevins ; car, la conjure est aussi nécessair dans une Emancipation, que dans un jugemen contradictioire : la preuve en résulte de ce qu l'absence du conjureur en titre, qui est toujour le chef du siège échevinal, n'est pas une raiso suffisante pour en dispenser ; témoin l'article 7 de la coutume particulière de Binche. Voyez c que nous avons dit au mot CONJURE.

Dans les villes d'Avesnes, du Quesnoi & d Landrécies, les Emancipations ne peuvent plu se faire que devant les juges royaux. Cette ex ception au droit commun de la province a ét introduite par un arrêt du conseil d'état du pre mier décembre 1663, rendu contradictoiremen entre les juges royaux & les officiers munici paux de ces trois villes.

Dans la règle générale, un père ne peut êtr contraint d'émanciper son fils, & un fils ne peut être émancipé malgré lui ; c'est ce que dé cident plusieurs lois du code. Les interprètes indiquent quelques exceptions, & la coutume du chef-lieu de Mons en établit une qui lui est particulière : elle permet à un enfant qui, ayant atteint l'âge auquel on peut contracter & alié ner, voudroit faire un commerce séparé, & mettre ses acquisitions à l'abri des créanciers de son père, elle lui permet, dis-je, de se fair

émanciper de son propre mouvement, en observant certaines formalités qu'elle détaille dans le
chapitre 10. Cette faculté est assez relative à
celle que les interprètes accordent au père d'émanciper son fils malgré lui, dans le cas où il
ne peut réprimer en lui des excès qui l'exposent
journellement à subir des condamnations de
dommages-intérêts : c'est alors que *justa causa*
est petentis ut suo periculo ille insaniat, comme
le dit d'Argentré sur l'article 498 de la coutume
de Bretagne.

Il importe au public de connoître les Emancipations : c'est un moyen assuré de distinguer
parmi les enfans, dont les pères sont encore
vivans, ceux qui peuvent contracter d'avec
ceux qui ne le peuvent pas. C'est pour cette
raison que le chapitre 9 de la coutume du cheflieu de Mons ordonne, que *toutes les mises hors*
de pain soient enrégistrées en un registre à ce ser
vant.

Il arrive quelquefois qu'un père émancipe
son fils, dans la seule vue de se procurer de sa
part des dispositions avantageuses, au préjudice
de ses héritiers légitimes. Lorsque les circonstances fournissent la preuve de cette espèce de
fraude, on ne doit avoir aucun égard aux dispositions du fils, & ses héritiers doivent prendre
dans sa succession la même part que s'il étoit
mort sous la puissance de son père. C'est ce
qu'établit Mascardus, & c'est ce qu'on peut inférer des lois 5 D. *de divortiis*, & 59 D. *soluto*
matrimonio. Le parlement de Flandre a rendu,
sur cette matière deux arrêts qui trouvent naturellement ici leur place.

Le nommé François-Joseph Lévêque, mineur

de vingt-cinq ans, ayant été mis hors de tutell
par les mayeur & échevins de Lille , fit, quatr
jours après, une donation entre-vifs de plufieu
héritages au nommé Dewevre, & mourut di
jours après la confection de cet acte. Ces cir
conftances déterminèrent les héritiers à atta
quer la donation comme frauduleufe. Une fen
tence de la gouvernance de Lille les régla d'a
bord à preuve ; mais ils en appellèrent, de mêm
que de celle de l'échevinage qui avoit décharg
le défunt de tutelle, & le 17 novembre 1760
intervint, au parlement de Flandre, arrêt qu
infirma la fentence de la gouvernance , décrèt
la mife de fait impétrée par les héritiers, révo
qua celle que le donataire avoit obtenue , 8
déclara en conféquence que l'appel de la fen
tence des mayeur & échevins viendroit à ceffer

Le fieur de Courcelles, avocat du roi à l
gouvernance de Lille, avoit fous fa puiffanc
un fils qu'une fanté foible & languiffante mena
çoit d'une mort prochaine. Les biens que celui-c
avoit recueillis de la fucceffion de fa mère, &
que la loi des propres déféroit à fes parens ma
ternels, firent naître dans le cœur du père le
defir de fe les approprier ; fon fils entra dans
fes vues, & avec fon autorifation, lui donna
en différentes fois la plus grande partie de tout
ce qu'il poffédoit. Le père craignit enfuite que
l'autorifation dont ces actes étoient munis, ne
fût pas fuffifante pour les faire valider, parce
que *nemo in rem fuam autor idoneus effe poteft;*
en conféquence il émancipa fon fils, qui, peu
de temps après, ratifia tout ce qu'il avoit fait
en fa faveur tandis qu'il étoit fous fa puiffance,
& ajouta même de nouvelles libéralités aux précédentes,

cédentes. Sa mort fuivit de près la confection
de ces actes, & alors fes héritiers maternels
revendiquèrent les propres auxquels la coutume
les appeloit. Ils établirent d'abord que les donations faites avant l'Emancipation étoient
nulles ; ils firent voir enfuite que la fraude ayant
préfidé à l'Emancipation, les actes qui l'avoient
fuivie ne pouvoient mériter le moindre égard ;
& le parlement de Flandre l'a jugé ainfi par
arrêt rendu en la grand-chambre le 8 février
1763, au rapport de M. de Curgies.

Voyez *les chartes générales & les coutumes particulières du Hainaut ; le recueil des édits particuliers au parlement de Flandre*, &c. Voyez auffi
les articles CONJURE, ECHEVINS, TUTEURS
EN CHEF, MAYEUR, CHARGE D'ENQUÊTE.
(*Cette addition eft de M. MERLIN, avocat au
parlement de Flandre.*)

EMBREF OU EMBREVÛRE. Pour avoir
une jufte idée de la fignification de ce mot
ufité principalement dans les coutumes de Hainaut & de Cambrefis ; il faut connoitre la manière dont les juges municipaux & les feigneurs
procèdent en ces provinces à la confection des
actes qui font de leur reffort.

La règle établie parmi eux eft de faire tous
les actes doubles, d'en délivrer un à l'une des
parties, & de dépofer l'autre dans une armoirie
connue fous le nom de *ferme*. Voyez ce mot.
Ces actes pour être authentiques & exécutoires
doivent être écrits fur parchemin, fcellés du fcel
de fiège ou même en quelques endroits, de chacun
des officiers qui les ont reçus, & fignés par
le greffier. Mais avant de leur donner cette
forme, on a foin d'en diriger les articles fur

des feuilles qu'on appelle *Embrefs* ou *Embrevures*, parce qu'on y met plusieurs clauses par abbréviations.

· Il résulte delà qu'on doit regarder les deux doubles dont nous venons de parler, comme des espèces de grosses, & les Embrefs comme des minutes. L'article 71 de l'ancienne coutume de Valenciennes homologuée en 1540, confirme cette idée. *Si quelqu'un*, porte ce texte, *a perdu une agùwe*, c'est-à-dire, la grosse d'un acte passé devant deux échevins ou deux jurés de Cattel de Valenciennes, *il la pourra recouvrer par copie collationnée à celle qui est au registre, ou sinon, sur la MINUTE OU EMBRIEFVURE.* L'article 8 du titre 5 de la coutume de Cambresis établit implicitement la même chose, en donnant à l'Embrevure l'épithète d'*originelle*.

Cette analogie entre les Embrevures & les minutes devient encore plus sensible lorsqu'on rapproche des principes propres à celles-ci, des règles établies sur celles-là.

· L'article 5 du chapitre 109 des chartres générales porte, que » les lettres (*c'est-à-dire les* » *grosses*) d'obligations ne pourront être scellées » par les hommes de fiefs y ayant été présens, » ne soit qu'il n'y ait embriefvre signée d'eux. «

Ce n'est pas assez que les Embrefs soient signés des officiers qui les reçoivent, il faut encore qu'ils le soient des parties. Mais les grosses ne doivent être signées ni des parties, ni des officiers, mais seulement scellées par ces derniers, & signées par le greffier. C'est ce qui résulte des articles 6 & 10 du chapitre cité.

Au reste ces dispositions ne peuvent plus avoir

d'exécution dans les justices de villages & de la plupart des villes, si ce n'est par rapport aux devoirs de loi, parce que le droit de recevoir des contrats a été attribué exclusivement par des édits de 1675 & 1692, aux notaires nouvellement créés dans les pays-bas, & aux échevins des villes qui étoient alors en possession de ce droit.

Delà vient qu'aujourd'hui le mot d'Embref est spécialement consacré aux actes de devoirs de loi.

Un arrêt de règlement du parlement de Flandre rendu pour le Hainaut le 17 juin 1723, & étendu au Cambresis par un autre du 22 décembre 1772, fixe à quarante sous les droits des greffiers pour un Embref de dèshéritance & d'adhéritance ; & à vingt sous le feuillet, lorsque l'acte est fort long.

On demande si dans le cas de différence entre la minute & la grosse d'un acte de dèshéritance & adhéritance, il faut s'en rapporter à la première plutôt qu'à la seconde. M. Desjaunaux nous a conservé un arrêt du parlement de Flandre du 16 mai 1702, par lequel il a été jugé, que lorsque la minute des devoirs de loi est perdue, ce n'est point à la grosse qu'il faut recourir, mais au registre dans lequel l'acte est transcrit en copie, parce que, dit l'arrêtiste, le registre représente la minute de l'acte. D'où l'on voit que cet arrêt a préjugé que la minute fait plus de foi que la grosse. C'est aussi ce qu'enseignent tous les auteurs & ce que décident tous les monumens de la jurisprudence. La coutume de Valenciennes paroît au premier abord établir une maxime contraire. *Si quelqu'un*

dit-elle , article 86 , *a perdu ou ne peut recou-*
vrer.... lettres échevinales , il en pourra lever....
copie collationnée à fa partie , c'eſt-à-dire à l'autre
double , *qui fera au ferme , finon fur l'embriefvre*
duement paſſée. Cet article ſemble dire qu'on ne
doit conſulter la minute que lorſque les deux
groſſes ſont perdues , & par conſéquent que les
deux groſſes méritent plus de foi que la minute.
Mais on peut douter que ce ſoit-là le vrai ſens
de la coutume. On ne doit point admettre lé-
gèrement une interprétation ſi contraire aux premiers principes & au droit commun. Il eſt bien
plus raiſonnable de dire que la coutume ne s'eſt
exprimée ainſi , que dans la ſuppoſition qu'il ne
ſe trouveroit pas de différence entre la groſſe &
l'Embref.

Voyez *les chartes générales du Hainaut , les*
coutumes de Mons , de Valenciennes , de Cam-
breſis , & les articles ABBRÉVIATION , ACTE ,
ÉCHEVINS , JURÉS DE CATTEL , HOMMES DE
FIEFS , DEVOIRS DE LOI. (*Article de M.* MER-
LIN , avocat , &c.)

EMENDER. Terme de palais qui ſignifie
corriger , reformer , &c. ce mot vient du verbe
latin *Emendare.*

On ne ſe ſert de cette expreſſion qu'en pronon-
çant ſur l'appel de la ſentence du juge inférieur
lorſqu'il y a lieu de reformer ſa déciſion. Voici
a peu près la manière de prononcer , uſitée dans
les bailliages : » diſons qu'il a été mal jugé par
» le juge dont eſt appel , bien appelé , *emendant ,*
» déchargeons l'appelant des condamnations
» contre lui prononcées , &c. »

Dans les cours ſouveraines on uſe de cette

formule : » la cour a mis l'appellation & ce dont » eſt appel au néant, *emendant*, &c. » (*Article de M. DAREAU* , &c.)

EMÉRITE. Adjectif par lequel on déſigne celui qui ayant exercé une charge ou un emploi pendant un certain temps, le quitte & jouit néanmoins des honneurs & des récompenſes dûs à ſes ſervices.

Dans les compagnies de judicature au lieu du titre d'*Emérite*, on donne celui de *vétéran* à l'officier qui après s'être démis de ſon office , a obtenu des lettres de vétérance pour jouir des honneurs & des prérogatives qui y ſont attachés. Voyez VÉTÉRAN.

On a donné à Paris dans la faculté des Arts le titre de *profeſſeur Emérite* a celui qui après vingt ans d'exercice juge à propos de ſe retirer. En quittant ſa chaire il conſerve une penſion de cinq cens livres qui ſe prend ſur la ferme ou régie générale des poſtes & meſſageries de France. On peut voir à ce ſujet des lettres-patentes du 3 juin 1766 , & obſerver qu'un profeſſeur Emérite n'eſt plus dans le cas de jouir de cette penſion lorſqu'il eſt pourvu d'un bénéfice excédant mille livres. (*Article de M. DAREAU* , &c.)

EMEUTE. Sédition populaire , ſoulevement tumulte. Voyez EMOTION POPULAIRE.

EMISSION DE VŒUX. C'eſt en termes de juriſprudence canonique , la prononciation ſolemnelle des vœux que fait un novice en s'engageant à obſerver la règle de l'ordre dans lequel il eſt entré. Voyez l'article VŒUX. (*Article de M. DAREAU* , &c.)

EMOLUMENT. Il se dit des profits casuels provenans de l'exercice d'une charge ou d'un emploi, & en ce sens ce mot est par opposition aux revenus fixes qui peuvent y être attachés.

Tout officier ou employé qui perçoit plus qu'il ne lui est dû par les règlemens, commet une CONCUSSION ou une EXACTION. Voyez ce qui est dit à ces deux articles. Voyez aussi les articles EPICES, HONORAIRES, SALAIRES, TARIF, TAXE, &c. (*Article de M. DA-REAU*, &c.)

EMOTION POPULAIRE. Trouble, tumulte, mouvement séditieux excité dans le peuple.

On considère une Emotion populaire du côté du motif qui y a donné lieu & des suites qu'elle a eues pour juger de la gravité d'un délit pareil qui est regardé comme un crime public.

Lorsque l'Emotion a lieu pour s'opposer à l'exécution des ordres du souverain ou de ceux qui le représentent dans les fonctions qui leur sont confiées, c'est alors une rebellion ouverte qui participe du crime de leze-majesté. Quand l'Emotion n'a pas lieu contre l'autorité du souverain ni contre ceux qui en sont les dépositaires, mais simplement contre quelques particuliers sur la conduite ou sur les desseins desquels il s'est repandu de faux bruits ou de mauvais propos, quoiqu'une Emotion pareille soit toujours très-condamnable en ce qu'elle donne atteinte à l'ordre public & à la tranquillité des citoyens, elle n'est cependant pas punie aussi sévèrement, qu'une Emotion de la première espèce.

En considérant une Emotion du côté des suites qu'elle a eues, elle est moins punissable lorfqu'elle n'a été fuivie d'aucun homicide , d'aucun vol ni d'aucun autre accident , que quand elle a été accompagnée de quelqu'une de ces circonftances.

L'Emotion eft auffi beaucoup moins repré-henfible lorfqu'elle s'eft faite fans reflexion & fans port d'armes , que lorfqu'elle a été prémé-ditée , & qu'elle a eu lieu d'une manière violente & les armes à la main.

Les Emotions populaires étoient très-fré-quentes dans ces temps orageux où la France étoit agitée par les divifions qu'occafionnoit la difparité de culte parmi les citoyens. Un édit du mois de juillet 1561 prononca la peine de mort contre ceux qui fomenteroient de pareilles Emotions & ceux qui s'en rendroient com-plices. Comme la tranquillité aujourd'hui eft affurée de toute part , & qu'il eft rare de voir des Emotions dangereufes, on ne s'arrêteroit à cette loi que pour celles qui tendroient à s'op-pofer à l'exécution des ordres du roi avec vio-lence & à main armée ; à l'égard des autres Emotions d'une nature moins criminelle, les au-teurs en feroient punis fuivant les motifs qui les auroient déterminés & fuivant les circonftances; mais il eft toujours vrai de dire qu'il eft rare qu'on les laiffe fans punition , attendu le danger qui pourroit réfulter d'un exemple d'impunité.

L'Emotion populaire & l'attroupement ont entr'eux quelque chofe de commun ; il y a cependant une différence effentielle entre l'un & l'autre. L'attroupement annonce un deffein prémédité , au lieu que l'Emotion paroît être l'effet fubit d'une rumeur, d'une prévention , ou d'un événement inattendu. Une Emotion fe

E e iv

forme quelquefois fans favoir ni pourquoi ni comment, & fans aucune intelligence entre ceux qui concourent à la former ; l'attroupement au contraire à un but marqué ; il eft ordinairement concerté , & il eft toujours plus dangereux qu'une fimple Emotion que le moindre éclairciffement fuffit fouvent pour diffiper. C'eft ce qui fait auffi qu'il y a de ces Emotions d'un inftant , de ces Emotions fi légères , que le miniftère public n'y fait aucune attention.

En fait d'Emotion qui mérite une punition exemplaire, on s'attache à découvrir ceux qui en font les principaux auteurs pour l'avoir fomentée , ou pour l'avoir encouragée , & ceux qui ont profité de la circonftance pour commettre du défordre. A l'égard de ceux qui ont concouru matériellement à la former par leur fimple préfence , comme on ne leur fuppofe aucune mauvaife intention & qu'on préfume qu'ils n'ont été emportés dans la foule que par curiofité , on ne prononce contr'eux aucune peine; au lieu qu'en fait d'attroupement, chaque individu ne laiffe pas d'être coupable quoiqu'il puiffe l'être moins que celui qui l'a confeillé , ou qui s'en eft rendu le chef.

Les auteurs des Emotions populaires font prefque toujours regardés comme des féditieux & punis comme tels. Voyez à l'article ATTROUPEMENT le récit de l'émeute qui fe forma à Paris au mois de mai 1775 , à l'occafion du pain , des farines & des grains. Nous ajouterons ici par forme de fupplément quelques exemples remarquables tirés de l'hiftoire , de différentes Emotions populaires punies fuivant les mœurs du temps où elles ont eu lieu.

Il fut queſtion en 1381, de remettre à Paris les aides, qui y avoient déja eu lieu auparavant. Un particulier qui vendoit du creſſon aux halles, fut le premier envers lequel on voulut exerçer le droit d'aides. Il n'en fallut pas davantage pour donner lieu à une émeute. Les plus échaufés de ceux qui excitoient le tumulte, allèrent prendre à l'hôtel-de-ville un grand nombre de maillets de plomb; on en arrêta pluſieurs, & la punition la plus prompte & la plus facile fut de les jeter à la rivière, pour prévenir la mutinerie du peuple qui ſe préparoit à de nouveaux déſordres ſur l'avis qu'il avoit eu qu'on vouloit faire un exemple plus marqué de ces particuliers. Parmi les ſéditieux étoit le fameux Hugues Aubriot, prévôt des marchands, que le peuple tira des priſons. Le roi, Charles VI, fut obligé de céder pour quelque temps aux clameurs des pariſiens; mais à ſon retour de l'expédition de Flandre, après la bataille de Rosbec en 1382, trouvant ſes ſujets encore mutinés, il en fit arrêter pluſieurs, parmi leſquels les principaux auteurs de la ſédition eurent la tête tranchée aux halles. Dans cette exécution ſanglante fut compris l'avocat général Jean Deſmarets, magiſtrat ſeptuagénaire, dont l'éloquence avoit pluſieurs fois contenu les pariſiens. On lui reprocha de n'avoir point quitté Paris comme les autres membres du parlement, & il n'y étoit demeuré que pour employer ſon crédit à calmer la ſédition. On lui ordonna, ſur l'échafaud, de demander pardon au roi; ce reſpectable vieillard répondit avec fermeté : » J'ai bien ſervi Philippe ſon biſaïeul, » Jean ſon aïeul & Charles ſon père; aucun de

» ces rois ne m'a rien reproché : celui-ci fe-
» roit de même s'il avoit âge & connoiſſance
» d'homme ; c'eſt à Dieu ſeul que je demande
» pardon ».

Il y eut dans ce temps-là à Rouen des Emotions & des ſéditions qui furent punies du même
genre de ſupplice.

Il y en eut auſſi de très-criminelles à Bordeaux en 1548 : quelques-uns des coupables
furent tirés à quatre chevaux, les autres furent
brûlés vifs ou périrent par le ſupplice de la
roue.

En 1590, il y eut une Emotion populaire à
Paris pendant le ſiége de la ville ; le chevalier
d'Aumale y accourut. Nombre de particuliers
furent arrêtés, & il y en eut deux de pendus.

Il y en eut de même une à Tours au mois
d'avril 1621, à la ſuite de laquelle trois des
plus ſéditieux furent pendus & brûlés.

La même année il s'en fit une à Paris qui fut
très-conſidérable entre le petit peuple & ceux
de la religion prétendue réformée. Le prevôt
de l'Iſle y fut envoyé avec ſes archers : ils y
prirent quatre hommes chargés d'effets qu'ils
vouloient emporter ; ils furent mis en priſon.
Deux de ces particuliers furent pendus le lendemain par arrêt de la cour avec des écriteaux
où ils étoient qualifiés de ſéditiex ; les deux
autres furent fouettés la corde au cou & bannis
pour neuf ans.

A Rouen en 1640, il y eut un particulier
qui fut condamné à être rompu & quatre autres à être pendus pour avoir fomenté une
Emotion & l'avoir ſoutenue.

Une Emotion populaire forme un cas royal;

la connoiſſance en appartient aux baillis & ſé-
néchaux royaux, à l'excluſion des autres juges.
Les préſidiaux & les prevôts des maréchaux
peuvent auſſi connoître de ce crime en dernier
reſſort. Voyez *à ce ſujet l'article 11 du titre premier de l'ordonnance de 1670, & l'article 5 de la
déclaration du 5 février 1731, coucernant les cas
prévôtaux & les cas préſidiaux,* &c. Voyez SÉ-
DITION, &c. (*Article de M. DAREAU, avocat, &c.*)

EMPÊCHEMENS DE MARIAGE.

Un Empêchement de mariage eſt un obſtacle
qui s'oppoſe ou pour toujours ou pour un temps
à ce que deux perſonnes ſe marient enſemble.

Parmi les différens Empêchemens de mariage,
il y en a qui ſont de droit naturel, d'autres de
droit divin, d'autres enfin de droit politique.
On regarde par exemple comme un Empêchement de droit naturel, celui qui s'oppoſe au
mariage d'un homme imbécille ou impropre à
la génération. Un Empêchement de droit divin
eſt celui qui a ſa ſource dans la volonté de l'auteur de notre religion. Tel eſt celui qui s'oppoſe
à ce qu'un homme déja engagé dans le mariage
en contraƈte un ſecond pendant que le premier
ſubſiſte. Un Empêchement de droit politique eſt
celui qui vient des lois de l'égliſe ou de l'état :
tel eſt celui qui ne permet pas à un parent
d'épouſer ſa parente dans certains degrés de
parenté, ou à un fils de famille de ſe marier
ſans le conſentement de ſon père & de ſa
mère.

Les Empêchemens de droit naturel & de
droit divin ſont des obſtacles invincibles & qui
annullent les mariages que l'on contraƈte lorſ-

que ces Empêchemens se rencontrent. C'est pour cela aussi qu'on les appelle *dirimans*, parce qu'ils rompent le nœud qu'on avoit voulu former.

Les Empêchemens de droit politique ne sont pas tous de la même force : il y en a qui quoique *dirimans*, ne sont cependant pas pour cela invincibles, parce qu'on peut en obtenir dispense ; il y en a d'autres qui plus légers s'opposent à la vérité à ce que l'on contracte sans en avoir été dispensé, mais qui ne rompent point le mariage lorsqu'il a été célébré sans dispense. C'est pour cela aussi qu'on les appelle simplement Empêchemens *prohibitifs*, parce qu'ils défendent le mariage sans l'annuller.

Dans les premiers temps de l'église on ne connoissoit d'autres Empêchemens que ceux qui étoient de droit naturel ou de droit divin ; mais peu à peu l'église & les empereurs portèrent des lois sur les mariages, & les chrétiens se trouvèrent sujets aux unes & aux autres.

Nous n'entrerons point dans des digressions qui nous meneroient loin, si nous voulions examiner quelle est l'autorité de la puissance ecclésiastique & de la puissance séculière sur les mariages (*). Nous dirons seulement que le mariage étant un sacrement institué non-seulement pour la sanctification de ceux qui le reçoivent,

_____

(*) Voyez à ce sujet le traité pacifique de Gerbais, & ce qu'ont écrit Soto, Marca & de l'Aunoi. Voyez aussi ce que dit l'avocat général Talon lors de l'Arrêt du 16 juillet 1677 rendu sur la fameuse thèse de Jacques l'Huillier, docteur de Sorbonne.

mais encore pour le bien général & pour la perfection du corps des fidèles, nos rois n'improuvent aucun de ces règlemens que l'église peut faire pour prévenir les abus du mariage & pour maintenir la dignité du sacrement ; tout comme l'église ne conteste pas non plus à nos rois ni aux autres princes souverains le droit d'en faire de leur côté pour l'avantage de leurs sujets. Mais il est bon de se rappeler ici deux règles inviolablement observées en France, l'une que la loi positive ecclésiastique ne peut point donner d'atteinte à la loi positive des souverains quand celle-ci n'est contraire ni à la loi naturelle ni à la loi divine ; & l'autre que la discipline établie par la loi positive ecclésiastique ne peut faire loi dans un état sans avoir été reçue & approuvée du souverain. C'est ce qui fait qu'en France on ne s'est point arrêté à la discipline du concile de Trente sur le point où il décide que les mariages des enfans de famille sont valables quoique faits sans le consentement de leur père & de leur mère ; nos lois exigent ce consentement d'une manière impérieuse.

· Observez encore qu'on ne regarde comme vrais Empêchemens canoniques que ceux qui émanent de l'église assemblée, & que chaque supérieur ecclésiastique en particulier n'a point le droit d'en introduire seul de nouveaux, ni d'abroger ceux qui se trouvent introduits ou par les canons ou par un très-ancien usage, sans quoi l'on pourroit donner atteinte à l'uniformité des règles & introduire le désordre & la confusion.

Pour entrer actuellement en matière sur ce

qui fait l'objet de cet article, nous le diviferons en trois parties.

Dans la première nous parlerons des Empê-chemens fimplement *prohibitifs*.

Dans la feconde, des Empêchemens *diri-mans*, & nous en remarquerons de trois fortes qui feront le fujet d'autant de fections particu-lières.

Dans la troifième, nous parlerons des dif-penfes que l'on peut obtenir relativement à différens Empêchemens.

PREMIÈRE PARTIE.

Des Empêchemens prohibitifs.

Ces Empêchemens qu'on appelle auffi Empê-chemens *empêchans*, diffèrent, comme nous l'avons dit, des Empêchemens *dirimans*, en ce que ceux-ci font un obftacle pendant qu'ils fub-fiftent, à la validité du mariage ; au lieu que les autres gênent feulement la liberté des parties qui veulent femarier, mais fans nuire à la vali-dité de leur union, lorfqu'ils les ont furmontés même fans difpenfe.

Ces Empêchemens fe diftinguent en Empê-chemens canoniques & en Empêchemens civils. Les Empêchemens de la première efpèce fe trouvent compris dans les trois vers latins fui-vans :

Ecclefiæ vetitum, nec non tempus feriatum ;
Atque catechifmus, fponfalia, jungite votum,
Impediunt fieri, permittunt facta teneri.

Voici l'explication de ces Empêchemens :
Ecclefiæ vetitum (défenfe de l'églife). Cet Empêchement a lieu lorfque l'évêque ou le juge

eccléfiaftique défend de procéder à la célébration d'un mariage jufqu'à ce que les parties aient
rempli certaines obligations jugées néceffaires
pour le rendre licite. Il eft rare de voir de ces
fortes de défenfes, mais lorfqu'elles furviennent,
les parties font en confcience obligées d'y ob-
tempérer.

Tempus feriatum (temps de férie). Il y a des
temps dans l'année qui font particulièrement
confacrés à la prière & pendant lefquels l'églife
veut que l'on s'abftienne de fe marier. Ces
temps font aujourd'hui depuis le premier dimanche de l'Avent jufqu'au jour de l'Epiphanie,
& depuis le mercredi des Cendres jufqu'au dimanche de l'octave de Pâques (*).

Catechifmus (le catéchifme). Cela ne peut
s'entendre aujourd'hui que de l'obligation où
l'on eft d'être inftruit des préceptes de la religion, & de ceux notamment qui concernent
les devoirs auxquels on s'engage dans l'état du
mariage. Anciennement on donnoit un parain
au catéchumène qui fe préfentoit au baptême,
& il en réfultoit une efpèce d'affinité fpirituelle
qui s'oppofoit au mariage entre une fille préfentée à l'inftruction & celui qui lui avoit fervi
de parain de catéchifme : mais nous verrons
ci-après qu'il n'eft plus queftion de cet ufage.

Sponfalia (les fiançailles). Lorfqu'on a pris
des engagemens folemnels à la face de l'églife
avec une partie, on ne peut licitement paffer
au mariage avec une autre partie, à moins que

(*) Anciennement il étoit défendu de fe marier trois
femaines avant la fête de faint Jean-Baptifte, afin de mieux
obferver le temps des rogations.

ce ne foit du confentement de celle envers laquelle on s'étoit d'abord engagé, ou qu'il n'y ait une fentence du juge d'églife, lequel ayant pris connoiffance des raifons pour lefquelles on a rétracté les engagemens, les déclare nuls & comme non - avenus. *Voyez* l'article FIANÇAILLES.

Votum (le vœu). Lorfqu'on a fait le vœu fimple de chafteté ou d'entrée en religion, on ne peut point licitement fe marier fans en avoir été relevé par l'évêque ou par le pape. Obfervez qu'il ne s'agit ici que d'un vœu fimple : car s'il étoit queftion de vœux folemnels, le mariage célébré après l'émiffion de ces vœux feroit non valablement contracté comme on le verra dans la *partie* fuivante.

Les Empêchemens civils font ceux qui naiffent pour d'autres caufes que les caufes canoniques dont nous venons de parler, & dont l'efpèce ni le nombre ne peuvent être déterminés. Ces Empêchemens ne fe fuppofent point; il faut qu'ils foient fignifiés par un acte qu'on appelle oppofition. Une oppofition n'empêche pas à la vérité que le mariage ne foit valablement célébré lorfqu'il n'y a pas d'ailleurs de ces Empêchemens dirimans dont nous allons parler; mais les prêtres qui paffent outre à ces oppofitions avant qu'il y en ait main-levée, font dans le cas d'être repris.

Les oppofitions portent quelquefois tant fur des moyens canoniques que fur des moyens civils, & alors il faut obtenir main-levée des moyens canoniques devant le juge d'églife, & des moyens civils devant le juge féculier & royal.

Lorfqu'il

Lorsqu'il est dit en général pour des moyens
à déduire en temps & lieu sans parler de moyens
canoniques, la main-levée du juge séculier
suffit.

Les oppositions dont nous parlons peuvent
avoir lieu non-seulement à l'égard de la célébration du mariage, mais encore sur la simple
publication de bans : elles sont dans le cas de
tout arrêter ; mais voyez à ce sujet les articles
OPPOSITION & MARIAGE.

SECONDE PARTIE.

Des Empêchemens dirimans.

Ces Empêchemens sont tels, comme nous
l'avons dit, qu'ils rompent un mariage dans
lequel ils se rencontrent ; ou pour parler plus
exactement, qu'ils empêchent qu'il ne soit valablement contracté.

Parmi ces Empêchemens il y en a, comme
nous l'avons observé des précédens, qui sont
émanés des lois de l'église & qu'on nomme
canoniques ; & d'autres qui sont émanés des lois
de l'état & qu'on nomme civils.

Les Empêchemens de la première espèce sont
renfermés dans les six vers suivans :

Error, conditio, votum, cognatio, crimen ;
Cultûs disparitas, vis, ordo, ligamen, honestas ;
Si fis affinis, si forte coire nequibis ;
Si parochi & duplicis desit præsentia testis ;
Rupta loco mulier si non sit reddita tuto ;
Hæc facienda vetant connubia, facta retractant.

En expliquant ces Empêchemens, voici sur
quoi ils portent : 1°. sur l'erreur concernant la
personne, *error* : 2°. sur l'état de cette personne

lorfqu'il s'agit de favoir fi elle eft libre ou non, *conditio* : 3°. fur fa parenté pour favoir dans quelle ligne & à quel degré, *cognatio* : 4°. fur le crime qu'on s'eft permis pour parvenir au mariage, *crimen* : 5°. fur la diverfité de culte de religion qui peut fe trouver entre les deux parties, *cultus difparitas* : 6°. fur la violence exercée pour porter au mariage, *vis* : 7°. fur l'engagement dans un ordre facré, *ordo* : 8°. fur l'engagement dans un premier mariage fubfif-tant, *ligamen* : 9°. fur ce qui fe trouve con-traire à l'honnêteté publique, *honeftas* : 1°. fur l'affinité qui peut fe trouver entre les deux par-ties, *fi fis affinis* : 11°. fur l'impuiffance à con-fommer le mariage, *fi forte coire nequibis* : 12°. fur le défaut de préfence du curé & de deux témoins, *fi parochi & duplicis defit præ-fentia teftis* : 13°. fur le rapt de la perfonne qu'on vouloit époufer, *rapta loco mulier fi non fit reddita tuto.*

Tous ces Empêchemens font autant d'obfta-cles canoniques à la validité du mariage, *hæc facienda vetant connubia, facta retractant.*

Les lois du royaume en adoptant ces Em-pêchemens en ont ajouté d'autres qu'on nomme *civils* & qui font auffi dirimans que ceux qui font établis par l'églife. Mais pour donner une idée plus étendue des uns & des autres, nous allons tous les divifer en trois fections.

Dans la première nous parlerons des Empê-chemens abfolus.

Dans la feconde, des Empêchemens rela-tifs.

Dans la troifième, des Empêchemens de formalités.

SECTION PREMIÈRE.

Des Empêchemens dirimans absolus.

Ces Empêchemens nommés *absolus*, parce qu'ils font tels, qu'ils empêchent la personne en qui ils se rencontrent de contracter aucun mariage, font au nombre de six : 1°. le défaut de raison ; 2°. le défaut de puberté ; 3°. l'impuissance ; 4°. un premier mariage subsistant ; 5°. la profession religieuse ; 6°. l'engagement dans les ordres sacrés.

1°. *Le défaut de raison.* Le mariage étant un contrat, il est évident qu'il faut que celui qui s'y engage soit doué d'assez de raison pour connoître les obligations qu'il contracte, de sorte que s'il est dans un état de démence ; il ne peut s'engager à rien, à moins qu'il n'ait de ces intervalles qu'on nomme *lucides* & qu'il en profite ; encore est-il à observer que si la démence avoit précédé le mariage, & qu'après elle se manifestât de nouveau, ce seroit à ceux qui auroient intérêt à soutenir la validité du mariage, à prouver qu'il a été contracté & célébré dans un intervalle où la personne retombée en démence jouissoit de son bon sens.

Il ne faut pas confondre avec les imbécilles ceux qui font dominés par quelqu'idée particulière qui leur revient sans cesse, & qu'on nomme *maniaques* à raison de telle ou telle manie qui les possède (*). Les muets & les sourds ne sont

_____

(*) Tel étoit, par exemple au récit d'Horace, cet homme qui croyoit toujours entendre d'excellens acteurs, & qui battoit des mains comme s'il avoit été au spectacle;

pas non plus exclus du mariage : il suffit que ces personnes comprennent ce qu'on leur fait entendre par l'écriture ou par des gestes , & que de leur côté elles puissent de la même manière manifester leur intention, leur volonté.

2°. *Le défaut de puberté.* Pour être habile au mariage, il faut être habile à le consommer : cette habilité vient de la nature : c'est par-là en quelque sorte qu'elle achève son ouvrage. On a remarqué que cette perfection se trouvoit à quatorze ans accomplis chez les garçons , & à douze chez les filles. Cependant comme il arrive quelquefois que cette perfection arrive avant l'âge dont nous parlons, puisqu'on a vu des filles devenir enceintes avant qu'elles eussent atteint leur douzième année , on ne pourroit plus exciper du défaut de l'âge de puberté si elle se manifestoit par le fait qui l'emporte toujours sur la simple présomption. C'est ce qu'a jugé un arrêt rapporté par Bouguier.

Observez en même-temps que si depuis l'âge de puberté survenue , dans les cas où elle ne s'est pas manifestée plutôt, les conjoints ont continué de demeurer ensemble comme mari & femme , cette co-habitation suffit pour rétablir tacitement leur mariage. C'est une doctrine avouée de tous les canonistes , & notamment

---

c'étoit d'ailleurs, dit il, un parfait honnête homme remplissant bien ses devoirs de citoyen.

Fuit haud ignobilis argis
Qui se credebat miros audire tragædos ,
In vacuo lætus sessor , plausorque theatro :
Cætera qui vitæ servabat munia recto
More.

de Fevret. Traité de l'abus, *livre 5*, *chapitre premier*, *n. 7*.

3°. *L'impuissance.* On entend ici par impuissance un vice dans les organes de la génération, lequel rend la personne qui en est affectée incapable de consommer le mariage.

N'importe que l'impuissance soit un défaut de la nature ou l'effet d'une cause accidentelle ; il suffit que cette impuissance se trouve lorsqu'on veut se marier pour que le mariage soit invalide. Il en seroit autrement si cette impuissance n'étoit que passagère ou qu'elle ne fût survenue que depuis l'union conjugale, elle ne seroit point en ce cas un obstacle à la stabilité de cette union.

On ne peut guères s'empêcher de regarder comme impuissantes les personnes qui se marient dans un âge très-avancé ; cependant comme il y a des exemples où ces personnes ont prouvé le contraire, on ne leur interdit point le mariage, qui d'ailleurs est autant regardé comme l'union des cœurs que celle des corps.

Il y a encore beaucoup de choses à dire sur le genre d'Empêchement dont il s'agit ; mais nous nous réservons d'en parler plus au long à l'article IMPUISSANCE.

4°. *Un premier mariage subsistant.* C'est une maxime reçue parmi les chrétiens, qu'un mari ne doit avoir qu'une femme, & une femme qu'un seul mari ; pendant que subsiste un premier lien, on ne peut absolument en former un nouveau. L'erreur & la bonne foi des parties ne changent rien à cette loi ; de sorte que si une femme croyant mort son mari absent depuis long-temps, passoit entre les bras d'un nouvel époux,

& que le premier vînt à reparoître, elle feroit obligée de retourner avec lui ; c'eft ce qui fe paffa à l'occafion du fameux Jean Maillard qui revint au pays après quarante années d'abfence : fa femme remariée fur la foi d'un certificat de mort, ne vouloit plus le reconnoître ; cependant il fit voir qu'il étoit fon prémier mari, & les nouveaux liens qu'elle avoit formés fe trouvèrent diffous. On peut voir dans le journal des audiences l'arrêt rendu à ce fujet le 4 août 1674.

Tout l'effet que peut produire la bonne foi des deux parties qui ont contracté vainement le fecond mariage, c'eft que les enfans qui en font provenus font regardés comme légitimes, & qu'ils participent à la fucceffion de leur père & de leur mère.

Lorfqu'il y a eu un premier mariage, le conjoint qui croit l'autre décédé doit avant d'être admis à convoler, rapporter un certificat de mort de ce conjoint ; & lorfque ce certificat ne peut être tiré des regiftres ordinaires des fépultures attendu ou qu'il ne s'en trouve pas, ou qu'ils ont été perdus, on doit y fuppléer par un acte de notoriété donné par des témoins devant le juge des lieux.

Le certificat du major ou du commandant d'un régiment qui attefte qu'un homme d'une de fes compagnies a été trouvé parmi les morts à une telle action, eft un certificat fuffifant.

5°. *La profeffion religieufe.* L'hiftoire de l'églife nous apprend que les vœux folemnels en religion n'ont pas toujours été regardés comme un Empêchement dirimant pour le mariage. Nous n'entrerons pas dans une énumération inutile de

divers paſſages tirés des écrits ou des papes,
ou des évêques, ou des conciles, tous propres
à établir cette vérité : il nous ſuffit d'obſerver
que depuis le ſecond concile de Latran tenu
l'an 1139, les vœux dont nous parlons ſont regardés comme un Empêchement marqué pour
les perſonnes de l'un & de l'autre ſexe. Le concile de Trente a confirmé cette diſcipline (*)
qui eſt obſervée parmi nous : car Gilberte d'An-
glot, religieuſe profeſſe, ayant embraſſé le cal-
viniſme & s'étant mariée, ſon mariage fut déclaré nul par arrêt du 17 juillet 1630, rapporté
dans le recueil de Bardet.

Obſervez que la profeſſion religieuſe dont
nous parlons s'entend d'une profeſſion ſolemn-
nelle, expreſſe & dans un ordre religieux regardé comme tel par les lois de l'égliſe & de
l'état : car il y a pluſieurs communautés eccléſiaſtiques dont les membres ne ſont nullement
gênés pour le mariage. Leurs vœux ne ſont tout
au plus que des vœux ſimples qui ne forment
point un Empêchement dirimant.

6°. *L'engagement dans les ordres ſacrés.* Les
ordres ſacrés ſont l'épiſcopat, la prêtriſe, le
diaconat & & le ſous-diaconat. Il ſuffit que l'on
ſoit revêtu de l'un de ces ordres, ou pour mieux
dire, qu'on ait reçu ſeulement le ſous-diaconat
pour qu'on ſoit devenu inhabile à contracter
aucun mariage : il n'en étoit pas de même anciennement, comme nous venons de le voir en

---

(*) Voici en quels termes s'explique le concile :
*Si quis dixerit regulares caſtitatem ſolemniter profeſſos
poſſe matrimonium contrahere, contractumque validum
eſſe,.... anathema ſit.* (ſeſſ. 14, can. 9.)

parlant de la profeſſion religieuſe ; mais depuis le concile de Trente adopté en France ſur cet article , il n'y a plus de difficulté à ce ſujet (*).

Obſervez que ſi le mariage étoit célébré avant qu'on eut reçu un ordre ſacré, ce mariage n'en demeureroit pas moins dans toute ſa validité : le mari qui s'y feroit fait promouvoir encourroit ſeulement les peines attachées à la profanation de l'ordre qu'il auroit indûment reçu.

SECTION DEUXIÈME.

Des Empêchemens dirimans relatifs.

Ces Empêchemens portent ſur l'incapacité où ſont deux perſonnes, non pas préciſément de ſe marier , mais de ſe marier enſemble ; & cette incapacité a neuf motifs : 1º. la parenté naturelle ; 2°. la parenté civile ; 3°. l'affinité naturelle ; 4°. l'affinité ſpirituelle ; 5°. l'honnêteté publique ; 6°. le rapt & la féduction ; 7°. l'adultère de l'un des conjoints ; 8º. le meurtre de l'un d'eux ; 9°. la diverſité de religion.

1°. *La parenté naturelle.* Cette parenté dérive de la liaiſon que la nature a miſe entre deux perſonnes qui deſcendent ou l'une de l'autre , ou d'une ſouche commune.

_____

(*) Voici encore comment s'explique ce concile ſur la matière.

Si quis dixeris clericos in ſacris ordinibus conſtitutos, vel regulares caſtitatem ſolemniter profeſſos, poſſe matrimonium contrahere , contractumque validum eſſe , non obſtante lege eccleſiaſticâ vel voto.... anathema ſit. (ſeſſ. 24, can. 9 de reform. matrim.)

Lorſque les perſonnes deſcendent l'une de l'autre, elles ſont parentes en ligne *directe*; lorſqu'elles deſcendent d'une ſouche commune, elles le ſont en ligne collatéralle. *Voyez* LIGNE & PARENTÉ.

Deux perſonnes peuvent être parentes entre elles d'une manière plus ou moins proche, ſuivant qu'il y a plus ou moins de générations intermédiaires entr'elles & la ſouche commune. Ainſi en ligne directe le père eſt plus près de ſon fils que de ſon petit-fils, plus près de celui-ci que d'un arrière-petit-fils, & plus près de ce dernier que de ſes autres deſcendans. Par la même raiſon, en remontant le fils eſt plus près de ſon père que de ſon aïeul, plus près de ſon aïeul que de ſon biſaïeul, & ainſi des autres aſcendans.

Il en eſt de même en ligne collatérale : je ſuis plus proche parent de ma ſœur que de ma couſine germaine, plus proche de celle-ci que de ſa fille, & plus encore de ſa fille que des enfans de celle-ci.

Ce ſont ces différentes proximités qu'on appelle degrés de conſanguinité : je ſuis au premier degré avec mon père, au ſecond avec mon aïeul, au troiſième avec mon biſaïeul, &c. ou en deſcendant je ſuis au premier avec mon fils, au ſecond avec mon petit-fils, au troiſième avec mon arrière-petit-fils, ainſi des autres.

En ligne collatérale les degrés ſe comptent différemment ſuivant le droit civil, pour les ſucceſſions; on remonte d'un parent juſqu'à la ſouche commune pour revenir de l'autre côté juſqu'à l'autre parent. Ainſi pour ſavoir à quel degré je suis avec mon oncle, je remonte à mon père, ce qui fait un degré ; de mon père à mon aïeul, ce qui fait deux degrés ; & de mon aïeul je reviens à mon oncle, ce qui fait trois degrés; ainsi nous sommes parens mon oncle & moi au troisième degré. Par cette manière de compter, je suis au quatrième degré avec mon cousin germain, au sixième avec mon cousin issu de germain, & ainsi des autres degrés.

Mais en fait de mariage la parenté se compte suivant le droit canonique en ligne collatérale comme en ligne directe. Ceux qui se trouvent sur la même ligne de la première génération sont parens au premier degré, ceux qui se trouvent sur la seconde le sont au second, ainsi des autres. La sœur & le frère sont dès-lors au premier degré ; le cousin germain & la cousine germaine au second, &c.

Quand les collatéraux ne se trouvent pas sur la même ligne, on ne compte à la vérité que les générations qu'il y a depuis l'un des parens jusqu'à la souche commune, mais on doit les compter depuis celui des parens qui est le plus éloigné de cette souche commune. Ainsi l'oncle & la nièce sont entr'eux au second degré de parenté collatérale : car depuis la nièce qui est la personne la plus éloignée de la souche commune, jusqu'à son aïeul, qui est le père de l'oncle & qui fait cette souche commune, il y a deux générations, & par conséquent deux degrés. Par la même raison un grand oncle & sa petite nièce sont au troisième degré. C'est ce qui a fait introduire cette maxime que les parens en ligne collatérale inégale sont éloignés entr'eux d'autant de degrés que la personne la plus reculée est elle-même éloignée de la souche commune. *In lineâ collaterali inæquali, quoto gradu remotior persona distat à communi stipite, tot gradibus distant cognati inter se.*

D'après ces observations préliminaires, pour en revenir actuellement à l'Empêchement de parenté pour le mariage, nous n'entrerons pas dans plusieurs dissertations philosophiques pour savoir si cet Empêchement est dans l'ordre de la nature ou simplement dans celui de la politique : nous dirons seulement qu'en ligne directe suivant nos mœurs, non-seulement un parent ne peut point se marier avec sa parente à quelque degré qu'ils soient l'un de l'autre, mais encore qu'un simple commerce charnel & passager seroit regardé comme un inceste.

A l'égard de la parenté en ligne collatérale, la discipline de l'église a varié. Dans les premiers temps les lois romaines étoient celles auxquelles on se conformoit. Le mariage du frère & de la sœur, du neveu avec la tante & même la grand'tante ; de l'oncle avec sa nièce, & même sa petite nièce, étoient défendus comme incestueux.

L'empereur Claude pour satisfaire la passion qu'il avoit pour Agrippine, fille de son frère Germanicus, qu'il vouloit épouser, fit porter une loi par le sénat qui permit aux oncles d'épouser les filles de leur frère ; mais cette loi trouvée contraire aux bonnes mœurs, n'engagea personne à suivre l'exemple de l'empereur.

Pour ce qui est du mariage d'un cousin germain avec sa cousine germaine, ce mariage n'étoit point défendu, mais Théodose le grand le défendit. Arcade & Honorius ses successeurs confirmèrent la loi de Théodose pour la nullité d'un pareil mariage, mais ils supprimèrent la peine du feu qui y étoit attachée.

Arcade ensuite changea de sentiment & permit les mariages entre cousins germains. Justinien en fut aussi l'approbateur (*) comme on peut le voir par la loi 19 au code *de nupt.*

Dans la partie occidentale de l'empire échue à Honorius, ce prince renouvela la défense de Théodose, à moins qu'on ne s'adressât à lui pour obtenir la permission de contracter de ces sortes de mariages.

Cette défense s'étendit par la suite bien plus loin : on la porta des cousins germains, aux cousins issus de germain, de ceux-ci aux cousins du quatrième degré, & par succession de temps du quatrième degré au cinquième & au sixième inclusivement.

Les ecclésiastiques s'étant accoutumés dans les conciles à faire des lois sur cet article, allèrent si avant que les mariages furent défendus entre parens d'une manière illimitée. Le concile d'Agde tenu l'an 506, les regarda comme incestueux à quelque degré qu'ils fussent.

Mais d'autres conciles tenus dans le même siècle chez les Bourguignons & chez les François, bornèrent la défense jusqu'au troisième degré inclusivement.

Cette défense s'étendit sur la fin du septième

(*) M. Pothier releve fort à propos l'erreur que l'auteur du *traité des mariages* avoit glissée dans son ouvrage en assurant que Justinien avoit défendu les mariages entre cousins-germains.

fiècle au quatrième degré , & dans le huitième fiècle elle redevint illimitée dans tous les degrés.

Il fallut comme on peut bien le croire en revenir à une limitation de parenté , car il arrivoit très-fouvent qu'il falloit rompre des mariages qui fe trouvoient nuls à raifon d'une parenté dont on ne fe doutoit pas , & fur laquelle on n'avoit point par conféquent fongé à obtenir des difpenfes, ce qui occafionnoit des troubles dans les familles & des inconvéniens à l'infini. Mais pour abréger fur l'hiftoire de toutes ces variations qui nous meneroit trop loin , nous obferverons que la prohibition étoit au fixième degré·lorfque fut tenu en 1215 le concile général de Latran , où l'on borna la défenfe du mariage entre parens au quatrième degré inclufivement (*).

Mais après la tenue de ce concile , on agita la queftion de favoir fi le mariage étoit permis entre parens dont l'un feroit au quatrième & l'autre au cinquième degré ? l'affirmative fut décidée par le pape Grégoire IX ; de forte qu'il fuffit que l'un des futurs conjoints foit hors du quatrième degré pour que le mariage puiffe valablement s'accomplir.

Une autre queftion qui s'eft élevée depuis a été de favoir fi un oncle pouvoit époufer fa niéce lorfquelle fe trouvoit au cinquième degré?

_____

(*) Voici quelles font les difpofitions de ce concile :

...... *Prohibitio copulæ conjungalis quartum confanguinitatis & affinitatis gradum de cætero non excedat, quoniam in ulterioribus gradibus jàm non poteft abfque gravi difpendio generaliter obfervari.*

Covarruvias qui décide l'affirmative a été fuivi par l'auteur des conférences de Paris : cependant M. Pothier fait des difficultés de fe rendre à cette décifion fous prétexte qu'un oncle tient lieu de père à la poftérité de fon frère, *quia avunculi parentum loco habentur* : il eft vrai qu'il y a une fimilitude de paternité & de defcendance mais cette fimilitude n'eft abfolument qu'en idée : au fond une très-arrière petite nièce n'eft jamais à un oncle ce qu'une très arrière petite fille eft à un père quelque reculé qu'il foit. D'ailleurs la décifion du concile de Latran & celle de Grégoire IX ayant fixé la parenté pour le mariage en ligne collatérale fans faire d'exception, ce feroit mal à propos fe donner des entraves pour une difficulté qui ne roule que fur une idée de fimilitude tandis que fi cette fimilicitude pouvoit faire fenfation, il faudroit l'admettre dans les coufins comme dans les oncles, parce qu'en idée les coufins d'un degré font regardés comme oncles aux parens d'un degré inférieur : auffi dit-on qu'à la mode de Bretagne les coufins germains font oncles des coufins iffus de germain.

Le vulgaire eft dans l'idée que les mariages entre parens aux degré prohibé, font des mariages défagréables aux yeux de la divinité, & qu'ils doivent rarement profpérer ; mais les gens inftruits favent qu'une prohibition à cet égard ne peut être raifonnablement fondée que fur deux motifs, l'un politique & l'autre moral ; le premier pour empêcher que les familles ne fe refferrant de trop près ne forment des cabales, des troubles & des divifions dans un état ; le fecond pour entretenir le chafteté dans les mœurs, afin que le frère & la fœur, le coufin

& la coufine vivant ou ayant occafion de vivre fréquemment enfemble foient détournés de tous ces défordres qu'entraîne la familiarité des deux fexes par la confidération que leur parenté eft un obftacle à ce qu'ils puiffent former une union légitime.

Obfervez que l'Empêchement dont nous parlons dérive autant d'une parenté illégitime, que d'une parenté honnête & reconnue. Ainfi un bâtard ne peut pas plus époufer fa coufine fuivant le fang qu'il ne le pourroit s'il étoit enfant légitime ; c'eft la proximité feule du fang que l'on confidère en pareil cas.

2°. *La parenté civile.* Cette parenté connue chez les romains, étoit celle qui fe formoit par l'adoption entre la perfonne adoptée & fon père adoptif ; entre cette même perfonne & tous les parens du nom & de la famille de ce père adoptif.

Une telle parenté formoit le même Empêchement que la parenté naturelle ; mais il falloit que l'adoption fût véritable & faite d'une manière folennelle.

Comme l'adoption n'eft plus, depuis longtemps, en ufage parmi nous (*), cette efpèce de parenté ne forme plus d'Empêchement.

3°. *L'affinité naturelle.* On entend par affinité ce qu'on entend plus communément par *alliance*. L'affinité proprement dite, eft le rapport qu'il y a entre l'un des conjoints & les parens de l'autre conjoint.

_____

(*) On trouve des exemples d'adoption fous la première race de nos rois : cette cérémonie fe faifoit en préfence du monarque, & l'acte qui en étoit dreffé accordoit tous les droits de fils légitime.

Quoiqu'il n'y ait pas de fouche commune entre les alliés pour diftinguer le degré de leur affinité, on ne laiffe pas de la mettre dans la même ligne & au même degré qu'eft leur parenté avec l'autre conjoint.

Le mariage feul eft la fource de l'affinité naturelle. Dans le droit civil, elle s'établit par la feule célébration du mariage ; mais dans le droit canonique, pour qu'elle foit un Empêchement, il faut que le mariage ait été confommé.

L'affinité tout comme la parenté en ligne directe, eft un Empêchement à quelque degré qu'elle fe trouve ; mais en ligne collatérale cela eft différent : les canoniftes, avant le troifième concile de Latran, diftinguoient trois genres d'affinité en collatérale.

Le premier étoit de celle qui fe trouvoit entre l'un des conjoints & les parens de l'autre conjoint, & c'étoit la feule qui fût un Empêchement par les lois romaines dans les premiers temps de l'églife.

Le fecond étoit de celle qu'on avoit imaginée entre l'un des conjoints & les alliés de l'autre conjoint.

Le troifième enfin, de celle qu'on mettoit entre l'un des conjoints & les alliés du fecond mariage de l'autre conjoint.

De forte que la femme de mon frère, dans ces temps-là, auroit été non-feulement mon alliée, mais c'eft qu'après la mort de fon mari, elle m'auroit donné en fe remariant un nouvel allié dans la perfonne de fon fecond mari, & ce fecond mari en fe remariant, m'auroit donné une nouvelle alliance avec fa feconde femme.

Mais ces deux derniers genres d'affinité ont été

fupprimés

supprimés par le concile de Latran; & l'on tient pour maxime, aujourd'hui, que l'affinité feule n'engendre point d'autre affinité. Ainfi la fœur de ma belle-fœur n'est pas mon alliée, fon frère n'est pas non plus l'allié de ma fœur: mais l'affinité du premier genre s'étend ainfi que la parenté jufqu'au quatrième degré, de forte qu'après la mort de ma femme je ne pourrois point époufer fa parente au quatrième degré attendu qu'elle fe trouve mon alliée au même degré.

Nous venons de parler d'une affinité réfultante d'un mariage valablement célébré; il reste à remarquer qu'un commerce charnel, quoique illicite, produit auffi une affinité naturelle, & cette affinité étoit autrefois un Empêchement qui s'étendoit auffi loin que l'affinité conjugale; mais le concile de Trente l'a restreinte au fecond degré inclufivement. Voyez l'article AFFINITÉ.

Remarquez que cette affinité qui naît d'un commerce illicite, n'est un Empêchement qu'autant qu'elle est notoire & qu'elle a éclaté dans le public. C'est la décifion du pape Alexandre III, au chapitre 4 du titre *de eo qui cogn. confang.* Ce pape obferve en même-temps qu'il ne fuffit pas d'une rumeur de voifinage pour établir ce commerce charnel, mais qu'avec cette rumeur il faut encore des preuves raifonnables & dignes de foi. D'où il fuit que fur une demande en caffation ayant pour motif une affinité purement charnelle, il faut deux chofes pour être écouté; la première, qu'il foit conftant que le commerce illicite étoit notoire avant la célébration du mariage; la feconde, qu'il foit prouvé qu'effectivement il y a eu un

commerce illicite, & ajoutez que cette preuv
ne peut être ordonnée qu'autant qu'il eſt d'a
bord reconnu qu'il y avoit ſur ce fait un brui
public au temps du mariage ; car il ſeroit inutil
d'ordonner une preuve ſur la réalité du fait,
d'ailleurs ce fait n'étoit point divulgué, puiſqu
l'affinité ſecrète, comme nous l'avons dit, n'eſt
point un Empêchement.

Obſervez auſſi que lorſqu'il s'agit d'en veni
à une preuve ſur le fait du commerce illicite
il ſeroit très-indécent de permettre d'obteni
des monitoires pour en acquérir la connoiſſance
Celui qui allègue le fait doit être en état de l
prouver, ſans quoi ſon allégation doit être re
gardée comme dénuée de fondement.

L'affinité illicite dont nous venons de parler
s'entend de celle qui a eu lieu avant le mariage
car, lorſqu'elle ne ſurvient qu'après l'union cor
jugale, cette affinité n'eſt point capable d'e
rompre le lien. Les canoniſtes décident ſeule
ment que le conjoint coupable ne peut plu
demander le devoir conjugal à l'autre conjoint
mais qu'il ne peut être refuſé à celui-ci lorſqu'
l'exige.

4°. *L'affinité ſpirituelle.* Cette eſpèce d'affi
nité eſt celle qui ſe forme par le ſacrement d
baptême entre la perſonne baptiſée, le parrai
ou la marraine, & la perſonne qui a conféré l
ſacrement. Le baptême produit encore une affi
nité contractée par la perſonne qui a conféré l
baptême, par le parrain & la marraine avec l
père & la mère de la perſonne baptiſée. Voye
à ce ſujet les articles AFFINITÉ & COMPÉ
RAGE.

Cette alliance ſpirituelle qui eſt un Empê

chement au mariage, s'étendoit anciennement plus loin. La perfonne baptifée devenoit alliée non-feulement à fon parrain & à fa marraine, mais encore à leurs enfans. Le parrain & la marraine contractoient auffi par-là une efpèce d'alliance entr'eux; mais le concile de Trente (feff. 24, *de reform. matr.* ch. 2.) en reftreignant cette même alliance à celle, comme nous l'avons dit, que contractent la perfonne qui baptife, & le parrain & la marraine, avec la perfonne baptifée & le père & la mère de cette même perfonne baptifée, a abrogé les Empêchemens de mariage qu'on faifoit réfulter auparavant des autres efpèces de cette alliance fpirituelle.

Le facrement de confirmation produiroit la même affinité & le même Empêchement que le facrement de baptême, fi l'on étoit encore dans l'ufage comme anciennement, de donner aux perfonnes préfentées à la confirmation un parrain & une marraine; mais cet ufage ne fubfifte prefque plus nulle part dans ce royaume.

Obfervez au fujet du baptême, que, dans l'ancienne églife, celui qui préfentoit un catéchumène à l'inftruction qui précédoit le facrement, & qu'on nommoit *parrain de catéchifme*, contractoit une alliance fpirituelle qui formoit un Empêchement, quoique ce ne fût pas lui qui l'eût depuis préfenté au baptême. Mais ce parrain n'eft plus néceffaire; d'ailleurs, quand cette cérémonie fe renouvelleroit dans une occafion comme pour le baptême d'une fille juive ou d'une autre infidèle qui fe propoferoit d'embraffer la foi, il n'en réfulteroit aucune alliance

Gg ij

entr'elle & le préfentant, à moins qu'il ne deî vînt fon vrai parrain lors du baptême.

Obfervez encore qu'on ne devient véritablement parrain ou marraine qu'en tenant l'enfant comme parrain ou marraine lors du baptême ; car, fi l'on ne fervoit de parrain ou de marraine que lorfqu'on fupplée les cérémonies du baptême, il n'en réfulteroit aucune alliance fpirituelle : le concile de Trente n'en reconnoît d'autre que celle qui eft formée par le facrement même.

5°. *L'honnêteté publique.* On entend par honnêteté publique, tout ce qui a rapport à la chafteté, à la décence & à la fageffe des mœurs. Ce qui fe trouve dans un mariage de contraire à cette honnêteté, devient un Empêchement. Mais pour qu'on n'abufât point d'une réclamation de l'honnêteté publique pour empêcher ou pour troubler des mariages déja faits, on a reftreint cette honnêteté à deux points principaux, dont l'un concerne les fiançailles ou les promeffes de fe marier, & l'autre le mariage célébré, mais non confommé.

Quoique les fiançailles feules ne produifent point d'affinité entre l'une des parties fiancées & les parens de l'autre partie, néanmoins comme elles font un acheminement au mariage, elles produifent toujours une efpèce de rapport qui fait que l'honnêteté publique ne permet pas que l'une des parties fiancées puiffe valablement contracter mariage, même après la diffolution des fiançailles, avec les parens de la ligne directe de l'autre partie (*) : de forte que fi le mariage

_____

(*) Denifart en parlant de *l'honnêteté publique* à l'article

ne s'accomplit point avec la veuve à laquelle je suis fiancé, je ne puis épouser ni sa fille, ni sa petite fille, ni aucune autre fille descendant d'elle en ligne directe.

Cette prohibition s'étendoit aussi en ligne collatérale aussi loin que les Empêchemens pour cause d'affinité ; mais le concile de Trente a corrigé cette discipline, en ordonnant que cet Empêchement n'excéderoit pas le premier dégré de la ligne collatérale, & qu'il n'auroit lieu que par des fiançailles valablement contractées. (*Seff.* 24, *ch.* 3.) (*).

MARIAGE, a confondu l'empêchement qui resulte des fiançailles & dont nous avons parlé dans la *première partie* en traitant des différens Empêchemens *prohibitifs*, avec un autre Empêchement dont il s'agit ici & qui est un Empêchement *dirimant*. Si je suis fiancé à une veuve & que nonobstant ces fiançailles j'épouse une autre femme qui ne soit point la parente proche de cette veuve, les fiançailles n'auront été qu'un Empêchement *prohibitif* & le mariage sera valable ; mais si l'autre femme que j'ai épousée etoit la fille ou la sœur de la veuve à laquelle j'étois fiancé, voici alors l'Empêchement d'honnêteté publique dont il s'agit & l'Empêchement fera *dirimant* : distinction essentielle & a laquelle n'a pas pris garde l'auteur qui a donné lieu à cette note.

(*) L'auteur des conférences de Paris soutient d'après l'avis de quatre docteurs de Sorbonne, que les fiançailles dont il s'agit ici ne sont réputées valables qu'autant qu'elles ont été reçues par l'église & confirmées par la bénédiction ecclésiastique. M. Pothier qui est d'un avis différent, soutient qu'une promesse de s'epouser portée par le contrat de mariage forme des fiançailles valables quoiqu'elles n'aient pas été confirmées aux peds des autels par cette bénédiction ecclésiastique. Mais nous ne pouvons pas être de son sentiment, car de même que le contrat de mariage ne fait pas le mariage lui-même s'il n'est agréé de l'église, la pro-

Mais ſi ces fiançailles ont été valablement contractées, l'Empêchement ne laiſſe pas de ſubſiſter, quoiqu'elles demeurent dans la ſuite ſans effet, ſoit d'un commun accord ou par la mort de l'une des parties ; la raiſon en eſt, qu'il ſuffit qu'une femme par les fiançailles qu'elle a contractées, ſoit avec mon père, ſoit avec mon fils, ſoit avec mon frère, ait eu pendant quelque temps à mon égard un commencement de qualité de belle-mère, de bru ou de belle-ſœur, pour que la pudeur & l'honnêteté publique ne permettent pas qu'elle devienne ma femme.

A l'égard du mariage non conſommé, ſi les fiançailles ſont un Empêchement parce qu'elles ſont un acheminement au mariage, à plus forte raiſon peut-on dire la même choſe du mariage célébré : auſſi voyons-nous que le concile de Trente, qui a reſtreint les Empêchemens réſultans des fiançailles, n'ayant point parlé de ceux qui réſultent du mariage célébré, quoique non conſommé, il les a laiſſé ſubſiſter comme ils ſubſiſtoient auparavant, & on les regarde comme s'étendant auſſi loin que ceux de l'affinité. On tient auſſi d'après le ſentiment de Fagnan & de Van-Eſpen, que le mariage non conſommé, quoique nul, pourvu que ce ne ſoit point à défaut de conſentement, produit le même Em-

_____

meſſe de s'épouſer donnée verbalement ou par écrit ne fait pas non plus une promeſſe ſolemnelle ſi elle n'a été accueillie de l'égliſe. D'ailleurs c'eſt l'uſage qu'indépendamment du contrat qui n'eſt fait que pour regler les intérêts temporels des parties, ces mêmes parties ſe préſentent à l'égliſe pour y faire ratifier leur promeſſe.

pêchement que s'il avoit été valablement célébré.

Ajoutez avec M. Pothier, que l'Empêchement dont il s'agit se contracte de même que
l'Empêchement d'affinité entre l'une des parties
& les parens de l'autre partie, sans considérer
si leur parenté avec cette autre partie est légitime ou non.

Il nous reste à observer sur l'honnêteté publique, que plusieurs canonistes la croient bles-
sée dans le mariage d'un homme avec la belle-
mère de sa défunte femme. C'étoit anciennement, à la vérité, un second genre d'affinité ;
mais ce genre, comme nous l'avons vu, ne
subsiste plus depuis le concile de Latran, où il
a été abrogé ; cependant le cas s'étant présenté
au parlement de Normandie, il fut fait défenses
aux parties qui se proposoient un pareil mariage
de passer outre à la célébration, à peine de la
vie. On ne trouvoit pas à la vérité d'Empêchement formel du côté de l'affinité ; mais on en
trouvoit un du côté de l'honnêteté publique,
& cet empêchement paroissoit si frappant qu'on
ne le crut même pas susceptible de dispense ;
car on avoit obtenu à ce sujet un rescrit de
Rome : ce fut sur l'appel comme d'abus de l'entérinement de ce rescrit fait par l'Evêque d'A-
vranches, que l'affaire fut portée au parlement
de Normandie ; elle y fut jugée par un arrêt du
17 décembre 1617, qu'on trouve dans Févret.
Cet Auteur en rapporte un autre du même parlement par lequel, suivant le même principe,
le rescrit qu'un homme avoit obtenu pour épouser la veuve de son gendre fut déclaré abusif,
avec défenses de passer à la célébration du ma-

riage, à peine de la vie. On trouve ces deux arrêts cités par Mornac fur la loi 42, au dig. *de ritu nupt.* La loi 15 du même titre défend à un homme d'époufer la veuve de fon beau-fils, & à une femme d'époufer l'homme veuf de fa belle-fille.

Nous ignorons quelle feroit la jurifprudence des autres parlemens fi pareil cas fe préfentoit ; nous favons feulement qu'en 1767, un bourgeois de la ville de Gueret, dans la Marche, reffort du parlement de Paris, époufa la belle-mère de fa défunte femme ; que les enfans de cette belle-mère, veuve d'un notaire, fe propofèrent bien de réclamer contre ce mariage ; mais que s'étant défiftés de leur projet, le mariage s'effectua fans difficulté.

6 . *Le rapt & la féduction.* Anciennement il fuffifoit qu'on eût ravi une femme pour qu'on perdît tout efpoir de fe marier jamais valablement avec elle, foit qu'on l'eût rendue à elle-même, foit qu'on la tînt encore en fa puiffance. C'eft ce qui étoit ainfi réglé par Juftinien ; (leg. un. cod. *de raptu virg.*); par les capitulaires de Charlemagne, (VI, 60 ; & VII, 395), & par le chapitre 10 du concile de Pavie tenu l'an 850.

Innocent III corrigea la rigueur de l'ancien droit, en permettant à la perfonne ravie de contracter le mariage avec le raviffeur fi elle s'y déterminoit librement ; mais pour être affuré de cette liberté, le concile de Trente exige que la perfonne ravie foit mife auparavant hors de la puiffance du raviffeur. C'eft auffi ce qui a été adopté par l'article 5 de l'ordonnance de 1639. « Elle déclare nuls les mariages faits avec ceux

» qui ont ravi des veuves ou filles, de quel-
» qu'âge ou condition qu'elles foient, fans que
» par le temps ni par le confentement des per-
» fonnes ravies, de leurs père, mère, tuteurs,
» ils puiffent être confirmés, tandis que les
» perfonnes ravies font en la puiffance du ra-
» viffeur ».

A l'égard de la fimple féduction fans violence
& fans enlèvement, cette féduction dans les
principes de notre droit françois eft regardée
encore comme un Empêchement dirimant pour
le mariage des perfonnes de l'un & de l'autre
fexe qui font en minorité, lorfque ce mariage s'eft fait fans le confentement de leur
père, de leur mère, de leur tuteur ou curateur.
Quand ceux-ci en interjettent appel comme
d'abus, les parlemens accueillent cet appel dans
les cas même où le mariage auroit été célébré
hors du royaume. C'eft ce qui eft arrivé,
comme l'obferve d'Héricourt, à l'occafion d'un
mineur de Lyon qui s'étoit marié à Liége.

La féduction n'eft plus un Empêchement
lorfque la perfonne féduite fe trouve majeure
lors du mariage, à moins que l'union n'ait été
précédée d'un commerce illicite dans le temps
de la minorité, de manière que le mariage con-
traélé puiffe être regardé comme une fuite de la
féduction.

7ᶜ. *L'adultère.* D'après une décifion d'Innocent III, puifée dans les lois romains, la difcipline de l'églife eft aujourd'hui qu'un adultère
commis durant le mariage avec promeffe d'époufer la perfonne avec qui on le commet, forme un
Empêchement dirimant, foit que l'adultère foit
fecret ou qu'il foit public. Mais il faut que ces

deux points, l'adultère & la promesse d'épouser, concourent. Il faut encore que l'adultère & la promesse aient eu lieu du vivant du premier mari ou de la première femme sans faire attention si la promesse a été antérieure ou postérieure à l'adultère; il faut aussi que cette promesse ait été acceptée comme déterminante, & que la partie qui l'a acceptée ait su que celui qui la faisoit étoit marié ou qu'elle le fût elle même. Mais il n'importe que la promesse ait été absolue ou conditionnelle, feinte ou sincère, l'adultère joint à cette promesse produit un Empêchement marqué. On peut voir à ce sujet le second volume des conférences d'Angers, (*page* 270).

8 . *Le meurtre.* Ce crime en fait de mariage, empêche toute union entre celui qui l'a commis & le conjoint qui survit à celui qui a été tué, & cela dans deux cas : le premier lorsque le meurtre s'est fait avec la participation du conjoint survivant dans la vue de contracter mariage ; le second lorsque le meurtrier est en même - temps l'adultère de l'autre conjoint, quoiqu'il n'y ait pas de promesse d'épouser ; mais il faut que le meurtre ait été consommé dans l'un comme dans l'autre cas.

- Le motif de cet Empêchement est pour éviter que l'on ne succombe à la passion qu'on auroit d'épouser une personne mariée en commettant le crime pour y parvenir.

9 . *La diversité de religion.* Cette diversité qui se rencontre lorsqu'une des parties rend à la divinité un culte différent de celui qui lui est rendu publiquement par l'autre partie, n'a jamais été regardée comme un Empêchement di-

rimant dans l'églife latine. Nous le voyons par
le mariage du père de faint Augnſtin qui étoit
un infidèle, avec fainte Monique ; par celui de
Clovis avec fainte Clotilde ; par celui d'Agi-
lhulphe, prince-arien, avec Théodelinde, &
par plufieurs autres exemples. Il étoit feulement
défendu aux eccléfiaſtiques qui avoient des enfans de les marier à des païens ou à des hérétiques ; mais il n'y avoit aucune gêne à cet
égard pour les autres fidèles, on fe contentoit
de les exhorter de prendre garde que tel mariage qu'ils fe propofoient avec une perſonne
qui n'étoit pas de leur religion ne fût pour eux
une occafion de perdre la foi ; la difparité du
culte n'étoit tout au plus qu'un Empêchement
prohibitif. On ne tâcha de le rendre dirimant
que lors du concile tenu à Conſtantinople en
692 pour fervir de fupplément au cinquième &
au fixième conciles tenus auparavant, & que
pour cet effet on nomma *le quini-fexte* ; mais
malgré tous les efforts de l'empereur Juſtinien II
pour faire recevoir ce concile, l'églife latine
ne voulut point l'adopter fur l'article dont il
s'agit concernant les mariages.

Cependant depuis ce temps-là les mariages
avec les hérétiques ayant été regardés comme
fort dangereux, Louis XIV pour les profcrire
dans fes états publia un édit du mois de novembre 1680 conçu en ces termes : « Voulons &
» nous plaît qu'à l'avenir nos fujets de la reli-
» gion catholique, apoſtolique & romaine ne
» puiffent fous quelque prétexte que ce foit,
» contraĉter mariage avec ceux de la religion
» prétendue réformée : déclarons tels mariages
» non valablement contraĉtés, & les enfans qui
» en viendront illégitimes, &c. »

Ces fortes de mariages ont été encore défendus d'une manière plus marquée par l'édit de 1685 portant révocation de l'édit de Nantes ; & comme depuis cette révocation tous ceux qui fe marient à la face des autels dans ce royaume font réputés catholiques, leur mariage eft valable quand même l'une des parties pafferoit pour être proteftante, parce que la préfomption qui naît de la célébration du mariage à la face de l'églife doit l'emporter fur de fimples foupçons.

Obfervez que lorfque le mariage eft ainfi célébré, un changement authentique de religion qui viendroit après feroit impuiffant pour en rompre le nœud.

Il y a plus : c'eft que fi un infidèle régulièrement marié fuivant les lois de fon pays ou de fa religion, venoit à embraffer le chriftianifme, fon changement de religion ne le rendroit nullement habile à contracter un nouveau mariage avec une chrétienne pendant que fa première femme fubfifteroit. C'eft ce qui a été folemnellement jugé au parlement de Paris le 2 janvier 1758 contre le nommé Borach-Levi, qui de juif s'étoit rendu catholique, & qui après fon baptême avoit voulu époufer une autre femme que celle qu'il avoit auparavant.

SECTION TROISIÈME.

Des Empêchemens de formalités dirimans.

Le mariage eft un contrat qui quoique de droit naturel, eft néanmoins fubordonné à certaines formalités civiles fans l'accompliffement defquelles il ne peut valablement fubfifter. Ces formalités essentielles sont le consentement des parties contractantes, celui des personnes dont elles sont dépendantes, la publication du mariage & la compétence du prêtre qui le célébre. De l'inobservation de ces quatre points il peut résulter quatre Empêchemens dirimans.

Le premier, du défaut de consentement des parties contractantes :

Le second, du défaut de consentement de ceux auxquels les parties contractantes sont subordonnées.

Le troisième, du défaut de publication du mariage.

Le quatrième, du défaut de compétence dans le ministre de l'église qui procéde à la célébration du mariage.

1°. *Du consentement des parties contractantes.* Il est clair que ce consentement est de toute nécessité, & que rien n'y est plus opposé que l'erreur, la contrainte & la séduction.

D'abord quant à l'erreur nous n'en admettons d'autre que celle qui tombe sur la personne même lorsque cette personne n'est pas réellement celle qu'on croyoit épouser. C'est pourquoi si au lieu d'épouser Jeanne j'avois épousé marie que je ne voulois pas, cette erreur étant alors *subs-tantielle*, il n'y auroit point de mariage (*).

_____

(*) Observez que si cette erreur ayant été secrette j'a-vois néanmoins mieux aimé garder pour femme celle que je ne voulois point épouser, que de faire déclarer le ma-riage non valablement contracté, mon consentement sur-venu depuis seroit suffisant pour le réhabiliter de plein droit, sans qu'il fût nécessaire d'une nouvelle bénédiction.

Mais si mon erreur n'étoit qu'*accidentelle*, c'est-à-dire si elle ne portoit que sur l'état & la qualité de la personne, le mariage n'en seroit pas moins valable. D'où il suit que si cette femme que je croyois noble & de bonnes mœurs se trouve de basse extraction & plongée dans la débauche, si elle se trouve même flétrie par la justice, le mariage n'en sera pas moins valable, parce qu'enfin c'est la personne de cette femme que je voulois épouser & que j'ai épousée. Ajoutez que quand même il y auroit eu du dol pour me cacher l'état & la qualité de cette personne, & que ce dol fût venu d'elle, ce moyen seroit impuissant pour faire résoudre le contrat.

La plus grande difficulté seroit si cette femme étoit morte civilement, mais il n'y a ni loi ni canon qui déclare une erreur pareille capable de faire rétracter un mariage ; au contraire, on trouve dans le dictionnaire des arrêts des préjugés qui en font connoître la validité. L'auteur des conférences de Paris cite une sentence de l'official de cette capitale, qui déboute une femme de sa demande en cassation d'un mariage par elle contracté avec un homme condamné aux galères à perpétuité. Cet homme s'étoit évadé, elle ignoroit son état ; néanmoins un arrêt du parlement de 1700 cassa le nouveau mariage qu'elle avoit contracté du vivant de ce galérien.

Anciennement lorsqu'au lieu d'épouser une femme qu'on croyoit libre on épousoit une esclave, cette erreur reconnue après le mariage donnoit au mari la faculté de répudier l'esclave, & cette faculté subsiste encore dans les pays où l'esclavage est toléré, mais en France il est aboli.

Il en refte, fi l'on veut, quelques veftiges dans la Bourgogne, dans le Nivernois, dans le Bourbonnois & dans la Haute-Marche, où il y a des perfonnes de condition *ferve*; mais cette efpèce de fervitude n'eft point à proprement parler un efclavage ; les perfonnes qui ÿ font dites *ferves* ne le font qu'à raifon de certains devoirs & de certains fervices dûs à leurs feigneurs pour les héritages qu'elles tiennent d'eux ; elles jouiffent d'ailleurs de toute leur liberté & de tous les droits de citoyen.

A l'égard de la contrainte, elle ne nuit au confentement que lorfqu'elle a été accompagnée de violence ou de menaces injuftes d'un mal grave actuel ou très-prochain.

Ainfi lorfqu'un homme époufe parce qu'il y eft contraint par la juftice ou pour éviter un décret de prife-de-corps, on ne peut pas regarder cette contrainte comme injufte, puifqu'elle émane de la juftice.

On ne peut pas dire non plus que le confentement ait été effentiellement bleffé lorfqu'il n'y a eu que des menaces vagues ou des menaces d'un mal éloigné.

Mais lorfque la contrainte a été injufte & violente, elle donne lieu à fe pourvoir contre la nullité du mariage, fans confidérer fi la perfonne époufée y a eu part ou non. Il y a même un arrêt du 24 avril 1651 rapporté par Soëfve, qui déclare nul un mariage pour caufe de contrainte quoique la partie plaignante ne fe fût pourvue qu'après trois ans de co-habitation & qu'il y eût des enfans de ce mariage.

Il arrive très-fouvent que les pères & les mères obligent leurs enfans à époufer des per-

fonnes pour lesquelles ils se sentent une répu-
gnance invincible, mais cette espèce de contrainte, à moins qu'elle n'ait été accompagnée de sévices actuels, n'est point capable de
faire annuller le mariage. La soumission des enfans en pareil cas est regardée comme un effet
de leur sagesse d'avoir suivi les conseils éclairés
de ceux à qui ils doivent la naissance, & de
les avoir préférés à leur propre inclination. C'est
aussi ce qui fut jugé au parlement de Paris le 16
décembre 1728 sur une réclamation de la dame
Rapaly contre son mariage, sous prétexte
qu'elle y avoit été contrainte par sa mère &
par son beau-père. Elle alléguoit des faits, &
notamment qu'au lieu de dire *oui* à l'église elle
avoit répondu *non*. Elle ajoutoit, que quoiqu'elle eût couché environ *quinze nuits* avec le
sieur Rapaly, le mariage étoit encore à consommer, mais elle avoit signé le contrat de
mariage & l'acte de célébration. Les menaces
dont elle prétendoit d'ailleurs qu'on avoit usé
envers elle ne parurent pas déterminantes ; au
moyen de quoi elle fut déboutée de sa réclamation.

Le même parlement s'étoit comporté de la même manière par un arrêt du 7 janvier 1716, dans
un cas à-peu-près pareil concernant le nommé
Broffart de Bazinval.

2°. *Du consentement de ceux dont dépendent
les parties contractantes.* Les personnes dont peuvent dépendre les parties contractantes sont le
roi à l'égard des princes du sang, les pères &
les mères à l'égard de leurs enfans mineurs,
les tuteurs ou curateurs à l'égard des pupilles
&

& les maîtres à l'égard de leurs esclaves dans nos colonies.

D'abord quant aux mariages des princes du sang, c'est une maxime reconnue parmi nous, que ces princes ne peuvent point valablement se marier sans l'agrément du roi. L'invalidité d'un tel mariage fit dans le siècle dernier, la matière d'une difficulté. Il s'agissoit du mariage de Gaston duc d'Orléans avec la princesse Marguerite de Lorraine. Mais sur l'appel comme d'abus interjeté de ce mariage par le procureur général du roi, la nullité en fut prononcée par un arrêt du mois de septembre 1634, à raison du seul défaut de consentement du souverain; & le prince reconnut réellement qu'il avoit manqué à son devoir, qu'étant rentré en grace avec le roi, & ayant obtenu la permission de réhabiliter son mariage, la célébration s'en fit de nouveau par l'archevêque de Paris à Meudon au mois de mai 1647.

Pour ce qui est du consentement des pères & des mères pour le mariage de leurs enfans mineurs, le concile de Trente ne regarde pas ce consentement comme nécessaire; mais comme ce concile n'a décidé ni pu décider que les souverains n'ont point la faculté de mettre aux mariages de leurs sujets tels Empêchemens dirimans qu'ils croient convenables, & que nous avons depuis des lois qui exigent ce consentement d'une manière impérieuse, on ne peut s'empêcher d'en regarder le défaut comme un obstacle dirimant; il est vrai que ces mêmes lois ne disent pas d'une manière expresse que le mariage sera non valablement contracté, mais les inductions qu'on tire de ces lois, ne laissent aucun doute sur cette matière.

D'abord l'article 40 de l'ordonnance de Blois » défend aux curés de passer outre à la célé-» bration desdits mariages (des enfans de fa-» mille) s'il ne leur apparoît du consentement » des pères, mères, tuteurs ou curateurs, sur » peine d'être punis comme *fauteurs du crime de* » *rapt.* «

Cette ordonnance, comme l'observe très-bien M. Pothier, suppose donc que le mariage d'un mineur doit passer pour entaché du vice de séduction : vice qui est entièrement contraire dans une jeune personne à la liberté de consen-tement nécessaire pour le mariage.

La même ordonnance exige la publication de bans à peine de nullité, à moins qu'on n'ait obtenu une dispense à cet égard, & l'on sait que le principal motif de l'ordonnance sur cet article a été d'empêcher les mineurs de se marier à l'insçu de leurs pères & de leurs mères & sans leur consentement. » Or continue M. Pothier, peut-on » penser sans absurdité que l'ordonnance ait pu » avoir plus d'indulgence pour le mal même » qu'elle a voulu prévenir, que pour l'inobser-» vation d'une formalité qu'elle n'a établie que » pour l'empêcher ?«

Ces réfléxions de l'auteur cité sont puisées dans le trentième plaidoyer de M. Daguesseau concernant la cause de Melchior Fleuri, contre la demoiselle de Rezac ; elles sont d'ailleurs ap-puyées sur la jurisprudence actuelle suivant laquelle on ne fait aucune difficulté d'annuller les mariages des mineurs contractés sans la parti-cipation de leurs pères & de leurs mères.

Obfervez que cette minorité s'étend jufqu'à l'âge de 25 ans nonobftant quelques difpofitions coutumières ou la majorité eft acquife · à 20 ans ; la déclaration du 26 novembre 1639 y déroge expreffément. Voyez à ce fujet dans Bafnage fur la coutume de Normandie un arrêt du 28 janvier 1659, & un autre arrêt du 18 mars 1651 rapporté par Soefve.

L'éloignement de la demeure du père ou de la mère ne difpenfe pas les enfans d'obtenir léur confentement : on ne peut y fuppléer par une approbation des parens donnée devant le juge qu'autant qu'on ignore le lieu de cette demeure. M. Pothier nous apprend que cela a été ainfi jugé concernant le mariage d'une demoifelle de la ville d'Orléans, lequel ayant été attaqué par fa mère (qui demeuroit alors à faint Domingue) a été déclaré abufivement contracté pour l'avoir été fans fon confentement (*).

_____

(*) Après la révocation de l'édit de Nantes, comme beaucoup de proteftans quittoient le pays, il parut une déclaration du 6 août 1686, par laquelle les enfans mineurs furent difpenfés d'avoir pour fe marier le confentement de leurs pères & de leurs mères qui fe feroient retirés dans les pays étrangers pour caufe de religion ou pour tout autre motif, en y fuppléant par celui d'un tuteur & par un avis de fix des plus proches parens & alliés, ou à défaut de parens, d'amis ou de voifins affemblés devant le juge royal, ou a défaut de juge royal devant le juge ordinaire des lieux.

Une déclaration du 24 mai 1724, article 16, dit la même chofe, & ajoute que s'il n'y a que le père ou la mère qui foit forti du royaume, » il fuffira d'affembler trois » parens ou alliés du côté de celui qui fera forti du royau- » me, ou à leurs défaut trois voifins ou amis, lefquels

Obfervez qu'il n'y a que le père & la mère qui puiffent réclamer, & que lorfqu'ils ont comme ratifié le mariage par leur filence ou par un accueil gracieux fait aux époux, ils ne font plus recevables à fe plaindre.

Ils ne le font pas non plus lorfqu'ils étoient dans un état de mort civile au temps de la célébration du mariage, ou lorfqu'ils étoient en captivité dans les pays étrangers.

Le confentement du père & de la mère eft donc néceffaire pour la validité du mariage de leurs enfans mineurs. Mais s'ils le refufoient par mauvaife humeur & que l'injuftice du refus fût évidente, rien n'empêcheroit que les enfans n'euffent recours à l'autorité de la juftice, parce que celle dont les pères & les mères font dépofitaires, n'eft que pour l'avantage de leurs enfans & non pour en abufer à leur préjudice ; auffi trouve-t-on dans le journal des audiences, des exemples où des enfans ont été autorifés à fe marier contre la réfiftance injufte de leurs parens.

Quand les enfans font majeurs de 25 ans, ils n'ont plus befoin du confentement dont il s'agit pour la validité de leur mariage, mais ils s'expofent à être privés de la fucceffion de leur père & de leur mère. Voyez EXHÉRÉDATION.

Les bâtards quoique mineurs n'ont pas befoin non plus du confentement de leur père naturel, c'eft ce qui a été notamment jugé par un

---

» avec le père ou la mère qui fe trouvera toujours préfent » & le tuteur ou curateur (s'il y en a autre que le père » ou la mère) donneront leur confentement, s'il y échoit » au mariage prépofé. »

arrêt du premier février 1662, rapporté au journal des audiences.

. Lorfque les mineurs n'ont ni père ni mère il leur faut un tuteur ou un curateur (*) à l'effet d'avoir un confentement qui équivale à celui du père ou de la mère. Mais lorfqu'il y a un père ou une mère, leur confentement fuffit quand même il y auroit un curateur particulier pour l'adminiftration des biens.

Lorfque le mineur qui n'a ni père ni mère a deux tuteurs l'un honoraire & l'autre onéraire, c'eft le confentement du tuteur honoraire qui eft feul requis.

Lorfqu'il a deux tuteurs de la même qualité l'un en France & l'autre dans les colonies, c'eft celui du lieu où le père du mineur demeuroit lors de fon decès, qui doit donner fon confentement par écrit au mariage du mineur, fur un avis de parens devant le juge, à moins que ce juge pour de bonnes raifons ne croie intéreffant que l'autre tuteur foit entendu. Voyez à ce fujet l'article 5 d'une déclaration du 15 décembre 1721, & l'article 12 de celle du premier février 1743.

. Il y a une différence entre le confentement du père & de la mère & celui des tuteurs ou curateurs; 1°. en ce que le père & la mère n'ont pas befoin de prendre l'avis de la famille pour donner leur confentement, au lieu que

(*) Le curateur dont nous entendons parler eft celui qui a le mineur fous fon autorité; & non fimplement un curateur aux caufes qui n'eft que pour les affaires litigieufes. Voyez CURATEUR.

les tuteurs ou curateurs y font obligés fuivant ce qui réfulte de l'article 43 de l'ordonnance de Blois ; 2°. en ce que les mineurs font bien plus facilement écoutés à réclamer en juftice contre le refus de. confentement de leurs tuteurs ou curateurs que contre celui de leur père ou de leur mère ; 3°. en ce que le refus du père ou de la mère fuffit pour faire préfumer la féduction & pour faire réclamer, au lieu que celui des tuteurs ne peut donner ouverture à une réclamation que lorfque le mariage paroît défavantageux au mineur par l'inégalité de condition & de fortune. Voyez fur cette différence les obfervations du célèbre avocat général Talon, au tome 2 du journal des audiences, livre 4, chapitre 47.

On donne aux bâtards mineurs des tuteurs ou des curateurs ainfi qu'aux enfans légitimes ; mais comme les bâtards ne font point fils de famille, ils pourroient être valablement mariés fans cette formalité, car les ordonnances faites depuis le concile de Trente fur le fait des mariages n'ont particulièrement confidéré que ceux des enfans de famille.

Pour ce qui eft du confentement des maîtres concernant le mariage de leurs efclaves, il eft certain que fi en France il y avoit des efclaves, ce confentement feroit néceffaire, parce que pour fe marier il faut être libre, ou le faire avec l'agrément de ceux dont on dépend. Dans les Colonies où nous avons des efclaves, ils ne peuvent fe marier fans le confentement de leur maître, & lorfque celui-ci y confent, ils n'ont pas befoin de celui de leur père ni de leur mère. Voyez l'article 10 de l'édit du mois de mars 1685 concernant les nègres dans nos Colonies.

3°. *La proclamation du mariage.* Ce que nous aurions à dire à ce sujet se rapporte à ce qui a été dit à l'article BANS DE MARIAGE.

4°. *La célébration du mariage.* Cette célébration, pour être régulière & valable, doit être faite par le curé des parties ou par un autre prêtre de son consentement, suivant la forme usitée par l'église, & cette forme est celle de la bénédiction nuptiale. La célébration doit être faite aussi en présence de quatre témoins (*), outre celle du prêtre qui bénit le mariage ; sans quoi il y auroit ce qu'on appelle un vice de clandestinité. Mais pour ne point revenir sur ce qui a été déja dit ailleurs à ce sujet, voyez les articles BÉNÉDICTION & CLANDESTIN, & ajoutez-y ce que vous trouverez de plus à l'article MARIAGE.

TROISIÈME PARTIE.

Des dispenses sur les Empêchemens de mariage.

Une dispense en fait de mariage est une faveur en vertu de laquelle deux personnes peuvent contracter ensemble une union à laquelle elles n'auroient pu parvenir sans cette faveur.

La même autorité qui peut mettre des Empêchemens à un mariage, peut aussi les lever. Parmi les différens Empêchemens que nous avons parcourus, nous en voyons qui ont été établis par l'église, & d'autres qui l'ont été par

(*) On voit qu'en cela les lois du royaume ont ajouté au concile de Trente qui n'exige que deux témoins.

le fouverain. C'eft au fouverain à difpenfer lui-même de ceux qui font émanés directement de fon autorité. Il peut auffi difpenfer de ceux qui viennent de l'églife, parce que l'églife n'en a pu établir aucun fur les fujets du fouverain fans fon aveu du moins tacite; mais comme il a préféré de laiffer la difpenfe de ces fortes d'Empêchemens à l'églife, c'eft à elle qu'on eft encore aujourd'hui dans l'ufage de recourir pour l'impétrer (*).

Le feul fupérieur eccléfiaftique auquel on devroit avoir recours feroit fans doute l'évêque diocéfain, fi le pape qui a toujours cherché à donner la plus grande extenfion à fon autorité, ne fe fût en quelque façon arrogé ce pouvoir exclufif. Il y a pourtant quelques évêques qui fe font maintenus dans la poffeffion d'accorder de ces difpenfes pour les Empêchemens de parenté & d'affinité au troifième & au quatrième degrés : tels font les évêques de Paris, de Châlons-fur-Marne, & des diocèfes de la Guyenne & du Languedoc. Dans nombre d'autres diocèfes, les évêques n'y ont jamais accordé de ces difpenfes fi ce n'eft aux pauvres.

Un grand nombre de canoniftes fort inftruits foutiennent néanmoins que fi les évêques vouloient faire ufage de leur droit, il ne feroit jamais néceffaire de recourir au pape, dont le privilége à cet égard ne peut être fondé que fur

_____

(*) Il s'eft trouvé des cas où l'on a eu recours au prince pour valider des difpenfes émanées des fupérieurs eccléfiaftiques dans les chofes qui pouvoient donner atteinte à leur validité, & le fouverain eft effectivement le premier maître des fortes de faveurs.

une longue poſſeſſion, & qu'en reſpectant même ce privilége, c'eſt aſſez que le ſouverain pontife, comme chef de l'égliſe, ait la concurrence à cet égard avec les autres évêques de la chrétienté ; mais ſans approfondir ici cette difficulté, nous nous bornerons à obſerver que la poſſeſſion où ſont quelques évêques de donner des diſpenſes, ne ſauroit être valablement conteſtée.

Ces diſpenſes peuvent ſe donner par eux ou par leurs vicaires généraux, & non par leurs officiaux, qui n'ont que la juridiction contentieuſe. M. Pothier doute que les vicaires généraux des évêques, qui n'accordent des diſpenſes qu'à la faveur d'un indult du pape, puiſſent donner eux-mêmes de ces ſortes de diſpenſes ; mais nous préférons l'opinion de d'Héricourt, qui dit qu'ils le peuvent ; & dans le doute, on doit le penſer de même favorablement, parce qu'en fait de diſcipline eccléſiaſtique, il eſt de droit commun que les évêques puiſſent l'exercer par des vicaires comme par eux-mêmes (*).

***

(*) Une queſtion eſt de ſavoir ſi lorſque l'évêque refuſe une diſpenſe on peut ſe pourvoir devant l'archevêque ou autre ſupérieur eccléſiaſtique pour l'obtenir ?

L'auteur des conférences de Paris penſe qu'on eſt obligé de ſouſcrire au refus du prélat parce que la faveur demandée eſt entièrement de ſa juridiction gracieuſe. Dupui en traitant des libertés de l'égliſe gallicane, raiſonne différemment. Mais il paroît plus conforme aux principes de penſer qu'il dépend de celui à qui on demande la diſpenſe, de l'accorder ou de la refuſer ; en cas de refus, on n'a d'autre reſſource que de s'adreſſer au pape qui peut être plus facile à l'accorder en vertu de la plénitude de ſon pouvoir *ex plenitudine poteſtatis*.

Il y a des abbés qui ont à cet égard une juridiction *quaſi épiſcopale* ſuivie de poſſeſſion. M. Pothier doute encore que cette poſſeſſion puiſſe être regardée comme légitime ; mais dans le doute, nous penſons auſſi qu'il faut la croire telle.

Des Empêchemens pour leſquels on peut accorder des diſpenſes.

On n'en obtient, ni l'on n'en peut obtenir pour les quatre premières eſpèces d'Empêchemens abſolus dont nous avons parlé en la ſection première de la ſeconde partie ; & ces Empêchemens ſont le défaut de raiſon, le défaut de puberté, l'impuiſſance & l'engagement dans un premier mariage.

Pour ce qui eſt des ordres ſacrés, on l'accorde quelquefois aux princes pour le bien d'un état ; mais aux particuliers on n'accorde que celle du ſoudiaconat.

A l'égard de la profeſſion religieuſe, il ne ſuffit pas que le religieux ſoit dégagé de ſes vœux ; il faut encore que le roi l'ait tiré de l'état de mort civile.

Quant aux Empêchemens relatifs, on ne diſpenſe jamais pour la parenté & pour l'affinité en ligne directe ; mais pour la ligne collatérale on ne la refuſe que pour le frère & la ſœur, pour la tante & pour le neveu. On l'accorde pour l'oncle & pour la niece, & à plus forte raiſon pour les autres parens d'un degré inférieur. On l'accorde auſſi lorſqu'il ne s'agit que d'affinité entre le beau-frère & la belle-ſœur, & pour le mariage du neveu avec la veuve de ſon oncle.

On ne diſpenſe point pour les Empêchemens

d'honnêteté publique, parce que l'honnêteté publique ne reçoit pas de dispense, à moins qu'il ne s'agisse de mariages de l'un des fiancés ou conjoints avec les parens de la ligne collatérale de l'autre, parce que ces mariages ayant été permis dans un temps, l'extension de l'honnêteté publique sur ces mariages ne peut être regardée que comme ayant été de droit arbitraire.

‹ La dispense au sujet de l'adultère ou du meurtre n'est point proposable, parce qu'elle seroit contre les bonnes mœurs, à moins que le crime ne fût secret & que le mariage n'eût déja été célébré : car alors la dispense porteroit sur un motif légitime, celui d'eviter le scandale qui résulteroit de la séparation des parties.

‑ Pour ce qui est de la diversité de culte, il n'y a que le roi qui puisse dispenser à ce sujet. C'est à lui aussi qu'il faut recourir pour toutes les dispenses qui portent sur les lois du royaume dans les cas où il n'a pas laissé aux supérieurs ecclésiastiques la faculté de dispenser (*).

_____

(*) Nous en avons un exemple au sujet du mariage du marquis de Chastenoye gouverneur au Cap françois en Amerique, avec la demoiselle de Breteuil. Le sieur de la Chastenoye avoit oublié d'apporter en France le consentement de son curé, & comme il y avoit des inconvéniens à attendre qu'on eût écrit pour le recevoir, il obtint le 24 février 1750 des lettres-patentes qui furent enregistrées au parlement le 4 mars suivant par lesquelles le roi permit que sans s'arrêter au défaut de rapport de certificat de ce consentement, l'impétrant pût célébrer son mariage devant tel prêtre qui seroit commis par M. l'archevêque de Paris, à l'effet de quoi il fut dérogé aux dispositions de l'édit du mois de mars 1697.

Des caufes principales fur lefquelles on peut de-
mander des difpenfes.

Ces caufes font 1°. ; lorfque le lieu eft fi petit
que la fille a de la peine à trouver des perfonnes
de fon état à époufer.

2°. Lorfque la fille n'a point ou prefque point
de dot.

3°. Lorfque c'eft une veuve chargée d'enfans qui trouve dans un mariage avec un de
fes parens de quoi fournir à la fubfiftance des
orphelins (*).

4°. Lorfque la fille a paffé vingt-quatre ans
fans avoir trouvé à fe marier.

5°. Lorfqu'il y a beaucoup d'hérétiques ou
d'infidèles dans le pays, & qu'il y auroit de la
difficulté pour la fille à trouver un mariage conforme à l'efprit de l'églife.

6°. Lorfqu'il y a eu une fi forte paffion entre
les deux propofans, qu'il en eft réfulté une
habitude telle que l'honneur de la fille ne peut
être réparé que par le mariage. . . . . Lorfqu'il
n'y a point eu d'habitude, on parle feulement
du danger de la paffion.

Il y a d'autres caufes de difpenfe dont le détail feroit trop long ; ces caufes font, par
exemple, celles qui ont pour objet de terminer
un procès confidérable, de conferver les biens
d'une famille illuftre, &c.

Obfervez qu'on accorde auffi quelquefois des
difpenfes d'Empêchemens de parenté ou d'affi-

_____

(*) On a coutume d'inférer dans la fupplique à cet effet
que le parent prendra foin de la nourriture & de l'éducation des enfans.

sité sur la simple allégation que font les parties d'une manière vague qu'elle est demandée *pour certaines causes raisonnables ; EX CERTIS RA-TIONABILIBUS CAUSIS EORUM ANIMOS MOVENTIBUS.* Les canonistes pour autoriser ces dispenses, disent que le bon usage qui est fait des sommes qu'on donne pour les obtenir, est un motif pour les accorder (*).

De la forme des dispenses.

Les dispenses que le souverain accorde contre la rigueur des ordonnances se donnent par des lettres-patentes enregistrées ou entérinées dans la cour du ressort où demeure la partie qui les a obtenues.

Les dispenses qui émanent du pape s'expédient en cour de Rome à la daterie dans la forme commissoire, *in formâ commissoriâ ;* parce que l'official du diocèse des parties est commis par le pape pour accorder ces dispenses si les motifs sur lesquels on les demande sont vrais, *si preces veritate nitantur.*

La supplique qu'on présente à cet effet doit contenir le nom des personnes pour lesquelles elle est présentée, exposer l'espèce d'Empêchement qui y donne lieu (**) & la cause pour laquelle on demande la dispense ; dire à quel

---

(*) Les dispenses données sur des causes non déduites se fulminent sans information si ces mêmes causes sont raisonnables ou non. On donne en cela une marque de respect au supérieur de qui elles sont émanées.

(**) Si la supplique énonçoit une autre espèce d'Empêchement, la dispense seroit nulle.

degré l'on est parent ou allié (*). S'il y a double parenté, il faut le dire aussi, parce qu'il y a alors double Empêchnment; & si les parties ont eu un commerce charnel ensemble, elles doivent le déclarer, en expliquant si elles avoient connoissance ou non de leur parenté ou de leur affinité, & même si elles se sont abandonnées à ce commerce dans la vue d'obtenir plus facilement dispense, ou si elles l'ont fait sans cette vue.

Pirrus-Corradus observe dans son traité des dispenses que si le commerce charnel n'étoit intervenu que depuis l'expédition en cour de Rome, mais avant la fulmination, ce commerce rendroit la dispense nulle. M. Pothier pense de même; cette décision nous paroît néanmoins fort douteuse, parce qu'enfin il suffit que l'exposé de la supplique ait été vrai lorsque le pape a permis de dispenser pour qu'elle doive obtenir son effet. Le commerce charnel survenu depuis n'est point par lui-même un Empêchement.

Dans les cas où la dispense est nulle, il faut se pourvoir de nouveau pour obtenir des lettres de validation qu'on appelle *perinde valere* (**). Mais Décombes dans son traité *des officialités* observe fort à propos que suivant l'usage de France il suffit de se pourvoir devant l'évêque qui permet de se servir de la dispense

---

(*) S'il s'agissoit d'une dispense entre l'oncle & la nièce, il ne suffiroit pas de dire que la parenté est au second degré, il faudroit qu'il fût fait mention que les parties sont *l'oncle & la nièce.*

(**) On pourroit aussi, comme nous l'avons dit dans une autre note, recourir à l'autorité du prince pour obtenir cette validation.

obtenue, nonobſtant les omiſſions portées par la ſupplique, ſur-tout lorſque le délai pour envoyer de nouveau à Rome pourroit cauſer un ſcandale ou quelqu'autre inconvénient.

Lorſque les parties n'ont ni l'une ni l'autre le moyen de payer à la daterie la taxe de la diſpenſe demandée, elles doivent joindre un certificat de leur curé, portant qu'elles ne vivent que de leur travail; & alors on la leur expédie *in formâ pauperum*.

Obſervez que lorſqu'il y a deux Empêchemens dirimans, la diſpenſe doit être demandée des deux à la fois; elle ſeroit nulle ſi elle étoit par deux brefs ſéparés, parce qu'on préſume que le pape n'eût pas été ſi facile à l'accorder s'il eût connu en même-temps les deux obſtacles.

Quand la diſpenſe a pour objet quelqu'Empêchement ſecret pour valider dans le for de la conſcience un mariage déja célébré, elle s'expédie par un bref de la pénitencerie adreſſé à un prêtre approuvé que les parties ont choiſi pour leur confeſſeur. Une diſpenſe pareille ne valide rien dans le for extérieur.

De la fulmination des diſpenſes.

La fulmination d'une diſpenſe eſt l'acte de l'official par lequel ce juge eccléſiaſtique lève l'Empêchement marqué, non de ſa propre autorité, mais de celle du pape ou autre ſupérieur eccléſiaſtique qui lui eſt déléguée par les lettres obtenues.

Pour parvenir à cette fulmination, on préſente à l'official les lettres avec une requête,

au bas de laquelle en acceptant la commission ;
il met un *soit communiqué* au promoteur.

Ensuite des conclusions du promoteur il fait
subir des interrogatoires aux parties sur la vérité
des faits exposés par la supplique ; il entend même
les témoins parens des parties ou autres qui
peuvent certifier ces faits ; & après une nouvelle
communication du tout au promoteur qui donne
ses conclusions définitives, l'official accorde la
dispense ou il en déboute les parties.

Il y a des officialités où toutes ces opérations
se font par un procès-verbal en présence du
promoteur ; ce qui supplée à toutes les formalités longues de différens actes, & cela revient
au même.

L'official quoique lui - même délégué, peut
commettre l'information de certains faits à un
autre official ; (ce qui est souvent nécessaire
quand les parties sont de deux diocèses différens) ; mais pour la fulmination, il n'y a que
l'official délégué qui puisse la prononcer.

OBSERVATION.

Les dispenses dont nous venons de parler
sont celles qui ont pour objet de lever des Empêchemens *dirimans* ; car pour celles qui ne
sont nécessaires que pour des Empêchemens
prohibitifs, chaque évêque dans son diocèse est
en droit de les accorder, & elles ont leur effet
sans qu'il soit nécessaire d'une fulmination devant l'official : on se contente de faire mention
dans l'acte de célébration du mariage de la dif-
pense obtenue & produite.

Observez que s'il y avoit des Empêchemens

civils

civils quoique simplement prohibitifs, il n'appartiendroit qu'au juge royal de les lever.

Voyez *le traité des Empêchemens par Boileau;* *les écrits de sainte Beuve, de Gerbais, de Fagnan & de Wan-Espen; les conférences de Luçon, de Paris & d'Angers; les lois ecclésiastiques & les œuvres posthumes de d'Héricourt; les traités des dispenses par Corradus, par Collet, par Décombes, par Durand le spéculateur; les mémoires du clergé; le deuxième concile de Latran, & celui de Trente; les écrits de Dupuy sur les libertés de l'église gallicane; le traité de la juridiction ecclésiastique par Ducasse; celui de la discipline ecclésiastique par le père Thomassin; celui de l'abus par Fevret; celui du mariage par Pothier; les plaidoyers de d'Aguesseau; le dictionnaire des arrêts; Basnage, sur la coutume de Normandie; le recueil canonique de Lacombe; le dictionnaire canonique; la collection de jurisprudence,* &c. Voyez aussi les articles BANS DE MARIAGE, BÉNÉDICTION, CLANDESTIN, MARIAGE, OPPOSITION, &c. (*Article de M. DAREAU, avocat au parlement,* &c.).

EMPIRER LE FIEF DE SON SEIGNEUR. C'est ainsi que la coutume de Poitou, & Béchet sur l'usance de Saintes, où l'on suit à cet égard les mêmes règles qu'en Poitou, désignent les diminutions ou distractions de fief que le vassal peut faire au préjudice de son seigneur.

Les coutumes d'Anjou & du Maine se servent aussi du mot *Empirer* dans différens articles. Mais quoique Dupineau, sur l'article 101 de la coutume d'Anjou, donne à ce terme le même sens qu'il a dans la coutume de Poitou, & qu'on puisse l'entendre ainsi à la lettre, il paroît

que les coutumes d'Anjou & du Maine n'emploient le mot *Empirer*, que pour défigner généralement toutes les efpèces de dégradations
qu'elles défendent, foit au nouveau vaffal durant les quarante jours qui lui font accordés
pour rendre la foi & hommage, & durant lefquels le feigneur ne peut faifir le fief à défaut d'homme, foit au feigneur durant le temps
du rachat ou de la faifie féodale, foit enfin à
l'acquéreur durant l'année du retrait.

L'empirement de fief comprend toutes les
diminutions de fief qui fe font au préjudice du
feigneur, foit par la ceffation du parage, foit
par la fous-inféodation ou l'accenfement, comme
l'indiquent les articles 128 & 132 de la coutume de Poitou. Mais en remettant à traiter de
ce qui concerne le parage dans un article particulier, on ne parlera ici que de l'empirement
de fief qui fe fait par fous-inféodation ou accenfement.

Cette diminution de fief eft entièrement différente du jeu de fief permis par la coutume de
Paris & par le plus grand nombre de celles de
France. Elle reffemble beaucoup plus aux diminutions de fief admifes dans les coutumes d'Anjou, du Maine, de Tours & de Loudun, dont
on a traité particulièrement au mot DÉPIÉ.
Mais, quoique l'empirement de fief femble être
auffi une fuite du droit de parage, quoiqu'il dé-
génère également dans le dépié ou dans le démembrement du fief, lorfqu'on y tranfgreffe les
règles prefcrites par la coutume, il a néanmoins
des caractères très-différens des diminutions de
fief admifes dans les quatre coutumes de Dépié.
Pour expofer ici ces caractères avec préci-

fion, on peut les ranger fous quatre chefs principaux. Car ils fe rapportent 1°. ou à la quotité
de l'empirement de fief, 2°. ou aux devoirs
qu'il faut retenir dans l'empirement de fief,
3°. ou aux effets de l'empirement de fief,
4°. enfin, ou aux effets des aliénations partiaires où l'on n'a pas obfervé les règles prefcrites pour l'empirement de fief.

§. I. *De la quotité de l'empirement de fief.*

Dans les coutumes de Dépié de fief, le vaffal
ne peut diminuer fon fief que du tiers au préjudice de fon feigneur. Dans la coutume de
Poitou, le vaffal peut au contraire Empirer fon
fief autant qu'il lui plaira, pourvu qu'il retienne
l'hôtel principal, ou chef d'hommage, ou *la
valeur du tiers en icelui fief ou domaine*, fi ce fief
n'a point de chef-d'hommage.

Ce droit exhorbitant paroît d'abord bien contraire aux principes que l'on a pofés dans les
articles DÉMEMBREMENT & DÉPIÉ DE FIEF,
fur la dépendance qu'il y a entre la diminution
des fiefs & leur partage dans les fucceffions ;
puifque dans la coutume de Poitou, l'aîné ou
l'aînée entre nobles, a les deux tiers de tous
les fiefs outre l'hôtel principal, tel qu'il le voudra choifir. Aucun auteur ne s'eft, je crois, occupé de découvrir les caufes du droit fingulier
qui s'obferve à cet égard dans cette grande
province. Voici quelques recherches qui peuvent en faire connoître l'origine, & qui prouvent, ce me femble, que l'étendue de la faculté
d'Empirer le fief en Poitou, peut auffi dériver
des règles fur les fucceffions, telles qu'on les y

obſervoit autrefois, & même de quelques-unes de celles qui ſubſiſtent encore.

On voit dans le vieux coutumier de Poitou, rédigé vers le commencement du quinzième ſiècle, & dont, avant la première rédaction faite par autorité publique en 1509, on a donné trois ou quatre éditions preſqu'entiérement inconnues aujourd'hui, que cette province ne ſuivoit point alors une règle uniforme pour la ſucceſſion des fiefs. On la diviſoit à cet égard en quatre *gouvernemens* (*).

Deux de ces gouvernemens, qui comprennent la majeure partie du bas-Poitou, & cet éſpace de terrein voiſin de la Bretagne, qui eſt entre la *Sèvre Nantoiſe* & la *Dive*, n'avoient entr'eux que de très-légères différences. L'aîné noble y étoit ſeul ſaiſi de l'hérédité à la charge d'abandonner un quart en propriété à ſes ſœurs, & les deux neuvièmes en uſufruit ſeulement à ſes frères, qui ſe ſuccédoient les uns aux autres à l'excluſion des enfans, auxquels la ſucceſſion ne retournoit qu'après la mort de tous les frères (**).

Dans un autre gouvernement, qui comprenoit le canton qu'on nomme *Gâtine*, c'eſt-à-dire *Parthenay & ſon reſſort*, l'aîné noble avoit les deux tiers des biens nobles, outre un hôtel principal à ſon choix.

L'autre gouvernement, qui étoit ſans conтre-

(*) Liv. 5, chap. *De la manière de ſuccéder entre nobles au regard des choſes nobles.*

(**) On ſuivoit autrefois un uſage peu différent dans la coutume de Bretagne. Voyez *l'ancienne coutume & l'advis ſur le partage des nobles de Dargentré.*

dit le plus étendu, comprenoit presque tout le haut-Poitou & le centre de cette province. Les biens nobles se partageoient également, même entre nobles, à l'exception de l'hôtel principal, tel que l'aîné le vouloit choisir, comme on le pratique encore aujourd'hui en Berry (*).

Il y a toute apparence que c'est sur la manière de partager les biens nobles dans ce dernier gouvernement, qui étoit celle de la capitale & de la majeure partie de la province, que se feront établies les lois sur le parage & sur l'empirement des fiefs, particulières à la province de Poitou, quoiqu'on ait depuis généralement adopté l'ordre de succession qui s'observoit en Gâtine, sans doute parce qu'il se rapprochoit plus de celui des coutumes d'Anjou & de Touraine, avec lesquelles la coutume de Poitou a tant d'autres rapports.

Il y avoit bien des raisons de retenir l'ancien droit sur les empiremens de fief ; il étoit plus favorable à la liberté du commerce. En adoptant les principes des coutumes d'Anjou & de Touraine sur le dépié, il eût été trop difficile d'en concilier les règles pour l'avenir avec les empiremens de fief qui avoient été déja faits par le passé.

Il eût même été souvent impossible au seigneur de constater les contraventions faites par son vassal aux règles du dépié de fief, en ce qu'il est permis au vassal de donner pour les fiefs d'hommage-lige, qui font la moitié des fiefs de la province, *son aveu par écrit en général, avouant tenir à hommage-lige sondit lieu & ses apparte-*

_____

(*) Voyez le chap. 19, art. 21.

nances , finon qu'il en foit requis par le fei-
gneur (*).

Il arrive affez fouvent en Poitou, que le
droit d'aîneffe ne donne que l'hôtel principal
pour tout avantage (**), ou même que la qualité d'aîné ne donne aucun avantage (***).

Enfin les fiefs étant généralement abonnés à
des devoirs modiques à peu près dans la même
partie du Poitou, où les fiefs fe partageoient
autrefois également (****), les feigneurs fouffroient peu de préjudice de l'étendue de ces
empiremens ; & il y avoit même des cas où ils
n'en fouffroient aucun de la multiplication de
leurs arrière-vaffaux (*****).

Ce qui prouve bien que les règles fur la
quantité de l'empirement de fief dérivent des
anciens ufages que l'on fuivoit dans les fucceffions, c'eft qu'encore aujourd'hui, comme dans
les précédentes rédaftions, les articles qui contiennent ces règles font placés parmi les articles
qui traitent le plus particulièrement des para-
ges, & que l'article 130 (******) en particulier,

_____

(*) Art. 142.
(**) Art. 296.
(***) Art. 280.
(****) Art. 171.
(*****) Art. 181 & 182.
(******) Cet article eft ainfi conçu. « Si le chemier tranf-
» porte fingulierement la chofe dont il eft chemier (retenu
» à lui l'homage) neantmoins il ne demeurera en homage,
» fi le feigneur de qui eft tenu la chofe veut, & conviendra
» que celui à qui la chofe eft tranfportée face l'homage. Le
» *femblable fera*, fi le chemier tranfporte feulement l'hoftel
» du chef de fon homage, quand il y a chef d'homage,
» pofé qu'il retienne le demeurant. Mais fi c'eft chofe où

qui décide jufqu'à quel point on peut faire cet

» n'y ait hoftel ou chef d'homage, pofé que le chemier
» tranfporte la plus grande partie de fon fief, pourvu qu'il
» retienne la valeur du tiers en icelui fief ou domaine, il
» doit demeurer en homage ». Quelques éditions du vieux
coutumier de Poitou dont on a déja parlé & la premiere
rédaction par autorité publique en 1514, au lieu de ces
mots *le femblable fera*, portoient & *femblablement fera*.
D'anciens confultans de la province interprétoient ces mots
comme s'il y eut eu & *femblablement fera l'hommage celui
qui retient le refte du fief*, en tranfportant *l'hôtel ou chef
d'hommage*, enforte qu'ils penfoient que la rétention du
chef d'hommage feul, ou l'aliénation qu'on en faifoit feulement, ne fuffifoient pas pour donner à celui qui en étoit
propriétaire le droit de faire l'hommage pour le refte du
fief; mais que le droit d'hommage ou de directe appartenoit toujours au propriétaire de la majeure partie du fief
dont le chef d'hommage avoit été diftrait. Boiceau de la
Borderie, qui nous apprend cela dans fon commentaire fur
l'article 130, défapprouve fort cette interprétation. Conftant, qui convient néanmoins qu'elle n'eft plus fuivie, la
regarde au contraire comme la plus exacte, parce que le
procès-verbal de la réformation de 1559 ne dit rien du changement de ces mots & *femblablement fera* en ceux-ci *le
femblable fera.*
Mais cette opinion n'eft conforme ni au fens littéral ni à
l'efprit de l'article 130; quand on liroit encore aujourd'hui,
comme dans la rédaction de 1514, & *femblablement fera*,
il eft manifefte que ces mots devroient s'appliquer à celui à
qui le chef d'hommage eft tranfporté, & non pas à celui
qui le tranfporte. Autrement l'on eut dit & *femblablement
fera le chemier*, *s'il tranfporte*, & non pas & *femblablement fera*, *fi le chemier tranfporte*. Cela réfulte encore de
la ligne fuivante, *pofé quil retienne le demeurant*. Ces mots
pofé que ne fignifient point *pourvu que*, comme Conftant
les interprète. Ils fignifient *bien que*, ou *quoique*. La derniere phrafe de cet article 130 le prouve affez.
Enfin l'oppofition que la coutume met entre le cas où
le fief a un chef d'hommage & celui où il n'en a pas, mon-

empirement de fief, ne parle que dans la suppoſition du parage déja établi.

Quoique tous les auteurs conviennent aujourd'hui que les bornes preſcrites à l'empirement de fief fait par le chemier, ſont applicables aux diminutions de fief faites par quelque propriétaire de fief que ce ſoit, & qu'elles ne peuvent tenir au préjudice du ſeigneur, ſi le vaſſal n'a eu ſoin de retenir *l'hôtel du chef de ſon hommage*, & s'il n'y a pas *d'hôtel ou chef d'hommage, la valeur du tiers en icelui fief ou domaine*, ſuivant l'article 130, il y a beaucoup de difficulté à fixer ce que la coutume a entendu par ces derniers mots. D'anciens commentateurs, tels que Barraud, le Let & Filleau, penſoient qu'il falloſt néceſſairement retenir le tiers du domaine, & de la valeur du fief, lorſqu'il n'y avoit point de chef d'hommage ; en ſorte qu'on ne pourroit point arrenter tout le domaine ou plus des deux tiers, quand bien même la rente ſeroit à peu-près de la valeur du domaine. Ils citoient un arrèt ſans date, confirmatif d'une ſentence de la ſénéchauſſée de Poitiers, en faveur du baron de Thiſſanges, contre un ſieur Cherbonneau, quoique dans cette eſpèce l'ar-

___

tre qu'elle n'exige la rétention du tiers du fief dans ce dernier cas, que pour tenir lieu du chef d'hommage, & que dans le premier cas il n'eſt néceſſaire de rien retenir outre le chef d'hommage.

J'ajouterai pour lever tous les doutes, que la plus ancienne édition du vieux coutumier de Poitou, faite en 1484, qui eſt généralement la plus exacte porte, non pas *& ſemblablement fera*, mais *& ſemblablement ſera*, ce qui ſe rapporte bien au texte actuel. C'eſt peut-être ce dont on s'apperçut en 1559.

rentement eût été fait près de deux siècles auparavant, & que depuis lors les bailleurs se fussent toujours fait rendre la foi & hommage des
domaines arrentés, & qu'ils en eussent perçu les
droits à chaque mutation.

Mais Constant a fort bien observé, que dans
cette espèce dont Barraud donne le détail, le
fief baillé à rente avoit, outre différens domaines, un hôtel principal, & l'article 130 est
précis sur la nécessité de retenir cet hôtel principal, pour faire subsister au préjudice du seigneur l'empirement de fief. La rétention de
tout le reste du domaine seroit alors insuffi-
sante. Il ne peut y avoir de difficulté que dans
le cas où le fief n'a point d'hôtel principal ou
de chef d'hommage.

. · Harcher dans son traité des fiefs, Constant
& Boucheul dans leurs commentaires, pensent
que le propriétaire du fief le peut entièrement
donner à rente foncière, pourvu qu'elle vaille
au moins le tiers du fief; parce que la rente
représente le domaine du fief, & que la coutume ne dit pas qu'il faille retenir le tiers du
domaine, mais *la valeur du tiers en icelui fief ou
domaine*. Ils allèguent une décision semblable
donnée par Dumoulin, sur le jeu de fief admis
par la coutume de Paris, & un arrêt du 22
juin 1630, rendu pour la coutume de Poitou.

L'espèce de cet arrêt n'est point connue; &
sans qu'il soit besoin de discuter ici le passage
de Dumoulin cité par ces auteurs, l'on sent
assez qu'on ne peut rien conclure de décisif
pour l'empirement de fief, qui tient au préjudice du seigneur, de ce qui seroit permis dans
le jeu de fief qui ne préjudicie point au sei-

gneur. On peut préfumer au contraire que les inconvéniens qui réfultent de la multiplication des fiefs fans domaine, feront admettre en Poitou la jurifprudence fuivie dans les coutumes de dépié de fief, où la conftitution de ces fortes de fiefs eft aujourd'hui réprouvée.

Quand il n'y a point de chef d'hommage connu dans un fief, mais feulement différentes fermes pour l'exploitation du domaine qui en dépend, la rétention d'une de ces fermes, lorfqu'on aliène tout le refte du fief, ne fuffit pas pour que l'empirement tienne au préjudice du feigneur, fi cette ferme ne fait pas le tiers du fief. C'eft la décifion de Conftant.

§. II. *Du devoir qu'il faut retenir dans l'Empirement de fief.*

Pour que l'empirement de fief puiffe tenir au préjudice du feigneur, l'article 30 de la coutume de Poitou, exige que le vaffal retienne un devoir fur la portion qu'il aliène : comme la coutume ne diftingue point, il importe peu que ce devoir foit noble ou roturier.

Les coutumes d'Anjou & du Maine décident nettement que la feule rétention du droit de juftice n'empêcheroit pas le dépié de fief ; comme c'eft là une difpofition particulière, qui ne paroît pas trop conforme à l'efprit de ces coutumes, où la féodalité fuppofe néceffairement la juridiction foncière & *vice verfa*, tous les commentateurs de la coutume de Poitou décident qu'il fuffit dans cette coutume de retenir la juridiction fur la portion aliénée, pour la validité de l'empirement.

Il faut néanmoins ufer de diftinction ; ou l'on a retenu la baffe juftice contentieufe, & com-

me elle ne peut exifter fans le fief, elle ne
doit pas empêcher le dépié, ou l'on a retenu la *juridiction foncière*, que la coutume de
Poitou appelle auffi quelquefois baffe juftice,
parce que ces deux juridictions font communément réunies, & alors on peut dire que cette
retention empêche le dépié.

Cette opinion peut d'autant moins éprouver
de difficulté, que les articles 52, 53, 148,
171 & fuivans règlent les cas où les biens dont
on ne connoît point la nature font réputés nobles
ou roturiers, & les devoirs auxquels ils font
affujettis. Le feigneur qui ne fe réferve que la
juridiction foncière eft cenfé s'en remettre à la
coutume fur la fixation des devoirs qui lui font
dûs par fuite de fa juridiction.

Le but de la retention tant du chef d'hommage, que d'un devoir fur la portion aliénée
eft d'empêcher le démembrement ou le dépié
de fief au profit du feigneur dominant. Le démembrement aura-t-il lieu, lorfque le tiers
d'un fief fe trouve compris indivifement dans
une donation ou dans un legs de tous les meubles & acquêts & du tiers des propres, fans
qu'on ait pris la précaution d'énoncer la rétention d'un devoir fur le tiers aliéné, & celle du
chef-d'hommage dans les deux tiers reftant au
donateur ou à fes héritiers.

Conftant ne balance pas à décider qu'il y
aura dépié au profit du feigneur dominant. Il
en excepte feulement le cas où la donation eft
faite entre mari & femme, parce qu'alors la
coutume établit fuivant lui un gariment légal (*).

_____

(*) Voyez fur ce dernier point la première note de
l'article GARIMENT.

Mais sans cette distinction ne peut-on pas ramener la coutume de Poitou au droit commun & décider généralement que la donation du tiers des propres même faite à un étranger sans retention de devoir ou du chef d'hommage n'opère aucun démembrement, parce que le fief n'est point réellement divisé tant que le partage n'a point réglé les droits des co-propriétaires. C'est lors de ce partage que pour empêcher le démembrement, il faudra retenir un devoir & le chef d'hommage ; il se peut même que par les arrangemens qu'on y prendra , & que la jurisprudence regarde constamment comme rétroactifs à l'égard même du seigneur, il n'y aura aucune division du domaine du fief. Il suffit au surplus de lire les commentateurs des coutumes voisines, pour voir que cela se pratique ainsi dans les coutumes de dépié de fief; la même chose se pratique aussi dans la coutume de Boulogne, suivant M. le Camus d'Houlouve. (Voyez l'article ESCLESCHE) Et quoique ces sortes de donations & de legs soient très-fréquens en Poitou, sans que l'on prenne aucune précaution pour empêcher le démembrement, je ne connois point d'exemple où le seigneur ait inquiéré ses vassaux à ce sujet.

Il y a plus de difficulté lorsque plusieurs personnes acquiérent un fief par indivis, parce que c'est-là un titre particulier, & Constant prononce encore alors le demembrement. Il est prudent, du moins lors de l'acquisition, de charger l'un des co-acquéreurs de rendre la foi & hommage , en lui attribuant le chef d'hommage, & en constituant les autres acquéreurs ses teneurs en gariment ; mais si l'on n'a point pris cette précaution dans le contrat de vente, il y a lieu de croire que cette convention feroit autorifée, quand même on ne la feroit que lors du partage. Tel paroît être l'avis de Béchet dans fon traité du parage chapitre 11, & c'étoit, dit-il, celui des plus célèbres avocats de Paris, de Xaintes & d'Angoulême, qui avoient été confultés dans une queftion femblable, laquelle n'eut point de fuite.

§. III. *Des effets de l'Empirement de fief.*

L'article 30 porte : « Si celui qui tient no-
» blement *aliéne par contrat de vente*, partie de
» fon fief, & fur icelle partie qu'il aliène, re-
» tient aucun devoir par-deffus, *les premières*
» *ventes & honneurs* feront au feigneur fuzerain
» ou chemier d'icelui qui avoit vendu ; mais
» il ne pourra prendre la chofe par puiffance
» de fief (*) pour caufe du devoir que le ven-
» deur retient fur la chofe, & fi ladite chofe
» eft *depuis* vendue une fois ou plufieurs, les
» ventes & honneurs feront *delà en avant* à
» icelui qui aura retenu le devoir ou pourra
» prendre la chofe par puiffance de fief. »

A l'exception donc des *premières ventes &
honneurs*, les droits feigneuriaux dûs pour tou-
tes les mutations qui auront lieu dans la fuite, appartiendroit au vaffal qui a retenu un devoir fur la portion aliénée. On doutoit autrefois fi le feigneur étoit privé des rachats qui avoient lieu à l'avenir, fur ces portions ainfi diftraites par fon vaffal, parce que le feigneur conferve

_____

(*) C'eft-à-dire, par retrait féodal.

le droit de rachat fur les portions des parageurs & des parts prenans ou tenans en gariment, lorfque celle du chemier y eft fujette. Mais il n'y a aucune relation entre ces deux cas. Car le chemier n'a point la directe fur les portions de fes parts-prenans ; il ne l'a fur celles des parageurs, que lorfque le parage eft ceffé, & alors il n'y a pas de doute d'après différens articles de la coutume, que les rachats, comme les autres droits de fief n'appartiennent à l'ancien chemier, ou à celui qui eft à fes droits. Conftant fur l'article 130 glofe 5 cite un arrêt de la cinquième chambre des enquêtes, rendu au mois de janvier 1588, lequel en confirmant une fentence de la fénéchauffée de Poitiers jugea que le feigneur en cas d'ouverture de rachat ne pouvoit prendre fur la portion qui avoit été précédemment diftraite du fief, que les devoirs annuels de cens & rente, que fon vaffal y avoit retenus en faifant l'aliénation. Conftant avoit lui-même écrit dans cette affaire.

Quoique l'article 30 ne parle que de l'aliénation faite par contrat de vente, on convient bien généralement que lorfque l'aliénation eft faite à titre de donation, ou d'échange, ou à tel autre titre que ce foit qui ne donne point lieu aux lods & ventes au profit du feigneur, l'empirement tiendra à fon préjudice, lorfqu'on y a obfervé les règles prefcrites par la coutume.

Mais on a demandé fi dans ce cas le feigneur du vaffal qui a fait l'Empirement ne devra pas avoir les lods & ventes de la première vente qui fe fera dans la fuite de ce même domaine ? Tous les commentateurs décident unaniment que non, parce que les premières ventes données au seigneur par l'article 30 s'entendent feulement de celles qui font dûes par le contrat d'aliénation , & que le même article dit expreffément que fi la chofe eft *depuis* vendue une ou plufieurs fois , les lods & ventes feront *de-là en avant* au vaffal qui aura retenu le droit & qui eft devenu feigneur direct.

Cependant la coutume ne dit pas précifément que les lods & ventes feront dûs au vaffal depuis la première aliénation indiftinctement, mais depuis la première aliénation *par contrat de vente , dont les premières ventes & honneurs feront au feigneur fuzerain ;* & fi l'on étend l'Empirement de fief à toutes fortes de contrats quoique la coutume ne parle que des aliénations par vente , cette extenfion ne doit pas préjudicier au feigneur qu'il feroit très-facile de fruftrer du modique dédommagement que la coutume lui accorde fi l'on admettoit cette interprétation. Un arrêt du 17 février 1610 a jugé bien précifément au profit de la veuve Roy , que les lods & ventes lui étoient dûs pour la première aliénation par vente qui avoit été faite d'un domaine qu'un de fes vaffaux avoit précédemment diftrait du domaine de fon fief par contrat d'échange en y retenant devoir.

Cet arrêt n'a point fait changer d'avis les commentateurs de la coutume. Ils obfervent que la fraude ne fe préfume point, & que dans ce cas comme dans tous les autres , le feigneur n'a que les voies de droit pour la prouver s'il le peut. Bechet eft du même avis fur l'ufance de Xaintes , & Filleau dit que l'ufage de Poitou eft confirmé par autant *de jugemens , de confultations & d'arbitrages qu'il s'eft préfenté de quef-*

tions à ce sujet. Constant observe enfin que dans l'espèce jugée par l'arrêt du 17 février 1610, *le principal consistant en cette seule question avoit été instruit à Paris, & sic par personnes qui n'entendoient point la coutume de Poitou & qui facilement se sont méprises en l'intelligence d'icelles.*

Le même Constant propose un tempérament en pareil cas. Il veut que dans les contrats qui ne sont point de nature à produire des lods & ventes, l'Empirement de fief donne ouverture au droit de rachat en faveur du seigneur, quand bien même l'aliénation se feroit à titre de bail à cens ; parce que, dit-il, la portion distraite du domaine du fief par le bail à cens est encore noble & féodale au moment de l'acte, & qu'elle n'acquiert la qualité roturière qui l'exempte du rachat que pour l'avenir ; mais ce dédommagement se trouvera réduit à rien dans la grande partie de la province où les rachats sont abonnés.

Quoique dans l'usance de Xaintes, comme en Poitou, l'on perçoive les lods & ventes des deniers d'entrée, que l'on stipule souvent dans les baux à rente, Béchet décide encore que lorsque dans un bail à cens & rente le vassal reçoit des deniers d'entrée, il n'est point dû de lods & ventes au seigneur à raison de ces deniers d'entrée. Il ajoute qu'il a connoissance de plus de dix mille baux à rente ainsi faits par les seigneurs d'Arvert, de Royan & de Mornac, & leurs vassaux, où ces seigneurs ont reçu des sommes notables des preneurs lors des desséchemens de la majeure partie de ces marais, sans qu'on ait même élevé la question. Mais

peut-être

peut-être décideroit-on diverſement pour des
baux à cens & rente avec deniers d'entrée qui
auroient pour objet des domaines déja cultivés. Tel paroît être l'avis de Boucheul, qui
dit fort bien que ces lods & ventes ſont la ré-
compenſe de l'Empirement de fief.

§. IV. *Des effets des aliénations partiaires où
l'on n'a pas obſervé les règles preſcrites pour
l'Empirement de fief.*

Si le vaſſal ne retient aucun devoir ſur la
choſe qu'il aliéne, il y a dépié ou démembrement de fief. L'article 30 le décide négative-
ment. Mais le vaſſal conſerve ſa directe ſur les
anciennes mouvances de ſon fief ſans que l'acquéreur y puiſſe prétendre aucuns droits.

Lorſque le vaſſal dans une aliénation partiaire
ne retient pas le chef d'hommage, ou le tiers
du fief à défaut de chef d'hommage, il ne peut
reſter en hommage, à moins qu'il n'y ait eu une
ſtipulation contraire & que cette ſtipulation
ſoit approuvée par le ſeigneur. Mais *il conviendra que celui à qui le chef d'hommage,* ou à défaut
de chef d'hommage, *la plus grande partie du
fief* eſt tranſportée, *faſſe l'hommage.* Pour que ce
ne ſoit pas à l'acquéreur à faire l'hommage, il
faut néceſſairement ce concours du conſentement de l'acquéreur & de celui du vendeur.
C'eſt la déciſion expreſſe des articles 130 &
131, qui ne parlent à la vérité que des aliénations faites par un *chémier;* mais la raiſon eſt la
même pour tous les vaſſaux, & les commentateurs en conviennent unanimement.

Il me ſemble que c'eſt dans ces deux articles
qu'il faut chercher la ſolution de la queſtion de

favoir fi la dévolution a lieu en Poitou ; queſtion que les commentateurs ont mal-à-propos voulu réſoudre par des autorités étrangères à la coutume , & ſur laquelle Harcher s'eſt maniſeſtement contredit (*). Si l'acquéreur par le contrat qui donne lieu au dépié de fief, a ſeul le chef d'hommage ou le tiers du fief qui en tient lieu, il n'y a point de dévolution des mouvances au profit du ſeigneur ; mais ces mouvances ne doivent point reſter au vendeur , comme l'ont cru Conſtant , Barraud & Boucheul ; elles paſſent avec la partie principale du fief à l'acquéreur. C'eſt ce que la coutume déſigne en appelant ici l'hôtel principal *chef d'hommage* , en diſant que le vendeur ne demeurera point en hommage , mais *qu'il conviendra que celui à qui la choſe eſt tranſportée le faſſe*. C'eſt ce qui réſulte ſur - tout de la comparaiſon de cet article avec le précédent dont il eſt une ſuite.

Que fi le vaſſal aliène partie du chef d'hommage , ou que lorſqu'il n'y a pas d'hommage il diviſe tellement ſon fief par diverſes aliénations qu'aucun des acquéreurs ni lui n'en aient le tiers , alors je ne vois pas comment on voudroit perſuader qu'il n'y a pas de dévolution au profit du ſeigneur. En un mot, la coutume fait dépendre la directe du chef d'hommage ou du tiers qui en tient lieu ; c'eſt à celui qui a ce chef d'hommage ou ce tiers à recevoir les hommages des arrière - vaſſaux qui ne ſont point obligés de les porter ailleurs & de reconnoître

_____

(*) Voyez le traité des fiefs, chap. 5 , ſect. 1 , §. 14 & ſect. 5 , §. 8.

la directe d'un fief ainſi démembré. La coutume ne dit pas que lorſque le vaſſal a aliéné le chef d'hommage, il ne reſtera pas en hommage pour la portion aliénée ſeulement, mais généralement qu'il ne reſtera pas en l'hommage du ſeigneur. Il devient donc lui-même le vaſſal de celui qui acquiert le fief d'hommage, c'eſt-à-dire le membre du fief dont il eſt la tête ; & lorſque le fief eſt tellement démembré qu'il n'y a plus de portion aſſez conſidérable pour être le chef, alors toutes ces portions de fief & les mouvances qui en dépendoient doivent reconnoître pour chef le ſeigneur ſuzerain.

L'on abuſoit autrefois en Poitou de la faculté d'empirer le fief pour fruſtrer le ſeigneur de ſes droits de lods & ventes & de retrait. On aliénoit d'abord à titre d'échange ou d'arrentement l'hôtel principal & le titre du fief à condition que le vendeur tiendroit de ce chef d'hommage à devoir noble ou roturier l'ancien domaine du fief. Il vendoit peu de temps après ce domaine à l'acquéreur de l'hôtel principal qui prétendoit confondre en ſa perſonne les droits de lods & ventes & de retrait féodal ou cenſuel, comme ayant fait l'acquiſition dans ſa mouvance.

Les premiers commentateurs de la coutume de Poitou ne trouvoient aucune difficulté à décider que ces traités privoient efficacement le ſeigneur de ſes droits. Il ne faut point, diſoient-ils, préſumer de fraude dans une choſe qui ſe fait par des moyens établis par la loi même ; & la cauſe des ſeigneurs féodaux qui ne cherchent qu'à gagner dans la perception des lods & ventes, ne doit point être plus favorable que celle des particuliers qui tâchent de ſe garantir par des voies prudentes d'une charge si dure. Si l'on veut appeler cela une fraude : c'est *bonus dolus*, comme disent les docteurs & les interprêtes.

Malgré ces raisonnemens subtils, on cite dans le commentaire recueilli par Braud, une sentence de la sénéchauffée de Poitiers, qui a jugé qu'un pareil traité ne pouvoir nuire au seigneur & qui a depuis été confirmée par arrêt. *Voyez* l'article FRAUDE NORMANDE.

Voyez le vieux coutumier de Poitou rédigé au commencement du quinzième siécle ; les anciennes & les nouvelles coutumes de Poitou, avec les commentaires sur les articles cités ; Harcher, dans son traité des fiefs, & le traité du parage par Béchet dans son usance de Xaintes. Voyez aussi les articles DÉMEMBREMENT DE FIEF, DÉMEMBREMENT DE JUSTICE, DÉVOLUTION FÉODALE, ESCLESCHE, FRAUDE NORMANDE, GARIMENT, PART-PRENANT, PARAGE, &c. (*Article de M. GARRAN DE COULON, avocat au parlement*).

EMPRISE DE TESTAMENT. Terme employé dans la coutume de Douai pour caractériser un acte judiciaire, par lequel un légataire universel ou un exécuteur testamentaire se soumet à la dernière volonté du défunt.

Cette coutume renferme là-dessus deux dispositions remarquables. L'article 3 du chapitre 2 établit d'abord la nécessité de l'*Emprise.*

« Auparavant qu'un testament puisse sortir
» effet, & qu'autrui en puisse profiter, ou en
» vertu d'icelui acquérir aucuns droits ès biens
» & héritages du testateur situés en ladite ville
» & échevinage de Douai, il convient & est

» néceſſairement requis que pardevant échevins
» tel teſtateur ſoit juré, empris & promis en-
» tretenir, fournir & accomplir par les exé-
» cuteurs, vefve, héritiers ou légataires uni-
» verſels du teſtateur ».

Les effets de l'*Empriſe* ſont déterminés par
l'article 3 du chapitre 5 : « tous teſtamens,
» codicilles & autres diſpoſitions de dernière
» volonté d'un trépaſſé, paſſés, reconnus &
» duement amenés à connoiſſance PAR EMPRISE
» pardevant leſdits échevins, en nombre de
» deux du moins, engendrent au fait des légats
» d'héritages, ſaiſine & droit réel incontinent
» après le trépas advenu au profit des légatai-
» res, & ſûreté à l'entier furniſſement & accom-
» pliſſement du contenu èſdits teſtamens & diſ-
» poſitions de dernière volonté, ſans qu'il ſoit
» requis faire autre devoir de juſtice ».

Les diſpoſitions de ces deux articles ont
donné lieu à la queſtion de ſavoir ſi dans la coutume de Douai, un légataire univerſel tranſmet
à ſes héritiers une ſucceſſion teſtamentaire dont
il n'a pas fait l'*Empriſe*, ou en d'autres termes,
ſi un teſtament devient caduc, quand le légataire univerſel meurt ſans l'avoir accepté devant
deux échevins ? La déciſion de cette difficulté
dépend de l'intelligence exacte du premier des
textes cités. La néceſſité de l'acceptation judiciaire eſt clairement marquée par ces mots, *il
convient & eſt néceſſairement requis*: or, pour quel
effet cette acceptation eſt-elle déclarée néceſſaire ? C'eſt pour que le teſtament *puiſſe ſortir
effet*; c'eſt pour qu'*autrui en puiſſe profiter*; c'eſt
pour que l'on puiſſe en vertu de cet acte *acquérir aucuns droits ès biens & héritages du teſtateur.*

Il femble donc, aux termes de cet article, que l'*Emprife* eft la feule voie par laquelle on puiffe acquérir des droits quelconques fur une fucceffion teftamentaire, qu'un teftament non Empris ne donne rien aux légataires, & que par conféquent ceux-ci ne tranfmettent à leurs héritiers aucun droit qui y foit relatif

Ces raifons peuvent paroître fpécieufes, mais en voici de plus décifives pour l'opinion contraire.

1°. Il eft faux qu'avant l'*Emprife* un teftament ne donne aucun droit, du moins perfonnel, au légataire. Ce dernier a certainement le droit de faire cette *Emprife ;* or, d'où le tire-t-il ce droit, fi ce n'eft de fa qualité, & par conféquent du teftament même ? Pourquoi donc ne pourroit-il pas le tranfmettre à fes héritiers, avec tous fes autres droits & actions perfonnelles.

2°. Il eft d'ufage que l'*Emprife* des teftamens fe faffe par les exécuteurs teftamentaires, qui font ordinairement dépofitaires de ces actes : fuivant le fyftême que nous combattons, il dépendroit d'eux de les faire valoir ou de les anéantir, ce qui feroit abfurde.

3°. A s'attacher ftrictement à la lettre de la coutume, le fort des légataires particuliers dépendroit de la volonté du légataire univerfel ou de l'exécuteur teftamentaire, car ce font eux qui font chargés par la coutume de faire l'*Emprife*. On dira fans doute qu'on peut les forcer à l'accompliffement de cette formalité, mais fi un légataire particulier a le droit de les y faire contraindre, c'eft le teftament qui le lui attribue : il faut donc que cet acte, avant

d'être empris, donne au moins des droits perfonnels à ceux qui y font avantagés.

4°. Enfin la coutume ne prononce pas la
peine de caducité contre un teftament non
empris, elle refufe feulement les droits réels
aux légataires avant que l'*Emprife* ne foit faite ;
& de peur que l'on ne s'y trompât, elle a répété
fa difpofition à peu près dans les mêmes termes, fous le titre d'*acquérir droits réels & hypothèques fur héritages*. Les expreffions même dont
elle fe fert dans l'article 3 du chapitre 2, *ou en
vertu d'icelui acquérir aucuns droits ès biens &
héritages fitués en ladite ville & échevinage*, ces
expreffions défignent clairement qu'elle ne parle
que de droits réels, & qu'elle ne rapporte aucunement fa difpofition aux droits perfonnels : fi
elle avoit eu toutes les efpèces de droits en vue,
elle n'auroit point ajouté *ès maifons & héritages :*
elle eût dit en général qu'on ne peut acquérir
aucun droit en vertu d'un teftament non *empris ;* mais comme elle ne vouloit parler que de
droits réels, elle a reftreint fa difpofition aux
immeubles, c'eft-à-dire aux feuls biens fufceptibles de réalité.

Enfin cette opinion a été confirmée par arrêt
du parlement de Flandres rendu en révifion le
21 janvier 1776, au rapport de M. l'abbé de
Dion, entre les fieurs Défafières & les fieurs
Dervillers. Ceux-ci attaquoient le teftament
que la dame Howarderie avoit fait au profit de
fon mari, & entr'autres moyens ils faifoient
valoir le défaut d'*Emprife ;* ils prétendoient que
le fieur de la Howarderie étant mort fans avoir
rempli cette formalité, n'avoit rien tranfmis à
fes héritiers, & que le teftament étoit par-là

tombé en caducité. Mais ce moyen n'a fait aucune impreffion fur les juges, & l'on a ordonné l'exécution pure & fimple de l'acte dont il étoit queftion. (*Article de M. MERLIN, avocat au parlement de Flandres*).

EMPHYTÉOSE. C'eft une convention par laquelle le propriétaire d'un héritage en cède à quelqu'un la jouiffance pour un temps, & même à perpétuité, à la charge d'une rédevance annuelle que le bailleur réferve fur cet héritage pour marque de fon domaine direct.

Le terme d'Emphytéofe tire fon origine d'un mot grec qui fignifie *planter, améliorer une terre.*

Ce font les romains qui nous ont tranfmis l'ufage de l'Emphytéofe. Dans l'origine, elle n'attribua chez eux au preneur qu'une jouiffance à temps, foit pour la vie du preneur, foit pour deux ou trois générations ; c'eft pour cela que les lois romaines n'ont donné le titre de feigneurie au droit de l'Emphytéote que quand l'Emphytéofe eft devenue perpétuelle.

Cette différence dans la nature de l'Emphytéofe, explique la contradiction apparente qui fe trouve entre quelques lois fur cette matière : c'eft que les unes parlent de l'Emphytéofe à temps, & les autres de l'Emphytéofe perpétuelle.

En France, dans les pays de droit écrit, l'Emphytéofe faite par le feigneur de l'héritage, a le même effet que le bail à cens en pays coutumier, & l'Emphytéofe faite par le fimple propriétaire de l'héritage y eft ordinairement confondue avec le bail à rente foncière : ces deux fortes d'Emphytéofes y font perpétuelles de leur nature ; & l'on appelle ordinairement *canon emphytéotique*, la rédevance stipulée par la convention.

Les lois décident que faute par l'Emphytéote de payer ce canon ou rédevance pendant trois ans, il peut être évincé par le bailleur ; mais il faut qu'au préalable celui-ci ait constitué l'autre en demeure, & qu'il ait fait prononcer judiciairement la commise ; comme l'observe Boutaric dans son traité des droits seigneuriaux.

Guyot dit dans son traité des fiefs, que les auteurs s'accordent assez pour conclure qu'il n'est point dû de quint en fiefs, ni de lods & ventes en roture pour bail emphytéotique à vie ou à quatre-vingt dix-neuf ans : il étend même cela à l'Emphytéose perpétuelle, si par le bail il n'y a pas de deniers déboursés ; mais s'il y en a, le preneur doit payer les droits à proportion ; ce qui est conforme aux coutumes d'Anjou & du Maine, lesquelles décident aussi que le retrait a lieu lorsqu'il y a des deniers déboursés.

En pays coutumier l'Emphytéose est un bail à longues années d'une héritage, à la charge de le cultiver & améliorer, ou d'un fonds à la charge d'y bâtir, ou d'une maison à condition de la rebâtir, moyennant une pension ou rédevance annuelle payable par le preneur (*).

(*) *Formule d'un bail emphitéotique.*

Pardevant les conseillers du roi notaires au châtelet de Paris, soussignés.

Fut présent le sieur Louis George négociant, demeurant en cette ville, rue...... paroisse saint......

Lequel, a par ces présentes reconnu avoir cédé & transporté, à titre d'Emphitéose ou bail emphytéotique, pour cinquante années consécutives, à compter de cejourd'hui, à François Salomon, laboureur, demeurant à Passy,

On ſtipule auſſi quelquefois que le preneur

étant ce jour à Paris, à ce préſent & acceptant preneur pour lui, ſes hoirs & ayant cauſe, les héritages ci-après déſignés, dont ledit ſieur Georgel leur garantit la jouiſſance, pendant leſdites cinquante années : ſavoir :

1°. Un arpent de terre actuellement en friche, ſitué ſur le territoire de Vaugirard, au lieu dit le buiſſon d'épine, tenant d'une part, à..... d'autre, à...... d'un bout ſur...... & d'autre ſur .....

2°. Un terrein vague, contenant un demi-arpent, ſis à Paſſy, tenant d'une part au nommé...... maréchal ferrant, d'autre à George...... maître boulanger, &c.

3°. Une pièce de terre, ſituée au territoire de Montreuil, ſous le bois de Vincennes, contenant quarante verges, qui étoient jadis plantées en vignes, & qui ſe trouvent actuellement ſans fruits ni culture, tenant ladite pièce de terre d'une part, au jardin du ſieur.... d'autre à la prairie vulgairement appelée...... d'un bout ſur...... & l'autre ſur......

4°. Une vieille maiſon prête à tomber en ruines, ſiſe audit village de Paſſy, tenant d'une part à..... d'autre à..... &c.

Appartenans leſdits héritages audit ſieur Georgel, comme ſeul héritier de...... ſes père & mère qui les avoient acquis durant leur communauté du ſieur...... ſuivant le contrat d'acquiſition, paſſé devant.... notaire à (tel endroit), préſens témoins, le...... duquel contrat il a été à l'inſtant remis audit Salomon une expédition en bonne forme, avec copie d'un acte de notoriété, portant que ledit ſieur Georgel s'eſt trouvé effectivement le ſeul héritier de ſes père & mère.

Ce bail fait aux prix, charges, clauſes conditions ſuivantes, que ledit preneur s'oblige d'accomplir, & exécuter de point en point. Il eſt convenu en premier lieu, qu'il payera annuellement audit ſieur Georgel, dix livres de canon emphitéotique, à commencer de ce jour en un an, pour ainſi continuer d'année à autre, pendant toute la durée du préſent bail ; laquelle redevance que ledit Salomon promet fournir, & faire valoir audit bailleur, demeurera aſſiſe ſpécialement & par privilège, ſur les héritages

payera une certaine fomme de deniers d'entrée
pour ce bail.

---

ci-deffus défignés, que le preneur fera tenu d'entretenir
en bon état & de telle manière, que ladite fomme de dix
livres puiffe y être aifément prife & perçue par chaque
année, à pareil jour que celui-ci ; fe foumettant ledit Salomon à perdre, non feulement fa jouiffance, mais encore
routes les améliorations qu'il auroit faites auxdits héritages, dans le cas où il fe trouveroit trois années de
ladite redevance, échues & non payées.

De plus, le preneur s'engage à améliorer, à défricher,
& mettre en bon état de culture l'arpent de terre qu'on
vient de défigner fur le n. 1, de forte que de ftérile qu'il
eft, il puiffe produire ci-après des fruits, à l'effet de quoi
ledit Salomon s'oblige de le labourer, fumer & enfemen-
cer par folles & faifons convenables, ainfi qu'un fermier
prudent le feroit, ou devroit le faire, à l'égard d'une pièce
de terre, qui de tout temps feroit en valeur.

Ledit preneur fe charge auffi de faire conftruire à fes
frais, fur le demi arpent de terrein vague, compris
au préfent bail, un bâtiment propre à l'exploitation
d'une ferme & d'y employer jufqu'à concurrence d'une
fomme de.... lequel bâtiment appartiendra au bailleur, dès
le moment que ledit Salomon ceffera ou devra ceffer,
d'être fon emphitéote ; bien entendu qu'il en fera de même
relativement aux autres améliorations que le preneur pourra
faire fur l'un ou l'autre defdits héritages, foit qu'il les ait
faites en vertu des préfentes, foit qu'elles ne doivent leur
exiftence qu'à la feule volonté qu'il auroit eu de les faire
faire, quoiqu'il n'y fût obligé par aucune des claufes
contenues en cefdites préfentes.

Quant aux quarante verges de terre qui étoient ci-devant
plantées en vignes, ledit Salomon s'engage d'y planter ou
faire planter (*tel nombre*) de pieds d'arbres fruitiers, dont
un tiers en pommiers, un autre en poiriers, & le troisième
en pruniers ; obfervation faite, que s'il en meurt quelques-
uns, il fera tenu de les remplacer par d'autres de la même
efpèce, de manière que le même nombre de.... pieds s'y

Tout bail qui excède neuf années, est réputé bail emphytéotique ou à longues années.

L'Emphytéose se fait ordinairement pour

---

trouve, au moment qu'il cessera ou devra cesser de jouir.

Et enfin, par rapport à la masure, dont il a été parlé sous le n. 4, ledit Salomon s'oblige de la faire réédifier à neuf, dans la même distribution qu'elle se trouve actuellement ; & en un mot, de la remettre au même état qu'elle étoit avant qu'elle commençât à menacer ruine.

Le bailleur reconnoît, par ces mêmes présentes, qu'au de-là des charges, clauses & conditions auxquelles ledit Salomon vient de souscrire, celui-ci lui a à l'instant payé, par forme de deniers d'entrée, une somme de.... qui a été comptée, nombrée, & réellement délivrée à la vue des notaires soussignés, dont quittance; étant d'ailleurs convenu surabondamment, & en tant que besoin pourroit être, que le preneur ne pourra prétendre aucune remise quelconque sur le canon emphitéotique qu'il s'est engagé de payer annuellement au bailleur, quand même il arriveroit, contre toute attente, que les fruits desdits héritages se trouveroient entièrement absorbés par des cas imprévus, & que, pour cette cause, ledit preneur n'en recueilleroit aucuns, ni dans l'une ni dans l'autre des années, pendant lesquelles il doit jouir des héritages ci-dessus.

A l'égard des réparations qui pourront être à faire, durant le cours du présent bail, il n'y aura aucune distinction entre les grosses & les menues ; ainsi le preneur demeurera chargé des unes comme des autres, il sera conséquemment tenu de rendre lesdits lieux en bon état à la fin de sa jouissance, & de laisser en outre au bailleur, toutes les améliorations, bâtimens qu'il aura fait faire sur lesdits héritages, soit en conséquence des clauses ci-dessus, soit parce qu'il aura jugé à propos de les faire faire sans néanmoins qu'il s'y fût assujetti.

Car ainsi, &c. promettant, &c. obligeant, &c. renonçant, &c. Fait & passé à Paris en l'étude de Me.... l'un des notaires soussignés, le premier juin mil sept cent soixante dix-huit, & ont signé.

vingt, trente, quarante, cinquante, foixante
ou quatre-vingt-dix-neuf ans, qui eft le terme
le plus long que l'on puiſſe donner à ces fortes
de baux.

Lorſque ce bail eft fait pour un temps fixe,
les héritiers du preneur en jouiſſent pendant
tout le temps qui en reſte à expirer, quoique
le bail ne faſſe pas mention d'eux.

On peut faire un bail emphytéotique, tant
pour la vie du preneur que pour celle de ſes
enfans & petits enfans. La coutume d'Anjou,
article 412, & celle du Maine, article 413,
appellent ces fortes de contrats, *baux à viage.*

Le bail à vie diffère néanmoins à cet égard
des autres baux emphytéotiques, en ce que ſi
le bail à vie ne nomme que le preneur & ſes
enfans, les petits enfans n'y font pas compris ;
au lieu que ſi c'eft un bail emphytéotique ſimplement pour le preneur & ſes enfans, les petits
enfans y font auſſi compris fous le nom d'enfans, ſuivant la règle ordinaire de droit.

L'Emphytéofe reſſemble au bail à loyer ou
à ferme, en ce que l'un & l'autre contrat eft
fait à la charge d'une penſion annuelle ; mais
l'Emphytéofe diffère auſſi du louage, en ce que
l'emphytéote a la plupart des droits & des
charges du propriétaire : & en effet le bail emphytéotique eft une aliénation de la propriété
utile au profit du preneur pendant tout le temps
que doit durer le bail, la propriété directe demeurant réſervée au bailleur.

Le preneur étant propriétaire, peut vendre,
aliéner, échanger ou hypothéquer l'héritage ;
mais il ne peut pas donner plus de droit qu'il
n'en a ; & lorſque le temps de la conceſſion eft

expiré, *resoluto jure dantis, resolvitur & jus acci-pientis.*

De ce que les baux emphytéotiques empor-tent aliénation, quelques coutumes ont voulu qu'ils donnassent ouverture au retrait lignager. *Baux à quatre-vingt-dix-neuf ans, ou à longues années,* porte l'article 149 de la coutume de Paris, *sont sujets à retrait.*

Cet article est équivoque & peut se résoudre en trois propositions différentes : l'une que les héritages propres donnés à bail emphytéoti-que peuvent être retirés par les lignagers du bailleur : la seconde, que les mêmes héritages ayant fait souche dans la famille du preneur, y sont propres & sujets à retrait lorsqu'ils vien-nent à être vendus à des étrangers ; & la troi-sième, que le droit que s'est réservé le bailleur sur les héritages énoncés au bail emphytéoti-que peut être retiré lorsqu'il vient à être vendu.

Carondas, Guerin, Tronçon, Joly & Bro-deau ont attribué à l'article dont il s'agit le sens de la première proposition. Ferrières a critiqué cette opinion en disant que les héritages donnés à bail emphytéotique ne pouvoient être retirés par les lignagers du bailleur que dans le cas où il auroit reçu de l'argent : mais le sentiment de Ferrières n'est pas mieux fondé que l'opinion qu'il combat : en effet, il n'y a rien dans l'arti-cle de la coutume qui ait rapport à l'argent dont parle cet auteur.

Il faut donc, avec Chopin & le Maître, pren-dre l'article de la coutume dans le sens de la seconde proposition, c'est-à-dire, que quand les héritages donnés à Emphytéose ont fait souche dans la famille du preneur, & qu'ils viennent à être vendus, ils peuvent être retirés par ses lignagers.

Quoiqu'il ne paroisse pas que l'article dont il s'agit doive s'appliquer à la troisième proposition, on peut néanmoins décider que si le bailleur venoit à aliéner la redevance qu'il a retenue avec son droit de réversion, ses lignagers seroient fondés à exercer le retrait, parce que cette redevance, & ce droit tiennent lieu de l'héritage.

Ceux qui ne peuvent pas aliéner ne peuvent pas non plus donner à titre d'Emphytéose.

L'église & les communautés ne le peuvent faire qu'avec les solemnités prescrites pour l'aliénation de leurs biens; on tient même qu'elles ne peuvent faire d'Emphytéose perpétuelle, mais seulement pour quatre vingt-dix-neuf ans au plus.

La pension ou redevance emphytéotique est tellement de l'essence de ce contrat, que s'il n'y en avoit pas une réserve, ce ne seroit point une Emphytéose.

L'Emphytéote ne peut pas, comme un simple locataire ou fermier, obtenir une remise ou diminution de la pension annuelle, par cause de stérilité; parce que la pension emphytéotique est moins pour tenir lieu des fruits, qu'un signe de reconnoissance de la seigneurie directe.

Il n'est pas permis à l'Emphytéote de dégrader le fonds, ni même d'en changer la surface, de manière que la valeur en soit diminuée : ainsi il ne peut pas convertir en terre labourable ce qui est en bois; mais il peut couper les bois, même de haute futaie, qui se trouvent en âge d'être coupés pendant la durée de son bail.

Il ne peut pas détruire les bâtimens qu'il a trouvés faits, ni même ceux qu'il a conftruits lorfqu'il étoit obligé de le faire ; mais s'il en fait volontairement quelques-uns, il peut dans le courant de fon bail les enlever, pourvu que ce foit fans dégrader l'héritage.

On ftipule ordinairement, quand on donne une place à titre d'Emphytéofe, que le preneur fera tenu d'y bâtir ; cette claufe n'eft pourtant pas de l'effence d'un tel contrat ; mais fi elle y eft appofée, on peut contraindre le preneur à l'exécuter.

L'abbé de Saint-Mefmin fit le 10 octobre 1613, avec les formalités requifes, un bail emphytéotique pour quatre-vingt-dix-neuf ans, d'une maifon ruinée fituée à Orléans, & le fieur Lefourd, preneur, s'obligea d'y bâtir une nouvelle maifon.

Lorfqu'elle fut bâtie, le preneur la rétrocéda à l'abbé, fucceffeur du bailleur, & ce nouvel abbé la céda le 4 avril 1621, aux religieux de fon abbaye, par un acte conçu en ces termes :

Cède & tranfporte la maifon de l'Aleu Saint-Mefmin, ci-devant donnée à Emphytéofe pour quatre-vingt-dix-neuf ans, & retirée par contrat du.... &c. à la charge par les religieux de payer à l'acquit de l'abbé les fept mille livres qu'il s'eft obligé de payer à Lefourd pour la conftruction de la maifon.

Lorfque les quatre-vingt-dix-neuf ans énoncés au bail emphytéotique du 10 octobre 1613 furent expirés, l'abbé de Saint-Mefmin fomma les religieux de lui abandonner la maifon & de la mettre en état, conformément à ce bail. Ils lui répondirent qu'ils ne la poffédoient point comme Emphytéotes, mais comme proprié-

taire,

taires, en vertu de la ceſſion que ſon prédéceſſeur leur en avoit faite par l'acte de 1622.

L'abbé leur répliqua que ſon prédéceſſeur n'a-
voit point eu le droit de diſpoſer des biens de ſa
menſe en leur faveur au préjudice de ſes ſuccef-
ſeurs; qu'il n'avoit pu leur tranſmettre que la
jouiſſance précaire que lui avoit cédée Leſourd,
& qu'ils n'avoient pas pu changer la cauſe de
leur poſſeſſion. En conſéquence il intervint arrêt
le 26 juin 1716, qui condamna les religieux à ſe
déſiſter de la maiſon.

La tacite reconduction n'a pas lieu en matière
d'Emphytéoſe.

Les créanciers du preneur d'un bail emphytéotique peuvent faire ſaiſir & vendre la jouiſſance de ce bail.

Toutes les réparations, tant groſſes que menues, ſont à la charge de l'emphytéote pendant
la durée de ſon bail.

Il eſt auſſi obligé d'acquitter toutes les charges
réelles & foncières, telles que la dixme, le
cens, champart, &c.

A l'expiration du terme porté par le bail emphytéotique, le preneur, ſes héritiers ou ayant
cauſe, doivent rendre les lieux en bon état,
à l'exception des bâtimens qu'il a conſtruits
volontairement, qu'on ne peut pas l'obliger
à réparer; mais il ne peut pas non plus les
démolir à la fin de ſon bail, en emporter des ma-
tériaux, en répéter les impenſes, ni obliger ſous
ce prétexte le bailleur à lui continuer le bail,
ſoit pour la totalité de ce qui y étoit compris,
ſoit même pour la jouiſſance de ces bâtimens;
dans ce cas *ſuperficies ſolo cedit.*

Si le fonds donné en Emphytéoſe vient à périr

totalement; par exemple, si c'est une maison, & qu'elle soit entièrement ruinée par quelque force majeure, en ce cas le preneur est déchargé de la pension.

Il peut aussi, en déguerpissant l'héritage, se faire décharger en justice de la pension, quoiqu'il soit obligé personnellement au payement de cette pension, & qu'il y ait hypothèque sur tous ses biens, l'obligation personnelle étant dans ce cas seulement accessoire à l'hypotécaire.

La possession du détenteur à titre d'Emphytéose, quelle qu'en soit la durée, ne peut pas lui servir pour acquérir par la prescription la propriété du fonds, parce qu'on ne peut pas prescrire contre son propre titre. C'est en conformité de cette jurisprudence que par arrêt du 21 août 1734, le grand conseil a jugé qu'un héritage donné à Emphytéose devoit retourner au bailleur, quoique depuis l'expiration du bail il se fût écoulé plus de quatre-vingts ans.

Mais par un autre arrêt du 4 septembre 1751, rendu entre le curé de Champlemy & la veuve Doligny, le parlement de Paris a jugé que le tiers acquéreur d'un bien d'église donné à Emphytéose, pouvoit opposer avec succès la prescription acquise par une possession suffisante depuis l'expiration du temps stipulé dans le bail emphytéotique.

Le droit de contrôle du bail emphytéotique est réglé par l'article 18 du tarif de 1722 sur le pied du double de ce qui est fixé pour les baux à loyer par l'article 15.

Voyez *les lois civiles; les œuvres de Duplessis; le dictionnaire des Arrêts; Loiseau, traité du déguerpissement; Brodeau sur Louet; les œuvres de*

Henrys; Chorrier fur Guypape; la collection de jurifprudence, &c. Voyez auffi les articles BAIL, CENS, RENTE, POSSESSION, PRESCRIPTION, CENTIÈME DENIER, &c.

EMPIRE DE GALILÉE, OU HAUT ET SOUVERAIN EMPIRE DE GALILÉE. C'eſt une juridiction que les clercs de procureurs de la chambre des comptes ont pour juger les conteſtations qui peuvent furvenir entr'eux.

Cette juridiction eſt pour les clercs de la chambre des comptes, ce que la baſoche eſt pour ceux des procureurs au parlement.

Le titre d'Empire donné à cette juridiction vient de ce qu'anciennement le chef qui y préfidoit étoit appelé empereur, de même qu'on appeloit roi le chef de différentes communautés. Tels étoient le *roi des merciers, le roi de l'arquebufe, le roi des ménétriers*, &c. On voit dans les regiſtres de la chambre, que le 5 février 1500, elle fit empriſonner un clerc empereur de Galilée, parce qu'il n'avoit pas voulu rendre le manteau d'un autre clerc auquel il l'avoit fait ôter. Il y a lieu de croire que ce titre d'empereur fut aboli fous Henri III, en même temps que ce prince défendit à tous fes fujets de prendre le titre de roi.

L'Empire de Galilée a depuis long-temps pour chef protecteur & conſervateur né, le doyen des conſeillers-maîtres des comptes, lequel de concert avec M. le procureur général de la chambre que l'Empire regarde pareillement comme fon protecteur né, veille à tout ce qui intéreſſe cette juridiction de l'Empire, fpécialement commiſe aux foins de ces deux magiſtrats par la chambre.

M. Barthelemy, doyen de la chambre des

comptes & protecteur de l'Empire, rendit le 17 juillet 1704, un arrêt portant que le projet de réglement pour lui fait enfemble le tarif des droits accordés aux officiers de l'Empire, feroient communiqués à la communauté des procureurs, ce qui fut exécuté; & le réglement en forme d'édit fut donné en conféquence au mois de janvier 1705.

Suivant cet édit, le corps de l'Empire eft compofé de quinze clercs; favoir, le chancelier, le procureur-général, fix maîtres des requêtes, deux fecrétaires des finances pour figner les lettres, un tréforier, un contrôleur, un greffier & deux huiffiers; il n'y a que le chancelier, les maîtres des requêtes & les fecrétaires des finances, qui aient voix délibérative.

On ne peut nommer aux charges de l'Empire deux élèves d'une même étude, fans avoir obtenu à cet effet des lettres de difpenfe du protecteur.

Ceux qui font nommés aux charges font tenus de les accepter, à peine de quinze fous d'amende payable fans déport; ils obtiennent des lettres de provifion fignées du protecteur, expédiées par un des fecrétaires des finances, & fcellées & vifées par le chancelier. Les nouveaux pourvus ne font reçus qu'après une information de leurs vie & mœurs; ils font examinés par les officiers qui ont voix délibérative; & fi on les trouve capables, ils prêtent ferment.

L'Empire s'affemble tous les jeudis matin, après que MM de la chambre des comptes ont levé leur féance; quand il y a fête le jeudi, l'affemblée fe tient la veille.

Aucun officier n'eft difpenfé du fervice, fur

peine de cinq fous d'amende payable fans déport
au tréforier des finances. Il faut dans la huitaine
fe purger par ferment de l'empêchement, & en
cas de maladie, quinzaine après la convalef-
cence.

Les officiers qui s'abfentent pendant fix mois,
ne peuvent plus prendre la qualité d'officiers de
l'Empire ; même ceux qui paffent un ou deux
mois fans faire leur fervice & fans fe purger par
ferment, doivent être déclarés indignes de poffé-
der à l'avenir aucune charge de l'Empire, condamnés à treize livres d'amende, déchus de
leurs offices, obligés de remettre leurs provifions au protecteur, & l'on procède à une
nouvelle élection en leur place.

Lorfque ces officiers & les autres clercs de
procureurs entrent à la chambre ou à l'Empire,
ils doivent avoir le bonnet de clercs, qui eft une
efpèce de petit chapeau ou tocque, & le manteau percé, c'eft-à-dire, une robe noire, qui ne
leur va que jufqu'aux genoux ; ceux qui fe préfentent autrement doivent être condamnés à
une amende de quinze fous, & en cas de
récidive, à une livre dix fous, & pour la troifième fois à un écu, ou à plus grande peine
s'il y échet.

Les officiers de l'Empire vaquent d'abord au
jugement des procès d'entre les clercs & fuppôts.

Quand il n'y a pas de procès, ou après qu'ils
font jugés, un maître des requêtes propofe quelque queftion de finance pour entretenir le bureau pendant une demi-heure, & alors on permet à tous les clercs & fuppôts d'affifter au
confeil, de dire leur avis fur les difficultés, ou

d'en propofer ; mais c'eft fans prendre rang ni féance avec les officiers de l'Empire.

Lorfqu'un officier clerc ou fuppôt fait quelque chofe d'injurieux à l'Empire, le procureur général informe contre lui, & fur le vu des charges le protecteur ordonne ce qui convient felon le délit.

Les officiers qui font convaincus d'avoir révélé les délibérations du confeil, font pour la première fois amendables de foixante fous ; pour la feconde, privés de leurs charges, & déclarés indignes de poféder aucun office de l'Empire.

Les jugemens des officiers de l'empire fur les conteftations qui furviennent entre les clercs de la chambre des comptes font regardés comme des arrêts. Le difpofitif en eft ainfi conçu : *le haut & fouverain empire de Galilée ordonne*, &c. à la fin il eft dit, *fait audit empire* .... & toutes les expéditions que le greffier délivre, font intitulées, *extrait des regiftres de l'empire*.

Suivant le tarif fait par M. Barthélemi le 30 avril 1705, les officiers de l'Empire de Galilée ont plufieurs droits en argent, tant pour l'entrée que pour la réception de certaines perfonnes à la chambre des comptes.

Les droits d'entrée à la chambre leur font dûs, 1°. par tous les clercs de procureurs de la chambre, lefquels font tenus de faire enregiftrer au greffe de l'Empire le jour de leur entrée en la chambre, & de payer les droits dûs à l'Empire dès qu'ils entrent chez les procureurs & viennent en la chambre ; les fils des procureurs font feuls exempts de ces droits.

2°. Il eft auffi dû aux officiers de l'Empire un

droit par les commis des comptables qui entrent à la chambre.

Les droits qui leur appartiennent pour la réception en la chambre de certains officiers, font dûs par les procureurs de la chambre (leurs enfans en font exempts) les grands officiers de la couronne, savoir, le grand maître d'hôtel, le grand écuyer, l'amiral, le grand maître de l'artillerie, le contrôleur général des finances, le fieur intendant des poudres & falpêtres, le furintendant & commissaire général des postes, le furintendant des mines & minières, le furintendant de la navigation & commerce, le furintendant des bâtimens du roi & autres grands officiers.

Les autres officiers qui doivent auffi un droit de réception, font les préfidens, tréforiers, avocats & procureurs du roi des bureaux des finances, les grands maîtres des eaux & forêts; tous les tréforiers & payeurs des deniers royaux & leurs contrôleurs, & plusieurs autres officiers de finances dont on trouve l'énumération dans le tarif; il leur eft auffi dû un droit pour l'enregistrement de chaque ferme particulière.

Par les anciens comptes du domaine, on voit que les officiers de l'Empire avoient droit de prendre tous les ans deux cens livres fur le domaine; mais ils ne jouissent plus de ce droit.

Les règlemens de l'Empire contiennent beaucoup de difpofitions pour l'administration des finances de l'Empire, & les comptes qui en doivent être rendus. Les conteftations qui peuvent s'élever au fujet de ces comptes entre gens qui ne font pas fujets de l'Empire, doivent

être portées à la chambre, fuivant un arrêt par
elle rendu le 4 feptembre 1719, & un jugement des commiffaires du confeil du 5 feptembre 1722.

Il eft défendu par les règlemens de l'Empire
à tous les clers de procureurs de la chambre de
porter l'épée ; & au cas qu'ils foient trouvés en
épée dans l'enclos de la chambre, ils doivent
être condamnés à trente-deux fous d'amende,
pour la première fois, & à trois livres quatre
fous pour la feconde, même à plus grande
peine s'il y échet.

On fait tous les ans dans la chambre de l'Empire la lecture des derniers règlemens, la veille
de faint Charlemagne, ou quelqu'un des jours
fuivans, en préfence de tous les clercs & fuppôts de l'Empire.

Voyez le mémoire hiftorique donné fur l'Empire
de Galilée, par M. Boucher d'Argis, & les articles BASOCHE, CHANCELIER, CLERC, &c.

EMPIRIQUE. Ce mot dans fa vraie
acception fe dit de celui qui ne s'attache qu'à
l'expérience dans la médecine & qui ne fuit
pas la méthode ordinaire de l'art ; mais dans
l'acception aujourd'hui la plus vulgaire, ce mot
eft fynonime de CHARLATAN. Voyez ce qui a
eté dit à cet article, & la fection quatrième de
l'article CHIRURGIE. (Article de M. DAREAU,
avocat au parlement, &c.).

EMPLOI. C'eft un certain genre d'occu-
pation & de fonctions que l'on donne à quelqu'un dans une régie ou dans une adminiftration.
Voyez EMPLOYÉ.

On appelle Emploi, en termes de pratique,

la déclaration que l'on fait d'employer pour défenses ce qui a déja été dit par une partie dont on prend le fait & cause.

C'est aussi dans un inventaire de production ou dans une requête de production nouvelle, la mention qu'on fait d'une pièce dont on tire quelqu'induction.

On peut faire un Emploi non-seulement des pièces que l'on a pour soi, mais encore de celles qui ont été produites du côté de la partie adverse lorsqu'il y a lieu d'en tirer des inductions favorables.

On emploie pareillement pour moyens les faits & les particularités dont les parties sont d'accord au procès, & tout ce qui peut concourir au succès des prétentions que l'on s'est cru en droit d'établir.

EMPLOI DE DENIERS, se dit de l'usage qu'on doit en faire suivant leur destination.

Il est quelquefois stipulé par un contrat de mariage que les deniers dotaux de la femme seront employés pour elle en achat d'heritages : lorsque c'est le mari qui est chargé de faire cet Emploi, il doit le faire conjointement avec sa femme si celle-ci est majeure, ou avec son père ou sa mère ou un curateur particulier quand elle est encore mineure, afin qu'on n'ait aucun sujet de plainte contre le mari pour la valeur de l'héritage. Le parlement de Paris a jugé le 24 mars 1578, que lorsqu'il y a de la part du mari une promesse de faire Emploi des deniers de sa femme, les biens acquis pendant le mariage sont censés l'avoir été de ces deniers, & sont dès-lors dans le cas d'être réputés biens dotaux.

Quand la ſtipulation porte que les deniers en tout ou en partie ſeront employés en héritages *pour ſortir nature de propre à la future épouſe & aux ſiens de ſon côté & ligne*, cette ſtipulation opère en droit écrit que les héritiers de la ligne ſuccèdent à cette ſomme à l'excluſion des collatéraux les plus proches. On trouve que la choſe a été ainſi décidée par un arrêt du 22 décembre 1600, que rapporte Papon.

Il a été auſſi décidé par un arrêt de 1609 rapporté dans la bibliothéque de Bouchel, que la mère en ſuccédant à ſon enfant ſuccéde aux deniers non employés que le père de cet enfant avoit ſtipulés par le contrat de mariage devoir être employés *en propre pour lui & les ſiens*.

Le parlement de Paris a jugé le 29 février 1664, qu'une ſomme de deniers donnée à une fille par contrat de mariage pour être employée par ſon mari en héritages ou en rentes, devoit être regardée comme mobilière dans la ſucceſſion de l'enfant iſſu de ce mariage. Autre choſe eſt un ſimple Emploi ſtipulé, autre choſe eſt une vraie ſtipulation de propre avec Emploi ; il faut l'un & l'autre, parce que l'Emploi ſans ſtipulation eſt ſimplement regardé comme une précaution priſe pour aſſurer les deniers, leſquels demeurent ce qu'ils ſont de leur nature lorſqu'ils n'ont pas été employés. Mais pour avoir de plus grands éclairciſſemens à ce ſujet, voyez les articles BIENS, COMMUNAUTÉ, PROPRES & SUCCESSION.

Quand les tuteurs ont entre les mains des deniers pupillaires, ils doivent en faire un Emploi utile pour les mineurs des biens deſquels ils ont l'adminiſtration. Voyez à ce ſujet dans le recueil des actes de notoriété du châtelet de Paris, celui qui fut donné le 11 juillet 1698. *Voyez* aussi les articles INTÉRÊT & TUTEUR.

, Lorsqu'on prête des deniers à quelqu'un pour tel ou tel Emploi, l'emprunteur en les recevant est obligé de se conformer aux conditions sous lesquelles le prêt lui a été fait, sans quoi il s'exposeroit comme stellionataire à la contrainte par corps pour la restitution de la somme empruntée.

On prête quelquefois pour rédimer un débiteur d'une ancienne créance, & l'on exige de lui qu'il soit déclaré par l'acte de payement que les deniers ont été prêtés à la charge d'acquérir la subrogation pour les droits, priviléges & hypothéques de l'ancien créancier en faveur de celui qui fait le prêt : il ne suffit pas que cette . condition soit établie par le prêt, il faut encore que la déclaration s'en suive lors du payement fait des deniers prêtés à l'ancien créancier. Mais c'est ce qu'on verra plus particulièrement aux articles HYPOTHÉQUE & SUBROGATION. (*Article de M. DAREAU, avocat, &c.*).

EMPLOYÉ. C'est celui à qui l'on a donné de l'emploi.

Ce mot s'applique particulièrement à ceux qui ont quelques fonctions dans la partie des fermes ou dans la régie des droits du roi.

Il y a parmi ces différens Employés des directeurs, des receveurs généraux, des receveurs particuliers & buralistes, des contrôleurs sédentaires, des contrôleurs ambulans à pied & à cheval, & des commis aux exercices à pied & à cheval.

Les fonctions de chacun de ces Employés

font expliquées à l'article qui le concerne ; & comme ils rentrent tous dans la dénomination générale de *commis*, voyez particulièrement ce qui a été dit fous ce mot. (*Article de M. DA-REAU, avocat*, &c)

EMPOISONNEMENT. C'est l'action criminelle que commet celui qui fait prendre à quelqu'un du poison dans le deffein de lui faire perdre la vie.

On fe rend coupable auffi d'Empoifonnement dans un fens plus étendu, lorfqu'on empoifonne des puits, des fontaines, des rivières, des étangs, ou lorfqu'on fait périr les beftiaux d'autrui en leur faifant prendre de la pâture empoifonnée.

Le crime dont il s'agit eft plus ou moins énorme fuivant la qualité des perfonnes & les circonftances qui l'accompagnent. Nous réfervons d'en parler plus amplement à l'article POISON, où nous ferons connoître les lois portées contre les crimes de cette nature. (*Article de M. DAREAU, avocat*, &c.).

EMPOISONNEUR. C'est celui qui fait prendre à quelqu'un du poison dans le deffein de lui faire perdre la vie. *Voyez* EMPOISONNEMENT & POISON. (*Article de M. DAREAU, avocat*, &c.).

EMPOISSONNEMENT. Action par laquelle on repeuple un étang qui a été pêché.

L'article 21 du titre 31 de l'ordonnance des eaux & forêts a déterminé de quel échantillon devoit être le poiffon que l'on jette dans les étangs appartenans au roi, aux eccléfiaftiques & aux communautés pour les empoiffonner. Le carpeau doit avoir au moins fix pouces, la ranche cinq, & la perche quatre..A l'égard du brochet, on eſt maître de le jeter de quelque échantillon qu'il ſoit ; mais cela ne doit ſe faire qu'un mois après l'Empoiſſonnement, afin que les autres poiſſons premiers jetés aient acquis aſſez de force pour réſiſter à ſa voracité.

Les officiers des maîtriſes doivent ſans doute être appelés à ces ſortes d'Empoiſſonnemens, puiſqu'il leur eſt enjoint de tenir la main à l'exécution de cet article de l'ordonnance ; mais il leur eſt défendu en même-temps de prétendre aucune vacation à ce ſujet, à peine de concuſſion. (*Article de M. DAREAU, avocat au parlement, &c.*)

EMPRISONNEMENT. C'eſt l'action même par laquelle on met quelqu'un en priſon, ou l'effet qui réſulte de cette action.

Il y a cette différence entre *capture* & *Empriſonnement*, que le premier de ces deux mots ſignifie ſeulement la priſe au corps faite de celui qu'on veut empriſonner, & le, ſecond l'action même où il eſt mis en priſon.

Tout ce que nous pourrions dire au ſujet de l'Empriſonnement ſe rapporte aſſez à ce qui a été dit à l'article CAPTURE. Nous ajouterons ſeulement ici que lorſqu'il s'agit d'un Empriſonnement pour dette civile, il faut 1°. qu'il ſoit fait mention dans l'acte de cet Empriſonnement, des jugemens ou des contrats en vertu deſquels on empriſonne, du nom, du ſurnom & de la qualité du priſonnier, de ceux de la partie qui fait empriſonner & du domicile qu'elle doit élire au lieu où la priſon eſt ſituée, & le tout à peine de nullité ; ſur quoi l'on peut voir l'article 13 du titre 13 de l'ordonnance de

1670 (*) ; 2°. que le titre en vertu duquel on
agit foit revêtu des formalités requifes pour les
faifies & exécutions.

On doit avoir en même-temps l'attention de
configner entre les mains du geolier la fomme
néceffaire pour la nourriture du prifonnier.
Voyez à ce fujet les articles 23 & 24 du titre 15
de l'ordonnance de 1670, & ce qui a été dit
aux articles ALIMENS, ELARGISSEMENT, &c.

Avant de faifir quelqu'un pour dettes, on
doit lui faire un commandement de payer.
L'acte d'Emprifonnement doit auffi faire mention qu'il n'a été emprifonné que fur fon refus
de payer, fans quoi l'Emprifonnement dégéné-
reroit en vexation.

Le débiteur peut fe trouver quelquefois dans
une pofition où il y auroit une indécence publique à le conftituer dans ce moment prifonnier : telle feroit celle où il affifteroit à une
proceffion, où il feroit quelques fonctions eccléfiaftiques, où il exécuteroit les ordres du roi
ou ceux de la juftice, &c. ce feroit lui faire
un affront & caufer une efpèce de fcandale
que d'en agir ainfi dans de pareilles circonftances.

C'eft auffi pour ménager la réputation des
débiteurs & pour prévenir les méprifes qui ar-
rivoient fréquemment à Paris lorfqu'il s'agiffoit
d'arrêter quelqu'un pour une dette de commerce, qu'il a été créé par un édit du mois de

(*) L'article 7 d'un édit du mois de janvier 1685,
concernant l'adminiftration de la juftice au châtelet de Paris,
exige oune l'élection de domicile une conftitution de procureur par l'acte d'Emprifonnement.

novembre 1772 dix places d'officiers gardes du commerce, à l'effet de mettre eux seuls à exécution dans Paris & la banlieue, les jugemens qui portent des contraintes par corps contre les débiteurs condamnés ; il a été parlé de ces officiers sur la fin de l'article CONTRAINTE PAR CORPS, à quoi l'on pent ajouter ici par supplément une aventure assez récente concernant l'un de ces mêmes officiers. Voici le fait (*).

L'abbé des Rivieres avoit chargé le sieur Bouteille, garde du commerce, de certaines sentences qu'il avoit obtenues par corps contre le baron de Ferfand. L'officier se transporta dans un hôtel garni où il trouva effectivement le débiteur qu'il somma de payer ou de le suivre dans une des prisons de Paris. Le baron de Fèrfand refusa en alléguant des douleurs qui l'empêchoient de quitter la chambre.

Le garde du commerce sans prévenir l'abbé des Rivières, prit sur lui de faire visiter par un chirurgien le prétendu malade, de le faire garder par une personne quelconque, & cela en vertu d'une ordonnance de M. le lieutenant civil.

Bouteille qui croyoit que le baron de Ferfand avoit véritablement un rhumatisme, parce que le chirurgien l'avoit ainsi décidé, laissa auprès du débiteur le nommé Samson, archer de robe-courte, qui veilla pendant quelques jours & s'endormit enfin ; le baron de Ferfand plus vigilant que son gardien s'évade, & met ainsi en

---

(*) Ce fait est rapporté au tome quatrième de la gazette des tribunaux (n°. 40, pag. 209).

défaut & l'archer de robe-courte & Bouteille qui étoit refponfable de fa perfonne.

L'abbé des Rivières a attaqué ce garde du commerce au châtelet, & a foutenu qu'ayant tout pris fur lui dans cette affaire „& n'ayant point fait part à fon commettant des difficultés qui arrêtoient l'Emprifonnement du baron de Ferfand, il étoit, lui garde de commerce, refponfable de l'évafion, & devoit payer les douze cens livres qui formoient la créance de l'abbé des Rivières.

Une fentence du 2 juillet 1777 rendue fur délibéré a adopté cette prétention, & elle a été confirmée au parlement le 14 août fuivant par un arrêt rendu fur appointement à mettre. *Voyez* les articles CAPTURE & CONTRAINTE PAR CORPS. (*Article de M. DAREAU, avocat au parlement*, &c.).

EMPRUNT. C'eft ce que l'on reçoit à titre de prêt.

On emprunte de l'argent, on emprunte un meuble, un animal & quelquefois auffi un logement.

Celui qui accorde l'emprunt, fe nomme le *prêteur*; & celui qui le reçoit l'*emprunteur*.

Comme tout ce que nous pourrions dire ici rentre dans l'article PRÊT, nous renvoyons à ce mot comme à la dénomination la plus connue.

Nous obferverons feulement ici que le roi fait quelquefois des Emprunts de fes fujets ou même des étrangers pour fubvenir aux befoins de l'état. Ces Emprunts fe font en vertu d'édits, & même quelquefois fimplement en vertu d'arrêts du confeil; mais pour l'ordinaire ces arrêts

font

sont revêtus de lettres-patentes que sa majesté fait enregistrer. Lorsque la chambre des comptes enregistra celles qui furent rendues sur un arrêt du conseil du 2 décembre 1770, concernant de nouveaux emprunts, elle arrêta qu'il seroit fait des représentations au roi sur les dangers de ces augmentations d'Emprunt qui se faisoient alors quelquefois sur des ordres particuliers, sans des lettres de sa majesté duement enregistrées.

Lorsque le clergé accorde des dons-gratuits au roi, il est ordinairement autorisé par des lettres patentes à faire les Emprunts nécessaires pour fournir plus promptement le don accordé. S'il arrive que quelqu'un de ceux dont le clergé a emprunté à rente constituée a besoin de son argent, le clergé à le pouvoir d'emprunter au denier vingt la même somme que celle qui compose le capital du rentier, & de subroger le nouveau créancier à l'ancien en marquant dans le nouveau contrat que l'emprunt a été fait pour payer un créancier du clergé & en déclarant dans la quittance donnée par ce créancier, que les deniers ont été empruntés de celui en faveur duquel a été passé le nouveau contrat.

Ces contrats & les autres actes passés par le clergé pour des Emprunts sont ordinairement exemptés du contrôle, de l'insinuation & d'autres droits de cette espèce.

Les Emprunts particuliers faits par des corps ecclésiastiques sont regardés comme des aliénations indirectes parce qu'au fond on ne peut point charger de dettes les biens de l'église non plus que les biens profanes, sans en diminuer la valeur. C'est pourquoi ces sortes d'Emprunts doivent être précédés, pour les chapitres, dit d'Héricourt (*) d'une délibération capitulaire confirmée par l'évêque : celui qui prête ses deniers doit examiner si l'emploi qu'on se propose d'en faire est légitime ; il doit tirer des quittances de l'emploi, afin d'être en état, en cas de contestation, de faire voir que son argent a tourné au profit de l'église.

Il y a des corps religieux dans lesquels outre l'acte capitulaire, il faut encore suivant les statuts de l'ordre, l'approbation des supérieurs majeurs pour autoriser ou pour confirmer les Emprunts dont la communauté à besoin. C'est à ceux qui prêtent leur argent, à s'assurer de ce que portent les statuts à cet égard, & à prendre au surplus les autres précautions que nous venons d'indiquer.

Quant aux emprunts concernant les provinces, villes, corps communautés & hôpitaux, un arrêt du conseil du 24 juillet 1775 porte que ces sortes d'Emprunts (à constitution de rente perpétuelle) ne pourront être autorisés qu'en destinant au remboursement des capitaux un fond annuel qui sera augmenté chaque année du montant des arrérages éteints par les remboursemens effectués successivement. Les officiers municipaux, les administrateurs, syndics & autres sont déclarés garans & responsables en leur propre & privé nom, des contraventions commises aux dispositions de ce règlement (**). (*Article de M. DAREAU*, &c.)

(*) Lois ecclésiastiques, partie quatrième, chapitre 7, somm. 16.

(**) Voyez à ce sujet l'article COMMUNAUTÉ D'HABITANS, où il a encore été parlé de ce même réglement.

ENCENS. Voyez DROITS HONORIFIQUES.

ENCHÈRE. C'est l'offre que l'on fait au-dessus de quelqu'un pour une chose qui se vend par justice au plus offrant, ou que l'on baille à ferme.

Dans les ventes d'immeubles par décrets, on appelle *Enchère de quarantaine* un acte que le procureur du poursuivant met au greffe après le congé d'adjuger, pour annoncer que, l'on procédera à la vente & adjudication des biens saisis réellement sur un tel (*). On énonce la con-

(*) *Formule d'Enchère de quarantaine selon le style du châtelet de Paris :*

- Me. André procureur au châtelet de Paris & du sieur Charles Cordier bourgeois de Paris rue.... poursuivant la vente & adjudication par décret d'une maison ci-après déclarée, saisie réellement à sa requête, sur le sieur Claude Henriet, par procès-verbal du.... pour les causes mentionnées, en icelui, & en tous les actes qui ont suivi & précédé ; & en conséquence de la sentence du congé d'adjuger du.... rendue au parc civil du châtelet de Paris, par laquelle le décret de ladite maison a été interposé à la quarantaine ; & encore en conséquence de l'affiche à la quarantaine, faite par procès verbal de.... en date du.... indicative de la présente enchère.

Enchérit & met à prix le fonds, très-fonds, propriété & superficie de ladite maison, circonstances & dépendances sans en rien excepter, retenir, ni reserver, sous les charges & conditions ci-après, qui seront gardées & observées par l'adjudicataire.

1°. Ladite maison sera prise par l'adjudicataire dans l'état où elle se trouvera lors de l'adjudication.

2°. L'adjudicataire payera les droits seigneuriaux, arrérages & rentes qui peuvent être dûs aux seigneurs : à cet effet, est observé que ladite maison est en la censive de l'abbaye de saint germain des Prés, & chargée de douze deniers parisis de cens.

3°. A la charge par l'adjudicataire de payer les lods &

fiſtance des biens auxquels le pourſuivant met un prix, & il détaille les autres charges, clauſes & conditions de l'adjudication. Cette Enchère eſt ſurnommée de quarantaine; parce que l'on y déclare qu'il ſera procédé à l'adjudication quarante jours après que l'Enchère eſt miſe au greffe.

Elle ne ſe fait qu'apres le congé d'adjuger, & après que les oppoſitions à fins d'annuller, de charge & de diſtraire, ont été jugées,

---

ventes, centième denier, droits de conſignation, & tous autres généralement quelconques, qui pourront être dûs pour raiſon de l'adjudication.

4º. De payer ſans diminution du prix les ſommes impoſées pour les boues & lanternes, tant pour le paſſé que pour l'avenir, & pour le rembourſement du capital de ladite impoſition, ſoit que leſdites ſommes ſoient dûes, ou qu'elles ſoient payées au roi, en tout ou partie, lors de l'adjudication.

5º. De payer au procureur pourſuivant tous les frais ordinaires de criées, après la taxte, & ce, ſur la ſignification qui lui ſera faite de l'exécutoire deſdits frais; lequel ſera à cet effet décerné contre lui, & en vertu duquel il pourra y être contraint, ſans que cela néanmoins puiſſe empêcher la vente à la folle enchère, s'il ne ſatisfait à la préſente clauſe.

6º. A la charge de conſigner dans huitaine de ſon adjudication, aux termes de l'édit, le prix de ſon adjudication, ès mains du receveur des conſignations de cette cour; ſinon, après une ſimple ſommation de le faire, pourra être levée par ledit ſieur Cordier pourſuivant, aux frais dudit adjudicataire, une groſſe en forme exécutoire de la ſentence d'adjudication, quand même elle auroit été levée par l'adjudicataire; le tout, ſans qu'il ſoit beſoin de le faire ordonner, & ſans que cela puiſſe empêcher la vente à la folle Enchère.

Voilà les clauſes que l'on a coutume de mettre dans une Enchère: mais on peut y en inſérer beaucoup d'autres ſelon les circonſtances.

attendu que si l'opposition à fin d'annuller avoit lieu, il n'y auroit plus de décret à faire, & que l'Enchère doit faire mention des héritages qui seront distraits de l'adjudication & des charges dont l'adjudicataire sera tenu.

Cette Enchère étant reçue au greffe, doit être lue & publiée à l'audience, tant de la juridiction où se poursuit le décret, que de celles où les biens sont situés. La quarantaine ne commence que du jour de la dernière publication.

On affiche cette Enchère aux portes des juridictions où elle se publie, à celles des églises paroissiales de ces juridictions, aux portes du domicile des parties saisies, à celles des villes par où l'on sort pour aller aux biens saisis, & dans les autres endroits où l'on a coutume de les afficher, suivant l'usage de chaque lieu.

L'Enchère doit être signifiée au procureur de la partie saisie, & aux procureurs des opposans.

Après la quarantaine on procède sur cette Enchère à l'adjudication, qui ne se fait que sauf quinzaine ; & ensuite après plusieurs remises on adjuge définitivement.

Pour prévenir les fraudes dans les Enchères des immeubles qui se vendent par décret, l'édit de 1551 a voulu que personne ne pût être admis a enchérir sans être assisté d'un procureur du siège. La même loi a défendu aux procureurs d'enchérir en vertu de procuration, à moins qu'ils ne connûssent ceux qui leur auroient donné charge d'enchérir, ou qu'ils n'eussent pris acte de gens à eux connus pour répondre des parties qui auroient donné ces procurations. Par de telles précautions, on a eu pour objet d'empêcher que les personnes intéressées

à retarder une adjudication ne donnaſſent lieu à
des procédures inutiles en faiſant enchérir ſous
des noms empruntés ou des gens connus pour
inſolvables. Ces diſpoſitions ont été renouvelées par l'arrêt de règlement rendu au parlement de Paris le 23 novembre 1598.

Il ſuit de ce qu'on vient de dire qu'un procureur ne doit enchérir que pour des perſonnes
domiciliées & qui paroiſſent ſolvables, à péine
de demeurer garant perſonnellement de ceux
pour leſquels il a enchéri. Obſervez néanmoins
qu'un procureur ne ſeroit point garant, ſi ſans
fraude il avoit enchéri pour une perſonne connue, qui par l'événement ſe ſeroit trouvée hors
d'état de payer le prix de l'adjudication ; il
ſuffiroit pour la décharge du procureur, que
cette perſonne n'eût pas été notoirement inſol-
vable lorſqu'il a enchéri pour elle. C'eſt en
conformité de cette juriſprudence, que par
arrêt du 14 janvier 1687 le parlement de Paris
a déchargé un procureur de la demande formée
contre lui, afin qu'il fût tenu de faire compa-
roître la partie pour laquelle il avoit enchéri,
& de lui faire payer le prix de l'adjudication,
ſinon qu'il fût procédé à la revente de l'office
décrété à la folle Enchère, tant de l'adjudicataire que de ſon procureur.

Lorſqu'un procureur a enchéri pour une perſonne qui ne lui étoit pas ſuffiſamment connue,
mais qu'il a eu la précaution de prendre un
certificateur, il ne peut être pourſuivi en cas
que l'adjudicataire ne puiſſe payer le prix de
l'adjudication ; il en eſt quitte pour repréſenter
le certificat qu'on lui a donné, pourvu qu'il ait
dû préſumer que le certificateur étoit de bonne

foi, & qu'il étoit en état de répondre des dommages & intérêts, en cas de dol de fa part. On l'a ainfi jugé au parlement de Paris au mois de mars 1703, en faveur de Jean Porcheron, procureur au parlement, en homologuant un avis de la communauté des procureurs. Mais les créanciers pourfuivirent enfuite Gobreau, procureur de la partie faifie, qui avoit certifié à Porcheron que Vieillard, pour lequel Porcheron s'étoit rendu adjudicataire, étoit folvable. Vieillard étoit gendre de la partie faifie : on tira un grand avantage de cette circonftance contre Gobreau, pour prouver qu'il y avoit du dol & de la fraude ; & par l'arrêt qui intervint le 27 juillet 1703, on ordonna que l'adjudicataire payeroit dans fix femaines le prix de l'adjudication, finon que le bien feroit vendu à la folle Enchère, tant de l'adjudicataire que de Gobreau, folidairement & par corps.

Un procureur ne peut enchérir au-deffus de la fomme portée par la procuration de fa partie : s'il va au-delà, il eft refponfable de fon Enchère.

Lorfque l'adjudication eft faite à un procureur, & qu'il a déclaré au greffe les noms des particuliers pour lefquels il a enchéri, la propriété paffe directement à ces particuliers, & le procureur n'eft pas réputé avoir été acquéreur : c'eft pourquoi il n'y a aucune action contre ce procureur pour le payement du prix de l'adjudication, & les feigneurs ne peuvent exiger leurs droits feigneuriaux que pour une feule mutation.

Les procureurs doivent éviter d'enchérir, non-feulement pour des perfonnes inconnues ou insolvables, mais encore pour les particuliers auxquels les règlemens défendent de se rendre adjudicataires : tels sont les juges dans le siège desquels se fait l'adjudication , les avocats & procureurs du roi, les greffiers commis, les gens de main-morte non autorisés par lettres-patentes , &c.

On jugeoit autrefois au parlement de Paris qu'un opposant ne devoit pas être admis à enchérir : mais on suit aujourd'hui une jurisprudence contraire , sur le fondement qu'il est de l'intérêt de la partie saisie & des créanciers que le nombre des enchérisseurs ne soit point diminué.

L'Enchère étant un contrat que l'enchérisseur passe avec la justice , il faut en conclure qu'après qu'elle est faite elle ne peut plus être retractée , quand même l'enchérisseur allégueroit la lésion de plus de moitié de la juste valeur. C'est ce que le parlement de Toulouse a jugé contre la demoiselle de Cavalon par arrêt du 19 janvier 1666. Mais quand l'Enchère vient à être couverte par une Enchère plus forte, le précédent Enchérisseur n'est plus obligé (*). Il faut néanmoins convenir que cette dernière maxime n'a pas été adoptée dans tous les temps ni par tous les jurisconsultes. Barthole pensoit que quand le dernier enchérisseur étoit insolvable, on pouvoit recourir contre l'enchérisseur précédent. Balde étoit d'avis contraire. Dumou-

---

(*) Cette règle ne s'applique point aux Enchères qui ont lieu pour les ventes de bois, &c. dans les juridictions des eaux & forêts, comme nous l'avons observé à l'article ADJUDICATAIRE.

lin a donné pour principe général que dans cette
efpèce, le précédent enchériffeur devoit prendre le bien aux conditions de fon Enchère , &
que le furplus devoit être payé par le dernier
enchériffeur. Tronçon, Charondas, Gouget &
plufieurs autres ont embraffé une opinion oppo-
fée à celle de Dumoulin. Il y a de même des
arrêts oppofés les uns aux autres. Bouchel dit
dans fa bibliothèque, qu'il fût arrêté au parlement de Paris le 19 novembre 1530, que fi le
dernier enchériffeur fe trouvoit infolvable , on
auroit recours à l'enchériffeur précédent, & que
s'il acceptoit l'adjudication ou qu'il ne propofât
point de raifon valable pour fe difpenfer de
cette acceptation, l'héritage décrété lui feroit
adjugé fans procéder à de nouvelles Enchères.
Mais divers arrêts poftérieurs ont jugé le contraire. Le même Bouchel en cite deux ; l'un du
mois de février 1537, & l'autre du 18 avril
1558. Carondas en rapporte un troifième du
26 mai 1562, & l'ufage, tant du parlement de
Paris que des requêtes du palais, eft conforme
à ces derniers arrêts.

Le parlement de Bordeaux jugeoit auffi autrefois que quand le dernier enchériffeur étoit
infolvable, on pouvoit avoir recours au précédent. C'eft ce que prouve un arrêt du 29 mars
1630, rapporté par Papon ; mais la Peyrère
nous apprend que cette cour a jugé le contraire
en 1671. Cette dernière jurifprudence a été
fuivie au parlement de Normandie par arrêt du
16 décembre 1604, dans le cas d'une dernière
Enchère faite par un particulier qui vouloit dé-
favouer celui qui avoit enchéri pour lui. On
peut donc établir pour principe que tel eft

le droit commun du royaume. Cela est si vrai
que les coutumes qui ont prévu le cas dont il
s'agit, ont décidé qu'on devoit revendre à la
folle Enchère du dernier enchérisseur sans recourir au précédent enchérisseur. Celle de Berry
dit que si le dernier enchérisseur ne paye pas
le prix de l'adjudication dans la huitaine, l'enchérisseur qui le précède immédiatement, pourra,
si bon lui semble, se faire adjuger le bien, pour
le prix porté par l'Enchère qu'il avoit faite, &
que s'il ne veut pas le prendre à cette condition
non plus que les autres enchérisseurs en remontant par ordre, le bien sera vendu & adjugé à
la folle Enchère du premier adjudicataire.

Mais cette décision de la coutume de Berry
doit-elle être étendue aux coutumes qui n'ont
aucune disposition à cet égard? M. d'Héricourt
soutient la négative, & pense que celui dont
l'Enchère a été couverte par une Enchère plus
forte, ne peut plus prendre le bien sur le pied
de l'Enchère qu'il a faite, à moins que la partie
saisie, le saisissant, les opposans & l'adjudicataire à la folle Enchère duquel le bien doit être
vendu, n'y consentent expressément. Cette
opinion est fondée sur ce que les Enchères étant
regardées comme des offres, dès que la justice a
une fois rejeté comme insuffisantes les premières
qui lui ont été faites, & qu'elle a accepté les
secondes, il ne doit plus subsister aucun engagement relativement au premier enchérisseur.

Ce n'est pas seulement dans le cas où la première Enchère est couverte par une autre que
l'enchérisseur est déchargé de toute obligation,
il doit en être de même si l'héritage décrété
vient à périr ou a être détérioré considérable-

ment par quelque cas fortuit avant l'adjudication. Un tel enchérisseur n'étant pas propriétaire, il ne doit pas supporter la perte de la chose qu'il vouloit acquérir, comme il ne profiteroit pas de l'augmentation de valeur, s'il en survenoit une à cette chose.

Lorsqu'il y a appel d'une adjudication, c'est encore, disent quelques jurisconsultes, un cas où le dernier enchérisseur peut demander qu'on le décharge de son Enchère, sur le fondement qu'il n'est pas obligé d'attendre l'événement d'un procès pour placer son argent. Mais nous croyons, avec M. Pothier, que cette opinion est mal fondée. En effet, si une telle jurisprudence avoit lieu, un tiers pourroit détruire par un appel mal fondé l'obligation d'un enchérisseur ; & celui-ci même pourroit aisément anéantir sa propre obligation en engageant par des présens une partie saisie qui est ordinairement ruinée, à interjeter appel de l'adjudication. D'ailleurs, comme l'appel est une voie de droit, on ne peut pas dire que l'enchérisseur ne l'a point pu prévoir.

L'édit de 1551 veut, sous peine de nullité, que tout enchérisseur fasse signifier son Enchère au précédent enchérisseur, en s'adressant à sa personne, à son domicile, ou du moins à son procureur. Cette règle étoit suivie au parlement de Paris, même avant l'édit de 1551, conformément à une ordonnance du 18 février 1492. Il n'y a que la dernière Enchère qu'on n'est point obligé de faire signifier à l'enchérisseur précédent, selon le règlement du 23 novembre 1598, conforme en ce point à l'arrêt de Montrichard, qui avoit été rendu avant l'édit de 1551,

Bouchel & Papon ont rapporté cet arrêt qui est du 10 juillet 1539.

L'arrêt en forme de règlement du 16 juillet 1546, qui décide qu'il n'est point nécessaire de signifier la dernière Enchère au précédent enchérisseur, contient une autre disposition importante sur ce sujet. Il enjoint au greffier de tenir un registre & état des Enchères qu'il sera tenu de communiquer aux procureurs, afin qu'ils puissent savoir à quel prix les dernières Enchères ont monté, & si les parties peuvent surenchérir. On ne sauroit trop prendre de précaution dans cette matière pour empêcher que ceux qui veulent se rendre adjudicataires, n'emploient des artifices pour détourner les concurrens qu'ils pourroient avoir dans les Enchères. On doit sur-tout punir sévèrement ceux qui, par une espèce de monopole toujours préjudiciable aux créanciers & à la partie saisie, donnent ou promettent quelque somme pour empêcher d'enchérir. Carondas rapporte un arrêt du 26 novembre 1569, par lequel la somme qu'un adjudicataire avoit promise à un particulier pour l'empêcher d'enchérit, fut regardée comme faisant partie du prix de l'adjudication, & distribuée aux créanciers de la partie saisie.

Il est de l'intérêt de la partie saisie, & de ses créanciers que l'adjudication se fasse publiquement, afin que chacun puisse être instruit de ce qui s'y passe & soit en état d'enchérir. Au parlement, à la cour des aides & à la cour des monnoies de Paris, l'adjudication se fait au greffe ; aux requêtes du palais, elle se fait au parquet ; aux requêtes de l'hôtel & au châte-

let, c'eſt à l'audience qu'on adjuge les biens
décrétés. Il y avoit autrefois quelques juridictions, où l'on étoit dans l'uſage de faire les
adjudications à la chambre du conſeil. Mais cet
uſage a été condamné par pluſieurs arrêts,
dont il y en a un en forme de règlement
rendu par le parlement ſéant à Tours le 6 mai
1593.

Par d'autres arrêts de règlement du même
parlement, entre leſquels il y en a un du 2 décembre 1574, il eſt défendu d'adjuger les héritages à la chandelle éteinte, parce qu'il n'a
point paru raiſonnable que le juge fût en quelque manière forcé de faire l'adjudication à l'extinction d'une chandelle, quand il verroit qu'il
pourroit y avoir encore des enchériſſeurs, &
que le prix du bien décrété pourroit monter
plus haut. On a cependant conſervé en Bretagne
l'uſage de faire les adjudications à l'extinction
de la chandelle, ſuivant le règlement proviſoire
du parlement de cette province fait en 1547,
& l'article 579 de la coutume de Bretagne. Mais
cet uſage s'y obſerve d'une manière qui n'eſt
point préjudiciable à la partie ſaiſie, ni aux
créanciers ; car on prend des bouts de bougie
de la longueur de quatre ou cinq lignes, & l'on
en allume autant de bouts l'un après l'autre
que le juge trouve à propos ; de ſorte que l'adjudication ne ſe fait que quand le juge à lieu de
croire qu'il ne ſe préſentera plus d'enchérif-
ſeurs. Dans d'autres juridictions hors du reſſort
du parlement de Paris, l'adjudication ſe fait
à la baguette, c'eſt-à-dire que le juge
frappe d'une baguette un certain nombre de
coups, dans la diſtance du temps qu'il trouve

à propos pour exciter les enchériffeurs, & au dernier coup, il adjuge le bien décrété.

Il y a des juridictions où auffi-tôt que celui qui préfide a prononcé *adjugé*, le droit eft acquis irrévocablement à l'adjudicataire, de forte qu'il n'eft plus permis de recevoir de nouvelles Enchères. Dans d'autres tribunaux, on admet les Enchères après que le juge a prononcé l'adjudication pourvu qu'on enchériffe avant que l'audience foit levée. Il y en a une difpofition expreffe dans le règlement de 1666 du parlement de Rouen, qui porte que *nul n'eft reçu à furenchérir après la levée de la juridiction à laquelle a été faite l'adjudication finale.* On fuit la même règle en Bretagne, felon le témoignage d'Hevin qui en rapporte un arrêt rendu le 22 mai 1674.

Dans quelques coutumes, telles que celle d'Auvergne, on peut enchérir jufqu'à *l'expédition & délivrance des lettres du décret.*

Cette difpofition a donné lieu à la queftion de favoir fi dans une juridiction où l'ufage eft de ne recevoir les Enchères que jufqu'au moment de l'adjudication, & où l'on pourfuit le décret d'un héritage fitué dans une coutume où les furenchères s'admettent après l'adjudication, on avoit pu rejeter la furenchère qui avoit été propofée après que l'héritage décrété avoit été adjugé ?

Il s'agiffoit dans cette efpèce de la terre de Sedage, fituée en Auvergne, dont le décret s'étoit pourfuivi aux requêtes du palais, & qui avoit été adjugé au fieur de Maffebeau moyennant vingt-quatre mille livres.

Peu de temps après l'adjudication, le chevalier le Camus, créancier des parties faifies, s'oppofa à la délivrance du décret non encore expédié, & enchérit de quarante-trois mille livres, en portant les biens à foixante-fept mille livres : mais par fentence des requêtes du palais du 7 feptembre 1752, la fur-Enchère du chevalier le Camus a été rejetée, & cette fentence a été confirmée par arrêt du 21 avril 1760. On a confidéré que l'adjudication faifant partie des formalités du décret, elle devoit être réglée par la loi du tribunal dans lequel elle avoit lieu.

Bretonnier obferve que dans le reffort du parlement de Dijon on reçoit les fur-Enchères après l'adjudication, jufqu'à la confignation.

On appelle *Enchère au profit particulier*, une Enchère d'une efpèce fingulière qui n'eft ufitée qu'en Normandie C'eft une grâce que l'on accorde dans les adjudications par décret aux derniers créanciers & tiers acquéreurs qui prévoient qu'ils ne feront point mis en ordre utile, fi l'on fe tient à la dernière Enchère faite à l'ordinaire, & qu'on appelle dans ce pays *Enchère au profit commun*, à caufe qu'elle tourne au profit de tous les créanciers; dans ce cas tout créancier particulier ou hypothécaire dont la créance eft antérieure à la faifie réelle, peut enchérir à fon profit particulier jufqu'à telle fomme que bon lui femble ; ce qui s'entend toujours, à condition que le quart de ce dont il a augmenté la dernière Enchère, tournera au profit commun des autres créanciers, & que les trois autres quarts feront par lui imputés fur ce qui lui eft dû.

Pour pouvoir enchérir à fon profit particu-

lier, il faut, 1°. être créancier privilégié ou
hypothécaire fur les biens faifis avant la faifie
réelle ; 2°. que la dette foit légitime & fondée
en titre paré & exécutoire ; 3°. que l'Enchère
au profit particulier foit faite avant l'adjudication finale ; 4°. qu'elle foit mife au greffe du
fiége où fe fait le décret quinze jours avant
l'adjudication ; 5°. qu'elle foit lue publiquement,
aux plaids, c'eft-à-dire, l'audience tenant.

Aux plaids fuivans où on la relit encore, s'il
ne fe préfente perfonne qui veuille porter au
profit commun, le prix du bien décrété jufqu'à
la fomme à laquelle le créancier ou tiers acquéreur l'a portée à fon profit particulier, & qu'il
n'y ait point d'autre créancier antérieur à la
faifie réelle qui veuille fur-enchérir à fon profit
particulier ; en ce cas on adjuge le bien purement & fimplement, fans que perfonne puiffe
être admis par la fuite à enchérir, foit au profit
commun, foit à fon profit particulier.

Lorfque le décret fe pourfuit fur un tiers
détenteur qui n'eft pas débiteur perfonnel, il
n'y a que les créanciers antérieurs à fon acquifition qui foient admis à enchérir au profit particulier.

Si le bien vendu par décret confifte en plufieurs pièces, le créancier qui enchérit à fon
profit particulier peut déclarer fur quelle pièce
il veut appliquer fon enchère au profit particulier ; mais fi la répartition n'en a point été
faite à l'audience, en ce cas elle fe fait de plein
droit au fou la livre du prix de l'adjudication,
& cela fuffit afin de prévenir les fraudes, notamment celle qui pourroit fe faire contre le retrait féodal ou lignager ; parce que fi l'on différoit

plus

plus long-temps à faire l'application de l'Enchère au profit particulier, on ne manqueroit pas de l'appliquer toute entière fur l'héritage pour lequel on craindroit quelque retrait.

Le receveur des consignations eft tenu de prendre pour argent comptant les titres valables de créance de celui qui a enchéri à fon profit particulier, & ce jufqu'à concurrence de la fomme dont il a augmenté la dernière enchère.

Si celui qui a ainfi enchéri fe croyant créancier ne l'eft point effectivement, il doit payer le prix entier de fon adjudication au profit commun.

En Lorraine on appelle *Enchère conditionnelle*, ou *remont conditionnel*, une forte d'enchère qui a beaucoup de rapport avec *l'Enchère au profit particulier*, ufitée en Normandie. Elle en diffère néanmoins en ce qu'elle tourne en totalité au profit du créancier enchériffeur, au lieu que le quart de l'enchère au profit particulier appartient à tous les créanciers.

Il faut obferver que la moindre enchère pure & fimple exclut l'enchère conditionnelle antérieure, & que cette dernière efpèce d'enchère ne peut avoir lieu que pour les biens de roture & non pour les biens nobles. C'eft ce qui réfulte des articles 25 & 26 du titre 18 de l'ordonnance civile du duc Léopold du mois de novembre 1707.

On appelle *folle Enchère*, celle qui eft faite par un enchériffeur infolvable ou par un procureur qui ne connoît pas fa partie, ou qui n'a pas d'elle un pouvoir en bonne forme, ou qui excéde ce pouvoir, ou enfin qui fe charge d'enchérir pour un homme notoirement infolvable.

Faute par l'adjudicataire de configner le prix de fon adjudication dans le temps preferit, on fait ordonner qu'il fera procédé à une nouvelle adjudication à fa folle Enchère ; & comme on dit quelquefois pour abréger, on *pourfuit la folle Enchère*, en quoi l'on confond la caufe avec l'effet.

S'il ne fe préfente perfonne qui porte la chofe à fi haut prix que celui pour lequel elle avoit été adjugée, en ce cas celui fur lequel fe pourfuit la folle Enchère eft tenu de fournir ce qui manque pour faire le prix de fon adjudication, avec tous les frais faits pour parvenir à une nouvelle adjudicatiou : c'eft ce qu'on appelle *payer la folle Enchère* ; & celui qui la doit peut être contraint à payer par faifie & vente de fes biens, meubles & immeubles, & même quelquefois par corps felon les circonftances.

On peut auffi conclure contre lui aux intérêts du prix du jour de l'adjudication.

Si le prix de la nouvelle adjudication monte plus haut que celui de la préçédente, cet excédent doit être employé comme le refte du prix, à payer les créanciers.

La folle Enchère n'a point lieu contre ceux qui ne peuvent aliéner, & qui par conféquent font non-recevables à enchérir.

Voyez *l'édit des criées de 1551 ; le traité de la vente des immeubles par décret ; les arrêts de Papon ; le traité des criées par le Maiftre ; les centuries de le Preftre ; les coutumes de Berry, d'Auvergne, de Bourbonnois & de la Marche ; Bretonnier fur Henrys ; la bibliothèque de Bou-*

chel ; *Hevin fur Frain ; les œuvres de Dumoulin ; Bafnage, fur la coutume de Normandie* , &c. Voyez auffi les articles DÉCLARATION, CRIÉES, SAISIE, DÉCRET, ADJUDICATAIRE, VENTE, HYPOTHÈQUE, PRIVILÉGE, AFFICHE, &c.

ENCISE. C'eft le meurtre d'une femme enceinte ou de l'enfant dont elle eft groffe.

Un homme qui maltraiteroit une femme dans la vue de faire périr le fruit qu'elle porte dans fon fein, feroit au moins auffi coupable que celui qui la feroit avorter. Voyez ce qui a été dit à l'article AVORTEMENT.

On comprend dans le crime d'*Encife*, celui des femmes & des filles qui ayant célé leur groffeffe & leur accouchement font périr leur fruit.

L'Encife eft un cas royal ainfi que l'avortement ; l'édit de Henri II du mois de février 1556, au fujet des femmes ou des filles qui célent leur groffeffe, fuppofe que la connoiffance de ce crime appartient aux juges royaux.

Voyez *le chapitre 25 des établiffemens de faint Louis de l'année 1270 ; l'article 44 de la coutume d'Anjou, & l'article 51 de celle du Maine.* Voyez auffi les articles AVORTEMENT, GROSSESSE, &c. (*Article de M. DAREAU, avocat au parlement, &c.*

ENCLAVE. On appelle Enclave la circonfcription d'un royaume, d'une province, d'un diocèfe, d'une paroiffe, &c.

En matière féodale on *Enclave* un terrein déterminé fur lequel le feigneur eft fondé à exercer la juftice ou à percevoir un droit général.

Le feigneur ainfi fondé en droit général fur fon territoire a des prérogatives très-avantageufes : on les nomme *droit d'Enclave.*

Il y a deux fortes d'Enclaves ; celle de la directe & celle de la juftice.

Comme il y a deux efpèces de coutumes, les cenfuelles & les allodiales, il y a auffi deux efpèces d'Enclaves de directe, l'une réelle, & l'autre morale, fi l'on peut parler ainfi.

Dans les coutumes où règne la maxime *nullé terre fans feigneur*, la circonfcription de territoire fuffit pour donner le droit d'Enclave. Le feigneur d'un territoire circonfcrit par des bornes certaines peut exercer tous les droits qui dérivent de la directe dans toute l'étendue de ce même territoire, & cela indiftinctement fur tous les héritages qu'il renferme. Tel eft l'effet du droit d'Enclave : cependant il n'exclut pas les feigneuries particulières ; il eft poffible qu'il en exifte dans ces mêmes bornes ; mais celui qui les prétend doit les établir par des titres bien pofitifs, par des titres qui s'adaptent individuellement à chaque partie qu'il veut affervir, qu'il veut fouftraire à la loi générale du territoire. Voilà la règle ; on la trouve dans tous les jurifconfultes ; elle eft infcrite dans le traité des fiefs de Dumoulin avec autant de lumière que d'énergie. En voici les termes, ils font précieux : *Habens territorium limitatum, in certo jure fibi competente, eft fundatus ex jure communi, in eodem jure, in qualibet parte fui territorii..... Habet intentionem fundatam quod quilibet poffeffor fundi in eodem territorio teneantur agnofcere eum, in feudum vel in cenfum.* §. 68, gl. 1, n°. 6.

· Chopin tient abfolument le même langage :
*Quoties penes aliquem certum dominium ftat, certis
regiunculis finibus feptum, tunc intra ejus limites
pofiti fundi ei fervire præfumuntur.* Coutume
d'Anjou, article 140.

Cette règle eft même revêtue dans plufieurs
coutumes de la fanction de l'autorité légiflative.
« Tout feigneur châtelain ou autre ayant haute
» juftice, ou moyenne & baffe & foncière,
» avec territoire limité, eft fondé par la cou-
» tume de foi dire & porter feigneur direct de
» tous les domaines & héritages étant en icelui,
» qui ne montrent duement du contraire ». *An-
goumois, article 35.*

« Tout feigneur de fief fe peut dire & porter
» feigneur de toutes & chacunes les chofes fi-
» tuées en fon fief dont il ne lui eft fait hom-
» mage, devoir ou redevance, excepté des
» chofes enclavées en dedans de fondit fief &
» tenues d'autrui, ou par gens d'églife, en fran-
» che aumône ou autre titre particulier ». *Ufance
de Xaintes, article 18.*

On ne peut pas concevoir des autorités plus
refpectables; les auteurs, les coutumes, une
multitude d'arrêts que nous pourrions rapporter,
tout fe réunit donc pour affurer au feigneur de
l'Enclave la directe fur toutes les parties du
territoire ; il eft, comme on voit, préfumé le
feul, l'unique feigneur, & cette préfomption
eft telle, que pour la détruire il faut les titres
les plus pofitifs.

· Ainfi dans les coutumes cenfuelles la circonfcription de la feigneurie en détermine l'Enclave.
Le feigneur a la grande main fur tout ce qui eft
renfermé dans les bornes de fa terre : l'affiette

d'un héritage dans ces mêmes bornes eſt un titre ſuffiſant pour l'aſſujettir au cens.

Il n'en eſt pas, à beaucoup près, de même dans les pays allodiaux, *le ſeul territoire limité ne ſert de rien pour l'établiſſement de la directe.* L'aſſujettiſſement de la majeure partie des héritages n'eſt pas même un titre ſuffiſant. Il faut pour établir une directe univerſelle, des baux à cens, des actes récognitifs qui s'appliquent individuellement à chaque héritage, ou des titres généraux qui embraſſent l'univerſalité du territoire. Ainſi dans les coutumes allodiales le droit d'Enclave ne réſulte pas, comme dans les coutumes cenſuelles, de la circonſcription de la terre, mais uniquement des titres de la ſeigneurie.

Voila le principe : l'intérêt ne l'a que trop ſouvent combattu ; mais il demeurera, parce qu'il n'eſt pas poſſible de lui porter atteinte ſans jeter la plus grande confuſion dans cette matière ; effectivement, ce ſeroit effacer la ligne qui ſépare les coutumes cenſuelles des pays allodiaux.

Dumoulin ſemble avoir pris un ſoin particulier de rendre cette ligne ſenſible à tous les yeux ; il s'en occupe en pluſieurs endroits de ſes ouvrages : c'eſt le véritable ſens de ce fameux paſſage de ſon commentaire ſur l'article 48 de l'ancienne coutume de Paris. *Habens territorium limitatum in certo jure ſibi competente,* &c. Il y revient encore ſur l'article 2 de la même coutume, §. 2, gloſe 6, nomb. 6, où parlant des droits extraordinaires tel qu'eſt le cens lui-même dans les coutumes allodiales, il s'exprime en ces termes : *Etiam ſi maximè cæteri omnes*

*circumvicini fundi jus illud pendant , nihil con-
cludit ad onerandum certum intermedium prædium,
nisi alias de titulo , vel longissimá perceptione par-
ticulari doceatur.*

Ainsi dans les coutumes allodiales la circonstance qu'un héritage est environné de terres censuelles ne suffit pas pour l'assujettir au cens ; il en résultera , si l'on veut, une présomption ; mais que peut une présomption contre l'autorité du droit public ? l'héritage conservera donc sa liberté naturelle.

Le magistrat que nous avons déja cité s'exprime sur ce point avec une précision qui ne laisse rien à desirer. Voici ses termes : *Il faut qu'il apparoisse par titres que toute la terre a été baillée en fief ou en emphytéose par des confrontations générales.* M. de Cambolas , traité du franc aleu.

On retrouve la même décision & presque les mêmes termes dans les écrits de ces deux jurisconsultes également distingués par le rang qu'ils occupoient dans la magistrature & par les excellens ouvrages qu'ils ont donnés au public. Nous parlons de M. Salvaing & de M. le président Bouhier.

Ceux qui prétendent la directe universelle dans leurs terres doivent être fondés de titres , ne suffisant pas qu'il y ait des reconnoissances de la plus grande partie d'un territoire uniforme , continu , limité & en droit d'Enclave. M. de Salvaing , usage des fiefs, chapitre 53.

Supposons qu'un fonds soit entouré de tous les côtés d'autres héritages censables au seigneur , auroit-il raison d'en conclure que ce fonds est aussi

chargé de cens envers lui ? il y feroit fans doute
mal fondé. . . . . Dans les pays de franc aleu, la
charge impofée fur les héritages voifins ne fait au-
cune preuve contre ceux qui les touchent. M. le
préfident Bouhier, fur la coutume de Bourgogne,
chapitre 65.

Il n'eft pas poffible d'invoquer des autorités
plus refpectables. Il feroit inutile d'en citer un
plus grand nombre pour établir une vérité qui
fort d'ailleurs de la nature des chofes.

Mais s'il arrive que dans le même territoire
la juftice & la directe appartiennent à deux feigneurs différens, quelle fera l'influence de ces
deux prérogatives ? la juftice emportera-t-elle
l'Enclave de la directe ? la directe fera-t-elle un
titre pour l'univerfalité de la juftice ? en un mot,
le feigneur aura-t-il la juftice fur tous les objets
foumis à fa directe ? *Et vice verfa.*

Nous avons cet avantage que cette difficulté
a fixé l'attention de Dumoulin. Il l'examine fur
l'article 46 de l'ancienne coutume de Paris. Ce
jurifconfulte établit d'abord le grand principe
de l'Enclave : *Habens territorium limitatum,* &c.

Notre auteur applique enfuite ce principe à
la juftice & à la directe.

A l'égard de la juftice, il décide que la qualité de feigneur jufticier d'un territoire donne
le droit de juftice fur toutes les parties ; mais
rien de plus : *Dominus habet jurifdictionem terri-*
torii : eft fundatus in qualibet parte & loco terri-
torii, non in dominio directo.

A l'égard de la directe, même décifion. Celui
qui a la directe univerfelle n'a pas befoin pour
exiger le cens, d'un titre qui s'adapte à chaque
partie du territoire : mais cette prérogative

n'eſt d'aucune conſéquence pour la juſtice. *Aut dominus habet dominium directum illius territorii, tunc habet fundatam intentionem, ut quilibet fundus debeat ab eo recognoſci tanquam à domino directo ; non autem ex hoc fundatus erit in juriſdictione.*

Il réſulte de ces maximes, que la juſtice ſur un territoire ne donne pas droit à la directe du même territoire, & réciproquement que le ſeigneur direct ne peut pas ſe prévaloir de cette qualité pour prétendre à la juſtice.

Bacquet examine préciſément la même queſtion. On ne peut rien de plus énergique que la manière dont il s'exprime à cet égard. « Le » ſeigneur féodal ne peut pas s'attribuer droit » de juſtice en ſon fief & cenſive, parce qu'en » France fief & juſtice n'ont rien de commun, » ains ſont diſtincts & ſéparés, & par ce moyen » l'un ne peut attribuer l'autre ».

Ces différentes maximes ſur le droit d'Enclave dans les coutumes cenſuelles, ne ſont que des conſéquences de la regle *nulle terre ſans ſeigneur*, règle célèbre que l'on répéte trop ſouvent & que l'on ne connoît pas aſſez. Il ne ſera donc pas inutile d'en préſenter ici l'origine, les progrès, & ſur-tout la véritable explication, d'autant plus que l'on n'aura pas occaſion d'en parler ailleurs.

Examen de la règle nulle terre ſans ſeigneur.

Il eſt difficile de fixer préciſément l'origine de cette règle : cependant ſi l'on jette les yeux ſur l'ancien état des choſes, on la voit naître dans le cahos du gouvernement féodal, en ſortir à pas lents, s'avancer à l'abri de la puiſſance des feigneurs, faire de rapides progrès à la faveur de l'ignorance des légiftes ; & vers le commencement du dix-feptième fiècle, exiger defpotiquement que l'on rende à fon ancienneté le refpeâ qu'on ne doit qu'à la raifon.

Il eft certain que cette règle étoit inconnue fous les deux premières races. Tous les monumens qui nous reftent de ces temps reculés dépofent qu'alors on n'en avoit pas même l'idée.

Les Gaulois demeurèrent libres fous la domination des Romains. Leurs fujets après avoir été fi fouvent leurs vainqueurs, ils ne furent jamais leurs efclaves. Les Germains, qui portoient la liberté jufqu'à la licence, étoient encore plus éloignés de l'efclavage : mais les uns & les autres avoient des ferfs ; & les premiers rois Francs fe réfervèrent une partie des terres conquifes qu'ils donnoient *en bénéfice.* C'eft fur ces deux faits que porte tout le fyftême de la fervitude, tant des perfonnes que des chofes.

A l'égard des ferfs, on étoit dans l'ufage de leur donner quelques portions de terre modiques, fans doute, dont ils rendoient une efpèce de tribut en denrées : *Frumenti modum dominus aut pecoris, aut veftis injungit colono.* Ces terres ainfi que les perfonnes qui les cultivoient, étoient à la vérité grevées de fervitude, mais certainement elles étoient en très-petit nombre, & les parties données en bénéfice par les premiers rois étoient encore en plus petite quantité : mais ces dernières euffent-elles embraffé tout le royaume, on va voir qu'il n'en réfulte rien contre la franchife des héritages.

Ces terres étoient abfolument libres ; on dit

communément qu'elles étoient grevées du ſervice militaire : c'eſt une erreur : ce ſervice étoit d'obligation pour tous les hommes en état de porter les armes : le bénéficier devoit combattre & mourir à côté de la perſonne du prince : ce devoir étoit le ſeul qu'impoſât la poſſeſſion d'un *bénéfice* , & l'on étoit bien éloigné de regarder cet honneur comme une ſervitude. Au ſurplus par le traité de Paris de l'année 615 , tous les bénéfices furent rendus héréditaires ; ceux qui en étoient pourvus les poſſédèrent au même titre & auſſi librement que le reſte de leur patrimoine ; & depuis cette époque juſqu'aux guerres de Charles Martel contre les Sarraſins , à l'exception de la petite quantité de terres diſtribuées aux ſerfs ou colons , il n'exiſta pas dans toute l'étendue du royaume le moindre veſtige de ce que nous appelons aujourd'hui ſervitude féodale.

Charles Martel trouva l'expédient très-ſimple de payer le ſoldat avec les biens du clergé ; il le dépouilla d'une partie de ſes terres qu'il donnna aux principaux officiers de l'armée ſous la charge expreſſe du ſervice militaire : voilà l'origine de nos fiefs & de nos droits ſeigneuriaux. Il eſt clair qu'ils n'étoient pas alors en grand nombre. Tel fut l'état des choſes juſques ſur la fin de la ſeconde race. La franchiſe des héritages étoit donc alors générale dans le royaume ; la ſervitude n'y formoit , comme l'on voit, qu'une exception , & même une exception très - reſſerrée ; ainſi la préſomption étoit certainement alors en faveur de la liberté.

Cette règle aujourd'hui ſi univerſellement

adoptée eſt, comme l'on voit, abſolument contraire à l'état primitif des choſes : puiſſant motif
pour la ſuſpecter. Née depuis la formation du
gouvernement féodal, comment eſt-elle par-
venue à dominer ? Voici comment les choſes
ſe ſont paſſées à cet égard.

La foibleſſe des derniers rois de la ſeconde
race remplit la France d'une multitude de petits
ſouverains : la couronne étoit tombée aux pieds
de ces rois, nommés à ſi juſte titre fainéans, &
tous ceux qui étoient aſſez près pour y atteindre
s'empreſſoient d'en arracher des lambeaux.
Toutes les terres qui n'avoient point été données en bénéfice étoient diviſées en duchés &
en comtés. Ces terres étoient allodiales & formoient au moins les deux tiers du royaume.
Au gouvernement de chaque duché ou comté
étoit prépoſé un officier ſous le titre de duc &
de comte, dont les fonctions étoient de rendre
la juſtice & de conduire à la guerre les hommes
domiciliés dans leur diſtrict. Ces officiers d'abord
amovibles rendirent leurs gouvernemens héréditaires, & en firent autant de ſeigneuries pa-
trimoniales. Un capitulaire de l'an 877 autoriſa
cette uſurpation qu'il n'étoit plus temps de réprimer, & ces officiers ſe trouvèrent par-là
dans la claſſe des ſeigneurs patrimoniaux ; mais
ils n'avoient encore que la juſtice dans leurs
nouvelles ſeigneuries ; leur ambition n'en fut
pas ſatisfaite : ils voyoient à côté d'eux les
propriétaires des anciens bénéfices jouir ſur les
habitans de leurs terres des droits qu'ils s'é-
toient réſervés lors de la tradition des héritages.
Auſſi puiſſans qu'eux, pourquoi n'auroient-ils
pas les mêmes prérogatives ? c'étoit la logique

du temps. Ce fyftême d'oppreffion ne marcha
d'abord que fort lentement. On avançoit, on
reculoit, on s'arrêtoit fuivant la force ou la foi-
bleffe de ceux qu'on vouloit affervir. Un événement en accéléra les progrès : ce fut la révolution qui porta les Capétiens fur le trône. Ce
changement opéra pour quelque temps une
efpèce d'anarchie. On vit de tous côtés la prérogative royale reculer devant celle des feigneurs ; la plupart fe firent de leurs feigneuries
des fouverainetés réellement indépendantes, ne
tenant plus au fyftême général que par la vaine
formalité de l'hommage. Quelle extenfion tous
les droits feigneuriaux ne durent-ils pas recevoir dans ce moment de crife & d'oppreffion !
Alors le gouvernement féodal changea de forme,
& fa forme n'eut prefque plus rien de commun
à cet égard avec les nations voifines. Ces hommes d'abord fimples officiers amovibles, devenus depuis propriétaires des juftices & des
gouvernemens dont ils n'étoient que les adminiftrateurs, fe firent alors, du moins pour la
plupart, feigneurs de fiefs, c'eft-à-dire qu'ils
exigèrent de leurs jufticiables les droits féodaux
que les feigneurs de fief percevoient dans leurs
terres. L'auteur des *obfervations fur l'hiftoire de
France*, le judicieux abbé de Mably, préfente
ce tableau d'une manière auffi vraie que tou-
chante. « Quand les comtes eurent changé leurs
» gouvernemens en des principautés hérédi-
» taires, ces nouveaux feigneurs exercèrent fur
» les bourgeois la même autorité que les autres
» feigneurs avoient acquife fur les vilains de leurs
» terres : les péages, les droits d'entrée, d'ef-
» carte & de marché fe multiplièrent à l'infini ;

» les villes furent sujettes comme les campagnes,
» à une taille arbitraire : vivres, meubles, che-
» vaux, voitures, tout étoit enlevé : on eût
» dit que les maisons des bourgeois étoient au
» pillage ».

On voit déja naître la règle que nous exa-
minons. Long-temps concentrée dans le cœur
des seigneurs, personne n'osoit la mettre en
maxime ; mais on se conduisoit comme si elle
eût été universellement adoptée. Guillaume-le-
Conquérant fut le premier qui en fit une loi.
A peine affermi sur le trône d'Angleterre, il
priva la plupart des terres de son nouveau
royaume de leur ancienne franchise, & imposa
aux propriétaires l'obligation de les relever du
roi ou des seigneurs qui leur étoient désignés.
Ce fait nous est attesté par Polydore-Virgile,
livre 8 : *ac primum omnium legem agrariam tulit,
quâ se possessionum multarum dominum dixit ; qua
priores domini eos posteà redimerent, quarum partis
proprietatem retinuit ; fit ut qui in posterum tempus
possiderent, velut fructuarii, in singulos annos
aliquid vectigalis sibi, & postmodùm successoribus,
dominii causâ, persolverent : & id juris voluit
alios dominos in suos habere fructuarios, quas
tenentes vocant.* Spelleman appelle les ordonnances de Guillaume sur cet objet : *Novas con-
suetudines, quas jure feodali atrociter suscitavit.*
Spelleman avoit raison de dire que ces coutumes étoient nouvelles ! Les lois d'Edouard le
confesseur, que l'on suivoit à l'époque de la
conquête, ne contenoient rien de pareil. Guillaume avoit apporté le germe de cette coutume
de ses anciens états, & il lui donna toute l'extension que les circonstances permirent. C'est

déja un violent préjugé contre cette règle , de s'être montrée pour la première fois fous les aufpices de la force & dans la confufion des conquêtes.

Ses progrès ne furent pas fi rapides en France. Malgré les mouvemens irréguliers du corps politique, on confervoit encore la mémoire des anciens ufages. Un événement en prolongea la durée : c'eft un des biens qu'ont fait les croifades. L'éloignement des feigneurs laiffa quelque temps refpirer leurs fujets ; mais le retour fit renaître la vexation. Les feigneurs ruinés par la guerre & les voyages , prirent toutes fortes de moyens pour donner de l'extenfion à leurs droits. Une innovation politique leur fournit enfin le prétexte d'ériger en maxime cette règle que l'on tentoit depuis long-temps d'introduire. Le droit des appels s'introduifit pendant le treizième & quinzième fiècle. Les établiffemens de faint Louis préparèrent les efprits à ce changement , l'habileté de Philippe-le-Bel y familiarifa, & les efforts du parlement pour refaifir le roi de la puiffance légiflative achevèrent la révolution. Dans la vue de ramener tout à ce principe d'unité qui fait la force & l'effence des monarchies , ce tribunal établit pour loi fondamentale qu'il n'y avoit pas de juftice allodiale. Cette loi devint bientôt un axiome de notre droit françois , & les praticiens prirent l'habitude de l'exprimer par ces mots : *Nulle terre fans feigneur.* A peine cette règle fut-elle établie que l'on en abufa. Perdant de vue fon objet primitif & vraiment facré, on appliqua à la directe ce qui n'avoit trait qu'à la juftice.

Dans le quinzième fiècle on procéda à la ré-

formation des coutumes ; les feigneurs, les eccléfiaftiques, tous les propriétaires de fief fe
préfentèrent armés de cette règle & frrent les
plus grands efforts pour la faire prévaloir. Il
ne faut que lire les procès-verbaux des coutumes pour voir combien cette règle révol-
toit encore les efprits. Dans la plupart on
voit les feigneurs & le tiers-état aux prifes fur
cet objet, le tiers-état affurer que cette règle
eft auffi nouvelle que pernicieufe, & les commiffaires réformateurs incertains, renvoyer au
parlement la décifion d'une difficulté fi nouvelle.

Il paroît cependant que dès le milieu du quinzième fiècle la règle avoit déja acquis une forte
de confiftance ; les feigneurs de Bretagne par-
vinrent à la faire inférer dans la coutume de
cette province rédigée en 1440 : elle y étoit
conçue en ces termes : *Homme ne peut tenir terre
fans feigneur*. Cependant il s'en falloit bien qu'à
cette époque, & même long-temps après, cette
opinion fût univerfellement adoptée. On ne
trouve rien dans la rédaction de la coutume de
Paris faite en 1510, qui ait trait à un afferviffe-
ment général. Dans la réformation de la coutume de Bretagne en 1539, on alla même jufqu'à fupprimer l'article *homme ne peut tenir*, &
inféré dans la rédaction de 1440. Alors parut
une foule de praticiens qui réunirent leurs efforts
en faveur de cette règle : ils étoient intéreffés à
la faire prévaloir ; les règles générales fervent
de point d'appui à l'efprit & d'afyle à l'ignorance.
Au milieu d'eux s'éleva Dumoulin ; feul, il fe
mit au-devant du préjugé ; il voulut arrêter le
torrent qui alloit effacer les derniers veftiges de

nos

nos anciens ufages ; il fit voir l'équivoque dans laquelle on étoit tombé ; il rappela le principe à fon véritable objet ; il démontra qu'il ne pouvoit avoir d'application qu'à la juftice. On attribuoit cette règle au chancelier Duprat ; on difoit qu'il l'avoit fait inférer dans les regiftres de la chambre des comptes. Dumoulin vérifia ce fait important, & il affure que les premiers magiftrats de cette cour lui ont unanimement répondu qu'ils n'en avoient aucune connoiffance. Il y avoit trop de perfonnes intéreffées à ce que Dumoulin eût tort ; le cri de la juftice fut étouffé par celui de la multitude, & la règle s'enracina plus que jamais dans les efprits ; prefque toutes les coutumes réformées depuis le milieu du feizième fiècle en portent l'empreinte, & même on la rétablit en 1580 dans la coutume de Bretagne.

Les feigneurs ne furent pas fatisfaits de l'avantage qu'ils avoient remporté fur le tiers-état dans les rédactions des coutumes ; aux états de Blois ils combinèrent leurs efforts pour afervir d'un feul coup toutes les terres du royaume. Dans le cahier préfenté au roi le 30 janvier 1577, ils demandèrent que toutes les terres fuffent déclarées féodales ou cenfuelles. Le roi ne crut point devoir accueillir cette demande ; mais les feigneurs ont continué d'agir comme fi leur prétention à cet égard étoit autorifée par une loi précife, & la règle *nulle terre fans feigneur* eft aujourd'hui dans toutes les bouches.

Tels font & l'origine & les progrès de cette règle aujourd'hui fi univerfellement reçue. Je ne dis pas qu'elle foit injufte à tous égards & que tous les feigneurs en aient abufé pour fe faire des cenfitaires ; je fais qu'il y a des cenfives légitimes ; que dans tous les temps il s'eſt trouvé des hommes juſtes & ſenſibles ; que même encore aujourd'hui la plupart des habitans de la campagne ne connoiſſent leurs ſeigneurs que par les bienfaits qu'ils en reçoivent. Je remarque ſimplement que ſous la première race, les deux tiers de la France au moins étoient francs & libres ; que les terres allodiales étoient ſoumiſes au gouvernement des ducs & des comtes ; que ſi dans le neuvième ſiècle ces officiers rendirent leurs gouvernemens héréditaires, ils ne devinrent pas pour cela ſeigneurs directs ; parce que toutes les terres qui n'avoient pas été données en bénéfice étoient du moins libres, & que n'étant dépoſitaires que de la juſtice, ils ne purent uſurper que la juſtice. Je demande après cela, ſi en rapprochant de l'ancien état des choſes le grand nombre de cenſives actuellement exiſtantes, il eſt poſſible de douter que la plupart ne doivent leur exiſtence à l'injuſtice & à la force ? Je demande ſi loin de donner de l'extenſion à la règle *nulle terre ſans ſeigneur*, il ne ſeroit pas beaucoup plus prudent de la reſtreindre dans les bornes les plus étroites ? Je demande enfin ſi la préſomption générale de directe qui dérive de cette règle n'eſt pas une ſuite de l'injuſtice qui l'a fait établir ? Encore un mot : qu'eſt-ce que cette prétendue règle ? un ſimple broçard de droit ſans aucune eſpèce d'authenticité, également contraire & à la loi naturelle & aux monumens de notre hiſtoire & à l'ancien état des choſes ; reçu par tradition, adopté ſur parole, & dans tous les temps combattu par les hommes les plus éclairés. (*Article de M. H* * * *, *avocat au parlement*, &c.)

ENCLOS. C'eſt un eſpace contenu dans une enceinte de maiſons, de murailles, de haies, de paliſſades, &c.

Voyez aux articles CHASSE, CLOS, CLÔTURE & DIXME, ce que la juriſprudence peut enſeigner de relatif à l'article dont il s'agit ici. (*Article de M. DARREAU*, &c.)

ENCLUME. Maſſe de fer ſur laquelle on bat le fer, l'argent & les autres métaux.

On regarde une Enclume comme faiſant partie de la forge pour laquelle elle eſt deſtinée; de ſorte qu'en vendant cette forge, la vente de l'Enclume y eſt compriſe, à moins qu'on n'en ait fait une exception particulière.

Lorſque l'Enclume eſt détachée de la forge, elle eſt alors ſimplement un objet mobilier; elle n'eſt immeuble comme la forge, qu'autant qu'elle y a été placée à deſtination perpétuelle. Voyez l'article BIENS.

ENCROUÉ. Terme d'eaux & forêts. Il ſe dit d'un arbre qui eſt tombé ſur un autre lorſqu'on l'abattoit, & qui s'eſt embarraſſé dans ſes branches.

L'article 43 du titre 15 de l'ordonnance des eaux & forêts, enjoint aux marchands de veiller à ce que les arbres ſoient abattus de manière qu'ils tombent dans les ventes ſans endommager les arbres retenus, à peine de tous dépens, dommages & intérêts; & s'il arrive que quelqu'un de leurs arbres demeure Encroué, ils ne peuvent faire abattre l'arbre auquel il eſt accroché, ſans la permiſſion du grand-maitre ou des officiers, qui ne peuvent l'accorder, qu'après avoir pourvu à l'indemnité du roi.

ENDOSSEMENT. C'eſt ce que l'on écrit au dos d'un acte & qui y eſt relatif : ainſi la quittance qu'un créancier met au dos de l'obligation ou de la promeſſe de ſon débiteur, eſt un Endoſſement : mais ce mot ſe dit particuliérement de l'ordre que quelqu'un paſſe au profit d'un autre, au dos d'une lettre ou billet de change qui étoit tiré au profit de l'endoſſeur. On peut faire conſécutivement pluſieurs de ces Endoſſemens ; c'eſt-à-dire, que celui au profit de qui la lettre eſt endoſſée, met lui-même ſon Endoſſement au profit d'un autre.

Un Endoſſement eſt ordinairement conçu en ces termes :

Pour moi payerez à un tel ou à ſon ordre, valeur reçue de lui comptant, ou bien *en marchandiſes.*

Comme un Endoſſement eſt un contrat ſemblable à celui qui intervient par une lettre de change entre le tireur & celui qui en a fourni la valeur, il faut en conclure qu'il eſt ſujet aux mêmes formalités que la lettre de change. Ainſi l'Endoſſement doit être ſouſcrit par l'endoſſeur, comme la lettre de change doit l'être par le tireur : & de même qu'une lettre de change contient le nom de celui qui en a fourni la valeur, & en quoi elle a été fournie, il faut qu'un Endoſſement contienne le nom de celui qui a payé la valeur à l'endoſſeur pour acquérir de lui la lettre de change, & ſi la valeur a été fournie en argent, en marchandiſe ou autrement.

Ces formalités ſont preſcrites par l'article 23 du titre 5 de l'ordonnance du commerce, qui veut en outre que l'Endoſſement ſoit daté.

L'article 26 du même titre défend les antidates à peine de faux.

Le défaut de la date prescrite par l'ordonnance, peut-il être suppléé par la date d'un aval mis au bas de l'Endossement, ou par celle d'un acte de protêt fait à la requête de celui au profit de qui l'Endossement a eu lieu? On peut dire pour l'affirmative, que l'Endossement devant précéder l'aval, & le protêt n'ayant pu être fait que depuis l'Endossement, la date de l'aval ou du protêt en assure une à l'endossement. On peut au contraire soutenir la négative, en disant que le défaut de date ayant d'abord empêché que l'Endossement ne fût valable, & n'eût par conséquent transféré la propriété de la lettre de change à celui au profit duquel l'ordre a été passé, l'endosseur qui a conservé la propriété de la lettre n'en doit pas être privé par l'aval ou par le protêt, puisque ce sont des actes auxquels il n'a eu aucune part. Savary a embrassé cette dernière opinion.

Il ne peut résulter aucune action d'un Endossement en blanc; il faut que le nom y soit exprimé; mais il importe peu de quelle main cela se fasse, quand même ce seroit de celle de la personne au profit de laquelle l'Endossement est fait : il suffit, pour qu'il soit valable, qu'il contienne les choses dont on a parlé.

Tout Endossement où l'on a omis quelqu'une des formalités prescrites par l'ordonnance, ne peut être considéré que comme un simple ordre ou mandat de payer à la personne, & ne transfère ni la propriété de la lettre de change, ni les droits & actions qui en résultent à la perfonne au profit de laquelle l'ordre eft paffé (*).

Il faut conclure de ce qu'on vient de dire, que l'endoffeur demeurant toujours propriétaire, les créanciers peuvent, nonobftant un tel Endoffement, faifir & arrêter la fomme portée par la lettre de change, entre les mains de celui fur qui elle eft tirée, fans que celui au profit duquel il a été paffé un ordre antérieur puiffe s'y oppofer. De même fi celui fur qui la lettre eft tirée eft créancier de l'endoffeur, il peut oppofer la compenfation au porteur de l'ordre. Ce font les difpofitions de l'article 25 du titre cité.

Mais lorfqu'un Endoffement contient les formalités prefcrites par l'ordonnance, le propriétaire a une action tant contre le dernier endoffeur qui lui a paffé fon ordre, que contre les précédens endoffeurs & contre le tireur.

_____

(*) Tel eft par exemple, cet Endoffement ; *pour moi payerez à un tel.* On n'y infère pas ces termes *ou à fon ordre,* à moins que l'endoffeur ne veuille que fon mandataire ait la faculté de fe fubftituer une autre perfonne pour l'exécution du mandat. On n'y infère pas non plus ces termes, *valeur reçue,* & c'eft particulièrement en cela qu'un tel endoffement diffère de celui qui tranfporte la propriété de la lettre de change.

Le contrat qui réfulte de cette forte d'Endoffement eft un contrat de mandat. En conféquence celui à qui l'ordre eft paffé s'oblige en fa qualité de mandataire envers l'endoffeur propriétaire de la lettre de change, à la faire accepter fi elle ne l'eft pas encore, à aller à l'échéance recevoir le payement de la lettre de change ; & à la faire protefter à défaut d'acceptation ou de payement. L'endoffeur s'oblige de fon côté à indemnifer le mandataire de toutes les dépenfes qu'il aura faites pour l'exécution du mandat.

Une chofe particulière à la ceffion qui fe fait par l'Endoffement d'une lettre de change eft que, par cette ceffion, celui au profit duquel, l'ordre eft paffé entre à l'inftant dans tous les droits & actions de l'endoffeur, fans qu'il foit befoin d'aucune fignification à celui fur qui la lettre eft tirée, ni à quelqu'autre perfonne que ce foit. Cette difpofition de l'article 24 du titre 5 de l'ordonnance du commerce, eft une exception à la règle générale qu'un tranfport ne faifit que quand on le fignifie.

Quoique toutes les ceffions & tranfports faits par quelqu'un dans les dix jours avant fa faillite, ne puiffent, fuivant la déclaration du 18 novembre 1701, produire aucun effet, l'ufage a néanmoins établi qu'un Endoffement fait la veille de la faillite de l'endoffeur étoit valable, & tranfportoit tous les droits réfultans de la lettre de change à celui qui en avoit payé de bonne foi la valeur. Cet ufage qui femble oppofé à la déclaration citée, a été admis afin qu'il ne fût point porté d'atteinte à la foi publique fous laquelle fe fait la négociation des lettres de change.

Le débiteur d'une lettre ou billet de change, ne peut pas exiger de celui qui vient en demander le payement, qu'il faffe vérifier, ou même certifier la vérité des Endoffemens : il peut feulement demander que celui qui fe préfente pour en toucher le montant, fe faffe connoître pour être la perfonne au profit de laquelle le dernier ordre eft paffé.

Le dernier porteur d'une lettre ou billet de change, a pour garans folidaires tous les endoffeurs, tireurs & accepteurs ; mais pour éviter qu'on ne lui oppofe avec fuccès une fin de non-revoir, il doit pourfuivre l'effet de cette garantie dans la quinzaine, à compter du lendemain du protêt, fi les endoffeurs, &c. ne font pas éloignés de plus de dix lieues : s'ils font plus éloignés, les délais augmentent à raifon d'un jour par cinq lieues.

Les délais fixés par l'article 13 du titre 5 de l'ordonnance du commerce, font plus longs pour les pays étrangers. Ils font de deux mois pour les perfonnes domiciliées en Angleterre, en Flandre ou en Hollande ; de trois mois pour celles qui font domiciliées en Italie, en Allemagne ou dans les cantons Suiffes ; de quatre mois pour celles qui font domiciliées en Efpagne ; & de fix mois pour celles qui font domiciliées en Portugal, en Suède, ou en Dannemarck.

Voyez *l'ordonnance du commerce du mois de mars 1673 ; la déclaration du 18 novembre 1702 ; le traité du contrat de change ; les parères de Savary*, &c. Voyez auffi les articles CHANGE, BILLET, FAILLITE, TRANSPORT, ORDRE, PROTÊT, &c.

Fin du Tome vingt-deuxième.

E R R A T A.

TOME XX.

Pag. 373, lign. 8, l'article 25 de l'édit du mois de décembre 1701 ; lifez, l'article 23 de l'édit du mois de décembre 1703.

Les Tomes XXIII & XXIV paroîtront en décembre 1778.

www.ingramcontent.com/pod-product-compliance
Lightning Source LLC
Chambersburg PA
CBHW031734210326
41599CB00018B/2580